教育科学精品教材译丛

# Foundations
## Early Childhood Educaton in a Diverse Society

# 多元化社会中的早期教育（第二版）

［美］珍妮特·冈萨雷斯-米纳 著

徐 韵 等译
周 红

凤凰出版传媒集团
江苏教育出版社
JIANGSU EDUCATION PUBLISHING HOUSE

著作权合同登记图字：10-2003-147号

图书在版编目(CIP)数据

多元化社会中的早期教育/(美)米纳著；徐韵等译.
2版.—南京：江苏教育出版社,2008.5
(教育科学精品教材译丛)
ISBN 978-7-5343-8667-1

Ⅰ.多… Ⅱ.①米…②徐… Ⅲ.早期教育-研究 Ⅳ.G61

中国版本图书馆CIP数据核字(2008)第076499号

Janet Gonzalez-Mena
Foundations Early Childhood Education in a Diverse Society(Second Edition)
ISBN: 0-7674-1686-4
Copyright © 2001, 1998 by The McGraw-Hill Companies, Inc.
Original language published by The McGraw-Hill Companies, Inc. All rights reserved. No part of this publication may be repoduced or distributed in any from by any means, or stored in database or retrieval system, without the prior written permission of the publisher.
Simplified Chinese translation edition jointly published by McGraw-Hill Education (Asia) Co. and Jiangsu Education Publishing House.

本书中文简体字翻译版由江苏教育出版社和美国麦格劳-希尔教育(亚洲)出版公司合作出版。
未经出版者预先书面许可，不得以任何方式复制或抄袭本书的任何部分。
本书封面贴有McGraw-Hill公司防伪标签，无标签者不得销售。
江苏省版权局著作权合同登记号：10-2003-147

教育科学精品教材译丛

**多元化社会中的早期教育(第二版)**
Foundations Early Childhood Education in a Diverse Society (Second Edition)
[美] 珍妮特·冈萨雷斯-米纳 著
徐韵 周红 等译
责任编辑 韩宇新

出版 江苏教育出版社
(南京市马家街31号，邮政编码：210009 网址：www.1088.com.cn)
集团地址 江苏出版集团(南京市中央路165号 210009)
集团网址 凤凰出版传媒网 http://www.ppm.cn
发行 江苏省新华发行集团有限公司
照排 南京展望文化发展有限公司
印刷 盐城印刷总厂有限责任公司 厂址：盐城市纯化路29号(邮编224001)
开本 787×1092毫米 1/16 印张 25 字数 532 800
2008年5月第1版 2008年5月第1次印刷
印数 1-5 000册
ISBN 978-7-5343-8667-1
定价 42.00元
批发电话 025-83260760,83260768
邮购电话 025-85400774,8008289797
短信咨询 10602585420909
E-mail jesp@vip.163.com
盗版举报 025-83204538
苏教版图书若有印装错误，可向承印厂调换
提供盗版线索者给予重奖。

## 编委会

**顾问**
顾明远　章新胜

**主编**
朱永新

**副主编**
严文蕃　张胜勇

**编委**（按姓氏笔画为序）
王智新　卢乃桂　许庆豫　朱小蔓　吴康宁
张斌贤　周　川　俞慧洵　赵　明　赵中建
钟启泉　徐　辉　袁振国　董　奇
James Campell　Thomas Shuell

## 海外咨询委员会

**主任委员**
韦　钰

**委员**（按姓氏笔画为序）
万毅平博士…美国肯尼索大学教育学院院长、教授
马立平博士…美国卡内基教育基金会
关小茹博士…美国芝加哥德保罗大学教学科技部主任
孙　静博士…澳大利亚昆士兰科技大学早期儿童应用研究中心
杨效斯博士…美国芝加哥森林湖学院亚洲研究中心主任
陈欣银博士…加拿大西安大略大学发展心理研究室主任
周　正博士…美国纽约圣约翰大学心理学系
秦志宁博士…美国明尼苏达州哈普金斯教育局测量评估部主任
彭凯平博士…美国加利福尼亚州立大学教授
蓝　云博士…美国得克萨斯州工科大学教育学院副院长

# 《教育科学精品教材译丛》总序

作为高校教师,我们中的许多人常常为教育科学教材的陈旧落后而痛心疾首;作为教育学人,我们中的许多人也常常对经济学、社会学等显学学科教材建设的突飞猛进而称羡不已。

于是,我们坐卧不安,我们摩拳擦掌,我们立志超越,我们走到了一起。经过几年的努力,涵盖当代高等学校教育学专业的全部主干课程的大型海外教材《教育科学精品教材译丛》(下面简称《译丛》)呈现在读者面前。

许多年来,我国高等师范教育和高等学校教育学专业课程改革的步伐极为缓慢,师范教育的教育学、心理学、教材教法这三门课程多年不变,教育学专业的课程内容陈旧,课程的选择空间相当狭小。可以说,改变高等师范教育课程和高等学校教育学课程的落后状况,是《译丛》最为基本的宗旨。

另一方面,随着教育事业改革的深化,教育实践中产生的问题日益复杂,解决这些问题需要极为丰富的教育科学知识和能力。《译丛》追求的另一宗旨正是通过奉献世界上最先进的教育科学知识体系,促进我国教育事业改革的深化。

在过去的几年中,高等学校课程改革已经取得了相当明显的成效。深化课程改革的一条重要途径是引进国外尤其是发达国家的高校教材,藉此提高教育质量和增进学生的学习能力。《译丛》的宗旨和思路与我国高校教材改革的这种方向是一致的,而且是高校教材改革过程的组成部分。

促进学术交流,是《译丛》向往的又一宗旨。学术沟通的障碍,表征是交际语言,而深层原因则是学术语言与学术规范。《译丛》希望通过引进国外的教育科学知识体系和贯穿其

## 《教育科学精品教材译丛》总序

中的研究方法与表达方式,促进我国教育科学学术事业的进步,并为其走向世界奠定基础和开辟道路。

《译丛》是建国以来从海外引进的规模最大、门类最全的教育学科教材,被国内媒体称为"又一次重要的拿来主义"。在科教兴国的基本国策背景下,它所蕴涵的巨大社会意义已经超出教材本身。因此,《译丛》的编委会和出版者——江苏教育出版社对此高度重视,并为此做了大量细致而扎实的工作。第一,组建了强大的编委会和翻译队伍。《译丛》的编委会阵容整齐,有各师范大学的博士生导师、教授以及一批海外教育专家;主要翻译人员和审校者均是教育科学专业的博士或教育科学领域的教授,其中一些译者长期旅居国外,并从事教育科学专业的研究和教学工作,他们均在教育科学领域具有相当深厚的积累,可以确保《译丛》的翻译质量。第二,精心筛选选题。《译丛》的入选图书品质上乘,所有选题皆经中、日、美等国专家反复磋商论证,精选而成。其中一些书目为国外学术机构所推荐,在国外大学拥有广泛的学术声誉。许多教材一版再版,最多的已达十五版。

我们希望,这套教材能成为国内教育科学的替代课本或重要参考书,同时也能作为各地教师继续教育的重要资料。

我们期待,这套教材能给中国教育理论界带来一些观念和方法上的启示,为我国的教育科学的教学和研究,尤其是教材编写工作提供一定的借鉴。

我们相信,这套教材会得到许多中小学教师、校长、教育行政机关干部、教育科学研究人员、教育专业的研究生以及高校在校学生的关注和选用。

当然,我们更希望、更期待的是创新和超越。希望和期待我国的教育科学工作者编写出高水平的、具有中国特色的教材。站得更高才能看得更远,看得更远才能做得更佳,希望我们这套教材能使中国教育理论界有一个更高的起点,使中国的教师和师范学生有一个开阔的视野。需要说明的是,原书附有大量的索引,但为降低图书成本,减轻读者负担,我们只好割爱,敬请诸君谅解。

我们欢迎各种形式的参与和合作,欢迎专家和读者随时为我们荐书,随时提出各种建议和评论。

《教育科学精品教材译丛》编委会
二○○二年四月

# 前　言

**当**我坐下来动笔写这本书的时候，我问自己："一个从事早期教育的新手究竟需要知道些什么才是最有效的？"我想应当是重点传授给他们真正需要的知识，而不是把一切知识倾其所有地灌输给他们。在这里，我广义地使用了"新手（beginner）"这个词语，并不是所有第一次接触这门早期教育课程的学生都是新手。有些学生在学习之前已经有了相当长的幼儿教育经历，其他将要从事早期教育工作的人之所以选择这门导论性质的课程，是因为目前的趋势是要把传统的幼儿园办成学院化的幼儿护理中心。为了达到合格的师生比率，学生一毕业就会直接上岗，面对幼儿开始工作。无论以前是否从事过该项工作，现状或未来都要求每一个毕业生具有全面的基础知识。这本书的目的就是帮助这些幼儿教师在学会幼教技能的同时掌握幼教理论，沿着一条坚实的道路前进。

对于那些从来没有从事过幼教工作，刚刚走进早期教育课堂的学生来说，这本书是"入门课程"。它提供了基于幼教理论的实用而有效的方法，它还对正在实施的早期教育计划的前因后果提供了一个全面的概述。比较理想的是，学生在直接开始工作前最好能有大量的机会观摩幼儿教师的工作过程，遗憾的是许多学生没有这样的观摩机会。为了增加教材的现实感，本书使用了一些趣闻轶事来引导学生感受实际的幼儿园和家庭教育。学生们将会"观察"到幼儿教师是如何有效地推进"教—学"的过程和掌控各种情境的。这些实例的设计将有助于学生进入教师的角色，体验他们的反应，预料他们将如何处理类似的问题。

这本书对早期教育的性质提供了宽广的视野，因为今天绝大多数婴儿、幼儿、儿童在他们清醒着的大量时间里都处于全日制的教学计划之中,而不仅仅是在幼儿晨校、半日制的幼儿园、五小时的学前班里,所以幼儿教师的工作量要远远大于普通教师。他们必须承担起幼儿的抚育者和照料者的角色,换句话说,他们应当是父母的补充(但不能是替代)。

本书非常强调家长同幼儿教师之间合作的重要性。正因为如此,这个主题在第一部分就进行了讨论,而不是作为附录。尽管现在的幼儿教师在保育和教育幼儿方面发挥了非常重要的作用,但是他们不能忽视家长对孩子的期望。他们必须在保育计划中考虑到家庭背景的多样性,努力了解父母在个性和文化方面的目标和价值。

本教科书提倡一种多元化社会的观念——在这个社会里多样性的文化和平共处,没有哪种文化可以支配其他的文化。如果这种观念被大家认可,那么幼儿教师就必须努力维护家庭文化,并且帮助孩子和家长理解、尊重文化的差异性。这一观点完全不同于那种"让我们来学习多样性"的多元文化课程。本书教育学生使用一种无偏见的、积极的方法。多样性不是某个封闭章节里的孤立主题,以积极的方式探究多样性是贯串本书所有章节的主线。学生们将学会判别在文化敏感性和应对方法的计划中哪些对于幼儿是最有益的。

由于多样性是个复合的主题,以至于没有一种可以确保在所有情形中都"正确"的行为公式。基于这种原因,本书鼓励学生采用批判性的思维技巧,而不是寻找别人的"正确答案"。因此,本书有时会提供某种观点,但随即会要求学生利用它产生自己的观点。作者根据全国幼儿教育协会(NAEYC)最新修订的《早期教育计划中的适宜的发展练习》给学生一个建议:要根据儿童的成长信息以及他们的个性和文化背景来判断什么是对每个幼儿最为有益的。

由于理解文化的差异是这样的重要,所以本书致力于持续地探讨截然不同的文化观念可能会产生冲突的场景。不仅仅文化是重要的,理解和尊重儿童的特殊需求和他们的家庭也是同样重要的。本书对儿童在保育和早期教育计划其他类型方面的特殊需求也有充分的阐述。

另外,为了促成一个多元的和包容的社会,本书立足于努力减少我们社会中的暴力行为。幼儿教师应当通过塑造幼儿的社交技能和提供化解冲突的多种选择,帮助幼儿建立以和平方式解决问题的良好基础。这些技能有助于幼儿顺利地通过少年期而进入成年。自然,在我们的社会里改变暴力倾向不是件容易的事情,但是如果每个幼儿教师都致力于教育幼儿以及他们的父母,用非侵犯的策略处理侵犯行为,暴力倾向将会得到改变。社会进步是我们绝大多数幼儿教师、也是我——本书作者的目标。

本书的另一个特色是反映了当代的家庭对早期教育需求的变化。首先,本书覆盖了更为宽泛的年龄段,而不再像过去那样偏重于三四岁的儿童。本领域的绝大多数学生将要照料全托班的幼儿,部分学生要照顾幼儿园、甚至学前班的儿童。因此,所有学生都要掌握关于从婴儿直至八岁儿童全部需求的完整知识,本书的内容全面覆盖了这个年龄段。其次,本书除了论述儿童保育机构的教育以外,还论述了家庭对儿童的养育,这个方面常常被人们忽视,其实对许多寻求儿童保育和教育知识的家庭而言,这是个非常有效的途径。

本书的结构反映了它作为"入门课程"的特点。第一部分不再主要论述背景知识,而是直接告诉学生如何以安全和健康的方式管理儿童。第一章导论全面介绍了这种职业的历史、科学和理论基础,还列表介绍了这个领域里的标准组织结构;紧随其后的第二章就开始介绍了许多实用的信息;其他几章重点告诉学生如何有效地同孩子及其家长沟通,指导孩子的行为,运用规则帮助孩子形成建设性的行为和态度,通过游戏促进他们的学习和发展等等。第二部分主要探讨广泛的课程范围,比如建构自然的、社会的情感环境,以教育的方式操作日常的保育事务,还展示了学生必须掌握的儿童各年龄段发育的重要细节,并以关于如何观察、记录、评估儿童的学习和发展的实用知识结尾。第三部分对早期教育如何为儿童将来的正式学习传统课程,比如语言、数学、科学、艺术、音乐和社会奠定基础作了全面评述。

各章以浏览本章包含的基本观点和问题开始,以测试学生对这些观点和问题的理解程度的"自我测试"和"需知术语"结束。每一章还包括"深入阅读"的推荐书目。另外,书后还提供了常用的"词汇表"。全书的框图提供了实用的"提示与技巧",描述了对立的观点,深入阐释了概念的多样含义。

本书提供了大量的观念,这些观念来源于为婴儿、幼儿、学前儿童、学龄儿童服务的各种理论和计划的研究与应用。这本书很好读,但并不浅薄。它以一种实用的方法来诠释理论,以使学生能将知识化繁为简,并且充分领会它的实用性。本书采取的是作者同读者面对面交谈的方式。特色是每章都以一个故事结束,在故事里与读者分享我的幼教经验。

第二版修订的重点放在强调幼儿的早期教育与他未来的学校和社会生活能力的联系的重要性上。我们知道幼儿的早期教育是未来学习的基石。对于教师和保育员来说,为以后的学习打基础的挑战是不仅要发展儿童的智力,还要满足他们自然的、社会的、情感的需求。为此,幼儿教师要采取发展的方法,也就是要为儿童提供适应他们各年龄段发育特点的经验。每一阶段有它特定的限制和挑战,所以,课程的建设要围绕这些限制和挑战来发展儿童的能力。

观察的重要性是本书花费笔墨较多的另一个重要观点。第二版从一开始就非常强调观察的训练,并且竭力让学生明白,在实习课上,不论你是被儿童围着,还是作为指导教师,或者仅仅是观摩课,也无论有无观察要求,你都要训练自己的观察能力。

新版也扩充了研讨婴儿的保育内容,不仅仅是因为在保育计划里幼儿数量的增加,还因为最新的研究证明婴儿期的保育还极大地影响到大脑的发育。所以,广义的幼儿教育必须从一出生就开始,为此,家庭的支持和帮助也就成了幼儿教育的重要组成部分。家庭的帮助是多种形式的,包括家庭访问计划,它可以让家庭知道如何满足孩子在家里的需求。由于许多孩子是安置在家庭以外的保育机构里的,所以职业保员必须接受训练，完美地实行保育方案，以最大限度地促进幼儿的大脑发育。具有讽刺意味的是，智力训练并不是促进大脑发育的有效方法。相反，满足儿童身体上的需求，满足他们某种模仿的需求——有助于促进联系和依恋——将是培育智力更为有效的途径，因为智力植根于早期的情感发育。另外，为了让家庭知道如何照料婴儿，幼儿教师必须接受同孩子家庭一起工作的训练，以确保父母或监护人能够给孩子提供他们需要的安全感和亲密感。家庭支援是个广泛的领域，从帮助家庭体验生育孩子并养育他是件美好的事情，到提供各种社会服务或者帮助家庭联系社区资源以解决咨询、医疗、牙齿护理、职业训练等等问题。

　　本书还研讨了在早期教育阶段对保育和设施有特殊需求的障碍儿童的教育。所有的调查都表明，寻求尽早接受教育和教育计划资助的残疾儿童的父母比以往任何时候都多。早期教育工作者对此趋势要作好准备，不能仅仅因为自己没有接受教育残疾儿童的训练就把他们拒之门外。事实上，根据《障碍个体教育法》(IDEA)，如果不能证明教学计划无法满足残疾儿童的需求而把他们从教育中心或者家庭教育机构中剔除出去是违法的。

　　因为扩充适宜的实践内容是改版的一个主要目的，新版比老版包含了更多的学龄儿童教育的计划，它包含了幼儿园、学前班以及校内外的全面计划。通过这样的实践，教育5～8岁的幼儿教师可以根据指导学前教师的三种信息决定如何教育和保育孩子，这三种信息就是：关于儿童的成长和学习（年龄和阶段）；群体中个体的差异；每个儿童生活的社会和文化背景。

　　为了同这个专业领域保持密切联系，本书通过反思帮助学生认识他人和自我。读者可能没有预料到，书中的自我测试会对他们提出强制的要求，但是，这些是必要的，因为教育和保育儿童这门职业主要就是对儿童进行角色示范。作为幼教工作者，我们不仅教育儿童，帮助他们发展，我们还要通过自己的以身作则来规范孩子的行为。也许第六章里的反思问题会有相当难度，因为它不是探讨如何培养孩子的自尊，而是审视成人如何作为自尊的典范。这个部分是个挑战，但同时，它也提供了机会让读者好好审视自己。如果强调"以儿童为中心的课堂"是合适的话，那么本书的重点就在"以学生为中心的教学"。要训练读者成为幼教专家，就应当鼓励他们从自己的课堂实践经验中学习。

　　我要感谢这些审稿的专家：美洲河学院的洛兰·乔(Lorraine Chow)；莫里斯社区学院的巴巴拉·M. 卡宾斯基(Barbara M. Karpinski)；杜佩基学院的戴安·M. 库柏兹(Diane M. Kupetz)；帕萨迪纳城市学院的艾尔弗雷德·R. 洛伦茨(Alfred R. Lorenz)；洛杉矶商业技术学院的埃玛·斯坦纳(Emma Steiner)。

珍妮特·冈萨雷斯-米纳

总序 / i
前言 / i

# ■ 第一部分　教学过程导论：幼儿教师的角色

## 第一章　作为一门职业的早期教育 /1
早期教育幼儿教师培训的四个主题 /2
　　反思的价值 /2
　　多元文化视角 /3
　　整体观 /4
　　职业化 /5
儿童发展的历史 /10
　　历史潮流和特征 /10
　　儿童发展的理论家及其理论 /12
　　教育先驱 /18
职业意味着什么 /22
　　法定责任 /22
　　道德规范 /22
小结 /23
自我测试 /24
需知术语 /24
深入阅读 /25
结尾故事 /25
下章导读 /26

## 第二章　首要之务：确保孩子的身体健康和安全 /27
观察和监护 /28
新手的观察技能 /29
新手的监护技能 /31
　　关注个体和群体 /31
　　指导中的应急课程 /32

# 目录

  争端会成为安全问题 /37
  具备安全措施的冒险 /38
  帮助孩子从自我的经验中学习 /38
 安全的物质环境 /39
  发展的适宜性 /40
  作为预防的维护 /40
  卫生程序 /41
  项目措施和健康安全的程序 /42
  影响健康与安全的压力和挫折 /43
 小结 /43
 自我测试 /44
 需知术语 /44
 深入阅读 /44
 结尾故事 /45
 下章导读 /45

## 第三章 通过交流为儿童情感健康发展作准备 /46

 倾听：一项重要的技能 /47
  倾听并给以反馈对交流非常重要 /48
  倾听并对不同的情形作出相应反馈 /49
 怎样清晰无误地交流 /55
  提出真正的问题，而不是无意义的问题 /55
  证实儿童的情绪和感受，不要忽略它们 /56
  遇到尴尬或敏感的情形，谈论而不要忽略它们 /57
  言行一致，避免言行不一致 /58
  提防进退两难的信息 /59
  使用转向的方法，不要分散注意力 /60
  提问儿童时要慎重 /62
 小结 /64
 自我测试 /65
 需知术语 /65
 深入阅读 /65
 结尾故事 /66
 下章导读 /66

## 第四章 帮助孩子们学习和游戏 /67

 谁处在聚光灯下——教师还是孩子？ /68
  教师作为指导者和明星 /69
  教师作为回答者、保护者和帮助者 /70
 游戏：学习的一种方式 /71

　　　　游戏总是有趣的吗？/73
　　　　游戏与工作是如何不同的？/74
　　　　游戏的种类 /74
　　　　游戏的益处 /80
　　工作：学习的一种方式 /81
　　　　成人对待工作的态度及对孩子的影响 /81
　　　　孩子对工作中的成人的观察 /82
　　　　对以孩子为中心的学习方式的两种看法 /83
　　　　学习中的项目教学法 /83
　　成人在孩子们学习和游戏中的角色 /84
　　　　成人作为观察者 /85
　　　　成人作为舞台管理者 /86
　　　　成人作为老师 /87
　　　　成人作为鼓励者 /89
　　小结 /92
　　自我测试 /92
　　需知术语 /93
　　深入阅读 /93
　　结尾故事 /94
　　下章导读 /94

## 第五章　指导孩子的行为 /95

　　适当的行为期望 /96
　　对惩罚，包括体罚，说"不！不！" /99
　　　　惩罚错在哪里？/99
　　　　惩罚的副作用 /100
　　取代惩罚的选择 /101
　　　　出局 /102
　　　　从后果中学习 /102
　　　　设立界限 /105
　　　　指导 /108
　　　　教育孩子表达自己的情感 /109
　　　　规范亲社会行为 /111
　　阐释孩子的行为 /114
　　小结 /117
　　自我测试 /117
　　需知术语 /118
　　深入阅读 /118

# 目录

  结尾故事/119
  下章导读/119

## 第六章 教师作为榜样/120

  树立非暴力解决问题的榜样/122
    获取信息/123
    认识可供选择的方法/125
    考虑后果/127
    暴力的多重根源/128
  树立自尊的榜样/128
    示范美德/130
    示范力量/131
    示范重要性/133
    示范能力/135
    示范平等/137
  树立学习的榜样/138
    观察的重要性/138
    创设自然课程/140
  小结/144
  自我测试/144
  需知术语/145
  深入阅读/145
  结尾故事/146
  下章导读/146

## 第七章 在早期环境中树立成人关系的榜样/147

  教职人员之间的关系：相互合作/149
    敏感于文化多样性/151
    认可成人在处理问题方式上的差异/151
    真实性的重要/153
    通过对话处理成人之间的分歧/153
    教师间的对话实例/155
  教职人员—家长之间的关系：与家庭协作/156
    让家庭感受到它们是早期项目的一部分/158
    认可家长与保教人员的角色不同/160
    处理与家长的冲突/160
    促进与家庭的交流/167
    支持家庭/168
  小结/169
  自我测试/170

需知术语/170
深入阅读/171
结尾故事/171
下章导读/172

## ■ 第二部分 课程导论：计划学习

### 第八章 创设物质环境/173

创设活动区域/176
  身体护理中心/177
  兴趣中心/178
  粗大运动学习空间/179

早期儿童环境的其他考量/180
  "维度"/180
  空间/183
  多少游戏空间合适？/183
  流动模式/185
  平衡/186

一个安全与健康的环境/188
  确保发展的适宜性/189
  提供保护/190
  促进监管/191
  评估环境的安全性/191
  卫生与清洁/191

作为项目目标与价值之反映的环境/193
  个性/193
  独立与互相依赖/193
  合作/195
  反偏见关注/195
  真实性/196
  探索/197
  美感/198

各种类型项目的环境/198
  全日制儿童保育中心/198
  半日制家长合作社/199
  半日制起点计划学前班/199
  学龄儿童托管/199
  家庭式儿童保育/200
  幼儿园及小学项目/201

小结/201

# 目 录

自我测试 /202
需知术语 /202
深入阅读 /202
结尾故事 /203
下章导读 /203

## 第九章 创造一个社会情绪的环境 /204

社会情绪环境的特征 /205
  尊敬 /205
  温暖、养育、接纳、保护和回应 /208
  连续性 /209
早期教育机构是应该关注团体还是个人？/211
文化问题 /212
  儿童的家庭文化 /216
  文化的多元性 /220
  儿童早期文化的发展 /222
小结 /222
自我测试 /223
需知术语 /223
深入阅读 /223
结尾故事 /224
下章导读 /224

## 第十章 常规活动 /225

保育课程 /227
  同步互动 /227
  依附 /229
身体保健常规活动 /231
  进食 /231
  如厕 /234
  睡眠 /236
  盥洗与穿戴 /238
其他常规活动 /239
  过渡 /239
  集体活动 /243
小结 /245
自我测试 /245
需知术语 /246
深入阅读 /246
结尾故事 /247

下章导读 /247

### 第十一章 把各阶段的发展任务作为一套课程：不同阶段儿童的不同需求 /248

孩子需要什么：概述 /250

不同阶段儿童的不同需求 /253

 新生儿需要什么 /253

 活动期的婴儿需要什么 /258

 初学步的幼儿需要什么 /260

 两岁孩子需要什么 /263

 三岁孩子需要什么 /265

 四岁孩子需要什么 /267

 五岁孩子需要什么 /269

 学龄儿童需要什么 /270

小结 /273

自我测试 /273

需知术语 /274

深入阅读 /274

结尾故事 /274

下章导读 /275

### 第十二章 观察、记录以及评估 /276

观察 /279

记录 /282

 轶事记录 /282

 持续观察记录 /282

 事件报告 /284

 日志 /284

 照片、磁带以及录像带记录 /285

 列表和制图 /286

 时间样本 /290

评估 /291

 评估儿童 /291

 评估项目 /295

小结 /297

自我测试 /298

需知术语 /298

深入阅读 /298

结尾故事 /299

下章导读 /300

目 录

## ■ 第三部分 常规教育导论：计划学习

### 第十三章 语言与早期识字 /301

多样性与语言 /303
如何帮助语言的发展 /306
 帮助婴幼儿的语言发展 /308
 帮助两岁儿童的语言发展 /310
 帮助三、四、五岁儿童的语言发展 /310
 帮助学龄儿童的语言发展 /316
早期识字 /317
阅读准备法对自然识字法 /318
 婴幼儿的早期识字 /320
 促进三、四、五岁儿童早期识字技能的发展 /321
 促进学龄儿童早期识字技能的发展 /323
小结 /323
自我测试 /324
需知术语 /324
深入阅读 /325
结尾故事 /326
下章导读 /326

### 第十四章 为数学和科学学习提供与儿童发展阶段相适应的经验 /327

建构主义的方法 /328
 儿童学什么？/329
 儿童如何学？/330
数学 /331
 婴幼儿和数学 /331
 学前儿童和数学 /333
 学龄儿童和数学 /333
 时间和空间的概念 /336
 "真实世界的数学" /337
 游戏 /337
科学 /337
 建构主义的方法对传统科学课程 /338
 物理和方案教学法 /338
 化学和方案教学法 /341
 两个基本的科学概念 /342
 自然学习 /344
 学习演变的教学方案 /344

数学与科学学习的基本设备和材料 /347
小结 /349
自我测试 /349
需知术语 /350
深入阅读 /350
结尾故事 /350
下章导读 /351

**第十五章　把艺术、音乐和社会学习整合到整体课程中 /353**

艺术 /355
　儿童从艺术经验中学到了什么？ /356
　帮助儿童获得艺术经验 /357
音乐 /359
　帮助儿童获得音乐经验 /359
　集体活动：唱歌 /359
　集体活动：乐器 /360
　创造性活动 /361
社会学习 /362
　以自我为起点的社会学习 /362
　从自己到他人 /364
　从自己和他人到社区 /366
儿童早期教育专家如何组织课程结构 /367
　创建并解释整体课程 /367
　创建主题网 /368
小结 /370
自我测试 /371
需知术语 /372
深入阅读 /372
结尾故事 /373

**词汇表 /375**

**译后记 /379**

# 第一部分 教学过程导论：幼儿教师的角色

## 第一章 作为一门职业的早期教育

- 早期教育幼儿教师培训的四个主题
  - 反思的价值
  - 多元文化视角
  - 整体观
  - 职业化
- 儿童发展的历史
  - 历史潮流和特征
  - 儿童发展的理论家及其理论
  - 教育先驱
- 职业意味着什么
  - 法定责任
  - 道德规范
- 小结
- 自我测试
- 需知术语
- 深入阅读
- 结尾故事
- 下章导读

第一部分　教学过程导论：幼儿教师的角色

在这一章里你将了解：
* 早期教育教师培训的四个主题。
* 思考及其价值。
* 本书为何采用多元文化的视角。
* 什么是"整体观"。
* 早期教育的一些基本知识。
* 什么是年龄和阶段。
* 早期教育的标准是什么。
* "非此即彼"同"彼此皆可"的思维区别。
* "先天—后天问题"。
* 儿童本性的三种观点。
* 一些早期教育理论及其区别。
* 早期教育的意义。
* 幼儿教师法律和伦理的责任。

据说"你能教授的只有你自己"。如果此言不虚，那么还有谁会需要这本教材呢？早期教育是门职业，凡是选择这门职业的人必须会说这一领域的语言，它把幼儿教育工作者凝聚在一起。本书的目的就是让你学会这一领域人们共用的概念和词汇，领悟幼儿文化的现实。

## 早期教育幼儿教师培训的四个主题

本书通篇贯串了对幼儿教师非常重要的四个主题：第一个主题是**反思**（reflective thinking）。我们必须审视自己过去和现在的经验，目的是理解、学习并得以进步；第二个主题是**多元文化**（multiculturalism）。我们必须理解、尊重并高度评价那些熔铸了"美国人"的多种文化；第三个主题是**整体观**（holism）。早期教育必须聚焦于"完整的儿童"，并为了促进教学过程而更新课程；最后一个主题是**职业化**（professionalism）。幼儿教师不能以做个小保姆而自满，而应当是养护和教育儿童的专家。

## 反思的价值

如果说"你能教授的只有你自己"这句话是正确的，那么扪心自问："我对自己又知道多少呢？"再问："我对怎样同幼儿相处又知道多少呢？"即使你为人父母或者有弟妹，但你仍然不知如何同身边那些没有血缘关系的幼儿相处。同人家的孩子相处可以教会你认识自己：显示潜力、不夹杂个人情绪、忘却已有的经验、无贫富差别。这本书将有助于你处理好同孩子相处过程中产生的消极、积极的方面。

当你阅读本书的时候，你要在心里知道你是谁——你的性别、种族、宗教、文化、家庭环境和出身。你不是作为一个虚拟的人在同一个虚拟的儿童接触，你是一个携带着

美国人和他们的孩子来自不同的文化,这些文化都应当得到认可和尊重。

自己的全部经历的、真实的人。儿童也是带着他们性别、种族、宗教、文化、家庭背景等因素影响着与你的交往。成人同孩子间的互动诞生了最伟大的学习,并可称之为"隐性课程"。

本书既论述了显性课程,也涉及隐性课程。在阅读本书时,你会对你自身、对早期教育这门职业、对如何运用这门职业的语言了解更多。

## 多元文化视角

本书从多个角度观察美国,也就是说,要理解、尊重、高度评价那些熔铸了"美国人"的多元文化。为了真实的多元化,本书也必须要了解那所谓的主流文化,但也只是把它作为文化的一种来对待,而不具有普遍的现实性。如果主流文化不是这样加上"所谓"的话,它隐含着(有意或无意)主流文化是规范的,而其他文化(亚裔、非裔等等的文化)则是偏离了这个规范。

我,珍妮特(Janet),本书作者,我的父母分别是盎格鲁美国人和墨西哥人。他们结婚后收养了我。我生活在一个多元文化、多种族的家庭里。尽管我已经饱受多元文化的熏陶,但我工作时还得坚持以多元视角来观察世界,虽然有时做不到。

在本书里,我经常以第一人称谈到自己的经历,以使本书真实可信。我们大家都觉得自己的真理是最好的,尽管我们都知道,我们必须试着换个角度看问题,但还是常常会忘记这一点。我们根据自己的真实感受说得越多,就会让更多的人享用我们的观点,并且邀请他们把自己的观点与人共享。

第一部分　教学过程导论：幼儿教师的角色

## 整体观

"完整的儿童"是本书蕴涵着的一个重要概念。尽管我们也许有时关注孩子的某一方面，或心灵或身体或情感，但我们不能把这个方面同其他方面割裂开来。儿童是个完整的生命体。我们也许在给孩子规划一个智力的目标，但我们不能忽略孩子同时在身体或者情绪上的反应。

此外，我们不能脱离儿童的背景来教育他们。儿童来自一个有着历史和未来的家庭——种族、宗教、文化、语言、社会经济体的一部分。我们不仅是欢迎某个儿童来到我们幼儿教室，同时也是接纳了他的家庭。即使家庭不在现场，我们仍然必须记住：提供了孩子成长背景的家庭永远是孩子的一个组成部分。

为了教育一个完整的儿童，早期教育必须提供整体的课程。与其在分段的时间里教授分门别类的课程，还不如提供一个全天的、完整的教学过程。例如，将早上开始的做面包活动编制成全天的活动方案，并可延续到第二天。这样的一个活动就可以完成与数学、科学、文化、感觉、手眼协调、知觉发展、社会关系、语言、扮演、自然知识有关的多种概念和能力。这个活动还同每天的食谱结合起来教授了自理的能力。

教学方案能够从一个活动延伸到另一个活动——这种方法叫做**自然课程**

对于课程而言，一个完备的方法是让教与学的过程以整体的方式呈现。这个方法可以改进那种仅仅看护孩子以保证他们的安全，允许他们随意玩耍手边任何玩具的教育。

(emergent curriculum)。例如，一个只利用软管和沙坑的玩水游戏就可以根据儿童和成人的兴趣发展为各种活动。

在一个方案里，当水灌注到沙坑里无影无踪后，孩子会很沮丧。这时可以用一个扩展的方案——造海滩——来延续它。他们花几天时间把沙坑里的沙子挖去，在坑底埋设塑料布，再把沙子填进沙坑里。接着往沙坑里灌水，沙坑里低的一端就会形成水面，另一端就会形成海滩。进一步延伸这个教学方案，教师可以用相片、文字把这个过程记录下来，鼓励学生画出、听写、写下他们的所见、所做、所感。这些记录应当展示出来，给孩子们留下纪念，并有助于他们想出更多的相关方案。这些展示还提供了同父母交流的话题，促进了"家—校"沟通。

这仅仅是教师如何促进整体观，创设学习的连续性的一个例子。这种方法的目标不是单纯的看护孩子、保证安全、让他们随意玩弄身边的玩具，也不是给孩子提供一连串孤立的、没有联系的学习活动，而是在于发展一种具有连续性的课程。

课程是一个宽泛的概念，全书都是讲述了**课程**（curriculum）或者"学习的计划"。但是请注意，"课程"这个术语涵盖了发生的一切事情，而不论这个学习计划是明显的还是暗含的（第二、第三部分将详细地讨论课程的结构部分，第一部分重点讨论先前提到的"隐性课程"）。

本书整体观的另外一个方面是它对社会预备课程的论述。尽管没有一个单独的章节专门谈到个性和价值教育，但这一线索是贯串全书的。本书全面地论述了（不仅在导论里）如何指导孩子发展适应社会的技能、态度和行为。

## 职业化

现在已经很清楚了，从事早期教育的是一些专业人员，而不是高级保姆。早期教育是教育的一个特殊分支，专门处理从出生到八岁儿童的教育，这个年龄段的儿童需要的教育不同于其他年龄段的孩子。

幼儿教师在许多不同的教育方案中要把教育同保育结合起来，这些方案都有共同的教学目标。他们认为童年是人的生命周期中最需要重视的一个阶段。他们努力在儿童的心智、身体、情感方面进行全面的教育，他们创设了教育目标，试图让每一个孩子发掘出自己的潜能。另外，早期教育工作者们懂得，不能把儿童从家庭、文化、社会环境这样的背景中分离开。他们不仅努力去理解、适应这些背景，还非常重视和维系这些联系儿童与背景的纽带。

早期教育工作者视儿童发展为科学，因为这门科学的基础源自儿童的需求以及他们学习和发展的机制。他们进行研究以区别科学和虚构。那些没有经过早期教育培训的教师可能更多地依赖自己的假设、经历、经验和一些零星的研究。例如，很多人仍然相信狠狠地打屁股是教育孩子行为规范的有效方法。然而，早期教育专家知道，研究已证明，粗暴的体罚只会引起敌对情绪，而对改正行为毫无益处。

第一部分　教学过程导论：幼儿教师的角色

由于缺乏儿童发展的背景知识，有些成人也许会对儿童有过高的期望，所以他们会对非常小的孩子说："别哭了，你还像个婴儿。"或者他们会希望大一些的孩子像个成熟的学生那样坐得笔直，认真听讲学习。早期教育专家非常熟悉哪些迹象能科学地表明每一发展阶段所能达到的期望行为。

**年龄和阶段**　（ages and stages）是关于儿童发展不同时期特有的任务和行为的专门用语。通常，阶段对应于某一特定的年龄，但也并不总是相符的。在某一年龄组里发展的差别是非常大的。某些儿童要花很长的时间才能达到或通过各阶段，而其他的人可能进展很快，但阶段的发生一般是一贯的、不变的。不同的文化在任何一个年龄段的具体人身上也起着很大的作用（见第十一章关于阶段的深入讨论）。

**身体发展标志**　身体发展标志是阿诺德·格塞尔（Arnold Gesell，1880—1961）基于对儿童行为的研究提出的概念。随后，本杰明·斯波克和 T. 巴里·布雷泽尔顿（Benjamin. Spock & T. Barry Brazelton）关于发展阶段的概念和特性引起了公众的注意。许多研究者继续对此进行研究，扩大了格塞尔的样本，规范了年龄和阶段的定义。今天，对于主要的身体发展标志有了共识。许多书籍描绘了婴儿逐月的发展和儿童逐年的发展。本章随后会介绍一些优秀的理论家关于儿童智力、情感、社会发展方面的观点（关于每一年龄段具有哪些特定的行为、技能及如何设立教学和评估方案的更多内容详见第十二章）。

自然，阶段标准只能作为一般准则使用。孩子是由不同的个体组成的。要记住，研究没有最终的答案，也许假设的问题本身就不对。儿童的保育和教育涉及不同的文化和价值，这是科学研究有时也无法解决的。无论如何，由于研究者的文化多样性更多地是反映了人口学的规律，我们应当更多地借鉴人口学的知识以解决这类问题。

**职业入门**　幼儿教师有职业组织给予指导和支持，帮助他们加强专业联系，通过刊物使他们与时俱进。两个最悠久的、最有名的组织是国际儿童教育协会（the Association for Childhood Education International，ACEI）和全国幼儿教育协会（the National Association for the Education of Young Children，NAEYC）。两个组织都具有为儿童、儿童的家庭、儿童教育服务的悠久历史，并在这一领域具有重大的影响。国际儿童教育协会最初作为幼儿园的团体在 18 世纪成立，在 20 世纪 30 年代更名并把注意力扩展到学前和小学教育。目前的工作包括出版关于儿童（从出生到少年阶段）的图书杂志，组织国际研讨会议。全国幼儿教育协会的前身是全国保育协会，1966年改为现名。马丽恩·赖特·埃德尔曼（Marion Wright Edelman）创立的儿童保护基金会（the Children's Defense Fund，CDF）于 1982 年成立，它是以华盛顿为基地的院外活动集团，主要目的是帮助儿童，尤其是贫困和有色人种儿童。1996 年，它组织的"我支持儿童"的示威活动吸引了全国的注意。来自各地的示威者聚集在首都，引发了全国对于儿童及其需求的重视。"支持儿童"运动自此走向全国。今天，全国各个社区都有了各自的"支持儿童"版本。

全国幼儿教育协会是目前最大、最有名的早期教育组织,它为这个领域制定标准:通过全国早期教育计划学会执行资格认证;为教师加薪和制定工作标准;用职业精神创立的伦理规则来指导幼儿教师的工作和决策。

全国幼儿教育协会立足于幼儿和他们的家庭,通过意见书来影响政府的政策和儿童早期教育(E. C. E)的状况。例如,1996年11月,当联邦政府为个人责任和工作机会调节法的细节正在草拟儿童保育的个人计划时,全国幼儿教育协会发表了"关于福利改革的国家补偿的意见书"。该意见书的目的是帮助政策制定者了解扩大儿童福利基金的重要性,以便增多捐助者,制定规则并监督执行,根据提供的福利价值订立给付标准,确保家庭的多种选择。[1]

**适宜的发展练习** 全国幼儿教育协会出版的《早期教育计划中的适宜的发展练习》(*Developmentally Appropriate Practice in Early Childhood Education Programs*)是最畅销的,也是最重要的文献。此书初版于1987年,被有些人称之为"绿色圣经"。早期的版本由于没有提及文化的多元性而遭到批评,但1997年的修订版解决了这个问题。[2] "适宜的发展练习"论述了全国幼儿教育协会及成员所认定对幼儿的高质量的保育和教育内容。该文献指导教师应运用下述三方面的知识作出决策:

1. 儿童是如何发展和学习的,包括年龄、阶段方面的知识以及对于各年龄和阶段而言什么是适宜的经验、材料、活动和互动。
2. 群体中的每个儿童。
3. 每个儿童成长的社会和文化背景。

这份文献鼓励从"非此即彼的思维"向"彼此皆可的思维"转变,并且强调了上述三方面的知识基础是动态的、可变的。有时,对某一年龄段是适宜的而对不同的个体或文化却并不适宜。以非此即彼的思维来看,只有一种选择;然而,对**彼此皆可的思维**(both-and thinking)来说,作出一个决策不能忽视上述三个方面中的任何一个。有的时候,这种决策需要很大的创造性,要求教师能超越出自己的视野。这份文献说得很清楚,幼儿教师在同幼儿及其家庭共处时,自己必须也是个学习者。[3]

什么矛盾冲突需要彼此皆可的思维?群体的需求同个体的需求同时发生时产生的矛盾是一种常见的冲突。例如,一个孩子需要小睡时,其他孩子正在生龙活虎地玩耍。一个有创意的解决方法是找个安静的角落让这个孩子能躺下来休息。

当孩子的家庭养成孩子的依赖性而非独立性时也会产生矛盾。这里,也需要彼此

---

[1] NAEYC Position Statement on State Implementation of "Welfare Reform," *Young Children*, 52. 2 (Jan. 1997): 42-44.

[2] S. Bredekamp and C. Copple, eds., *Developmentally Appropriate Practice in Early Childhood Education Programs* (Washington, DC: NAEYC, 1997).

[3] S. Bredekamp, "NAEYC Revised Position Statement on Developmentally Appropriate Practice in Early Childhood Programs," *Young Children*, 52. 2 (Jan. 1997): 34-40.

皆可的思维。幼儿教师不要急于告诉家长这样的做法是错误的，而是试图去了解家长的想法。这个家庭的文化价值观也许是希望延长孩子的依赖期，让孩子多受些宠爱，而不是强调独立性，教会他们自理的能力。这样的家庭也许会教育他们的孩子：重要的是多接受成人的帮助，而不是自己做。这样的教育代表了一种文化目标，即反对催熟孩子的独立性。

按照新版的《早期教育计划中的适宜的发展练习》的指示，幼儿教师不能简单地把家庭的这种教育方法贬之为"不适宜发展"，并忽视家庭的目标。这种情况需要讨论——大量的讨论——直到教师同家庭能够互相理解彼此的观点，并达成某种一致（关于目标的冲突随后有更多的叙述）。

幼教方案的类型　很多幼教方案期盼全国幼儿教育协会的指导，但是不同的方案太多，以至于无法清晰地分类。

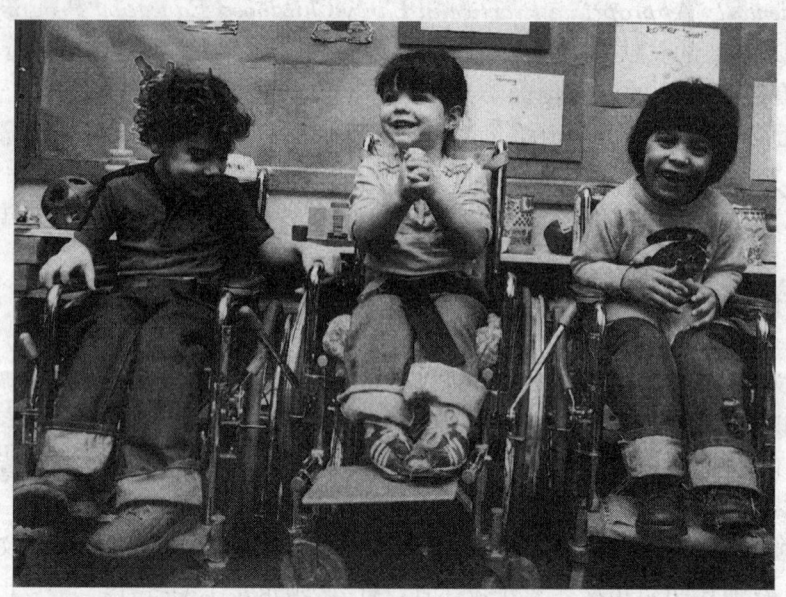

分类项目的区别是看它们是否主要为某种特殊需求的孩子服务的。这样的孩子越来越多地被吸纳进各类项目中。

一个分类的方法是区分全日制和半日制的方案。看起来全日制的方案通常主要关注的是儿童的保育，半日制主要是关注教育。实际上它们的真正区别是时间的长短，两种类型都是既注重保育，也注重教育。

这个领域里过去有个错误的分类：教育方案和保育方案。随着职业化的兴起，这种现象消失了。你不能把保育从教育中分离出来，也不能把教育从保育中分离出去。

早期教育方案还可以根据教育的地点来分类——家里或是保育中心，于是有保育中心教育方案和家庭教育方案两种。家庭幼儿保育尽管缺乏管理，但也在逐步走向专业化。

第二种地点在家里的幼儿教育方案是家访方案,在这个方案里专家或者专业工作者同家庭一起在家里教育孩子。家庭**起点计划**(Head start)方案就是这类方案中最著名的一个,还有其他模式。

另一种幼儿教育方案是满足儿童的特殊需要。但是因为越来越多的有特殊需求的儿童注册在其他方案中,我们最终只考察少数这类方案。我们逐渐懂得隔离使我们的社会丧失了一致性,个别的需求越来越强烈。特殊教育是消除隔离的领域,也是幼儿教育最需要努力研讨的领域。但是,这一领域正在发生变化。目前,美国法律规定,幼儿教育方案必须吸纳提出申请的任何儿童,除非该方案能够证明它们不具备满足有特殊需求儿童的条件。如果它们因为害怕承担额外的负担而任意地决定不吸纳一个特殊的家庭或者一个有特殊需求的儿童,那么就将面临被告上法庭的危险。

资助是幼儿教育方案分类的另一种方法。有公助、私助公益的以及私助非公益的三种方案。作为公助的一个例子,起点计划是一个联邦资助的综合方案,它为低收入家庭提供从出生到五岁的儿童为了获得一个成功的起点所需要的教育、体检和社会服务等帮助。起点计划还有一些州资助的形式,如公立学校管理的早期教育计划。大量的公益方案——一些是宗教组织资助的——满足了多种需求,但都是为幼儿提供半日制或全日制的保育和教育。非公益的资助既有连锁的企业,也有独立的企业。

雇主资助的幼儿保育有多种形式。可能是一个公司为了它的雇员建造、拥有、管理一个保育中心。这种分类的另一种形式也可能是雇主作为福利,提供雇员子女(无论在公司内外)所需保育费用的一部分。许多公司资助的方案是由承担了儿童保育组织、监督等义务的儿童保育管理委员会操作的。

另外一个值得注意的概念是**家长合作学前学校**(parent cooperative preschool),有时称做"家长参与的学前保育学校"。这个方案设计的目的是教育家长。通过教育,家长也可以作为"辅导教师"。家长的合作并不是家长教育这个方案的唯一目的。根据学前教育专业的原则,大多数方案认为幼儿教育并不仅仅是为幼儿服务的,还要为家庭服务。家长教育及其有关事物几乎总是绝大多数幼儿教育计划哲学描述或者目的的一个部分,尽管今天越来越多的方案把家长看做是"参与者"。这种态度与家长教育的态度还是有差别的,后者的目的是帮助家长获得和改进做父母的技巧。把家长看做参与者意味着家长还要在教室外帮助做更多的事情,如一年一度的院落大清扫、洗外衣、烧烤挣钱等。把家长教育的目标定在合作者的方案是希望创建一种平等的关系。这种方案意味着教学计划的职员或者制定者与父母一起来决策孩子的保育和教育,包括决定孩子该学些什么,如何使孩子的学习更容易,以及如何规范和指导孩子的行为。为了做到这点,他们不仅要让父母知道孩子的日常生活和进步,还要使父母增进对孩子的了解和欣赏。保持亲子之间的紧密联系是儿童保育工作的一个重要组成部分。工作人员在任何时候都要牢牢记住:父母是儿童一生中最为重要的人,我们必须努力让父母明白这个道理。

幼儿教育工作者属于一个有着强有力的领导、光荣的历史、完整的伦理规范、严密的组织及其他职业品质的专业团体。无论是在幼儿保育计划、起点计划、家长学校、幼儿加强计划、公立学校计划，或者其他类型计划里工作的幼教工作者都会骄傲地说"我不是小保姆"。

作为一名幼教工作者，你需要教育和训练以具备必要的技能、语言、概念。但是要进入这个领域，你还需要了解一些幼儿教育的历史，因为历史是专业知识的一个重要组成部分，我们将在下面的章节里回顾幼儿教育的历史。

## 儿童发展的历史

研究儿童成长带来的变化的科学领域称做**儿童发展**（child development）。该领域的研究者研讨儿童发展的各个方面，但重点在特定的几个方面，比如儿童如何发展思维和社会技能。20世纪里扩展了的儿童研究在设计多样化的儿童课程方面提供了非常有用的大量信息。

### 历史潮流和特征

回顾历史，我们可以发现，儿童发展相对而言还是个新的研究领域，直到18世纪，儿童还几乎是个没有被深究过的概念。例如，在17世纪的欧洲，儿童还被当成小大人对待。随后，儿童才进入研究者的视野，儿童研究成为学术研究领域。

**先天—后天问题** 儿童发展专家研究的一个关键问题是：究竟是什么决定了儿童的发展？可能的答案通常总是**先天—后天问题**（nature-nurture question）的两者之一：儿童发展是因为遗传、基因作用（先天），还是因为教育、环境作用（后天）。虽然现在还有少数研究者偏向于某一方面，但大多数人同意儿童发展的原因是基因和环境的互动。发展是个动态过程，在这个过程里先天影响后天，反之亦然。

**儿童的本性问题** 先天—后天问题是儿童发展史上反复出现的课题，另一个课题所包含的问题也一直困扰着哲学家和研究者：儿童的本性是什么？

**教会的观点：儿童原罪说** 早先，对于儿童本性的宗教信仰一直影响着人们对待儿童的态度。文艺复兴前，教会是世俗社会的最高权威，它有一套关于儿童本性的理论。根据教会的早期哲学，每一个儿童出生时就带着罪恶的种子，只有严格地约束才能使他们远离更多的罪恶。今天几乎没有儿童发展专家还持有这样极端的观点，但是这样的理念还时时可见。有些人认为儿童的野性必须要驯化、塑造、规范，犹如树木生长过程中枝条的弯曲、修剪是必须的。

**洛克和白板说** 英国哲学家约翰·洛克（John Locke，1632—1704）首先论述新生儿是块白板，他也是第一个论述儿童没有与生俱来的自我发展的能力，而是环境决定结

专家们长期以来争论不休的是：究竟是遗传还是环境决定了孩子的发展方式。今天，绝大多数人同意遗传和环境共同影响了孩子的发展。

果。洛克认为儿童是被动地接受经验而不具有主动的倾向去尝试思考和行动。（从这个观点引申出一系列的行为主义者。本章随后还会提到约翰·华生和 B. F. 斯金纳（John Watson & B. F. Skinner），他们是两位最著名的行为主义学者。）

按照白板理论，儿童对各种各样的学习都是开放的，学习将把孩子打造成在社会里有能力获得成功的成人。发展主要来源于家庭和父母，外部的各种早期经验也将影响儿童的发展。儿童的白板说这一理念对影响孩子发展的人增加了巨大的责任。这一理论的支持者认为孩子的家长和教师对孩子的一切——性格、智力、倾向，甚至幸福与否都具有决定性的力量。有些人甚至认为，孩子的成长完全是环境的作用，内在的因素是一点也不起作用的。孩子优秀，家长和教师应该得到嘉奖，如果反之，则应受到责备。

卢梭和小天使观点　有些人认为，儿童是纯洁的、无罪的，人们所需要做的仅仅是释放他们巨大的潜能。按照这种观点，儿童更像是一粒种子。只要给种子以良好的土壤、营养、水分、阳光和空气，造物主会完成其他一切。对待儿童也是如此。如果他的需要得到满足，无需训练、监督、惩罚、奖励，儿童这朵鲜花也会盛开。

法国哲学家让-雅各·卢梭(Jean-Jacques Rousseau，1712—1778)就持有这种观点。他认为儿童生来就具有向善的内在动力，而这种善良对于成人社会的腐败缺乏抵抗力。他的观点完全不同于前面所说的儿童原罪说和白板说。卢梭提倡儿童自由发

## 第一部分 教学过程导论：幼儿教师的角色

展，成人应当尽量少地干预，更不要喋喋不休地指导和修正他们的行为。他相信儿童自然会照料好一切。发展意味着展开，卢梭认为儿童发展的过程就是本性展开的过程，如同玫瑰花蕾的绽开。你不用去分开花瓣，它们自然会开放的。

20世纪前半段及随后的一段时间，一些学前教育机构根据这种儿童本性向善的观点，创立了一种开放的、自由的学校，在60年代达到高潮。在这种学校里儿童依据自然状况分组，鼓励他们去利用泥土、水、沙、黏土和其他教育工具。儿童们可以自由地进行室外活动，自由地按照自己的倾向和兴趣玩耍而不用去顾虑目标、责任感、效率和未来的职业要求等等。

因而，在今天的早期教育理论的背后有三股历史的潮流：教会的原罪说、洛克的环境因素说和卢梭的自然发展论。这些关于儿童本性的科学研究仍然影响着今天的儿童发展理论。但是，这并不意味着所有的人都赞成全部的观点。在那些依靠儿童发展理论指导他们设计方案的早期教育工作者中一直都有不同的看法。实际上，今天的争论主要是围绕着研究儿童发展中的文化多元化的结论，这一领域历史上一直是白人的研究占据统治地位。

### 儿童发展的理论家及其理论

科学家们先后对儿童的研究作出了贡献，这些理论至今仍然影响着幼教工作者。当代人们看待、理解、对待儿童的方式仍然受到这些理论架构的极大影响。

---

**框1.1 多棱镜**

**关于"儿童本性"的不同观点**

在一个隶属于教会的小型学前教育研讨班上，一个讲演者做了一个关于纪律的讲座。首先，她论述了每个人都有对于"儿童本性"的认识。她建议把这些观点排成一队：队列头部是关于种子的设想，即卢梭的观点"儿童是小天使"；在队伍的尾部是"小恶魔"，即儿童生来就是有罪的，只有用"铁腕"迫使他们走上从善之路的理论。她要求每个参与者根据自己对儿童本性的认识排到这个想象的队伍中相应的位置上。绝大多数人都把自己排到队伍的前半部分（天使论），只有两个人例外。一个人把自己排在队伍的末尾，另一人根本就拒绝排队。当要求参与者解释他们的立场时，大多数人都不同程度地认为儿童是无罪的。站在队伍末尾的那位即将成为教堂的牧师，他振振有辞地论述了诱惑的力量。讲演者注意到了大多数人都是教堂的会众，不知道是否因为他们童年所受的教育冲淡了教会强调的原罪说。站在队外的那个人有一些哲学的根底，她同样雄辩地论证了无所谓"原罪"或"本性"，她相信儿童是环境的产物。在这样形象地展示了不同的观点后，讲演者就能够论述同儿童、儿童本性和需求相关的纪律问题了。

---

查尔斯·达尔文（Charles Darwin，1809—1882）关于他自己孩子的日记标志着儿童研究科学方法的开端。随后，G.斯坦利·霍尔（G. Stanley Hall，1844—1924）把儿

童的科学研究又向前推进了一步，以儿童群体的研究取代了儿童个体的研究。霍尔还保持了研究儿童发展阶段轶事的记录。

前面曾经提及的霍尔的学生阿诺德·格塞尔继续对儿童发展阶段作系统的研究，他逐月拍摄一些婴儿，以记录他们爬行、坐起、站立及至走路等等的平均年龄。由于他的细致研究，他创立了儿童身体发展阶段标志的规范。

**吉恩·皮亚杰：认知理论**　吉恩·皮亚杰（Jean Piaget，1896—1980）较少关注身体发展阶段的标志，比如坐、走等，而是更为关注表明智力发展阶段的认知标志。事实上，皮亚杰首创了**认知阶段**（cognitive stages）的概念。皮亚杰被认为是研究儿童发展的一位巨人，并且直到今天仍然对该领域有着深远的影响。

皮亚杰毕生研究儿童是如何思维的。他多年观察儿童，参加对儿童的门诊，以研判他们智力的理性发展。按照皮亚杰的理论，儿童通过与人和环境的交往来试图理解这个世界和它的运作，在这一过程中，儿童发展了他们的判断能力。尽管起初儿童的探索只能达到非常具体的水平，但随后他们就能够开始脱离具体的动作来理解和解释事物，当少年们能够用逻辑来阐述理念的时候就达到了认知发展的最高阶段。

皮亚杰是个**阶段论者**（stage theorist），他相信"发展"的本义。也就是说，在成熟的过程中，阶段依次展开。发展总是按照固定的次序以明显的层级渐次发生（皮亚杰的阶段论对于幼教工作者是非常重要的，它们覆盖了从出生直至八岁。见表1.1）。

**表1.1　皮亚杰：认知发展阶段**[1]

| 年　龄 | 阶　段 | 特　　征 |
| --- | --- | --- |
| 0～2 | 感　官 | 儿童运用他们的身体和感官来理解世界。在这一阶段的末期，婴儿既用智力也用身体来学习。 |
| 2～6 | 前运算 | 儿童扮演戏剧和对话，表明他们能够运用形象的思维。儿童的想象仍然有许多局限：它是以自我为中心的，通常没有逻辑性，更多地依赖直觉和感知。他们还得学会弄清现实和想象的不同。 |
| 7～11 | 具体运算 | 儿童以具体的词语思维。他们能更加理性、更加客观地理解世界。他们能够分类和记忆。 |

皮亚杰认为应当把儿童置于一个丰富的环境中，让他们以一种探索的方式互动。

---

[1] 这张表仅仅是皮亚杰认知发展阶段论的部分观点。

# 第一部分 教学过程导论：幼儿教师的角色

他不看重正确的答案，也不通过奖励体系来形成和修改答案。

基于皮亚杰和其他科学家的研究，儿童一般被认为是主动的学习者。信奉皮亚杰理论的人们坚定地认为应当允许儿童进行第一手的探索实验，实践中的学习远比坐着听老师讲课重要。

据皮亚杰的理论，想象的和假扮的游戏对认知发展也是很重要的。通过这类游戏，儿童创建了精神上的想象，在智力的发展上走出了最初的一步。因此，很多幼教项目都有戏剧角，在那里幼儿可以穿上戏装演戏。

吉恩·皮亚杰——儿童发展理论的巨人正在观察儿童（左边第一人）。

**西格蒙德·弗洛伊德和埃里克·埃里克森：精神分析和社会心理学理论** 相对于智力及其发展，精神分析学家更着眼于情感。这一领域里的领袖人物是西格蒙德·弗洛伊德和埃里克·埃里克森（Sigmund Freud, 1856—1939；Erik Erikson, 1902—1994），他们两人都关注人类心灵深处的秘密。

有"心理学之父"之称的西格蒙德·弗洛伊德最初是研究有心理障碍的成年人，由此产生了儿童性心理发展阶段的理论（见表1.2，它覆盖了儿童早年的各个阶段）。他相信，个人早年的经历决定个性的发展，并导致最终的结局。他还描述了儿童早年的经历和情感是如何在他们的戏剧扮演中显露出来的。在绝大多数幼儿的活动中，你能发现儿童通过戏剧扮演展示了心理分析理论中的情感焦虑。在家务角的小女孩正在扮演医生的角色，使用厨房器具给每个人注射，这正是在展示她自己的"经历—尝试"角色，体验恐惧和激动。

表 1.2　西格蒙德·弗洛伊德：性心理发展阶段[1]

| 年　龄 | 阶　段 | 特　征 |
|---|---|---|
| 0～1 | 口腔期 | 儿童的愉悦感受集中在口腔及其周围区域。喂食是快感的主要来源。 |
| 1～3 | 肛门期 | 儿童的愉悦感受集中在肛门。这一阶段的主要任务是训练他们学会控制排泄。 |
| 3～6 | 性器期 | 生殖器及其刺激是愉悦的来源。这一阶段部分是恋母情结和恋父情结的混合。 |
| 7～11 | 潜伏期 | 性的需求暂时冻结，这一阶段的愉悦来自于多种多样的活动。 |

　　在皮亚杰看来，同样的情境表现了儿童在发展想象中的角色替代。他们用一个物体代替另一个，来表示他们心中真实物体的形象。认知理论和精神分析理论是看待同一行为的两种不同方法。但是，像皮亚杰一样，弗洛伊德也是个阶段论者，他相信在连续不断的阶段中心智会逐渐显露。

　　观察一个新生儿的嘴巴，它始终在忙碌着。新生儿时期——人生的第一年——即弗洛伊德所说的"口腔期"。口腔的满足正是新生儿寻找的。并不是胃里需要食物，而是嘴巴里要有食物的感觉。口腔期之后就是弗洛伊德所说的"肛门期"，这一时期训练控制排泄是主要任务，需要非常细致地对待。

　　埃里克·埃里克森是弗洛伊德的学生，但是他凭自己的学问成为一名重要的早期教育理论家。埃里克森重新审视了弗洛伊德的阶段论，提出了自己的观点——心理社会学理论。埃里克森认为，出生的第一年就是婴儿发展基本的社会信任感的时期。在这**第一个心理社会阶段**（psychosocial stage），只要他们的需求得到满足，有人留意他们的啼哭并给他们喂食，他们就认为这个世界是安全的有保障的场所。反之，如果没有人来照料他们，他们就会认为这个世界是冷漠残酷的。这不仅取决于对他们做了些什么，而且要看是如何做的。很少得到关爱的儿童学会了不信任。根据埃里克森的观点，新生儿随后的阶段是自主阶段，这一时期，儿童学会了说"不"和抗议（表1.3是儿童早年发展阶段表）。

---

〔1〕 这张表仅仅是弗洛伊德性心理理论的部分观点。

# 第一部分 教学过程导论：幼儿教师的角色

### 表 1.3 埃里克·埃里克森：心理社会发展阶段[1]

| 年 龄 | 阶 段 | 特 征 |
|---|---|---|
| 0~1 | 信任对不信任 | 如果孩子的需求得到满足，并且得到细致的照料，他们会信任这个世界；反之，他们会认为这个世界是冷酷和充满敌意的，进而不信任这个世界。 |
| 1~3 | 自主性对羞愧和疑虑 | 孩子们在诸如喂食和如厕等领域逐步学会独立自主，他们能说出和坚持自己的意见。如果他们不能体会到某种程度的自信，他们就会怀疑自己的能力，并感到羞愧。 |
| 3~6 | 主动对愧疚 | 孩子们相信这个世界中的自我，尝试新的行为，探索新的方向。如果试图走得太远，他们就需要不断地试图去克服困难。在这一过程中，他们会因为内心的渴望引导他们陷入麻烦而感到愧疚。 |
| 7~10 | 勤奋对自卑 | 孩子们学习技能，努力在不同领域里取得成绩。一旦他们不能学会新技能，做不到多才多艺，他们就会感到自卑。 |

埃里克·埃里克森研究了弗洛伊德的儿童发展阶段论，发展了自己的社会心理学理论。

**约翰·B.华生和 B.F.斯金纳：行为主义和学习理论** 约翰·B.华生(John B. Watson, 1878—1958)是美国的一名心理学家，他是"现代行为主义之父"，对儿童持有另一种观点。他相信所有的行为都是习得的，并且可以通过训练改变它。以他的理论来看，等待一个阶段的自然结束没有任何意义。

华生和另一位著名的行为主义学者 B.F.斯金纳(B.F. Skinner, 1904—1990)都认为，只有能够被观察到并被测量的外显行为才值得去研究。他们认为凡是看不见的，包括"智力"、"情绪"等概念都是无足轻重的。他们排斥随着年龄和阶段逐渐发展的理念，并且不相信内在的行为或本能。依据华生和斯金纳的理论，所有的行为者都是通过个体行为的后果来学习的：儿童会

[1] 这张表仅仅是埃里克森心理社会阶段论的部分观点。

重复受到强化的行为,停止没有受到强化的行为。对待成年人使用奖励(强化),简单的比如认可、表扬,复杂的比如象征性的经济刺激,同样是受到基于行为主义原则的**学习理论**(learning theory)的影响。无论如何,家长和教师有时会误解行为主义学习理论的原则,他们简单地对错误行为表示关注,甚至以矫正错误行为的名义,实际上成人们是在强化这类行为。按照行为主义学者的观点,最好是你只关注你希望发生的行为,而忽略你不希望发生的行为。

星星图是行为主义学者强化行为者愿望的工具——图例中是家务活完成情况图。

**艾伯特·班杜拉:社会学习理论** 艾伯特·班杜拉(Albert Bandura, 1925— )是行为学习理论的一个分支——**社会学习理论**(social learning theory)的一名研究者。这一理论关注在儿童发展过程中榜样和效仿的意义。依据这一观点,儿童的学习不仅仅是通过强化,还通过观察同伴的言行学习。儿童希望像他们生活圈子中的人一样,认同某些人,而不认同另一些人。

因为早期教育工作者必须始终意识到自己对孩子的表率作用,所以本书特辟两章(第六章和第七章)论述榜样的作用。成人们(教师和家长)有责任表现得像孩子们在媒体上,尤其是在电视上看到的那些榜样一样。成人们能够告诉小男孩不要欺负人,小女孩不要依赖人,但孩子们更容易模仿周围人的言行而不会去留意你说了些什么。社会学习理论学者认为,"照我说的做,不要照我做的学"这些话是丝毫不会起作用的,不管你重复多少遍。

**列夫·维果茨基:社会环境和意义建构** 由于社会环境受到当代幼儿教育专业人士极大的关注,俄罗斯的**社会文化理论**(sociocultural theory)学者列夫·维果茨基(Lev Vygotsky, 1896—1934)的理论近来极为流行。维果茨基和埃里克森都对文化在儿童发展中的作用感兴趣。像埃里克森一样,维果茨基相信文化对儿童发展的影响,但他不是弗洛伊德学派。他的兴趣像皮亚杰一样在于认知的发展。他认为,儿童不仅仅是吸收知识,他们还建构了知识,这同皮亚杰的观点是一致的。维果茨基相信,语言和社会交往是儿童学习和发展中最关键的因素。

但是,与皮亚杰不同的是,他不赞成让儿童在没有成人的帮助下去尝试和经历。维果茨基是**脚手架**(scaffolding)理论的倡导者,也就是说,要给学习者以支援和帮助。按照维果茨基的观点,援助行为是善意的,也是儿童需要的。而按照皮亚杰的观点,儿童应该独立去探索环境,在没有成人的帮助下去寻找自己能够做的事。

这里,我们用一个例子来说明在儿童发展和儿童需求方面两种截然相反的观点。皮亚杰严厉批评那种灌输正确的答案,驱使儿童朝一个目标前进的教师。对待这样的教师,他也许会说:"为了让学生把事情做正确,你对他们施加了太大的压力,在他们还没有准备充分时就推动他们向前。"相反,维果茨基可能会说:"当你能给予帮助的时候为什么要等待呢?"

啊,理论! 各种各样的理论中,谁的理论才是正确的? 谁的理论是错误的? 对于早期教育的理论而言,没有截然分明的正确与错误。即使某种理论与其他理论相矛盾,但对于我们理解儿童都是有帮助的。由于没有一种理论能够包罗万象,对于早期教育工作者来说,重要的是采取一种兼收并蓄的态度——从基于不同理论的方法中选择一种以适合特定的时空环境和具体的儿童。职业的教师们有对某种理论的不同偏好,可能会更倾向于某种观点,但是没有一个幼儿教师能够绝对地排斥其他理论。作为一个兼收并蓄的教师,有所选择,不是软弱而是强大的表现。

## 教育先驱

上述的理论家们对早期的幼儿教育领域有很大的贡献,但是他们还不是幼儿教育家。本节将回顾一些非常著名的幼儿教育家以及他们创设的机构。

J. H. 裴斯泰洛齐(J. H. Pestalozzi,1746—1827)根据教育应该追随儿童的本性的原则在瑞士开设了学校。他相信儿童能够从活动和感性经验中学习,所以他很强调综合课程。

裴斯泰洛齐影响了一个德国教育家弗里德利克·福禄贝尔(Friedrich Froebel,1782—1852),他以创立幼儿园而被誉为"幼儿园之父"。福禄贝尔把游戏引进了幼儿教育。他认为儿童是种子而教师是园丁。所以,幼儿园这个名字,在德文里即是儿童之园的意思。

玛丽亚·蒙台梭利(Maria Montessori,1870—1952)是意大利的第一个女性心理学家,但她作为教育家更为著名。她创立了自己的一个教育学派,直到今天仍然以她的名字命名。她很强调在学习过程中儿童参与的活动,促进关于周边环境概念的形成。适宜儿童体型的家具和特制的儿童自我纠正的学习材料是**蒙台梭利**

(Montessori)学派的两大杰出贡献。

约翰·杜威(John Dewey, 1958—1952),一个创立了进步教育运动的美国人。像他的前人一样,他也提倡经验学习。他相信课程应当建立在儿童的兴趣基础之上,主体内容应当包含儿童的兴趣。自杜威以后,才有了**儿童中心课程**(child-centered curriculum)的概念。

杜威的观点影响了美国和其他国家的教育研究人员。事实上,他的方法论影响了洛里斯·马拉古兹(Loris Malaguzzi, 1920—1994),他在意大利创立了国际拥戴的瑞吉欧·艾米利娅(Reggio Emilia)早期教育体系。这一体系中的许多部分都很有名:在所有层面上的合作与协作,组合了提升强化儿童兴趣的方案、学习过程的文件、儿童自己制作的作品等等的混合课程。

我们已经回顾了植根于欧洲的儿童早期教育,但是源于其他文化的历史和潮流也很重要。参见框 1.2 关于儿童多种文化观点的讨论和框 1.3 探究各种文化中幼儿实践的阅读书单。

## 框 1.2 多棱镜

### 关于儿童的多种文化观点

为了体现多元化,我们应当平等地对待那些非欧洲文化的儿童观、历史和潮流。通过观察不同的文化,我们看到许多不同的照料和教育儿童的方法。没有哪一种是绝对正确的,重要的是要幼教工作者们理解学习不同儿童观的价值。

不幸的是,关于那些非西方国家儿童的历史和发展趋势的信息是不容易把握的。确实,关于不同文化的儿童、教育、家庭的历史描述非常多,但远远不是这本书所能涵盖的。所幸,框 1.3 提供了阅读书单,以使你能进一步探究。为了激起你的兴趣,这里略述一二。

从历史上看,中国和日本对待儿童的态度深受孔夫子(公元前 551—公元前 479)的影响。他强调和谐,儿童本性是善的,应当受到尊重。这一观点在近代欧洲才出现。

美洲人的著作展现了紧密的联系和相互结合,这种联系不仅存在家庭和部落之间,也存在于人和自然之间。在许多贫穷的人群中,给儿童灌输关系和密切联系是个历史性的主题。

牢固的亲属关系网是非洲人和非裔美洲人的主题。他们为了公共的利益团结在一起,共享资源。这些当代的潮流是来源于古老的传统,还是历史或现代的压迫,或者三者都是,仍然是个谜。

对待儿童的态度和哺育的多样性并不都是反射了文化的差异性。它们可能来源于家庭、社会或者历史的环境。贫穷、压迫以及其他的苦难都会影响哺育孩子的实际和对待教育的态度。在婴儿死亡率居高不下的族群里,儿童的哺育有着共同的特点:婴儿整日被放在看护者的身上或身边,以便能及时发现他生病的迹象。哭声立刻会引起大人的注意,因为这可能是疾病突然发作的征兆。在这样的社会中,早期教育以及社会观和情感的培育,都会让位于生存的主题。[1]

---

[1] Robert A. LeVine, "Child Rearing as Cultural Adaption," *Culture and Infancy: Variations in the Human Experience*, ed. P. Herbert Leiderman, Steven R. Tulkin, and Anne Rosenfeld (New York: Academic Press, 1977).

# 第一部分 教学过程导论：幼儿教师的角色

> **框 1.3**
>
> ### 探究早期教育实践中文化多样性之源的论著
>
> Akbar, Na'im. *The Community of Self*. Tallahassee, FL: Mind Productions, 1985.
>
> Allen, Paula Gunn. *Off the Reservation*. Boston: Beacon Press, 1998.
>
> Bernhard, Judith K., Marlinda Freire, Fidelia Torres, and Suparna Nirdosh. "Latin Americans in a Canadian Primary School: Perspectives of Parents, Teachers, and Children on Cultural Identity and Academic Achievement." *Canadian Journal of Regional Science* (Spring, Summer, 1997): 217–237.
>
> Cajete, Gregory. *Look to the Mountain: An Ecology of Indigenous Education*. Durango, CO: Kivaki Press, 1994.
>
> Cannella, Gaile Sloan. *Deconstructing Early Childhood Education: Social Justice and Revolution*. New York: Peter Lang, 1997.
>
> Coll, Cynthia Garcia, Gontran Lamberty, Renee Jenkins, Harriet Pipes McAdoo, Keith Crnic, Barbara Wasik, Hanna Garcia, and Heidie Vazquez. "An Integrative Model for the Study of Developmental Competencies in Minority Children." *Child Development*, 67 (1996): 1891–1914.
>
> Delpit, Lisa. *Other People's Children: Cultural Conflict in the Classroom*. New York: The New Press, 1995.
>
> Edwards, Carolyn Pope, Lella Gandini, and Donatella Giovaninni. "The Contrasting Developmental Timetables of Parents and Preschool Teachers in Two Cultural Communities." *Parents' Cultural Belief Systems*. Eds. Sara Harkness and Charles M. Super. New York: Guilford, 1996. 270–288.
>
> Fadiman, Anne. *The Spirit Catches You and Your Fall Down: A Hmong Child, Her American Doctors, and the Collision of Two Cultures*. New York: Noonday Press, 1997.
>
> Fernea, Elizabeth Warnock. *Children in the Muslim Middle East*. Austin: University of Texas Press, 1995.
>
> Garcia, Eugene, Barry McLaughlin, Bernard Spodek, and Olivia N. Saracho. *Meeting the Challenge of Linguistic and Cultural Diversity in Early Childhood Education*. New York: Teachers College Press, 1995.
>
> Gonzalez-Mena, Janet. "Understanding the Parent's Perspective: Independence or Interdependence?" *Exchange* (Sept. 1997): 61–63.
>
> Hale, Janice E. *Black Children: Their Roots, Culture and Learning Styles*. Baltimore, MD: Johns Hopkins University Press, 1986.
>
> Hsu, Francis L. K. *Americans and Chinese: Purpose and Fulfillment in Great Civilizations*. Garden City, NY: Natural History Press, 1970.
>
> Kagan, Jerome. *The Nature of the Child*. New York: Basic Books, 1984. 244–245.
>
> Kagiticibasi, Cigdem. *Family and Human Development Across Cultures*. Mahwah, NJ:

Erlbaum, 1996.

Kawagley, A. Oscar. *A Yupiaz Worldview: A Pathway to Ecology and Spirit*. Prospect Heights, IL: Waveland, 1995.

Lee, Joann, *Asian Americans*. New Press, 1992.

LeVine, Robert A., Sarah LeVine, P. Herbert Leiderman, T. Berry Brazelton, Suzanne Dixon, Amy Richan, and Constant H. Keefer. *Child Care and Culture: Lessons from Africa*. Cambridge University Press, 1994.

Lewis, C. C. *Educating Hearts and Minds: Reflections on Japanese Preschool and Elementary Education*. New York: Cambridge University Press, 1995.

Lubeck, Sally. *The Sandbox Society: Early Education in Black and White America*. Philadelphia: Falmer, 1985.

Neihardt, John G. *Black Elk Speaks*. New York: Pocket Books, 1972.

Nsamenang, A. B. *Human Development in Cultural Context: A Third World Perspective*. Newbury Park, CA: Sage, 1992.

Pence, Alan R. "Reconceptualizing ECCD in the Majority World: One Minority World Perspective," *International Journal of Early Childhood* 30.2 (1998): 19–30.

Rael, Joseph. *Being and Vibration*. Tulsa, OK: Council Oak Books, 1993.

Rogoff, Barbara, Frances Stott, and Barbara Bowman. "Child Development Knowledge: A Slippery Base for Practice." *Early Childhood Research Quarterly*, 11.2 (1996): 1169–1184.

Ross, Allen C. (Ehanamani). *Mitakuye Oyasin: We Are All Related*. Denver: Wichoni Waste, 1989.

Soto, Lourdes Diaz. "Understanding Bicultural/Bilingual Young Children." *Young Children* (Jan. 1991).

Soto, Lourdes Diaz. *Language, Culture, and Power: Bilingual Families and the Struggle for Quality Education*. New York: State College of New York Press, 1997.

Tedla, Elleni. *Sankofa: African Thought and Education*. New York: Peter Lang, 1995.

Trawick-Smith, Jeffrey. *Early Childhood Development: A Multicultural Perspective*. Columbus, OH: Merrill, 1997.

Valdes, Guadalupe. *Con Respeto: Bridging the Distances Between Culturally Diverse Families and Schools*. New York: Teachers College Press, 1996.

Villarruel, Francisco A., David R. Imig, and Marjorie J. Kostelnik. "Diverse Families." *Meeting the Challenge of Linguistic and Cultural Diversity in Early Childhood Education*. Ed. Eugene E. Garcia and Barry McLaughlin. New York: Teachers College Press, 1995. 103–124.

## 职业意味着什么

本书一开始就解释了为什么早期教育的学生必须要学习该职业的语言，理解该职业的组织和管理。最后这一节将换个视角来看待这一职业。

早期教育工作者应了解该职业的行为方式。他们知道信任的重要性，他们从不对一个家庭谈论另一个家庭或者传播流言。他们具有职业的严肃性，他们用职业教育和培训中学到的知识和技能全身心地为幼儿和他们的家庭服务。

早期教育工作者是终身学习者。他们不断地追随职业的发展，给自己制定职业的目标，利用在职评价和反馈，还有自我测评，以决定未来的学习方向。

他们理解和领会管理部门制定的要求。他们坚持一定的师生比、班级规模、按照最低标准必须具备的空间，并且明白要努力达到那些最适宜的标准（规模和空间管理将在第七章里进一步讨论）。

## 法定责任

幼儿教育工作者意识到自己的法律责任。例如，他们理解辱骂孩子的严重性，知道自己有法定责任汇报任何可疑的案例。

幼儿教育工作者有可能会面临这样的情境：一个来校报到的四岁孩子面颊上有明显的疤痕，他妹妹的手臂上有好几处烫伤。老师问四岁的孩子："你这是怎么了？"又转脸看他的妈妈，这个羞怯的妈妈刚刚有了新的男朋友，不愿做任何解释，匆匆离去。孩子稍后告诉老师，那个"鲍伯叔叔"用香烟烫妹妹，他试图去阻止他，被他重重地摔在了墙上。

这位教师心烦意乱，也为这位母亲难过。她知道这位男朋友对于母亲来说，无论在情感上和经济上都是重要的。如果她汇报了这个虐待儿童的案例，可能的结果就是：或者她失去她的孩子，或者她们都像以前一样回去住在破旧的汽车里。教师该怎么办？她没有选择。她不能无视这个伤害事故，并且企望事态会自动趋于好转。她也不能只同这位母亲谈话，希望能获得一些帮助。她必须立刻向当局报告这一虐待事例。

教师、救助人员、助手、家庭照料提供者、看护以及任何同孩子和家庭有联系的成人都是"法定义务的报告者"，也就是说，法律要求他们报告可疑的虐待事例。不这样做，将要受到法律制裁。法律的目的是要阻止针对儿童的暴力犯罪——这种每天都在发生的暴力导致了儿童的伤害、残疾，甚至死亡。

## 道德规范

早期教育工作者有法律的责任自主决策某些事情，但是他们不能完全根据自己的喜好处理非法律的事务。因为早期教育是一门职业,该职业有一系列的道德准则规范了成员的决策。全国幼儿教育协会出版了一份文件,上面概括了一系列由该职业的集体智慧所产生的共享价值和义务。[1] 道德法则源于六个核心原则,开篇都是相同的"我们承诺

> 意识到儿童是人类生命循环中独特的有价值的阶段,我们对孩子所做的工作应基于儿童发展的知识。
> 欣赏并支持儿童和家庭的紧密联系,意识到应在家庭、文化和社会的综合背景下了解儿童。
> 关注每一个个体(孩子、家庭成员、同学)的尊严、价值和唯一性。
> 在信任、尊重和正面评判的关系基础上,帮助每一个孩子和成人充分发挥他们的潜能。"

全国幼儿教育协会的道德法则设计的目的是为解决道德两难的问题提供职业的指导。它展示了对四个方面的责任:孩子、家庭、同学、社区和社会。[2]

到目前为止,你已经明白你将要成为这个为所有儿童贡献一生的职业社团中的一个成员。通过追随早期教育的从业人员,你将进入这门有着过去、现在和未来的职业,欢迎你!

## 小结

早期教育是教育的一个特别分支,它主要关注从出生到八岁的儿童。早期教育工作者的培训有四个关键的主题:反思、多元文化观、整体观和职业精神。早期教育工作者将儿童发展理论视为职业知识的基础,以了解儿童需要什么以及他们是如何学习、发展的。与此同时,无数的专业团体用其所从事的不同类型的项目来指导和支持早期教育工作者。

儿童发展理论是研究随着年龄增长儿童是如何变化的。多年以来,在这个领域中的研究者们已经发展了多种理论以阐释儿童的体力、认知、情绪、社会和行为方面的发展,这些理论至今还在幼儿教育领域里保持着应有的地位。从这些理论中得到启示,许多教育工作者通过发展创造性的和创新性的项目对早期教育作出了贡献。早期教育是一个既承担法律责任也承担道德责任的职业,它献身于儿童、家庭、同学和社会。

---

[1] Stephanie Feeney and Kenneth Kipnis, *Code of Ethical Conduct and Statement of Commitment* (Washington, DC: NAEYC, 1990).

[2] *National Association for the Education of Young Children Code of Ethical Conduct*, prepared by the Ethics Commission of the National Association for the Education of Young Children (Stephanie Feeney, Chair) (Washington, DC: NAEYC, 1992).

第一部分　教学过程导论：幼儿教师的角色

## 自我测试

学习本章后，你能够
* 说出早期教育教师培训的四大主题吗？
* 解释"反思"的意思和意义吗？
* 论述为什么本书采取多元文化观吗？
* 描述"整体观"是什么意思吗？
* 给"年龄和阶段"下定义吗？
* 说出给早期教育制定标准的机构名称吗？
* 说出"非此即彼"和"彼此皆可"两种思维的区别吗？
* 讨论"先天—后天问题"吗？
* 描述关于儿童本性的三种观点吗？
* 说出四个儿童发展理论家的名字及其理论吗？
* 举出一个互相对立的儿童发展理论的例子吗？
* 阐述一个早期教育工作者必须具备的法定责任吗？
* 说出早期教育职业的道德规范源于何处吗？

## 需知术语

下面的这些词语和缩略词之中，你能用多少个造句？你知道它们的含义吗？

| | |
|---|---|
| 反思 | 父母合作学前学校 |
| 多元文化 | 儿童发展 |
| 整体观 | 先天—后天问题 |
| 职业化 | 认知阶段 |
| 自然课程 | 阶段论者 |
| 课程 | 性心理阶段 |
| 身体发展标志 | 心理社会阶段 |
| 年龄和阶段 | 行为主义理论 |
| ACEI | 学习理论 |
| NAEYC | 社会学习理论 |
| CDF | 社会文化理论 |
| 彼此皆可的思维 | 脚手架 |
| 保育中心 | 蒙台梭利 |
| 家庭教育方案 | 儿童中心课程 |
| 起点计划 | |

## 深入阅读

Bredekamp, S., & Copple, C. (Eds.). (1997). *Developmentally Appropriate Practice in Early Childhood Education Programs*. Washington, DC: NAEYC.

Ceglowski, D. (1998). *Inside a Head Start Center: Developing Policies From Practice*. New York: Teachers College Press.

Feeney, S., & Kipnis, K. (1990). *Code of Ethical Conduct and Statement of Commitment*. Washington, DC: NAEYC.

Hymes, J. (1998, May). A Child Development Point of View. *Young Children*, 53 (3), 49-51.

NAEYC Position Statement on Licensing and Public Regulation of Early Childhood Programs. In *Young Children*, 53 (1), 43-50.

Nunnelley, J. C., & Fields, T. (1999, September). Anger, Dismay, Guilt, Anxiety — The Realities and Roles in Reporting Child Abuse. *Young Children*, 54 (5), 74-79.

Wolery, M., & Wilbers, J. W. (Eds.). (1994). *Including Children with Special Needs in Early Childhood Programs*. Washington, DC: NAEYC.

## 结尾故事

我决定回到学校去是在很久以前的某一天,那时我已经有了四个孩子。学校的概念对于我是非常的遥远,直至收到广告的那一天。从那天起我的生活就改变了。

我是个非常忙碌的女人。我最大的孩子在幼儿园,中间的两个分别是三岁和四岁,还有个是婴儿。我决定每个星期把孩子放在父母合作学前班里三个上午,我在学前班做两个上午义工。每个星期五孩子们在学校,我可以有空做自己想做的事。第一个星期五,我很高兴这一天终于结束了;第二个星期五,我开始知道我不想离开学前班了;第三个星期五前,我知道一个新的起点计划学前班在同一个地区准备开学,需要志愿者。我报了名,开始了一个学前班志愿者的职业生涯。

我完全被学前教育迷住了。正当我忙于了解我所从事的两个项目之间的异同时,我收到了一个广告,宣称一家社区学院正开设早期教育课程。起初,去上学的念头对于我似乎很荒谬:我已经是有四个孩子的成年妇女了,我的生活里哪里还有学院的位置?我已经很久没有去过学院,都不记得如何学习了。另外,在一个全是18岁青年的班上能找到我的位置吗?

不管怎样,我还是拿起电话向学院注册。去上第一节课时,我紧张得连脚趾都在打颤,但没用多长时间,我就感觉像在家里一样了。班上有与我一样大年龄的学生,年轻人也很友善。这就是我早期教育职业生涯的开端。我的课程学习让我从一个志愿者进步到助理教师。学习的课程越多,我就走得越远,直到我在开始当学生的这个社区学院里成为一名大学教师。

## 下章导读

在第二章里,你将学习到确保孩子安全的管理技能,包括能让你在照料一两个儿童的同时顾及其他孩子的双重焦点技能。"孩子不听话时我该怎么办?"是新手最常问的一个问题。下一章将论述该问题并研讨如何合法地处理孩子之间的冲突。第二章还将论述与早期教育新手有关的安全、健康的环境的特点。

# 第二章
## 首要之务：确保孩子的身体健康和安全

观察和监护
新手的观察技能
新手的监护技能
    关注个体和群体
    指导中的应急课程
    争端会成为安全问题
    具备安全措施的冒险
    帮助孩子从自我的经验中学习
安全的物质环境
    发展的适宜性
    作为预防的维护
    卫生程序
    项目措施和健康安全的程序
    影响健康与安全的压力和挫折
小结
自我测试
需知术语
深入阅读
结尾故事
下章导读

第一部分　教学过程导论：幼儿教师的角色

在这一章里你将了解：
* 如何监护你的孩子以确保他们的安全。
* 孩子们不听你的话时该怎么办。
* 如何阻止不被允许的行为。
* 为什么发怒在控制孩子的行为中是无效的。
* 如何有效地同孩子们沟通。
* 为什么在孩子冲突时存在危及安全的危险因素。
* 如何安抚冲突中的孩子。
* 在传授安全技能时会发生哪类危险。
* 如何创设安全的环境。
* 如何在物质环境中减少压力和挫折。

我还记得我第一天同孩子们在一起时的情形，我笑得是那么多以至于到午饭时我的脸部肌肉已经疲惫不堪。我是那样地渴望被孩子们喜欢，以至于我都成为热情和友善的画片，除非一个孩子做了错事。那时，我就会变得很无助，因为我不知道该如何很友好地处理这些不受欢迎的行为。我羞于指出孩子的错误，如果它不是很危险的话，我甚至转过身去佯装没有看见。其他的时候，我很可怜地试图去阻止问题发生。但是大部分时间我是错误百出或者僵直地站在一边直到别人来解救我。

幸运的是，我不是一个人。有丰富经验的教师和助教正好在现场帮助我。我不必担心孩子的安全，因为我不是独自作战。我有充分的时间来学习解决问题而不用承担过多的责任。

不是所有的新手都这么幸运。有必要指出，一些新手必须比他们原先准备的要承担更多的责任。有一类新手，例如家庭照料儿童者，从承担工作的第一天起，就是独自一人工作。这一章提供了讲述如何确保儿童的安全，以使你成为更为熟练的儿童照料者、抚养者和教师的快速课程。

保证儿童安全有两个关键的因素：监护和安全的环境。对于新手来说，从工作的第一天起，就应当把监护作为你的关注重点。你所提供的监护量取决于你承担的责任高低，而安全的环境很可能已经建设齐全。

## 观察和监护

本章设计的目的是帮助新手获得他们所需要的观察儿童和与儿童互动的技能。师范教育和培训项目在训练新手职业准备的方法上是有区别的。对有些新手来说，比如我（见上），突然面对一组儿童需要监护，最优先的任务是确保他们的安全。这一章对这些新手是非常有用的，因为它说明了应如何处理这一任务。它还传授了如何促进每一个学生发展的理念。在一些项目里，它为那些已经是教师或助手的新手提供了充分的观察机会。本章对这些新手的帮助也是很大的。首先,它教给了他们观察的技能;其次,它帮助他们学习观察教师和导师是如何解决矛盾及帮助儿童从自己的经验中学习的;第三,在他们脱离了单纯的观察者角色,进入互动角色时,本书给他们提供了必须的基本监护技能的框架。

## 新手的观察技能

你能从观察中学到什么?通过观察,你能了解儿童,懂得他行为中蕴含的意义。你将会发现孩子们表达他们的需要、愿望和动机的许多独特方式。观察会给你培育与儿童的关系及帮助孩子之间建立关系的有用信息。**观察**(observation)是建立联系、改善关系的一个重要方法。通过理解每一个独立的儿童,你能更好地促进他们的学习。你还能发现帮助每个儿童发展的独特方法,而这种方法仅从书本上是学不到的。有时,观察还给你有必要改变环境以促进学习的信息。有时,观察会告诉你什么时候需要干预或者什么时候成人只需住手,让事态自然发展即可。

有趣的是,有时从观察儿童中,成人像了解儿童一样地了解了自己,这是一个所谓的**反省**(self-refection)的过程。反省可以被认为是一种内向的观察。当观察者转向自己的反应,并考察其蕴含的意义时,自我意识就产生了。从自我意识能够到达自我接受,从自我接受能够达成显著的成长和变化。

相对于观察者的变化,最令人惊讶和兴趣盎然的是儿童的变化。有时,儿童的这种"变化"只有观察者用不同的眼光观察儿童并学会欣赏本色的儿童时才能真正看到。朱迪·雅布隆(Judy Jablon)在《观察的力量》(*The Power of Observation*)一书里叙述了她作为一个三年级教师在第二年里的故事。在那个故事中,她发现了一个挑衅性的小女孩。这个女孩很难发现同伴们的任何积极因素。直到一个导师走进教室,她看待同一个孩子的视角却完全不同。她描述这个女孩是热情的,具有很强烈的幽默感。当雅布隆用那个导师的视角来看这个女孩时,她发现了许多以前不曾看到的东西。

通过观察,我们有时会对那些原先并不喜欢的孩子增加好感。不喜欢?作为一个教育者,我们知道我们应当热爱所有的孩子,但是实际上,我们总是对某些孩子更为关心。如果我们是诚实的(诚实对我们非常重要),我们就应该明白,必须对每个孩子因材施教,就像前面例子中朱迪·雅布隆所做的那样。自然,当心情好时,我们会很开心。如果孩子做了让我们不愉快的事,尽管不快,我们也永远不要根据那些负面的情绪行动。通过体会、了解、接受我们的负面情绪,我们通常是可以克服它们的。有时,体会这些负面的情绪是克服它们的第一步。另外要认识到孩子是会逐步变好的,认识到这一点有助于我们克服这种情绪。多数情况下,孩子的行为也是会变化的。

我的一个学生对班上一个曾经困扰她的男孩进行过研究。当她开始观察这个男生的时候,觉得这个男生的行为几乎是不可救药的。观察几个星期以后,她的态度改变了。虽然这个男生还是那样行为,但她开始把他作为一个人来评价。最终,她对他的态度开始热情起来,对他的正面感觉越来越多,对他的反感就越来越少。由于对他的欣赏多了,对他的态度也就改变了,这是改变男生行为的触发器。慢慢地,这个男生令人讨厌的行为减少了,积极的、正面的行为增多了。他们之间的互动大都是无言的,但最终导致了双方的极大变化。

当你持有开放的心态时,观察就会有最好的效果。观察时如果满心期望你将看到你希望看到的东西时,你将会错过正在实际发生的事物。一个国际著名的婴儿专家玛格达·格伯(Magda Gerber)在婴儿抚育者资源(RIE)[1]中告诉她的学生们,应当以开放的心态接近儿童。她要求学生把所知道的知识搁置一边,而让婴儿来教会他们所不知道的。当把观察作为一种学习方式时,儿童就是教师。了解特定情境中的儿童,观察是最好的方法。

观察并不容易。即使很熟练的观察者有时也会错过明显的事实。领导WestED[2]儿童和家庭研究中心的J.罗纳德·拉利(J. Ronald Lally)讲述了某些研究者错过了发生在他们眼皮底下的故事。这些研究者观察了新生儿,报告说男孩比女孩啼哭的更多。这似乎没有道理,他们忽略了多数新生男孩刚刚施行过包皮环切术这个事实。在那个时候,包皮环切术是那样习以为常,以至于没有人想到这个因素。对我们所有人来说,这是一个教训。作为一个好的观察者,我们必须努力察看所有的可能性,包括我们极有可能忽视的那些可能性(见框2.1)。

### 框2.1 提示与技巧

**观察准则**

* 提前作好准备。
* 了解你要去的地方的观察程序和规则,以合作的态度遵循这些规则。
* 到达后向该处的管理者报到。
* 如果你同孩子处在同一个环境中(除非另有一间观察室),要尽可能地选择一个便于观察而不被孩子注意的地点。坐姿尽量低些,把自己变成一件家具;如果需要移动,要不引人注目。
* 不要打断正在进行的活动或者同其他成人交谈。
* 如果你的任务不要求你同孩子互动,你必须坚持你的观察员角色。如果孩子同你说话,或者试图同你互动,简单地回应他,随即小心翼翼地不再让他缠着你。
* 保持自己开放的、接纳的思想方法。尽力保持客观,在观察的同时注意自己内心的反应。
* 如果记录观察,尽力做到中性和真实。记载那些实际发生的事情。写下你实际看到的情景,用尽可能多的细节描绘行为。不要去猜测孩子的动机和目的。

---

[1] RIE是个让师范生同家长和婴儿在游戏室里一起活动的项目。
[2] WestED儿童和家庭研究中心是个为婴儿和学步儿保育人员创设训练项目的全美教育研究和发展组织。

## 新手的监护技能

当你在看护一群孩子的时候,监护同所谓的观察技能是有一些细微的差别的。尽管充分的监护在很大程度上依赖于成人的即时观察能力,但监护孩子还是要比后者复杂。如果简单化地加以比喻,监护者就是固守在房间角落里或者游乐场里的卫兵,或者是个监视一处封闭场地的摄像机。

作为一个早期教育工作者,你所承担的工作远远比照看孩子、保证他们的安全要多得多。它应当是孩子教育的一个积极的组成部分,还要同孩子建立关系。你应当学习在同个别孩子和小组交流的同时照应大的集体。所有这些交流和联系必须以健康的、正面的、有教益的方式进行。你将会发现,预防在保证安全中的重要性。尽管在关注个别儿童的同时还要留意整个群体是不容易的,但学会这样做是非常重要的。你必须学习不断地扫描整个房间或院子,以便能及时发现"麻烦点"。确实,这看起来像是要求你在后脑勺上也要长眼睛,以便能有效地监护,其中的诀窍在于发展**双重焦点**(dual focus)。

## 关注个体和群体

早期教育的新手常见的毛病是聚焦太宽或太窄。比较下面例子中的两个实习教师的经历,同第三个例子中具有双重焦点方法的教师进行对比。

**聚焦狭窄的实习教师** 埃里因坐在桌边,桌上引人注目地摆放着做手工的材料。两个孩子坐在她两边,正在忙于粘贴。她很平等地先同这个孩子说几句,再同那个孩子说

学会与个别儿童或小组互动,同时持续地扫视整个房间或院落是非常重要的。

几句,方式很恰当,没有过分的指导。一切看起来都很好,但是你会注意到,她是背对着其他孩子坐着的,而其他的孩子有的在骑自行车,有的在玩沙,有的在爬攀爬架,另外一个成人站在院子的角落里注视着整个小组。

一切进行得挺顺利,但只一会儿,一个孩子从自行车上摔下来,哇哇大哭。那个成人赶来,弯下腰来看那个孩子。在这个关键时候,埃里因应当去关注其他大部分孩子,因为那个教师的注意力已经全部在那个摔倒的孩子身上。不幸的是,埃里因仍然沉浸在同桌边一个孩子的谈话中。结果,埃里因忽略了攀爬架下已经开始的争吵。等她意识到这点时,两个孩子已经大声地喊叫起来,另一个教师喊她去看看是怎么回事。

**聚焦宽泛的实习教师**　　当埃里因在室外时,杰米在室内与一群更年幼的孩子在一起。她站在房间的边上,很仔细地观察室内所进行的一切。她的搭档正背对着其他孩子,在尿布桌边忙乎着。杰米监护得很好,但她从不弯下身来同孩子说话。她行使着监护者的角色,除了要引起孩子的注意而喊叫几声外,从不多同孩子交流。

**双重焦点的方法**　　以在婴儿室工作的钱特来同埃里因和杰米对比,她正忙着给动个不停的九个月婴儿换尿布,你可能会以为她的注意力全部集中在该婴儿身上了。但是你错了,尽管她专注于此,并同婴儿交谈换尿布的事情,她仍然感觉到了另一端正在酝酿着的冲突。"注意泰勒",她轻轻地对实习教师说,实习教师马上警觉地看到,一个蹒跚学步的孩子正在向一个坐在木马上的孩子走去。在泰勒到达之前,实习教师赶到了,拉着孩子的手镇静地说:"慢一些,我知道你想骑木马,但是布赖恩已经在上面了。"当泰勒离开,找到一本书来找实习教师时,实习教师松了口气,对钱特耳语说"我们消除了一次争吵",钱特向她竖起了大拇指。

其他具有双重焦点技能的专家还包括家庭保育提供者。这些人都是独立工作的,并且常常很早开始训练这方面的技能,以保证孩子的安全,满足他们的种种需求,包括身体护理、教育、社会化、依恋、联系和人际交往等。

你能够学习分配注意力的一个方法是,周期性地从一个事务中很快地跳出来——从视野中的一个物体上转移视线到整个场景。可以问问自己:我的视域很狭小吗?我的焦点是不是太窄?或者太宽?我是不是只有监护而没有交流?要把工作做好,你必须学会在监护的同时与儿童交流。

根据经验,你还应学习如何找到一处最适宜观察全局的合适位置。你还要学习在关注一个儿童的同时对教室里或者院子里其他的变化保持警觉。你还要学习让自己的耳朵和眼睛始终张开着!

但是仅仅知道发生了什么事情还是远远不够的。当危机来临时,你应当知道自己该做些什么。这就是指导课程对于早期教育工作者来说是又一个重要技能的原因。

## 指导中的应急课程

新手中常见的抱怨是:"这些孩子不听我的!"实际上,这不是一个听力的问题。孩子的耳朵没有问题,问题在于他们没有按成人吩咐去做的动力。当一个人初来乍到某个环境,他同孩子一点关系也没有,还没有得到他们的敬重,常常会忽视他的要求或吩咐。当安全问题是个焦点时,新来者必须从当天起就应当知道如何有效地作出反应。

当成人们说"孩子不听我的话"时,其中的含义究竟是什么?他们是说:"我告诉孩子们去做些什么时,他们根本就不做。"成人们期盼孩子们的服从,却没有得到。

**服从作为目标**　单纯的服从很少作为早期教育者的目标。发号施令对于纠正错误行为是无效的方法。命令的方式只有在孩子们愿意服从或者害怕不服从时才有效。要求服从在某些孩子那里可能是触发反抗的扳机。另外一些在家里习惯服从的孩子会按成人的要求去做,但他们也许会对权威为什么从家里延伸到校园感觉疑惑。如果教师没有使用孩子习惯的那些语调或肢体语言,这些孩子也许就会寻找机会来挑战成人,用忽视或者蔑视成人的违抗来看看你究竟会怎样。

期望孩子听话带来的问题常常会比看起来复杂得多:某些家庭并不教导孩子要听话。这些家庭不期望自己的孩子只会机械地按照权威的要求去做。形成这种教导方式有多种原因:文化、不同的教养体系、家长的叛逆本性、甚至害怕孩子的责怪、害怕在严格的服从体制下孩子会轻易地成为牺牲品等等。

当然,也有另一种家庭则教育孩子要尊重和服从年长者,听话是抚养孩子的主要目标。虽然这些孩子进入幼儿园时也许很听话,也许很叛逆。

自然,保育者提出要求,孩子们很听话,保育工作要容易许多。但是,对于早期教育领域的许多成年人来说,这样教育孩子的方法常引起他们的反思。他们担心这些听话的儿童会成长为温驯的绵羊,而不是独立的、有责任感的成年人。如果我们能假定牧羊人总是仁慈的,那么服从也许并不太糟,但是经验告诉我们常常并非如此。

**不同的目标:合作**　合作是早期教育的一个目标,与服从有关但不同。它主要是帮助儿童发展尊重他人,理解行为的界限。儿童学习合作的一个方法是观察成人。所以,你必须牢记在同成人和孩子交往时做个好榜样。

发展同孩子的关系是让他们树立合作意识,学会倾听是一个最重要的因素。当孩子认为你是他们心目中最好的朋友时,他们才更愿意听你说话。你不能仅仅告诉他们你对他们的关心,你要一次又一次地证明给他们看。当你在努力与每个孩子、所有的孩子都建立良好关系时,你才能获得他们的信任。这不是一蹴而就的,是需要花费时间的。

**阻止不被允许的行为**　一个实习教师很不自信地对学生说"如果你能不爬篱笆,我会很欣赏你"。这个陈述是如此温和以至于很难弄清她说的到底是什么意思。"请不要打他,好吗?"这句话还不足以让人抓住要点。"你能不把小汽车到处乱扔吗?"这句话没有指出行动中的危险。

当涉及安全和健康的问题时,你必须态度坚决,用所有学生都能明白的词语清晰地表明观点。你的语调和姿态要传达"就得这样做"和"别胡闹"这样的信息。对学生礼貌是好的，但不能软弱无力。同样，要确保他们明白何时可以有所选择，何时不能选择。

确保孩子的安全需要坚定的态度。

要坚定地说："不准爬篱笆。"如果可能的话，也可以解释为何你的态度这样坚决或者制定这一规则的理由："爬篱笆会带来危险。"要直截了当地告诉孩子，你会同意他们做什么，不同意他们做什么，以及为什么。"我不会让你去打人，打人会造成伤害"。不要用直截了当的命令和否定的语句，比如用"不"和"别做"等说明自己的意图可以减少孩子的一些抗拒。直截了当是一种坚定而婉转地表达自己意图的有效手段，"别去攀爬篱笆，去健身房的器具上学习攀爬"；"告诉杰米你为什么愤怒而不是去打他"。最有效的**转向**（redirection）方法之一是给他几种以上可替换的方案："我不会同意你扔小汽车，但你可以投掷豆包或者气球。"当孩子有选择时，他就不会觉得无助，而会觉得挺**有权力**（empowerment），授权给孩子可以减少反抗。

**用生气来控制孩子行为的问题**　在温和有礼不起作用的时候，早期教育的新手不知道该如何停止孩子的错误行为，就会从亲切的询问转向生气。下面是常常见到的结局：

如果你能从篱笆上下来，我会很高兴。你愿意下来吗？听话好吗？如果你还不从篱笆上下来我就要生气了。好，现在我真的生气了！

除非这个成人的愤怒生效了，否则他就得求助于威胁或者陷入僵局。开始只是个

第二章　首要之务：确保孩子的身体健康和安全

简单的请求，后来却演化成一场力量的争执。除非这个成人愿意也能够把孩子从篱笆上拖拽下来，否则他不是陷入威胁的悲惨局面就是回过头来乞求孩子。

利用生气来使孩子做出你希望的行为只有在他们真正怕你或者很在意你时才有效。如果你是一个陌生人，他们没有必要取悦于你，除非他们畏惧你。不管怎样，如果你依赖孩子的恐惧来控制孩子的行为，你将很难同孩子发展良好的关系——这一关系本身就是教学过程的主要目标之一。

利用生气来控制孩子的行为带来的另一个问题是他们会受到你的暗示。仔细想想，如果你不希望孩子利用生气来试图控制其他孩子的行为，你一定不能做出此种示范。

**自我表达对操控**　要牢记在心，通过发火来控制孩子的行为不同于真实地表达自己的受挫或者生气的情感，在你试图控制孩子的行为但又无法办到的时候有这种情绪是很正常的。在这个节骨眼上，你应当开始考虑控制自己的行为。与其通过发火来操控孩子的行为，不如让孩子看你在愤怒的时候是如何控制自己行为的。在任何情况下，都不要发火，因为会吓着孩子的。相反，要寻求平和的方法表示自己的不快。把你的不快用以下的词语表达出来："你把玩具这样从架子上扔下，给我增添了麻烦。"

如果你发现自己常常会发火，那么要反思是什么原因造成的。显然需要改变些什么——或者改变你，或者改变环境。你要经常预防那些能激起你火气的事端发生。也许一个孩子进到室内拒绝把外套挂起来，这是孩子的问题还是你的问题？也许它起源于你的经历、价值观、生理周期，甚至源于昔日你对某一个红色鬈发的小女孩的情感。深思和有创意的解决问题方法能帮助你找到反应激烈的原因和解决问题的途径。也许你能很容易地找到一个改变孩子行为的方法，或者你得在对孩子的看法以及同孩子的关系上花更大的气力。

贯串本节的主题是沟通。学会有效地同孩子们沟通是控制孩子行为、保障他们安全的关键。让我们进一步来看看沟通的技巧。

**有效的沟通**　早期教育工作者常犯的一个错误是同孩子说话时如同监管者，或者从远处大声地喊叫。无论何时你同他们说话时应当尽量接近他们并处于同一高度。当涉及安全问题时，正确的位置就更是至关重要的了。与孩子谈话中一个值得赞赏的原则是"每年一英尺"，[1] 在孩子的每个年龄阶段增加的距离都不要多于一英尺。如果你同一个婴儿说话，要尽量靠近他，不要超过一英尺的距离。同一个两岁的儿童说话，不要超过一臂的距离。放低身体至他眼睛的高度，保持眼神的接触是一种教养。值得称道的早期教育实践要求同孩子说话时应当直视他们的眼睛。虽然这不是强制性的，但眼神的交流包含了很多文化的内涵（见框2.2）。

努力克制自己不要对儿童喊叫。喊叫仅仅用于真正的紧急情况。如果你平时习

---

[1] 英尺：1英尺＝0.304 8米。

# 第一部分　教学过程导论：幼儿教师的角色

同孩子说话时，尽量贴近他并放低身姿。

惯用柔和的、平稳的声音与孩子说话，当情形需要时，你大声喊叫就能引起孩子的注意。那时你就不必靠近也能阻止一个孩子举起锤子："当心！摩根！"或者"停下！肖恩！"也许就能挽救一个孩子的生命。

**言语不起作用的时候**　工作时常常不能只依靠言语——喊叫也无用——特别是在照料幼儿时。当一个蹒跚学步的孩子发现他能推动小推车、爬上并够到那些禁止触碰的东西时，告诉他不要去碰角落里的东西可能已经没有什么作用。如果你应用每年一英尺的规则，你就应当靠近他，努力使他面对其他同样有趣的物品（同时应当告诉他为什么需要坐下来的理由）。自然，如果口头解释起效，他已经爬下来了，你也就不必去触碰他。如果仅仅劝告不能解决问题的话，用手温柔地指引或者坚定地抓握能告诉他你的意图。把小推车移走也是个好办法。

## 框 2.2　多棱镜

### 在不同文化中眼神接触的含义

对于早期教育工作者来说，重要的是发现各个家庭是如何教育他们的孩子表示对成人的尊重。父母们希望他们的孩子直视成人的眼睛吗？在欧美家庭，眼神的接触是关注的信号，但在大多数亚洲和美洲土著的文化中，这是不尊重的表示。在非裔美国人的家庭里，常常使用非语言的沟通，包括眼神的接触，但是，当他们同白人交谈时，也许会回避眼神的接触。人类学家弗吉尼亚·杨（Virginia Young）认为："也许对于白人文化来说，说话的同时眼睛注视对方是更强烈的沟通，而黑人文化仅仅认为眼神比语言重要。"在一些非裔美国家庭里，以及波多黎各和墨西哥家庭里，儿童不直接注视成人的眼睛，尤其是在受责备时。对于一些欧美成人来说，这往往被认为是没有在听成人说话。[1]

---

[1] Box 2.2 was compiled from the following sources: Lou Matheson. "If You are Not an Indian, How Do You Treat an Indian?" *Cross-Cultural Training for Mental Health Professionals*, eds. H. Lefley and P. Pedersen (Springfield, IL: Thomas, 1986) 124. Maria Root, Christine Ho, and Stanley Sue, "Issues in the Training of Counselors for Asian Americans," *Cross-Cultural Training for Mental Health Professionals*, eds. H. Lefley and P. Pedersen (Springfield, IL: Thomas, 1986) 202. Jeffrey W. Trawick-Smith, *Early Childhood Development: A Multicultural Perspective* (Columbus, OH: Merrill, 1997) 349. V. H. Young, "Family and Childhood in a Southern Georgia Community," *American Anthropologist* 72 (1970): 269-288.

## 争端会成为安全问题

在早期儿童的活动中,他们为一个玩具争执会是你遇到的一种最为危险的情境。当他们想赢得这场争吵时,他们会不由自主地推搡、击打、咬人、突袭。为了避免哪怕小小的不和导致的伤害,不论孩子的年龄多大,你都得最接近现场。如果两个三岁的孩子可能会吵得咬起来,你就得站在小于三英尺的距离内以防事故发生。如果两个五到七岁的孩子快要打起来了,从远处劝说他们是不够的。下面这个场面就是如何控制两个孩子为了一个玩具打架,可能会造成互相伤害的例子。

**自己处理冲突**  凯尔和科迪正在用塑料铲在沙地里挖沙,身边是用红柄塑料锹的阿什利。忽然,阿什利丢下塑料锹,跑到秋千那里去了。凯尔和科迪立刻为这把红柄塑料锹争吵起来,而科迪一只手里还拿着塑料铲。教师丹尼尔正站在离这两个男孩不远的地方,立刻赶了过来。开始,凯尔和科迪争着要红柄锹。丹尼尔蹲下身子平静地问:"你俩都想要这个锹?"他们不理睬她,继续争夺。丹尼尔仍然没有动,直到科迪举起了塑料铲去打凯尔时才开始干涉,"我不会允许你去伤害凯尔"。她很明确地告诉他们。她直视着科迪的眼睛,同时紧紧地抓住他的手臂。科迪躲开她的注视,垂下手臂,扔了铲子。丹尼尔松开了科迪,两个男孩瞪视着对方,同时紧紧地抓着塑料锹的红柄。

最终,科迪不情愿地松开了手,凯尔抓着锹胜利地跑远了,科迪站在原地哭泣着。丹尼尔用一只手揽着科迪说:"你确实很想要那个锹!"凯尔又跑回来在科迪面前炫耀着他的胜利,科迪愤怒地向他大叫。丹尼尔对科迪说:"把你的想法告诉他。"科迪又叫喊起来。丹尼尔对那个手舞足蹈的凯尔说:"你拿了锹,他都快要发疯了。"她解释了科迪尖叫的含义。凯尔思考了片刻,然后看见了附近的另一把塑料锹,去拿起它。他试图把这个锹把上没有上漆的塑料锹给科迪。而科迪拒绝了,还是坚持想要凯尔手里的那把:"我要那个红柄的!"凯尔耸了耸肩膀,丢下另一把锹,走到别处去了。

凯尔在不远处挖坑。科迪还站在那里大哭,锹躺在他的脚下,这把锹同凯尔的那把除了锹柄的颜色外完全一样。丹尼尔仍然蹲在那里对他说:"你想要的是另外一把。"就在这时,阿什利回来了。看见她以前用的那把塑料锹正被别人用着,就看中了躺在科迪脚下的这把。看见她在往这边走,科迪赶紧过来拿起塑料锹。阿什利皱皱眉头,就跑回秋千去玩了。科迪不情愿地挖着坑,丹尼尔走到攀爬架那里,同另一个孩子谈论着他的小妹妹。

以这个场景同下面的场景对比,学生导师劳拉用完全不同的手段解决同样的冲突。

**教师处理冲突**  劳拉看见布赖恩和泰勒在争一个塑料割草机,就跑过去问他们:"谁先拿到的?"他们都说:"是我!"劳拉很快就作了个决断,"我认为是布赖恩先拿到的",随即从泰勒手里夺回交给布赖恩。劳拉离开了,泰勒跑回来把割草机又从布赖恩手里抢回来。布赖恩的尖叫声又把老师喊回来了。他们争吵得要发疯,眼看就要打起来了。劳拉扳开他们的手,拿走了玩具。她走到一边,把割草机锁在小屋子里。并对他们说:"如果你们不能好好地在一起玩,那就谁也不能单独地玩这个玩具!"这两个孩子无精打采地玩了一会儿沙箱,显得闷闷不乐。随后,布赖恩拿起个塑料盆,把沙子撒向空中。劳拉又没收了这个盆。

丹尼尔和劳拉都保证了孩子的安全,但处理争执的方法完全不同。因为理解两个男孩的情绪,丹尼尔预防了暴力行为,让凯尔和科迪自己解决问题。虽然她可能有自己的看法,但她没有告诉他们任何解决问题的结论,也没有把成人关于公平的判断强加于他们。相反,她保持了冷静和耐心,避免他们伤害对方,直至问题自己解决。

劳拉确保了孩子们的安全,但没有给布赖恩或泰勒一个自己解决问题的机会。她缩短了冲突的过程,给孩子们一个需要成人来解决矛盾的信息。无论她是否意识到,她惩罚了双方,在她身后留下了怨恨。

像丹尼尔一样,劳拉没有期望孩子能听从她的语言,她使用了适当的语言和行动来表示她的权威。像丹尼尔一样,劳拉也避免了无声的行动,而是边说边做,但是把局面给弄僵了,这两者都是于事无补的。无论如何,丹尼尔处理问题的方式——给他们讨论的时机,表达各自情绪和选择的机会——是控制男孩们更为有效的方式。如果两个男孩更善于表达,他们也许会通过争辩,找到一种平衡,也许最终达到口头上的一致。这样的话,这个矛盾就自我解决了。

觉得自己拥有权力的人常常比那些感觉无权的人更愿意合作。

## 具备安全措施的冒险

当孩子能够准确地判断危险时,他们在保证自己的安全方面就前进了一大步。孩子们需要面临不同的经历,在这些经历中要学会评估自己的活动中蕴含的风险。不允许他们适当的冒险,孩子们将不能学到重要的安全技能。因此,在已经具备了安全措施中的冒险活动应当是所有早期教育的活动项目。

允许孩子们体验自己活动的后果有助于他们理解什么是正确的,什么是错误的。当然,你不能让一个孩子从树顶坠落下来,那样的后果就太严重了。但是你可以让他攀爬适合他身材和发展水平的物体。在照料孩子的活动项目中,这是非常有益的——孩子能够在一个丰富的、有保护的环境中体验选择和决策。这将是使他们终身受益的早期课程。

## 帮助孩子从自我的经验中学习

有时早期教育工作者必须让孩子明白他们的不当或者错误行为相对应的后果。例如,一个坚持要爬篱笆的孩子被带进房间,因为不能相信他会好好地待在游戏场地。

他要待在房间里,直到他向成人保证能控制自己不再爬篱笆。当孩子能够理解自己的行为同后果之间的联系时,这个方法非常有效。换句话说,这不是成人蛮横的惩罚,而是孩子行为的直接后果。如果孩子被允许自己决定何时可以出去并且远离篱笆,那么这个例子中使用的方法就成为处理该情形的授权形式。

在另一个例子中,孩子在撒沙子。教师警告了孩子这样做的危险性,在孩子继续抛沙子时把他带离了沙箱。这个方法比说教、责备或停止他的活动更为有效,因为在他的行为和结果之间有逻辑联系。孩子会逐步明白这不是成人的心血来潮,而是要改变他的行为。

参与探险活动是重要的安全手段,应该是所有早期教育项目中的一个组成部分。

## 安全的物质环境

为了发展(包括边游戏边学习)和看护的目的,构建和维护一个安全的物质环境在

这些孩子在享用一个安全的环境。

第一部分 教学过程导论：幼儿教师的角色

指导孩子的行为和确保孩子的健康与安全中是非常重要的因素。如果你是个新手，也许你不必为构建这种物质环境负责任，为了白天的活动把物品重新布置除外。构建物质环境将在第八章里详细讨论。本节主要研究对于新手来说需要密切关注的环境方面的安全问题。

### 发展的适宜性

也许你还不知道如何构建一个好的环境，但是你应该理解发展的适宜性与安全之间的关系。你必须要思考一些简单的事情，比如如何放置那些中空的、木制的大积木。如果摞在一起，孩子可能会被砸伤。如果有一辆三轮货车停在院子里，它会引诱孩子去爬它的车厢，必须把它移走。

有时某个装备对于特定年龄组的孩子来说是太大了。例如，一个为学龄儿童设计的游戏场里有个高高的滑梯，楼梯陡峭。滑梯顶端的平台上有个洞，中间有根八英尺高的消防杆。尽管有些老师会担忧，但学龄前的孩子们都想征服它。如果当蹒跚学步的儿童来到这个游戏场时，那马上就能明显地看出，这个攀爬的物体对于这个年龄段的孩子来说是太不合适了。整整一个星期，教师和助手们都轮流值班守着这个滑梯，以防孩子们攀爬，显然这太浪费教师们的精力了，于是把楼梯最下面的一级踏板去掉了，这样一来，现有的踏板对于任何学步阶段的儿童来说都是高不可攀的了，个子矮些的学龄前儿童也不可能爬上去了。问题解决后，所有的人都松了口气。

一些装置对于年幼的孩子来说过于巨大，一些小的物体对于婴儿和学步的孩子来说却会造成窒息。解决问题的一个办法也许是圈出一块场地允许年龄大的孩子自由进出，而防止年幼的孩子进去。以上的两个例子都表明了使用创造性解决问题的办法以利于发展的适宜性和适用于不同年龄段儿童的安全环境。

### 作为预防的维护

为了保证一个安全的环境，一个重要的要求是布置要有序并注意维护。留意那些损坏的玩具和设施，应该立刻送去修理或者移走。把那些危险的物质装在原包装盒里（含未破损的标签），存放在带锁的储藏室里。你要用到清洁剂或者其他有毒的物品时，无论何时都要十分小心地别让孩子们接触到。不要在没有锁好的情况下离开它们，哪怕是片刻。

要始终注意那些明显的安全隐患——松动的螺母、螺栓、碎片，孩子能碰到的电线和插座，玩具上能塞进孩子嘴里的部分，成人遗留的钱包和背包，热饮料，无人值守的大门，滑动的小地毯等。

也要注意那些隐蔽的安全隐患。任何1978年以前出厂的印刷品都可能含有过量的铅，对那些喜欢用嘴巴去尝试周围事物的孩子来说是有毒的。毒物可能潜伏在任何地方——游戏场里一棵无罪的植物上,或者某天出现在房间里的一管颜料中。不要抱有侥幸心理。检查以确保在孩子环境里的每一样物体都是安全的。

非标准的儿童床和不合适的床垫会使儿童窒息而死。学步车也是特别有危险的,会比其他儿童设备造成更多的伤害(它们还会造成儿童的脑部麻痹问题并延缓学步)。还要留心某些绳索,它们可能悬挂在儿童床或者游戏场附近,会缠绕在儿童的脖颈上。

## 卫生程序

早期教育工作者应当对如何保持环境、儿童和自己的安全和卫生有很好的了解。因为坚持洗手是一个很好的卫生习惯,所以照料儿童的人在换尿布前后、准备饭食、用餐前后、喂养儿童后、接触体液的任何时候都应当用热水和液体皂把手洗干净。要确保孩子在准备饭食前、摆放桌子后、餐前,在如厕、咳嗽、擤鼻涕、餐后也能用温水和液体皂把手洗干净。对婴儿要帮他们洗手。洗手的习惯在任何幼儿的项目里,包括家庭抚育的幼儿,都应当成为第二本性(见框2.3特定的洗手指南)。

**框2.3 提示与技巧**

### 洗 手 指 南

成人、孩子在下列时间里应该用温水和液体皂彻底地洗手:

手接触到体液的时候。

在准备、操作、提供饮食或者小吃时(包括摆放餐桌)。

如厕后,或者成人给婴儿换尿布时、帮助孩子如厕时。

饭后或吃完点心后。

接触过宠物或其他动物后。[1]

每一个给婴儿换尿布的项目都应该把规范的换尿布程序简明扼要地写在纸上,并张贴在换尿布区域显要的位置(一个标准的换尿布程序见框2.4)。还有,浴室的地面和墙面应该每天清洗。任何饲喂婴儿和学步儿的项目都应该有每天用漂白剂擦洗玩具和物体表面的规定。最后,把每个孩子的物品贴上标签并分开摆放(梳子、牙刷、衣物、瓶子、面巾、毛巾和床上用品),专人专用。

---

[1] *Caring for Our Children. National Health and Safety Performance Standards: Guidelines for Out-of-Home Child Care Programs* (Washington, DC: American Public Health Association and American Academy of Pediatrics, 1992).

> **框 2.4 提示与技巧**
>
> **换尿布的标准程序**
>
> 1. 确保上次使用后的换尿布区域是干净的。如果不是,扔掉用过的垫纸,用漂白剂擦洗台子,换上新的、干净的垫纸。
> 2. 在换尿布前用温水和液体皂彻底洗手。
> 3. 使用一次性手套,尤其是在处理过腹泻或者血便或者你的手被割破的时候。
> 4. 把使用过的尿布扔在有盖的、标识明显的容器里。
> 5. 用干净的湿布或者婴儿毛巾擦拭婴儿,然后把用过的湿布和毛巾放在容器里。
> 6. 如果戴着手套,很小心地脱下来,注意不要污染到手,然后给他兜上干净的尿布。
> 7. 用液体皂和温水给婴儿彻底地洗手。
> 8. 清洁和消毒换尿布区域:扔掉容器里用过的消毒纸,用漂白剂擦洗尿布台的表面,换上新的垫纸。
> 9. 用液体皂和温水洗干净自己的手。
> 10. 如果有换尿布的示意图,在上面标注出需要家长或者其他看护人员注意的时间和其他信息。[1]

## 项目措施和健康安全的程序

每个早期教育项目都会建立自己的系列健康安全程序。如果你是个家庭保育提供者,你也得开发自己的程序体系。例如,一个适当的食物处理措施应该包括:饭后立刻把食物拿开;知道哪些食物应该放在冰箱里保存;清洗瓶子、碟子和食物垫;让准备食物的区域同洗手间和洗手设施分开。

在你遵循这些健康卫生程序的同时,你也把大部分内容教给了孩子。当然,你不会让孩子去清洁浴室,但是你可以教会他们洗手的方法以及如何使用和照料自己的物品。你还可以教会他们:不要同别人共用牙刷,不要去品尝没有装在盘子里的土豆泥,不要用曾经掉落在地上的叉子吃东西。

咳嗽时正确使用纸巾和正确洗手也是重要的教育目标,以避免传播疾病。如果一个孩子生病了,或者表现出某些病兆,要把他同小组分离开。在同家长联系时,你要给孩子一个安静、温暖和舒适的环境。尽管此时可能是漫长的等待,仍然要注意孩子的情绪状态。有些生病的孩子会有不安全感,从群体中分离出来更加强了这种感觉。

作为健康和安全规定的一个部分,任何项目都必须要在档案中的医疗认可表和最新的急救卡上标注出家庭成员或者医疗机构。每个早教项目都必须有标注清晰的急

---

[1] Janet Gonzalez-Mena, *The Program for Infant-Toddler Caregivers: A Guide to Routines* 2nd edition (Sacramento: Far West Laboratory for Educational Research and Development and the California Department of Education, 2000).

救程序（包括报告程序）。如果你还没有看过这些程序，应该去阅读。你还应当要求消防演习（根据当地特点的地震和飓风演习）和专为婴儿及无法行走儿童提供的给养。这些演习应当经常进行，每个成人都应该意识到他的特殊责任。

## 影响健康与安全的压力和挫折

关于健康和安全的最后一个词是：孩子的压力和挫折会把一个安全的情形变为不安全的。尽管你不可能彻底消除导致孩子烦躁和愤怒的所有因素（你也不应该这样企望），但是你还是可以仔细检查环境以减少孩子不必要的挫折。例如，一个一年开学九个月的学前班每年九月都挤满了新生。这个环境迥异于每年的年初，比如四月，那时学生都是老生。在九月里，对于孩子来说，每件事物都是新鲜的。他们需要时间来调适自己，熟悉环境和陌生人——而不仅仅是那些设备和活动。首先，简化是个好主意：只放置少量玩具，安排尽可能少的活动。如果可能的话，到孩子们学会等待和分享的时候再提供复杂些的通用玩具。

另一个例子也可以证明设计合适的活动的重要性。为准备春天的艺术节把易碎的蛋壳粘在纸上对于五岁的孩子来说可能是合适的，但对于蹒跚学步的幼儿来说，同样的项目却极易带来挫折感。要给那些易受挫折打击的孩子安排安全系数大的冒险，而对那些精力过剩的孩子可以放手让他们自己去尝试（第十四章与第十五章将讨论如何使项目、活动和材料有趣味性且适宜）。

最后，如果一个孩子的需求没有得到满足，其表现出来的压力也许会造成不安全的情境。当一个孩子过度疲劳时，他的挫折感会增加。他也许较难同其他同伴友好相处，较难有正确的决策。同样，一个孩子来上学的那天如果其需求没有得到满足，要弄清他的需求是什么。如果他的需求是在规定的下一餐前需要吃点东西的话，就给他适当提供些食物。总之，让孩子充分休息、吃饱喝足，为了他们的安全及时地满足他们的需求是一项正确的措施。

## 小结

发展观察和监护技能是早期教育工作者初期最重要的目标。为了确保幼儿的健康和安全，早期教育工作者必须培养双重焦点——一种在照看全体的同时，与个别儿童建立友好关系的技能。早期教育工作者还需要发展引导孩子的行为，有效地与孩子沟通以争取他们的合作的技能。合作的第一步是与孩子建立友好关系。

为了阻止不当行为，早期教育工作者必须态度坚决、明确。转变他的行为比普通的命令和愤怒的威胁更为有效，因为它给孩子提供了选择，他觉得自己更有力而不是更无助。感觉有力的孩子更能处理好矛盾；早期教育工作者应该能体验到孩子的情感并让他们自己去解决问题。帮助学生从一些理性的冒险活动和经历中学习到行为的后果有利于安全和决策技能教育。

早期教育工作者还必须了解如何创设和维持一个有助于发展和照料的环境。一个适宜于发展的环境不仅能确保安全,还能减少孩子不必要的挫折感。环境必须要整洁、有序、有良好的维护。

## 自我测试

学习本章后,你能够
* 说明监管儿童时的双重焦点方法吗?
* 解释要求服从和寻求合作之间的区别吗?
* 阻止幼儿的不当行为吗?
* 列出利用愤怒控制儿童行为的害处吗?
* 解释使用"每年一英尺"与孩子沟通的规则吗?
* 给出一个有效处理孩子矛盾方法的例子吗?
* 说明如何尝试发展安全技能?
* 列举出安全环境的要素吗?
* 举个例子说明整洁和保洁对早期儿童项目安全性的作用吗?
* 叙述安全的洗手和换尿布的程序吗?
* 归纳出任何早期儿童项目中健康和安全关键性的规则吗?
* 说明应如何减少物质环境中的压力和挫折吗?

## 需知术语

下面的这些词语和缩略词之中你能使用多少个造句?你知道它们的含义吗?

| | |
|---|---|
| 观察 | 双重焦点 |
| 反省 | 转向 |
| 婴儿抚育者资源(RIE) | 权力 |

## 深入阅读

Fasoli, L. , & Gonzalez-Mena, J. (1997, March). Let's Be Real: Authenticity in Child Care. *Exchange 114*, 35 - 40.

Finn-Stevenson, M. , & Stevenson, J. (1990, March-April). Safe Care/Safe Play. *Children Today*.

Jablon, J. R. , Dombro, A. L. , & Dichtelmiller, M. L. (1999). *The Power of Observation*. Washington, DC: Teaching Strategies, Inc.

Reinsberg, J. (1999, July). Understanding Young Children's Behavior. *Young*

*Children* 54（4），54－57.

Shallcross, M. A. (1999, September). Family Child Care Homes Need Health and Safety Training and an Emergency Rescue System. *Young Children* 54（5），70－73.

## 结尾故事

我永远会记得学到重要的安全课的那一天。那时我是个四岁组的助理教师，以前从来没有管理过一个组的儿童。我们作好了去郊游的准备，老师在门外同司机说话。她吩咐我作好准备，在10点钟带领儿童离开。我站在离门很远的地方，注视着钟面，看见它指向了9点50分，我宣布"马上可以走了"，实际上我的意思是"很快就可以走了"。有三个孩子从字面上理解了我的意思，直接向门口跑去。我立刻赶上前，但是没有能够来得及拦住他们冲出门外。幸运的是，屋里还有位老师照顾其他的孩子，我才能够全力追拿那些逃逸者。他们三人分别跑向不同的方向，尽管我年轻、敏捷，但也没办法把三人全部抓获，明摆着这是个官兵捉强盗的游戏。我不知道是应该把它理解为他们在同我玩游戏，还是应该放弃抓捕他们。不管是怎么考虑的，我最终还是冷静地停住了脚步。这是我所做的最正确的事。游戏既然结束，孩子们自然就围拢到我身边。从那一天起，我知道了，老师的位置是最最要紧的。其次，在我没有站到门前的位置，还不能掌控门的开关时，就不能宣布出发的命令。最后，要说自己真正想说的话。

## 下章导读

下一章重点是关于确保儿童身体健康和安全的方法，同样也关注孩子的心理和情感健康。一个健康的情感环境有助于提升孩子的自尊心。在早期教育中促进儿童的情感健康发展是下一章的主题。

# 第三章
## 通过交流为儿童情感健康发展作准备

倾听：一项重要的技能
　　倾听并给以反馈对交流非常重要
　　倾听并对不同的情形作出相应反馈
怎样清晰无误地交流
　　提出真正的问题，而不是无意义的问题
　　证实儿童的情绪和感受，不要忽略它们
　　遇到尴尬或敏感的情形，谈论而不要忽略它们
　　言行一致，避免言行不一致
　　提防进退两难的信息
　　使用转向的方法，不要分散注意力
　　提问儿童时要慎重
小结
自我测试
需知术语
深入阅读
结尾故事
下章导读

### 在这一章里你将了解：

* 怎样去倾听儿童从而展开交流。
* 哪种反应意味着整体倾听。
* 当儿童歧视玩伴时该怎么做。
* 怎样才能给出真正的选择。
* 怎样证实儿童的感受和感知。
* 为什么讨论尴尬和敏感的情形很重要。
* 怎样才能言行一致。
* 什么是混杂信息。
* 转变事情的方向与分散儿童的注意力有什么不同。
* 为什么问儿童问题可能会是打扰他的。

上一章结尾时，我们讨论了确保儿童身体健康安全的种种方法。然而，这章我们则要探索确保儿童情绪健康发展所需要的技能。在这一章，你将会学习到在情绪充斥的环境中如何倾听和回应儿童，从而提升交流，建立良好关系，增强儿童的自尊心，赋予儿童力量。你同样也会学习到如何准确无误地交流，避免混杂和伤害的信息。最后，这章将会概括出一系列可以用来取代直接发号施令的办法，因为直接对儿童发号施令常常只会产生反作用。

本章中所提供的信息，确切地说每一章第一部分的内容，都是**潜课程**（unwritten curriculum）。潜课程在任何正式的课程之外，它是指通过儿童与家长建立的相互关系中发生的一种无意识的学习。成人与儿童要怎样交流才能建立这样的关系，这些关系是早期学习的基础，而早期学习又是日后学习的基础。但是在儿童早期生活中，相对于儿童情绪的健康发展和与父母良好关系的建立，促进认知发展和提高学业技能的课程都是次要的。斯坦利·格林斯潘（Stanley Greenspan）——精神病学的临床教授，发表了很多关于情绪发展的专著，他认为不可以把思想同感情割裂开来。智力不是来自于认知刺激而是根源于专门的情感体验。所以，尽管这章的标题是关注情感的发展，实际上它也是关注认知的发展，因为情感的发展总会带来认知的发展。

## 倾听：一项重要的技能

当一个儿童需要帮助或感到烦恼时，你能做的最有用的事情就是去倾听——真正地倾听。[1] 不是仅仅用你的耳朵去听，而是练习我们称之为**整体倾听**（holistic

---

[1] 我第一次学习倾听技巧是从托马斯·戈登的 *Parent Effectiveness Training* 这本书上学到的。在这本书里，他谈到一个叫做"积极倾听"的技术，同我们这一章节讲的很相似。接着我从玛格达·格伯那里学习倾听技巧，她是洛杉矶的一位婴儿专家，也是我的老师之一。格伯将倾听与观察相结合有效地理解婴儿的需要。她的相关书籍：*Resources for Infant Educarer's Manual* (Los Angeles: Resources for Infant educarers, 1991)。

listening)的技巧,即用你所有的感觉和灵光一闪的直觉去倾听。不仅认真地倾听口头的信息(对于那些已经能够交谈的大孩子),还要密切注意他发出的视觉信号,如脸部的表情和肢体语言。当有人如此关心地去倾听他时,儿童会感到自己的地位得到了认可。倾听的简单举动和向儿童显示你所听到的内容,都会帮助儿童建立自尊——这是儿童心理健康发展的一个重要因素。

### 倾听并给以反馈对交流非常重要

倾听是解决问题的第一步。集中注意力并显示出你的理解是改变一个情形所必需的。有些时候,你需要更深入地以行动来回应儿童,你会很惊奇地发现其实只需要成人一丁点儿的帮助,儿童就能够自己解决多数的问题。

对于能够自如交谈的大孩子,我们有可能倾听到他语言中所透露出的暗示,但是倾听应该始于他们学会说话之前。比如说婴儿、初学走路的儿童、不会说英语的儿童和有特殊需要的儿童,倾听就需要:(1)找出非语言的线索——如哭喊、姿势、肢体语言等;(2)关注当时的情形;(3)用你自己的语言表达出你所接收到的信息。用你的语言与儿童交流是非常重要的,因为它能建立起交流的媒介。大部分儿童语言的理解能力要远远大于他们的表达能力。**语言接受**(receptive language)能力的发展速度要快于**语言表达**(expressive language)能力的发展速度,所以你的话不是像看上去那样对儿童没有用。

倾听是解决问题的第一步。

最为重要的就是将你所接收到的信息组织成语言,开启一段对话。当一个儿童感受到你在倾听并且试图去理解他时,他也许会给你反馈,让你能够更深入地理解信息。

一旦你显示出你已经理解这种情形时,儿童很可能会继续这段对话(以语言形式或非语言形式)。这样,交流就发生了。下面的内容表明:哪些回应的例子意味着整体倾听。

> "我想要知道你需要什么。也许是一个饱嗝?"——对一个刚刚被喂过食物仍然哭叫的婴儿说。
>
> "对于妈妈的离开,你真的感到烦恼。"——对一个在窗边哭泣的学步儿童说。
>
> "你想要去摸摸他。"——对一个三岁儿童说,他正向轮椅中的男人伸手。
>
> "你想要我把你抱起来。"——对一个心智正在成长的四岁小男孩说,他正向路过的行人伸出双手。
>
> "你不希望他摸你的衣服。"——对一个正在叫喊的小男孩说,他正冲着另一个抚摸他柔软新夹克的小男孩叫喊:"你真讨厌。"
>
> "她让你心烦。"——对一个五岁的儿童说,他正在叫喊:"你不能来参加我的生日聚会。"
>
> "你真是让我愤怒。"——对一个七岁的儿童说,他正在尖叫:"我恨你。"

当你读完上述的回应,你是否发现:除了倾听和将你所听到的信息组织成语言,你还想做更多? 当然,上述中的一些信息需要我们行动起来。

## 倾听并对不同的情形作出相应反馈

### 接收来自哭闹婴儿的信息

"我想要知道你需要什么。也许是一个饱嗝?"——对一个刚刚被喂过食物仍然哭叫的婴儿说。

哭闹是一种交流,所以仅仅把哭闹赶走不是你的主要目的。相反的,你需要理解婴儿通过哭闹所要表达的信息,然后去回应他的需要。一旦信息发出了,需要得到了满足,婴儿自然就会停止哭闹。如果这个婴儿饿了,那么给他喂食是正确的回应;如果他累了,休息是他所需要的。也许通过一些让人宽慰的设备可以分散婴儿的注意力,但是如果你在真正地倾听,你将不会使用这种分散注意力的方法,你会给他想要的东西。

但是如果这个婴儿刚刚睡醒,也刚刚进食过,可是他还是哭闹不停。这时候你该怎么做？问问他，全身心地去倾听寻求答案。让他打一个饱嗝，如果这样还不起作用，再次问问他。有些时候，任何东西都帮不上忙，你就是不能够知道他想要什么。或者你很清楚地知道他想要的就是他的妈妈，但是此刻她正在很远的地方并且只有在下班后才能回来。在这种情形下，只有倾听能够帮上忙。

哭是一种沟通。这个孩子的哭试图表达什么？

倾听地回应是一种态度而非一系列的行为。当然，在你倾听时，你应该设法去安抚这个婴儿。看看哪种办法适用？将他抱起来，他会响应吗？还是他更希望被放下？坚持不断地尝试，也许一个体位的改变就能起作用；对于那些有特殊需要的婴儿，体位的改变能有决定性的意义。因为他们的神经和肌肉系统工作不同于正常婴儿，只有合适的体位才能够为这些儿童提供最大的舒适，因此体位是非常重要的。

但是如果这个婴儿还是在哭闹，因为他急切地需要妈妈，任何的抚慰都只能起到暂时的效果。你不能满足他的需要，但是能够继续倾听。在尝试了任何你可以做的事情后，倾听仍然在哭闹的婴儿，意味着你接受了这样的一个事实：这个婴儿在表达一种感情，一种渴望或者其他的什么东西。不要把他当做讨厌的人，要把他尊敬地当做一个有需要表达自我的人。让他知道你在那里接收着他的信号。

让你自己保持镇静，向你遇见的任何一个悲伤的人，定时地同他谈话。如果你遇见一个人因为被困在失事汽车里而尖叫，你不会告诉他要安静。想一想你将怎么做。一旦你能够控制你自己，你也许会询问他需要你什么帮助。你也许会告诉他你是谁或者建议他什么不能做，什么能做。但是如果没有任何事情你可以做，你也许只能设法使他安心或者安慰他。如果他想要说话，你也许可以倾听。如果他继续尖叫，你只能接受这个现实——他有权利有这种反应。

被困在失事汽车里的人同悲伤的婴儿有什么不同？你知道这种情形不会危及到生命，但是他并不知道。让他知道你接受他的感受，并了解到这样表达感受是可以的。

有时候，像你有烦恼时同你的朋友谈话一样，同哭闹的婴儿谈话，他会走出自己的世界。如果这个孩子能够使自己平静下来,应该感到欣喜。自我平静是我们所要学习的重要技能之———越早学会越好。通过手指、拳头,或者一个特别的物品,比如一条毛毯、一个柔软的玩具或者是父母的一件衣服,儿童能使自己安静下来。

吮吸手指是很多家长和牙医(不是所有的牙医)所不喜欢的,但是它却是最有效的抚慰方式之一。大拇指最大的优点就是它从来不会离开婴儿床,它也不会丢失,它总是在婴儿的控制之下。想想自己是多么有力量,仅仅通过一个小小的方便的身体部位,就可以带自己走出悲伤,进入一种安宁的状态。这就是力量的获得。

## 证实哭泣学步儿的感受

"对于妈妈的离开,你真的感到烦恼。"——对一个在窗边哭泣的学步儿童说。

证实儿童的一种感受可以帮助他理解现实。他很烦恼,并且你意识到了这点。你没有忽略他的感受或者分散他的注意力。你接受了它们。

有些时候,在这种情形下,要求一个成年人镇静地站在一旁并倾听是非常困难的,尤其当这种情形激发了成人某种原始的感受时。在内心深处谁不隐藏着有关分离和失去的痛苦记忆?儿童总是能触碰到成人最柔软的地方——没有治愈的最敏感的地方。当你感觉到儿童的痛苦在你之上时,你很难去倾听。最自然的反应通常是寻找某种方法将儿童同他的痛苦分离开来,以此来减少你自己的痛苦。但是,当你没有解决问题时,这些问题没有被儿童充分认识和接受,将你的感受同儿童的感受分离开来,这点也非常重要。

一旦意识到你正被自己的情绪所影响,你应该选择将你的注意力转移到正在窗边哭泣烦恼的学步儿童身上。儿童需要你去倾听他,证实你意识到他的悲伤。以一种支持的方式守护在他的身边能给他带来安慰。如果仅仅倾听还不足够,保持头脑清楚、冷静能够帮助你决定下一步该做什么。有时候身体上的爱抚或者来自家中让人安慰的一个物体,都能够起作用。一位教师让正承受分离焦虑的儿童向他们的父母口授信件,然后让儿童把信放在他们的口袋里,直到能够再次看见他们的父母。两岁儿童的信虽然幼稚,但是写在纸上的那点浸着泪水的文字能够让他们感到宽慰。

## 帮助一个尖叫的四岁儿童找到他自己的解决办法

"你不希望他摸你的衣服。"——对一个正在叫喊的小男孩说,他正冲着另一个抚摸他柔软新夹克的小男孩叫喊:"你真讨厌。"

遇到这种情形时,你怎么处理?你会是相同的反应吗?尝试一下这种方式。将你的想法表达出来,而不作其他评论,这是非常有效的。这样的一个回应经常能够让儿童说出更多的想法。

不幸的是,这种情形经常有很多不同的处理。更多自然的回应通常会关闭成人与儿童的沟通渠道。这儿就是一些"关闭对话"的例子。

- 批评："你总是对每一件小事大喊大叫。"
- 下达命令："不许那么叫。""友好一点。""不要大惊小怪。"
- 忽略："好了，没什么，他只不过碰了你的衣服。"

相反，如果你以客观的方式将你认为所发生的一切描述出来，而不作任何评论，你就改变了互动的气氛，鼓励孩子说出更多对于这件事情的看法。这儿有一些"开启对话"的例子，当他们叫喊、哭闹，或者埋怨什么事情时，鼓励儿童去表达他们的想法。

- "你不想要他去推你的秋千。"
- "你愿意一个人在小房子里玩。"
- "从三轮车上跌下来很疼。"
- "你也不知道那块拼图哪里去了。"

尽管帮助儿童解决问题很有诱惑力，但是让儿童自己找到解决问题的办法更能使儿童受到鼓舞。这样做，儿童意识到自己能够通过一系列解决问题的策略来处理令他们感到沮丧的情形。然而，有些时候你不得不介入，不能仅仅让儿童自己去解决。框3.1就向我们展现了这样的一个情形。框3.2则提供了一些阻止这些问题产生的策略。

### 框3.1 多棱镜

#### 一个反对偏见的回应

下面的情形更需要成人的回应而非仅仅是倾听：三个男孩在上升的建筑物下堆建一个俱乐部。珊蒂想要加入，但是一个男孩大声说："女孩不许加入。"其他男孩表示同意，不许小女孩加入。

如果他们说"因为你上次扔沙子，所以你不能同我们一起玩"，这将是另一个不同的情形。在那种情形下，成人能够不作评论地倾听这些男孩，并且帮助珊蒂理解问题出在她自己的行为上——她可以改正一些东西。但是珊蒂不能改变她是女孩的事实。男孩子们的行为反映出了彻底的性别歧视。在这种情形下，成人不能仅仅陈述正在发生的一切，而是必须介入。"那是不公平的"将是成人较为合适的一种回应，接着便是一些关于平等的讨论。[1]

让我们看看另一种情形：一个四岁儿童的反应，当另一个孩子伸手去触碰她抱在怀中受伤的小动物时，她尖叫："你不能摸它。"如果在认真地倾听后，你觉得这个儿童的言论是针对另一个孩子的种族、性别、文化或是能力，你必须介入。比如说，如果她对一个美国黑人的孩子说"你的手是脏的"，这是指他的肤色，这时就要同她进行讨论。如果这是这个孩子言论的基础，你必须清除她的错误观念。你同样必须帮助她理解，她的言论可能给其他的儿童带来多大的伤害。

[1] Louise Derman-Sparks discusses this point in her book *Antibias Curriculum: Tools for Empowering Young Children* (Washington, DC: NAEYC, 1989).

## 框 3.2 提示与技巧

### 帮助儿童理解并欣赏肤色的不同

早期教育机构有责任尊敬地、开放地讨论个体差异。这种讨论应包括肤色的主题。只要儿童在成长的过程中持续地认为一种肤色优于另一种肤色,种族歧视就会存在。探究肤色的多样性活动能够帮助儿童接受差异的存在。有很多方法可以帮助儿童欣赏不同的肤色。为什么不一下子把黑色、棕色、褐色混在一起?将棕色与红色、蓝色、黄色和绿色混在一起直到得到一大片棕褐色。你也可以用蜡笔和油画画出你们小组儿童的各种肤色。一些蜡笔和油画公司现在有专门的关于肤色的颜色分类。当你呈现出这些颜色时,讲一讲它们的不同,帮助儿童理解所有的肤色都是美丽的。让儿童探究它们的不同。下面这幅图画里的儿童也许正在询问老师是否这只蜡笔的颜色同她的肤色一样。可以放一面镜子在周围帮助儿童去作比较。

为了最有效地帮助儿童欣赏不同的肤色并认为所有的肤色都是美丽的,教师必须审视自己的态度和偏见。一种审视自己态度和偏见的方法就是意识到你使用语言的方式。你是否将黑色的皮肤视为一种邪恶?这种印象是具有非常大的破坏力的。它们不应该存在于早期儿童的环境中。相反,应该寻找各种方式去谈论和制造对黑色和其他肤色的积极印象。这就需要那些没法对黑色肤色产生积极印象的成人自我反省了。

### 帮助一位心烦意乱的五岁儿童将他的情绪表达出来

"她让你心烦。"——对一个五岁的儿童说,他正在叫喊:"你不能来参加我的生日聚会。"

成人对于这样的情形通常以说教或者推理的方式回应("那样说不好"或者"你今

年的生日已经过去了")。相反,成人应该意识到儿童正在使用最强大的非暴力工具——拒绝。帮助两个儿童讨论清楚,通常是解决这类问题的一种有效方法。成人可以从他感知到的儿童情绪入手:

成人:她让你心烦。
第一个孩子:是的,她拿走了我准备玩的货车。
成人:(提供更多非评论性的反馈)你不喜欢那样。
第一个孩子:是的。
成人:(使两位儿童相互交流)告诉她你的想法。
第一个孩子:你不能玩那个货车。
第二个孩子:但是我先拿到它的。
第一个孩子:不是的,是我先拿到的。我刚刚去喝水了。
第二个孩子:哦,那你又不能一直保留它。
第一个孩子:我可以这样做。
第二个孩子:谁说你可以这样做?
成人:(意识到这场争论会无止尽地循环下去,提出了另一个非评论性的回应和一个能够激发思考的问题)你们都想要这辆货车。我想要知道,你们怎么解决这个问题?
第一个孩子:她把货车让给我。
第二个孩子:我们可以轮流玩。
第一个孩子:除非我可以先拉拉它。
第二个孩子:那么我可以坐在里面驾驶它。

达成双方都能满意的解决办法赋予了儿童力量。感到自己有力量的儿童不再那么需要用拒绝的威胁来得到他们想要的东西。

你可以看到,仅仅通过向儿童展示你所看见正在发生的事情,以及帮助他们说出自己的想法——表达他们的情绪,很多问题都可以得到解决。仅仅做一名好的倾听者,你就能够做好所有的事情。

### 不要将七岁儿童的愤怒以个人的态度来对待

"你真是让我愤怒。"——对一个七岁的儿童说,他正在尖叫:"我恨你。"

"我恨你",这三个字包含了太多的威力,这就是为什么儿童会使用它们。这些年我观察到成人在应对这种情形时,通常以大段的关于兄弟般的爱及丑陋的恨来说教,这种回应都是在拒绝儿童的这种强烈情感。

为什么不承认儿童的愤怒呢？"你真是让我愤怒"，这是他所表达的情感——至少看上去是这样。让儿童将他的情绪表达出来，并能够创造出一种富有建设性的方法来表达愤怒，同时，证实了儿童的情绪。想一想你能够用语言表达极端愤怒的最强烈的方式——它们都不会让人觉得讨厌。这很难，不是吗？同样，要想找出能够用单纯的、不触犯他人的语言表达自己对同伴的愤怒，这同样很难。所以这就是为什么儿童会使用他唯一知道的强烈的词——恨。

同样，你必须意识到也许这个儿童根本不是生气，而只是因为某种原因，仅仅尝试去获得你的回应。如果那是你接收到的正在发生的一切，就那么说。如果通过有效的倾听技术鼓励他去交流，你就可以同他开展对话，知道为什么他需要这样做。

这儿有个建议要给儿童发怒的对象：不要太在意他的态度！很多时候这些愤怒往往与你无关。它也许只是儿童内部活动的一种表达，而你只不过是他身边的发泄的对象。如果你关注这条建议，你能够很有效地处理愤怒的儿童，还能使自己不至于怒发冲冠。

## 怎样清晰无误地交流

从我还是一名新手，到在各种早期教育场所和早期保育中心观察了25年其他新手与儿童的交流后，我发现很多的交流方式——其中有一些交流方式会产生问题。作为成人，我们中的每个人都有我们自己同儿童交谈的自然方式，告诉他们我们是谁，我们从别人（包括父母）那里学到了什么。然而有些与儿童交谈的自然方式包含着混合的信息，这些信息会使儿童混乱，甚至将他们同现实分离开来。

### 提出真正的问题，而不是无意义的问题

"你想要坐下来吗？"成人在集体活动时询问一位四岁的儿童。如果这位儿童确实可以选择坐下还是站着、留下还是离开，这样的一个问题是可以的。但是如果这个成人是以下意思："我需要你坐下来加入这组。"这个信息就失去了它的意义。

"你想要洗手吗？"这是一个很好的问题，如果不是被要求这么做。但是如果午餐已经放在了桌子上，其他儿童都在等待吃饭，这位儿童没有其他选择，这个问题最好以一种陈述或指令的形式表达出来："现在是洗手的时间，你可以等下再玩积木。""如果……，那么……"是表达这种意思的另一种方式，"如果你现在洗手，你吃饭时就能够选择你想要的椅子。"或者："如果你现在洗手，你可以帮我摆餐具。"最好的是给出一个真正的选择："你想要现在去洗手，还是再玩五分钟直到我叫你？"

有时候，成人也给出了清楚的指令，但是末尾却加了一个犹豫不决的"好不好"："洗手准备吃午饭，好不好？"这位成人想要儿童同意去服从。但是，这位儿童认为他可以进行一个选择，也许可以说"不"，所以当成人变得恼怒时儿童就会觉得很奇怪。

第一部分　教学过程导论：幼儿教师的角色

"你们愿意坐下来等待开饭吗？"仅仅是个修辞手法的问句，如果你想表达的是："午饭已经准备好了，你们坐好就可以开饭了。"

### 证实儿童的情绪和感受，不要忽略它们

- 儿童说："我快要疯了。"成人说："不要犯傻！"
- 儿童说："哦，他弄疼我了。"成人说："没有，他没有弄疼你。"
- 儿童说："这汤很烫。"成人说："不，它只是温的。"
- 儿童说："我不喜欢这个三明治。"成人说："不，你喜欢它。"

我们经常说上面的话。这些话听起来很温和，但是它们却代表着我们正在尝试控制儿童的感官印象。[1] **感官印象管理**（impression management）让儿童不能生活在他们自己的现实世界，它制造了对于这个世界的错误经验。它使得儿童不相信他们自己的感觉。

但是帮助儿童定义他们的现实世界远远超出了官能的感知。这个儿童说："我想要在外面吃。"成人这样回答他："不，你不能，外面很冷。"一连串这样的回应会让儿童依靠成人来理解他的愿望。为了帮助儿童慢慢学着去理解他们的愿望、感觉及其所听到和感知到的内容，尝试以下的方法：

- 谈及你自己的经验，避免很绝对的说法，如"这碗汤不烫"。如果你接受儿童的感知也许与你的不一样，最好这样说："这碗汤对我来说不是那么烫。"
- 询问他，不要直接说出你的想法："你不喜欢三明治里面的什么东西？"
- 通过重复儿童告诉你的话语或者解释他的意思，证实他的感受："这汤烫着你了。""三明治里有些东西让你觉得讨厌。"

[1] Anne Wilson Schaef, *Beyond Therapy, Beyond Science* (San Francisco: Harper San Francisco, 1992).

拥有一系列的感知能力生活在这个充满感觉的世界里,是我们作为人类的幸福之一。不要设法让儿童相信他们的感知是错误的而欺骗他们,这样会限制他们的经历。接受他们的感官印象,帮助他们学会去谈论他们所感知的一切,而不是将你的感受强加于他们。

## 遇到尴尬或敏感的情形,谈论而不要忽略它们

想象一下这样的情形:一只几内亚小猪摔到了地上,当场死亡。那个不小心将小猪失手的儿童伤心欲绝,大声地尖叫。一位教师将这位儿童转移到另一个教室,另一位教师将几内亚小猪的尸体放在鞋盒里,隐藏在壁柜里,然后播放磁带,开始集体活动,仿佛什么事情也没有发生过。

这儿有另一个例子:去邮局实地考察,儿童们看见了一位坐在轮椅上的妇女,一个小女孩大声地问:"那位女士怎么了?"尴尬的教师避开了这个问题和坐在轮椅上的妇女,问:"投信口在哪里?"试图通过将他们带来的信件分给小女孩而转移她的注意力。"你能找到投信口,并把这些信投进去吗?"

当成人在处理这些尴尬和令人心烦的情形时,他们常常忽略现实。儿童则会将成人的反应(比如说:害怕、愤怒、窘迫和沉默)与他们自己的经验结合起来,而不是更多地去理解究竟是什么使得这些事情变得敏感。不能够问问题,不能够表达他们的忧虑,不能够收集到信息,儿童就会产生误解,开始质疑自己的感知。

想象一下,如果你在小提琴的音乐会上看见一头大象出现在舞台上,你将会作何感想?如果节目中或观众中没有人承认它的存在。你会对正在发生的一切感到奇怪吗?你会质疑你自己的现实吗?你很奇怪,感到困惑,想要知道自己是否疯了。所以当一件看上去有意义的事情被人完全忽略时,儿童也会有同样的感受。

成人应该澄清正在发生的一切,接受儿童的反应,帮助他们形成一种对现实的理性理解。不要忽略死去的几内亚小猪。让那些想要再看看小猪的儿童表达他们的悲伤,提出问题。如果有儿童提出有关灵魂的问题,你就说"你可以和你的父母谈论……"或者"有些人认为……"但是你不需要涉及到宗教上的问题。只要双手抚摸小猪就可以帮助儿童理解这种情境中的现实。你也许可以问问儿童,他们是否想要为小猪举办葬礼。[1] 注意儿童的感受,将他们的感受描述出来,接受他们的想法:"几内亚小猪的死让你们都很伤心。"如果你愿意,你也可以谈谈你自己的感受。

在第二个例子中,一种富有建设性的办法就是鼓励儿童同坐在轮椅上的妇女进行

---

[1] 我知道有位学生这么问他的老师:"小猪被埋葬后又怎么样了?"这位老师并不排斥讨论死亡的话题,挖出小猪的尸体让儿童看个究竟。这个问题结束后随之而来的就是给儿童上科学课。在整整一年中,这个班级不断地挖出或埋葬小猪。当然,这种研究科学的办法也许会让其他班级的儿童或家长反感。所以我并不提倡它,只是提一提有这样的做法。

另一种观察变化的方式就是观察被雕刻过的南瓜随着时间的推移是如何腐烂的,记录它的变化,如果你的班级正在庆祝万圣节,这是一项很简单的活动。或者一个更干净更为传统的表现变化的活动就是观察蚕,观察它们从卵变成毛虫、茧,数月后直至产卵。最后它们也会死亡,但是大多数儿童对此不那么反感。

交谈,像对待同伴一样对待她。她也许能很好地回答孩子的问题。如果不能,稍后你可以指出她对这个问题是如何反应的,向儿童解释她的感受,让他们推测为什么她会坐在轮椅里。这同时也是个很好的机会,它可以帮助儿童形成与残疾人建立联系的能力。到后面如果有机会,可以邀请一位虽然身患残疾,但是却不忌讳谈论自己缺陷的客人来幼儿园做客。[1]

### 言行一致,避免言行不一致

当我们的口头语言和肢体传达的信息相同时,这就是言行一致。当与儿童打交道时,力求言行一致,这一点始终是很重要的。但是我们都有过这样的经历,当我们生气的时候,却要摆出一副笑脸——这就是言行**不一致**(incongruence)的例子。当成人言行不一致的时候,儿童一次得到两条信息,不知道应该选择相信哪条信息。

一些儿童比另一些儿童对成人的言行不一致更敏感——这取决于他们是否密切地注意口头信号和非口头信号。一些儿童忽略口头语言,主要关注肢体动作。他们知道成人的感受,这些感受的声音要比语言的声音更响亮。

也有些儿童既关注成人的语言,又关注成人的感受。当成人的语言含糊不清,没有澄清意思的时候,对儿童来说,是多么的混乱啊!一些儿童解决这种困境的方法就是忽略这些语言。这种回应会对儿童的语言和社会发展产生反作用。

在这里加入文化因素的考虑,是很重要的。每一种文化都有截然不同的肢体语言,这种肢体语言不一定就能被其他文化的成员所了解。比如说,在不同的文化里,微笑有着许多不同的意思(见框3.3)。究竟什么才是合适的表达愤怒的方式,在不同的文化间、甚至在同一个文化内、在不同家庭内,都不尽相同。一些愤怒的表达方式是如此细微让其他文化的成员难以察觉。一些文化甚至不提倡各种愤怒的表达方式(见框3.4)。

---

**框 3.3 多棱镜**

**微笑的含义**

我认为摆出笑脸是表达友善的一种便捷方式,出于这样的原因,我对一位路人微笑。我确信每个人都能接收到我想要表达的信息。但是微笑不是对所有人都意味着友善。

一位东欧人这么告诉我:"当我第一次来这个国家,我认为美国人很奇怪,因为即使他们不高兴的时候,他们仍然微笑。我不能判断他们是否都是在伪装,还是他们太愚笨了。"同样那些走在东欧大街上的美国人有时候会评论他们遇见的东欧人不够友善。他们不理解微笑只是用来表达欢乐,而友善有其他的表达方式。

一位越南人描述了微笑在越南文化中的多种含义。

---

[1] 关于这个话题的详细讨论,请见德曼-斯帕克斯的《反偏见课程》。

续

> 几乎任何一个拜访过越南或者同越南人接触过的人都会注意到他们脸上持久的、高深莫测的微笑,这种微笑出现在所有的场合,不管开心还是不开心。当越南学生在错误的时间和地点微笑时,很多在越南的外籍教师常常感到恼怒和沮丧。这些教师不能理解当这些学生被批评时、不能理解已经解释过的课文时,他们怎么还能微笑,尤其当他们应该给出一个问题的答案时,他们却坐在那里一动不动,静静地微笑。对于这些老师经常会认为这些学生不仅仅傻、不服从命令,而且傲慢无礼。但是他们不能了解到学生们微笑是为了向他们的教师显示:他们不介意被批评,或者因为不能够理解课程内容他们真的觉得很傻。在所有的时间和场合微笑是越南人的共性。但是,并没有具体的指示告诉外国人,每一种微笑在每一种情形中意味着什么……越南人的微笑也许几乎意味着任何事情。[1]

学习其他文化的观点和习惯不仅仅有趣,这对于成为一名有效的早期教育者非常重要。为了成为一名终身学习者,在我们的社会中,不断地探索、理解、尊敬文化的多样性是非常重要的。

### 提防进退两难的信息

同言行不一致一样,一个让儿童**进退两难**(double bind)的信息是另一种混杂的信息。每当我听到"进退两难"这个术语时,我总是想到我在一家育婴机构中看到的一些情景。一位妈妈坐在地板上,怀中抱着她的孩子。她的肢体语言是说:"和我在一起。"但是她实际的口头语言却说:"为什么你不去和其他小朋友一起玩?"它不是一个问题,而是一个命令。这位妈妈的肢体语言让孩子留在她的身边,可是如果不违背妈妈肢体语言发出的命令,孩子根本没有办法遵从妈妈口头语言发出的命令。

当教师让儿童们坐在一间诱惑他们玩耍的教室里听故事时,早期教育者给了儿童另一种混杂的信息。这位教师说:"坐坐好,听听故事里发生了什么事情。"但是外界的环境却说:"摸一摸、探索探索、试一试这些东西。"为了帮助儿童走出这种进退两难的情形,教师可以将玩具及其他材料远离儿童的视线或者将听故事的地点挪到另一个不那么具有刺激性的教室。

**框 3.4 多棱镜**

#### 表 达 愤 怒

许多美国人认为将愤怒用语言公开地表达出来是有益于健康的,但是不是所有的文化都认同这个观点。杰罗姆·卡根(Jerome Kagan)是一位儿童心理专家,他这样说:

---

[1] Duong Thanh Binh, *A Handbook for Teachers of Vietnamese Students: Hints for Dealing with Cultural Differences in Schools* (Arlington, VA: Center for Applied Linguistics, 1975)18.

续

> 在很多文化中,比如像爪哇、日本和中国,他们强调维持和谐的社会关系,采取一种尊敬长者和权威的感情态度,要求每个公民不仅仅控制愤怒,而且,还要准备着诚实地克制好自己的个人情感以避免伤害其他人。这种观点被认为是大部分成人特有的品质之一,不会被贴上不真诚、伪善的毁谤性的标签。[1]
>
> 一个从小被教导和谐比自身感受更重要的儿童仍然会有情绪。除非你对这种文化差异敏感,否则当他向你提出小小的抱怨时,尤其如果他在表示不满时,他的行为也很适当,你也许不能理解儿童想要表达的信息。即使他很生气或者感到很受伤,如果你忽略了他,或者仅给以一个建议,一个拥抱,或者打发他去玩耍,他也许不会再坚持。一个小女孩安静地说:"老师,他拿走了我的娃娃。"她的表情并没有显示出此事对她的重要性。教师急急地说:"告诉他你想要回你的娃娃,或者再去找一个娃娃。"这位儿童离开了,并没有再提起失去娃娃令她很难受的事。早期教育者需要学着阅读儿童,意识到儿童表达情绪的不同方式。

### 使用转向的方法,不要分散注意力

就像上面提到的那样,在儿童悲伤时或者遇到尴尬情形时,**分散注意力**(distraction)不是回应儿童的有效方法。但是成人经常会使用分散儿童注意力的方法,因为这种方法看上去很奏效。

本图中无论是环境还是教师都能让孩子的注意力集中在故事上。

[1] Jerome Kagan, *The Nature of the Child* (New York: Basic Books, 1984) 244-245.

想象一下以下的情形：在"科学桌"上摆放着一个鸟巢，里面放着一个鸟蛋，它们被低低地靠门放着，这样儿童们一进门就能看见。一位好奇心很强的学步儿走近了桌子，试图打破蛋壳。教师再三地移开这位儿童，设法使他对其他事物感兴趣，但是教师从未对儿童解释她正在做的事情和她为什么要这样做，这种行为被称为分散儿童的注意力。

分散注意力和转向的方法也许看上去是一样的，但是它们并不一样。分散注意力是将儿童同他的感受、行为隔离开来，用其他的感受和行为替代。转向承认儿童的感受和能力，帮助儿童寻找一种更能被接受的相关活动。让想要看看鸟蛋里有什么的儿童转变方向，教师可以让儿童观察煮熟的鸡蛋。至少，教师应该承认儿童想要做的事情，并且证实他对此的强烈感受。

这儿有另一个例子：一位儿童对妈妈即将离开而感到心碎。她大声地哭喊，想要跑去抓住妈妈，但被教师中途抱住。教师将她举向空中，大声、高兴地说："听一听我们今天要做什么奇妙的事情。"教师开始列举今天的活动，但是儿童的哭叫声比教师的说话声还要大，于是教师抱着她晃来晃去，并向橱柜走去，很神秘地对她说："今天，老师这儿有个很特别的东西给你玩。"教师明白她已经吸引了儿童的注意力，所以她继续做夸张的表演，发出好笑的声音，将儿童举向空中，直到他们到达橱柜。教师缓慢地打开橱柜的门，找出一根羽毛，用羽毛去使儿童的鼻子发痒。同时，这位儿童的妈妈偷偷地离开了。

如何让这个孩子转移注意力？

这位儿童也许要花上一段时间才能记起她刚才为何烦恼，或者她根本记不起来。但是真正发生的一切表明教师在哄骗儿童，否认了她的情绪，这样造成的后果是，儿童的安全感、力量的获得感及自尊都会受到危害。分散儿童的注意力不仅仅忽略他们的感受，同时它为儿童建立了一个压制愤怒、悲伤、恐惧和忧愁的终身模型。不要感到奇怪——因为他们从小就被教导有个人情绪是不好的。

对于第二个例子，这儿有一种更富有建设性的方法：这位儿童大声地哭喊，想要跑去抓住正要走出门的母亲。教师蹲下身和儿童在同一个高度，抱住她，阻止了她的行动。儿童继续哭喊，这位教师温柔地对她说：“我知道你不想妈妈离开。”这位母亲给了儿童一个飞吻，再次说"再见"，走出了教室门。儿童哭得极其伤心，教师说：“你真的很难过。”她放开儿童，轻轻地抚摸着儿童的前额。儿童跑向窗户。教师说：“好主意，再和妈妈挥挥手。”当儿童看见妈妈消失在车内时，她疯狂地挥动着她的小手。然后她跌坐在地板上，开始舔自己的脚。教师仍然和她靠得很近，但是不说任何话。儿童继续舔脚丫，教师说：“刚才你真的很生气。”承认她的感受似乎更能够安慰儿童，她从地板上站起来，跑到附近的桌子上去研究油泥。从她脸蛋上正在落下的一滴眼泪是她刚刚经历一切的仅有残留标记。

如果这幕情景触发了你强烈的感受，反思这些情绪。为了能够有效地在充斥着各种情绪的环境中支持儿童，教师理解自身的情绪，明白这些感受的出处，并将你的感受同儿童的感受区分开来，这是非常重要的。否则，使用分散儿童注意力的诱惑则是巨大的。

## 提问儿童时要慎重

避免提出需要儿童当场作出回答的问题。在一些文化里，直接地提问被认为是粗鲁的、打扰的。即使你来自于容忍直接提问的文化，你很有可能理解被审问是一种什么样的感受。像大多数成人一样，你也许会将问题作为了解儿童的一个工具：“你好，你叫什么名字？你多大了？你从哪里得到这么漂亮的T恤衫？”这些问题本身是无辜的，但是它们是否能够达成你的目标取决于儿童的回答。当有些儿童被提问时，他们会默不作声。在这种情形下，最好寻找其他方法来进行对话。

直接提问在指出儿童不适当行为时尤其会出问题。比如说，一位三岁的儿童正在挤压放在他们拼贴画小组旁边桌子上的胶水。这时候教师问他：“为什么你要这么做？”这位儿童沉默。“你不知道这瓶胶水属于谁的吗？”儿童还是沉默。“我要怎样处理你呢？你还会这样做吗？”这样的问题都给儿童构成了困扰。

想一想，儿童对于他们的行为通常没有解释。问他们"为什么你要那样做？"通常不会得到具有思考的答复。相反，它会激发起儿童的防御情绪或者引起完全的沉默。

取而代之审问，教师应该表述出显而易见的事实，看看儿童将作何反应，"看来你很喜欢挤压那瓶胶水。"下次教师必须有责任改变这种情形,比如说,将用来制作拼贴画的胶水不要放在可以挤压的瓶子里。但是也许儿童对玩弄胶水团比粘贴碎布片、纸片更要感兴趣。如果是这样,教师可以为儿童准备一小团面粉、水和盐,以便他们将不同的面团造型喷在纸上,让纸吹干,这些纸片就会变成闪耀的图片(如果你使用这个建议,但要考虑到有些成人对于用像面团和盐等食物原料作为艺术或玩耍的材料,有不满的情绪。见框3.5)。

---

**框3.5 观点集萃**

### 怎么看待用食物作为艺术的材料?

通过面粉、盐和水创造出一个面团作为美术材料或者作为一种感官的体验,是否合适?将面粉用来做玩耍的油泥,将米饭或种子作为"感官桌"的材料,用布丁来做手指画,将通心粉串成项链,或者将意大利面用于拼贴画,你会如何看待?我收集了人们对将食物作为艺术或玩耍材料的一些看法:

"不,我不赞成这样。世界上还有三分之二的人在挨饿,我们应该教育儿童不应该浪费粮食。当美国儿童有这么多额外的粮食以至于可以用来作为玩耍的材料时,对于全世界来说,这是个震惊的消息。"

"我不赞成,在我们机构中有一些家庭还没有足够的粮食。将粘在画纸上的食物带回家是一种耻辱。"

"不,浪费是种罪过。"

"将食物作为大部分艺术和感官材料是可以的,但是用布丁作为手指画的材料会使儿童产生混淆,因为他们被教导吃饭时不要弄得一团糟。"

"我不认为使用便宜、容易得到的各种材料有什么不妥。在有限的预算内,我们不能错过机会去创造性地使用多样性的材料。就算我不用这些面粉做生面团,他们也拯救不了挨饿的人。"

"我认为很难避免使用食物作为课程材料。我们最好的一些活动需要依靠这些食物材料。我们能够去除玩耍用的油泥吗?能去除用水和面和成的面团吗?"

对于这件事情,人们有不同的看法,每种观点都有它自己的优点。事实上,在这件事上你也许可以拥有自己的观点。

---

让我们看一下另一个例子:一个七岁的儿童发现她可以通过将颜料溅在画架上制造出很有趣的效果。她拍打着颜料刷,看着颜料飞溅在纸上,玩得很开心。她没有注意到:颜料滴落在地板上,甚至溅在经过她身边的小朋友身上。教师到达了,说:"你知道自己在做什么吗?你看见你把周围弄得一团糟吗?你认为谁会来打扫?你为什么这么做?"

一种较好的方法是转向,而不是给出一系列的问题。这儿有一些可以用来替代的艺术活动。

第一部分 教学过程导论：幼儿教师的角色

对某些孩子来说，最好的艺术活动是挤压胶水瓶，这时指导好过指责。

- 不要使用颜料和纸，让儿童将水溅在黑板上。
- 改变画架的位置，让儿童在户外继续。
- 让儿童将水溅在含有蛋彩画颜料的纸上。
- 在一个喷雾瓶里装满有色的水，让儿童对挂在栅栏上的纸进行喷雾。
- 将树叶或者碎布片放在一张纸上，将涂着颜料的牙刷放在白纸上方的滤网上来回地摩擦，就能制造出有趣的轮廓。

## 小结

　　为了能够同儿童进行有效的交流，你能做的最重要的事情就是倾听——倾听语言的和非语言的线索，让他们知道你在倾听他们的信息。当你证实了儿童的情绪时（而不是否认或者评价它们），交流就开始了，帮助儿童将他们的问题以语言的形式表达出来，这样他们就能够发现他们自己的解决方法。通过尊敬儿童和有效的沟通，成人可以提升儿童的自尊，使他们获得力量，在总体上支持他们心理的健康发展。

　　一些家长有其同儿童交谈的自然方式，但是这种方式可能会损害儿童正在发展的自我意识，损害他对现实的感知和安全感。为了能够与儿童清晰无误地交流，避免无意义的问题，避免使儿童产生防御心理或者不舒服的问题。不要忽略他们的感受和感知，不要避免谈论尴尬或敏感的情形；避免谈论这些情形会使儿童不相信他们自己的感知。不要言行不一致，不要发出混杂的信息，这些都会使儿童产生混淆。

## 自我测试

学习本章后,你能够
* 解释怎样倾听,儿童才能打开话匣吗?
* 举出一些意味着整体倾听的回应的例子吗?
* 讨论一下当儿童歧视他的玩伴时该怎么做吗?
* 给出一个含有混杂信息、无实质意义问题的例子吗?
* 解释一下怎样证实儿童的感受和感知吗?
* 解释一下,为什么讨论尴尬或敏感的情形很重要?
* 举出一个意味着言行不一致的例子吗?
* 解释一下,什么是"进退两难"吗?
* 描述一下转向的方法与分散儿童的注意力有什么不同吗?
* 举出一个让儿童觉得受到打扰的问题的例子吗?

## 需知术语

你可以用下面的多少个词语造句?你知道它们的含义吗?

| | |
|---|---|
| 整体倾听 | 感官印象管理 |
| 语言接受 | 不一致 |
| 语言表达 | 进退两难 |
| 反对偏见的回应 | 分散注意力 |

## 深入阅读

Bhavnagri, N. P., & Gonzalez-Mena, J. (1997). The Cultural Context of Infant Caregiving. *Childhood Education*, 74(1), 2-8.

Derman-Sparks, L (1989). *Antibias Curriculum: Tools for Empowering Young Children*. Washington, DC: NAEYC.

Greenspan, S. L. (1997). *The Growth of the Mind*. Reading, MA: Addison Wesley.

Nelsen, J. (1987). *Positive Discipline*. New York: Ballantine.

Paley, V. (1992). *You Can't Say You Can't Play*. Cambridge: Harvard University Press.

Puckett, M., Marshall, C. S., & Davis, R. (1999, Fall). Examining the Emergence of Brain Development Research: The Promises and the Perils, *Childhood Education*, 8-12.

Reynolds, E. (1990). *Guiding Young Children*. Mountain View, CA: Mayfield.

Stone, J. (1993, May). Caregiver and Teacher Language: Responsive or Restrictive? *Young Children*, 12-18.

Wilson, R. (1998). *Special Educational Needs in the Early Years*. London: Rutledge.

Winter, S. M. (1994/95, Winter). Diversity: A Program for All Children. *Childhood Education*, 91-95.

## 结尾故事

在我作为幼儿园教师第二年的某一天,我四岁的儿子第一次拜访了我的班级。通过高超的沟通技巧,我能够将一些相当困难的情形处理得很好,为此我很骄傲。我注意到我的儿子好几次以很奇怪的表情看着我。这天终于结束了。清洁卫生已经做好,家具也已经收拾好,为周日学校作好准备,他们在周末会借用这间教室。我锁上门,我们上楼向停车场走去,我的儿子停了下来,他说:"妈妈,我可以问你一个问题吗?"我回答:"当然可以啊,问吧。""你对那些孩子说话怎么那么好笑?"在那一刻,我意识到我作为教师在使用我自己的新的改进过的沟通技术,但是到现在我却没有在家里尝试使用过它们。

## 下章导读

下一章节,我们要研究发生在学习和游戏时间的教—学的过程,并且看看成人在这个过程中发挥什么样的作用。它将讨论:早期教育者在什么时候该退后让儿童自己主导他们的学习过程,在什么时候应该介入干预。你将学习到怎么给儿童鼓励,了解到批评和表扬在教—学过程中的作用。最后,第四章讨论了游戏作为学习的一种方式,研究了自由游戏的若干好处。

# 第四章
## 帮助孩子们学习和游戏

谁处在聚光灯下——教师还是孩子?
 教师作为指导者和明星
 教师作为回答者、保护者和帮助者

游戏：学习的一种方式
 游戏总是有趣的吗?
 游戏与工作是如何不同的?
 游戏的种类
 游戏的益处

工作：学习的一种方式
 成人对待工作的态度及对孩子的影响
 孩子对工作中的成人的观察
 对以孩子为中心的学习方式的两种看法
 学习中的项目教学法

成人在孩子们学习和游戏中的角色
 成人作为观察者
 成人作为舞台管理者
 成人作为老师
 成人作为鼓励者

小结
自我测试
需知术语
深入阅读
结尾故事
下章导读

第一部分　教学过程导论：幼儿教师的角色

在这一章里你将了解：
* 幼儿教育者的角色与你想象的有何不同。
* 为什么幼儿教育者不应该是"舞台的明星"。
* 为什么游戏是学习的一种方式。
* 什么是感觉运动的游戏以及它是如何帮助幼儿发展的。
* 象征的游戏是如何帮助幼儿成长的。
* 单独、平行、相关和合作游戏的区别。
* 工作是如何作为学习的方法的。
* 成人对待工作的态度是如何影响孩子的。
* 对成人帮助和以孩子为中心的学习方式的两种对立看法。
* 什么是学习的项目方法。
* 成人在帮助孩子们游戏和学习时扮演的三种主要角色。
* 鼓励与表扬的区别。
* 如何恰当地进行表扬。

幼儿教学看起来并不像对大龄孩子的教学。事实上，一些成人来参观幼儿学校就会评论说："他们在这里只是玩。难道他们从来都不学些什么吗？"这番言论表明了他们对幼儿学习方式的一种误解。幼儿是在游戏中学习。他们也会在游戏中学习到东西，可是他们的"学习"与传统的"学校学习"看起来是不同的。

课程看起来不一样，老师的角色看起来也不同。幼儿教育者有很多种角色，这些角色根据孩子们的需求而改变。教师显然在整个课程体系中有着重要的作用，但这是否意味着老师就是"舞台的明星"呢？

## 谁处在聚光灯下——教师还是孩子？

一些进入幼儿领域工作的人希望仿效自己从小学时代就记得的老师的做法：站在一帮学生前面传授知识或者在外面操场上带领学生们做游戏，比如踢球或捉人等游戏。有些人则把自己想象成交响乐队的指挥，指挥整个乐队的行动来创造旋律、和声、音质——所有这些元素结合在一起成了优美的音乐。

这两种模式的问题在于聚光灯打在了老师身上。但是你不久就会发现幼儿教学中舞台的明星是孩子。

在某种程度上，一间教室或家庭育儿中心有点儿像一个交响乐团，但作为老师或育儿工作者，你每天只会在指挥台后站一小会儿。相反，你忙于演奏音乐所需的各种角色——不管是台前还是幕后，甚至包括摆椅子和把乐器从盒子里取出来这些琐事。

当孩子们来到学校,音乐开始,你可能都没有机会来指挥这个乐队;乐队会自己指挥自己,或者某个孩子会担当指挥的角色。爱德华·霍尔(Edward Hall)——一位人类学家,曾描绘了一个孩子管理整个操场的惊人场景!霍尔的一个学生拍摄了一群孩子在课间休息时在操场上游戏的情景。在正常播放速度下,这段录像只是展示了分散于操场各处的孩子们进行各自游戏的普通场景。但是在不同的播放速度下仔细观察,就会很明显地发现:

  一个很活跃的小女孩在人群中看起来很突出。操场上到处都有她的身影……只要她走近一群孩子,这群孩子不仅相互一致而且还会与她一致。观察了很多遍之后,他(那个学生)意识到这个女孩凭借自己的跳跃、舞蹈和旋转,实际上她在指挥着整个操场的行动!整个运动似乎合着一个拍子——像一部跳舞的无声电影。[1]

  我自己也见过这种现象。我曾经参与过拍摄一群孩子做玉米卷饼的录像。当我第一次看这盘录影带的时候,整个画面显得很混乱。有的孩子在用杵和臼捣玉米;一个孩子在用打蛋器把捣碎的玉米搅在一个碗里。其他的人在揉面,还有一些人在揉面团并把它们放到压饼器里。各种声音混在一起,还有孩子们聊天的声音,真是一个喧闹的场面。两个老师在照顾着整个场面但显然并没有指挥孩子们的行动。

  这个录影带我看得越多,我就越发现杵捣击的节奏与整个群体的节奏是相关的。我一点儿也不清楚是谁在指挥,如果确实是有某个人指挥的话;可能两个老师在微妙地指挥着大家。我需要更多的观察研究才能得到确切的结论。但是很明显的是整个群体的节奏影响了参与活动的每一个人。看着这整个活动感觉很好。连我自己也被这个节奏吸引住了!

## 教师作为指导者和明星

  与上面描述的两个情景形成对比的是下面这个场景:我的一个学生在一家为青少年父母亲照看婴儿和学步儿童的托儿机构上班。我定期去观察这个学生,有天早上我在那儿的时候她负责"让孩子们待在地毯上",而其他工作人员正在收拾客货车好带孩子们去野外旅行。情形是这样的:一块长 12 英尺、宽 9 英尺的地毯放在游戏室的中间,地毯上挤满了孩子,有的在不安分地扭动,有的在爬着,还有的在东倒西歪地走。而地毯四周是靠着墙的放满玩具的架子。实际上从一开始,这个年轻女学生的任务就是不可能完成的。

  她尽自己的最大努力来担当这个"真正的"老师角色。她不断地把孩子们限制在

---

[1] Edward T. Hall, *The Dance of Life: The Other Dimension of Time* (New York: Anchor, 1983) 169.

第一部分　教学过程导论：幼儿教师的角色

四岁的孩子能够被训练坐在地毯上，但不要对学步儿也尝试这样做。

地毯上；然而，在最初几秒钟内孩子们就开始逃脱。在其他工作人员的帮助下，孩子们才被引诱带回到地毯上。这次她尝试着既哄着孩子们又照看着他们……但却徒劳无功。她很快就发现看住一群年龄相仿的孩子就像要把爆米花放在没有盖子的爆米花机里一样困难。

我的学生还是需要其他工作人员的帮助，但他们帮得都不情愿，还一直抱怨她耽误了他们准备野外旅行的工作。过了很长时间这群人终于能上车了。

我的学生那天得到了一个教训：传统的教师技能并不能让那些小孩子或者年龄不同的一群孩子注意力集中很久。希望其他工作人员也得到了教训：以后应当在孩子们到之前作好准备。

如果这个场景被拍下来的话，可能会发现一个韵律，但并不是由某个成人试图指挥的。虽然很难知道孩子们在那段时间内学到了什么，但它肯定不是成人心里想到的。记住：只要孩子们在场，教与学的过程总是在继续的。

## 教师作为回答者、保护者和帮助者

上面的情景中，我的学生试图既哄好孩子又把他们看牢。但是如果她没有在这样具体且不现实的要求下，她可能会承担一些不同的更合适的角色。再看看可能会出现的情形吧。

这个房间就是用来让孩子们做游戏的，孩子们也没有被限制于屋子中间的地毯上。保育员（我的学生）坐在地毯的一个角落里，看着孩子们活跃地在玩玩具或跟其他小朋友玩。她保持着警觉，准备在必要的时候进行干预，但是此刻还没有这个需要。一个九个月大的婴儿爬到她面前，抓住她的衬衣，好让自己站起来。她伸出一只胳膊环抱住他，小心翼翼地让他保持平衡。她微笑着说："汉特，看看你是怎么站起来的。"孩子对着她笑了，从喉咙里发出了低沉的声音，还轻轻地拍了拍她的脸。然后他伸手去抓保育员的眼镜。"不要抓我的眼镜，"保育员说，并把头往后仰好让孩子的手够不着。

就这样，保育员监管着这群繁忙的孩子同时又恰当地在需要之时应答他们。当一场玩具争夺战爆发后,她走到房间的另一边准备去阻止。但是争夺很快就结束了,并不需要成人帮忙劝解。这个场景持续到野外旅行准备工作完成。这与前面的场景是一个鲜明的对比!

如果孩子们再大一些,第一个场景也不会有那么糟糕。四岁的孩子们肯定可以被训练着或哄着在地毯上坐在一起;虽然在四周满眼玩具的诱惑下,不管成人多么用心,有些孩子也难以把他们的注意力集中在成人身上。一群学龄儿童更能把他们的注意力集中在一个成人身上,但是如果他们被要求坐得太久的话,他们也会变得不安宁的(有些成人也会有这样的问题)。

当然,任何年纪的孩子在觉得有趣时都会坐得更久一些。问题是,幼儿教育者的主要角色应当是哄孩子吗?让孩子们坐在那儿当观众,他们学得最好吗?学习是成人给予的乐趣吗?所有这些问题的答案都是否定的。在幼儿时期学习是一个交互的过程——孩子与环境之间、一个孩子与另一个孩子之间(或一群孩子之间),以及孩子与成人之间。这种学习模式有时候被称为**儿童中心学习**(child-centered learning)。

## 游戏:学习的一种方式

游戏是一种丰富多彩的学习方式。看着一群初学步儿童滑下一个小滑梯,在地毯上摔跤、滚来滚去,然后又爬上滑梯。他们正是在与环境以及其他小朋友之间相互影响。在他们学习如何变得坚强又不伤害他人的同时,他们不仅学到了身体技能,而且也学到了交际技能。

游戏并不总是轻松的,有时需要注意力高度集中。

## 第一部分 教学过程导论：幼儿教师的角色

观察学前儿童在一园子塑料家畜周围搭建高大的积木墙。听听他们计划下一步怎么做；听听他们的自言自语和他们与搭积木伙伴的对话。看看当两个孩子需要用同一块积木时的互相让步。想象他们学到了什么：身体技能、分辨大小和形状、基本的物理、社交和语言技能等等。观察这些孩子爬进他们建好的建筑里，并开始把周围的动物模拟地摆在周围，向彼此解释着他们在做什么。

当设计戏剧的学龄儿童在制作服装、写台词和分配角色时，他们也在学习。他们获得了智力、身体、社交以及情绪调控等技能。他们也在与环境和他人相互作用、相互影响。

通过游戏学习的好处很多，既要认识到游戏对幼小孩子的好处，也要认识到游戏对稍大一些孩子的好处。多年来 NAEYC（全国幼儿教育协会）一直倡导将游戏作为适合孩子们发展的练习——即是一项特别适合孩子发育阶段的练习。根据教育家盖尔·格朗伦（Gayle Gronlund）在她的文章《将 DAP 信息带给幼儿园和小学老师》中所述，对于幼儿园和小学老师来说，了解 DAP 是一种如何应用于对所有五到八岁孩子的教育的练习是非常重要的。[1] **适宜的发展练习**（developmentally appropriate practice，DAP）包括找出让孩子们在学习时积极投入的方法——专注于物体、想法、他们的老师以及同学。因为孩子是通过做来学习的，所以营造活跃的学习环境应当是所有幼儿教育工作者关注的焦点，包括幼儿园和小学老师。

对于幼小的孩子以及学龄儿童来说，游戏是有教育意义的。游戏的一个好处就是它帮助孩子们练习**意义生成**（meaning-making）。这指的是孩子们通过从自己的经验中发现事物的意义而不是被动地从老师那里接收信息来学习或构建知识。虽然通常情况下老师是唯一的提问者，但是游戏本身会有各种各样的问题、答案和结论，而不是只有一个正确答案。通过带着目的投入到游戏中，孩子们回答了他们自己提出的问题。

把游戏作为一种重要的学习活动可以帮助孩子们管理自己，而不是依靠老师。游戏时孩子们承担风险，得到力量。与其他很多传统"学校"活动（比如结构化的课程和按工作表活动）比起来，游戏远不可能得到失败的结果。因此，孩子们通过游戏获得了自信，提升了自尊。

即使孩子们在教室里忙于游戏，老师仍然有重要的任务。老师要布置环境，收集、安排素材，确定计划，支持孩子们通过游戏来学习。做游戏安排需要很多思考、计划和准备。然后，老师还要在一旁观察，担任起提供资源的工作，与孩子互动，必要时进行干预和调解，而不是让孩子们自己玩自己的。老师与游戏中的孩子们交谈可以帮助他们明确游戏目的，鼓励每个孩子添加自己的创意，追求自己的兴趣。对孩子们和他们正在学习的内容进行评估（在第十二章中讲到），也是老师在观察孩子们时的一项任

---

[1] Gaye Gronlund, "Bringing the DAP Messages to Kindergarten and Primary Teachers," *Young Children* (July 1995): 4-3.

务。游戏结束后,老师和孩子们的谈话不仅会帮助老师,而且还会帮助孩子们评估发生的事情。

当孩子们利用创造性的和调查的机会来检查重要争论点时,丰富的游戏让孩子们获得概念发展。他们学到了什么、如何学习取决于孩子的年龄。孩子年龄越小,游戏越自由。学前儿童可以在游戏中玩得很高兴,从游戏中得到益处,但是游戏规则对他们却没有约束力。五岁的孩子刚开始掌握规则的概念。到八岁时,孩子们就可以遵守棋类游戏、纸牌、足球以及其他各种各样游戏的规则了。所有年龄段的孩子都可以在游戏中通过使用熟练操纵的素材以及探索创造性的活动增长知识和技能。这样的活动和素材能帮助学龄儿童学习作为课程框架一部分的概念。

孩子们还可以通过游戏练习他们刚发现的知识和对世界的理解。老师工作的一部分就是增加游戏的复杂程度,考验孩子们在不同情境下尝试他们的新知识。并不是所有的孩子都能自己处理这样的考验,所以有时候老师必须帮助或鼓励他们探究不同的方法来验证他们的知识。

虽然上文所讲的关于游戏和老师在游戏中的角色既适用于学龄儿童也适用于学前儿童,但这并不意味着两个年龄段的孩子是一样的。在五到七岁之间的某个时期,孩子的思想和行为会有一个大的发展变化。理论家皮亚杰、弗洛伊德和埃里克森(Piaget, Freud & Erikson)都告诉过我们这个变化。但我们并不需要理论家来指出这个变化。变化是显而易见的!在全世界其他地方从没听说过这些理论家的文化里,人们也知道这个变化。当孩子进入生命中一个新的、更成人化的阶段时,有些文化中会有一个专门的仪式。在美国,这个专门的仪式会被认为是从学前班到那些"真正学校"的迈进。

一个孩子在五到七岁变化前后的不同在于理解抽象概念的能力。学前儿童可能还无法理解抽象概念,然而学龄孩子就开始逐渐理解了。思考下面的例子:一位父亲跟他的两个女儿谈自由的概念。八岁的女儿问了一些问题,这些问题表明她知道父亲在讲什么。而还没上学的女儿就只是旁听而已。讨论结束后,父亲转向小女儿,问道:"那么你明白我在讲什么了吗?"小女儿满脸是笑,举起三根手指,很自信地答道:"明白了。我是自由的!生日以后我就四岁了。"

## 游戏总是有趣的吗?

游戏可以很有趣,但并不总是有趣的。我见过不断地尝试在沙堆边缘保持平衡的孩子,在丛林体育馆里辛苦挥汗咬住嘴唇的孩子,还见过孩子们把不能保持直立的小块木头雕塑粘起来时显示出的压力。这些孩子在游戏也在学习,虽然他们可能从自己的努力中得到了快乐和满足,但是他们在做这些时并不轻松。

我记得看我儿子在他学前班操场上挖洞的一盘录像带。他淌着汗费劲地挖。我记得以前从没见过他在别的什么事情上投入这么多的精力。当我后来对他描述他挖那个洞有多卖力时,他微笑着仰头看着我说:"那是我在学前班做过的最好的事情。"我并不认为这是对学前班的批评,而理解为这表明在游戏中热情地投入如何能给孩子们极大的满足。在幼儿教育中,游戏是对孩子们最有益处的活动。

## 游戏与工作是如何不同的?

当我儿子辛苦挖洞的时候,他真的是在玩吗?那看起来像是工作,可是什么让它是游戏的呢?五个特征将游戏与工作区别开:

(1) 积极的投入。
(2) 内在的动力。
(3) 注重的是方法而不是结果。
(4) 非字面上的行为。
(5) 不受外在规则的约束。[1]

对我儿子来说,挖洞是游戏因为它具备前面所有的五个特征。首先,我儿子显然是积极投入的;他如果没有不断地用铲挖土就不会有那个洞。第二,他是内在驱动的;没有人让他挖那个洞,也没有人请他这样做。第三,我儿子关注的是挖洞的行动而不是洞的最后尺寸;如果这个洞要满足一定的规格,那挖洞就是工作而不是游戏了。我儿子,是以过程为导向的,很明显他是个小孩子,把挖洞的过程作为乐趣而不是做出引人注目的东西。他把他挖过的洞都填起来,把他堆起来的沙城堡都推倒,包括那些我建议他留一会儿的。事实上,有一天上二年级的他从学校回家,带着他的自然项目纸模型火山,让我帮助让它"爆发"。我们让它很好地爆发了。我让他用火柴把火山点着,然后火山就带着上面系着的蓝带子在一阵烟中爆炸了。那座骄傲的火山挺立的位置现在仅剩一把灰了。我儿子向我证明了,即使到了很多孩子在生活中的一些方面已经变得以结果为导向的年龄,对他来说过程也远比成果重要。

最后,因为不知道我儿子挖坑时在想什么,所以很难确切地说第四个和第五个特征——非字面上的行为和不受外在规则的约束——是如何应用到这种情况中的。但是,出于我对他的了解,他可能在挖掘宝藏。想象把一项可能是纯粹的体力活变成了有趣的游戏。

## 游戏的种类

做一下这个练习。回忆你自己童年时游戏的时刻。你当时在干什么?感觉如何?当时在想什么?花几分钟重温那个时光。试着让自己做个正在游戏的孩子。尽可能地重新体验这个时刻。很可能你记起的游戏要么是**感觉运动游戏**(sensorimotor

---

[1] Patricia Monihan-Nourot, Barbara Scales, Judith van Hoorn, and Milly Almy, *Looking at Children's Play: A Bridge Between Theory and Practice* (New York: Teachers College Press, 1987) 14-20.

play)(更多地用身体而不是脑力),要么是**象征性游戏**(symbolic play)(需要更多的想象或思考过程)。

**感觉运动游戏** 根据莫尼翰-诺特(Monihan-Nourot)的定义,感觉运动游戏有时被叫做"练习游戏"或者"功能游戏"——开始于婴儿用物体或者人来跟他周围的环境相互作用。感觉运动的游戏包括让事情发生和模仿,例如把电话听筒放到耳边。对大一些的孩子来说,感觉运动游戏的例子包括摆弄东西、用铅笔乱画、大吵大闹以及毫无目标的追踪游戏。[1]

"摆弄"是一个描述感觉运动的游戏的词,但不是最好的词,因为它让人觉得这种游戏是毫无目的的活动。可能看起来投入在感觉运动的游戏中的孩子什么也没做,但是事实上他们在知觉上的发现在许多重要的方面有助于语言和认知的发育。虽然感觉运动的游戏看起来只发生在生理层面,但是谁也不知道在孩子的头脑里发生了什么。感觉运动游戏的例子如下:

- 一个婴儿摸一串大塑料珠子。
- 一个刚学步的孩子洗手时在洗手池里玩。

感觉运动游戏对语言和认知发展是非常重要的途径。

- 一个学前儿童在荡一个轮胎秋千。

---

[1] Patricia Monihan-Nourot et al., *Looking 23*.

第一部分 教学过程导论:幼儿教师的角色

- 一个幼儿园小孩在玩追逐游戏。
- 一个学龄孩子在一张纸上乱画。

**象征性游戏** 另一类游戏——象征性游戏,包含假装。有三种象征的游戏:戏剧表演、构造上的游戏以及带规则的游戏。

再想想你童年时的游戏经历。你有没有假装成什么?有没有建造或创造什么东西?或者你有没有在玩某个游戏?

在象征的游戏中,孩子们用物体来假装,或者他们自己扮演角色。戏剧表演是一类常见的象征的游戏。你可以去参观大多数的任意一个幼稚园,都会发现在戏剧表演角的孩子们扮演着各种各样的角色:"我演妈妈。你演孩子。"当然,戏剧表演区不一定非得是一座"房子"。如维维安·佩利(Vivian Paley)——一位著名的儿童作家所言,孩子们可以很容易地在指定的"玩具角"玩火箭飞船游戏。[1]

戏剧表演是象征游戏的常见类型,在戏里孩子们借助戏装扮演角色。

象征的游戏在孩子的生活中有很多重要的作用。例如,移情作用对小孩子来讲是一个太抽象的概念;"你觉得你打他时他有什么感觉?"这个问题对一个两岁大的孩子并没有什么作用。孩子们需要很多年的生活经验以及一些戏剧表演游戏经历才能够

---

[1] Vivian Paley, *Boys and Girls*, *Superheroes in the Doll Corner* (Chicago: University of Chicago Press, 1994).

体察别人的感受和处境。假装表演正是他们练习的方式。

构造上的游戏包括用积木、林肯原木、牙签以及诸如此类的东西搭建建筑物。当孩子们在头脑中构思他们要搭建什么样的建筑时，这个构造上的游戏就包括了象征的思考，甚至包括想象。用木块来玩想象的游戏，比如用一个木块来当麦克风，跟用它们来搭建物体相比，用木块搭建物体是另一种稍有不同的构造上的游戏。

游戏用的面团和颜料是孩子们在另一种涉及象征表现的构造上的游戏中经常使用的其他材料。当一个孩子坐在那儿用力敲打一团面团仅是为了得到身体运动的愉悦以及他的手击打面团的感觉时，那么这是感觉运动的游戏。当他用游戏面团为他的老师做了一个生日蛋糕时，他就在玩构造上的游戏了。[1]

带规则的游戏需要对预定结构的理解以及运用战略的能力。群体游戏或循环游戏比如"美丽花环"，以及"鸭子—鸭子—鹅"都适合于还不能使用抽象思考但能够模仿别人怎么做的孩子玩。大一些的孩子就可以玩各种带复杂规则和战略的游戏了，包括纸牌游戏、棋类游戏和体育运动。

玩那些有规则的游戏，孩子必须达到足以理解预设结构和利用策略的年龄。

游戏可以是竞争性的，也可以是合作性的，取决于老师和他的文化以及对待儿童游戏的方法。尽管如此，大多数幼教工作者不赞成小孩子之间有任何形式的竞争。他们担心太注重成功会产生失败者。小孩子还处于认识自己和发展自我价值意识的阶段；竞争会阻碍而不是增强大多数孩子的这个阶段的发展。

如果你从没见过非竞争性的游戏，你会很惊讶地发现它其实很简单。例如，玩宾

---

[1] Monihan-Nourot et al., *Looking* 26.

果或六合彩游戏的孩子不必要知道赢的方式。没有必要强调谁先完成。如果目标是完成(而不是赢),那么所有的孩子都可以完成。一些孩子是否比别人完成得快并不重要。大多数孩子都不是天生的竞争者——他们得被教。他们有足够的时间来学习竞争(如果需要的话他们有必要这样做;见框4.1)。

### 框4.1 多棱镜

#### 不 要 蓝 丝 带

米格尔试图教导我成功并不要有赢家和输家时,他正在上二年级。对他来说是个简单的概念,但是在他让这个概念引起我的注意之前,我并没有意识到原来我一直是对孩子们进行比较、判断以及分类的普遍"教育"方法的使用者。

那是七月四日一个美好的夏日早晨,县里的市集即将来临。我们在画殖民者、旗帜、保罗·里维尔(Paul Revere)和贝特西·罗斯(Betsy Ross)时,孩子们就都在叽叽喳喳地谈论了。我看着拥挤的布告栏,决定不想把我的下午都花在往布告栏里贴三十位爱国者的图片这件事上。

"我有个主意!"我对全班孩子说,"我们来个竞赛吧,选出张贴到布告栏里的最好图片!"

米格尔的反应非常迅速。他甚至还没有放下手里的红色和蓝色蜡笔。他也没有举手,就急忙答道:"我们不要比赛。"

我大吃一惊。"米格尔,你不想比赛?它会很有趣!我们都投票选出获胜者,然后把得奖标签贴到他们的画上,还把他们的画张贴起来。你正在画的这张就非常好,"我揶揄道。"你有可能就是获胜者。"

这次他甚至没有抬头看我,就回绝了:"不用,谢谢。"

"米格尔,为什么不呢?"

米格尔深吸了一口气,耐心地说:"好,看看每个人的画。它们都很好看,对吗?"显然,只有我是那个需要他慢慢仔细解释的人。

我向四周看了看,确实都很好看。

"如果我们只是选出两张或三张,那会不公平。并且竞赛结束后,我们大多数人都会难过。"

不知为什么,这个简单的解释让我顿时醒悟。我在做什么啊?我在试着干什么?

并不是所有的孩子都能像米格尔一样坚持自己的立场。来自加利福尼亚州的调查显示,96%进入幼儿园的孩子拥有快乐、自信的感觉。毕业时只有2%的学生对自己的感觉良好。在这个中间过程的某个地方,他们被引导着相信自己并没有原先进幼儿园时以为的那么能干。

From Sharon Elwell, *No Blue Ribbons Please* (Napa, CA: Rattle Ok Publications, 1993) 2-3.

**单独、平行、相关以及合作游戏** 再想想你自己童年的游戏经历。谁和你一起玩的?可能你只是一个人在玩,这种游戏就叫做**单独游戏**(solitary play)。虽然它经常被看做是婴儿和刚学步儿童玩的游戏,其实所有年龄的孩子都玩这种游戏。因为即使是对于大一些的孩子来说,单独游戏仍然有很多好处:有些孩子需要独自探索自己的想法和感受;有些需要远离那些过多的引人注意的刺激;还有一些就是不想与别人往来。

你有没有见过一个小孩独自一人在玩的同时又看着别的孩子?虽然你可能会担心这个孩子被大家遗忘,但是在催促这个孩子加入其他孩子以前,要先仔细估计形势。每个孩子都有他自己加入群体游戏的时间表。有些孩子满足于把时间花费在观察其他孩子上,而且他们确实通过观察学到了很多东西。当他们准备好时,他们就会加入了。观察是一项很重要的需要学习的技能。要鼓励它!

如果在你童年的游戏经历中,你回忆起同时有一个或几个孩子在旁边游戏,很可能你就是投入在**平行游戏**(parallel play)中了。平行游戏在刚学步儿童中比较常见,但是可以发生在任何年龄。为了解释平行游戏,想象一下一群两岁大的孩子在沙箱里玩。一个孩子在倒沙子并自言自语说做蛋糕。另一个孩子在沙山上拉着垃圾车跑,弄出发动机的响声。如果孩子们正忙于平行游戏,第一个孩子的自言自语可能不时地跟车子的声音合拍,但是两个孩子都不会承认对方的游戏。事实上,如果他们侵犯了对方,那么游戏就会一起停止。

孩子们在玩同样的游戏。

所有年龄的孩子都玩平行游戏。举个例子,两个大孩子并排坐在计算机前。在平行游戏中,两个孩子离得很近,受到彼此行为的影响,但不会直接地相互影响。如果你观察平行游戏中稍大一些的孩子,你可能发现他们相互协调,甚至到模仿对方姿态的程度。

在另一个人旁边玩而不是和他一起玩,是有些孩子与另一个孩子交往或者加入一个群体的方式。孩子靠近他想加入的群体,在旁边玩一会儿,最终发现自己加入到群体游戏了。比起直接走到一群孩子前问:"我能一起玩吗?"这是一种接近一群游戏中的孩子的比较保险的方式。因为直接问，其他的孩子可能回答不能。研究者曾把平行游戏视为游戏中最不复杂的一种，但是现在他们把它视做有高超社交能力的孩子用来加入其他孩子游戏的一种策略。平行游戏可以让孩子们慢慢熟悉彼此；它让孩子们能够证明自己是合适的玩伴。

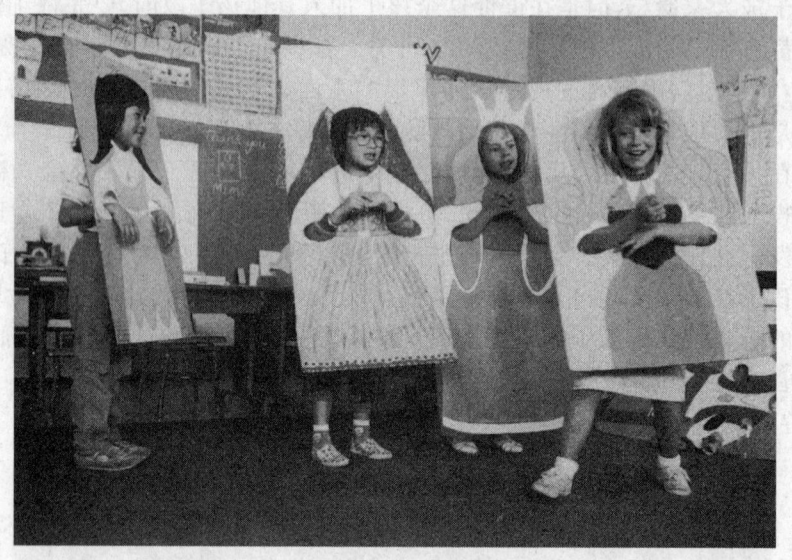

多人的合作游戏会把他们组织起来。演戏、圆圈游戏、画纸板等都是合作游戏的例子。

可能在你的童年游戏经历记忆中，你正和其他的孩子相互作用、相互影响。有两种相互作用的游戏。**相关游戏**（associative play）是指孩子们以一种松散组织的方式相互影响，比如并排坐着做手工。孩子们以互相迁就、互相让步的方式同对方交往；他们之间会谈话也会给对方以关注。相比之下，**合作游戏**（cooperative play）包含了很强的组织性："我们来玩过家家吧。你当妈妈，我当爸爸。那么，谁当孩子呢？噢，我有主意了，我们去问问朱丽。"学龄儿童做游戏时常常会很有组织性。用纸箱做一个联合的雕塑或者扮成一个马戏团就是两个复杂的合作游戏的例子。

### 游戏的益处

游戏有如此多的好处以至于很难把它们全部列举出来。游戏的一个主要好处就是它增强了孩子们在象征层面上与世界打交道的能力。这项技能属于智力发育领域，也是所有后来智力发育的基础。只有通过使用象征符号孩子们才能学习说话、阅读、写字，以及理解数学和科学概念。通过使用象征符号，孩子们最终也能熟练地使用逻辑推理。象征的游戏和后来的阅读、写作以及其他学术成就之间有着联系。如果父母了解这个联系，他们有时就会更加赞同自己的孩子花时间玩伪装游戏了。

当然，游戏并不仅仅是增强智力发育。孩子们通过游戏还可以获得很多社交和情绪调控技能。请记住这些技能也是同智力相关的。他们学习与他人相处、合作。他们通过捶游戏面团、拥抱、责骂玩具娃娃，以及爬到丛林体育馆最高处来宣泄恐惧、生气以及其他情感冲突。这些社交和情绪调控技能的练习反过来又创造了大脑中直接影响智力发育的神经通道。游戏中，孩子们还获得了身体技能并且不断地练习直到他们掌握这些技能为止：在沙箱边缘冒险地保持平衡，然后像走钢丝一样在上面行走，或者倾斜着倒在两轮挂车上，直到最终学会如何在自行车上保持平衡以及骑自行车。

再一次回忆你自己的童年游戏经历。你从这次经历中得到哪些益处？试着按类别将这些好处列举出来：认知的（智力的）、精神运动的（身体的）和情感的（社交—情绪调控的）。换句话说，探究一下你的游戏经历是如何有益于"整个的你"——你的思想、身体以及感觉。

作为一个幼儿教育工作者，理解游戏的益处非常重要。最终，你得回答家长们一直问的问题："孩子们在这个学校学到东西了吗，还是他们只是做游戏而已？"现在花一些时间来理清你的答案以备不时之需是值得的。

## 工作：学习的一种方式

当孩子们在表演戏剧时，他们几乎总是在模仿大人的工作。孩子们知道工作很重要。他们急于让自己成为工作者，或者他们不想对自己做的事情那么不认真。当大人让小孩子参与家务工作时，他们就是在鼓励一种健康的对待工作的态度。扫地、擦桌子、为社交活动时间和三餐摆桌子都是日常家务工作，这些零活儿不仅可以让孩子们满足而且可以促进他们的智力、社交、身体以及情感的发育。帮忙是幼儿教育课程中很重要的一个部分。

### 成人对待工作的态度及对孩子的影响

"玩就是孩子的工作"是一句曾经指导幼教领域的话。至今这句话仍然是正确的，但是有人质疑这句话是否就否认了孩子们的责任。当孩子专心于游戏中时，大人们总是很犹豫要不要叫他们一起来帮忙。不过，小孩子们通常都是很乐意帮忙的。确实如此，他们把给大人帮忙视为一种特权。

孩子们很早就开始学习对待工作的态度。厌恶工作的大人甚至什么都不说，也会通过面部表情和身体语言很容易地把这种态度教给孩子。因此，成人有积极正面的工作态度很重要。大扫除就是一件很恰当的事情。举个例子，特别是没人给刚学步儿童施加大的压力的时候，他们不仅喜欢把东西往外拿，还喜欢把东西收拾整理好。把玩具收拾好跟做一道难题相似，而且也很有趣。将整理打扫作为幼儿教育课程中的例行

# 第一部分　教学过程导论：幼儿教师的角色

常规是发展积极正面的工作态度的一种方法。

一个学校用周期的概念来解释收拾整理。游戏的周期包括：(1) 将玩具拿出来；(2) 玩玩具；(3) 收拾好玩具。如果一个孩子乱丢了一个玩具，老师就会对他说他还没有完成这个游戏周期。理解"闭合"概念的孩子会更快地学会这种模式。

灌输给孩子责任感，让他们参与一些家务劳动有助于培养健康的工作态度。

其他形式的工作包括让孩子对自己的事情负责，比如把自己的夹克衫挂起来、把自己的牙刷放好、打扫自己面前的餐桌以及折叠自己的毛毯。为集体做事情是另一种工作，比如摆桌子、扫地、为社交活动时间摆椅子以及将三轮车弄出小屋。

确实很多人将工作和游戏看做是对立的。但是要记住，没必要这样教小孩子。

## 孩子对工作中的成人的观察

让孩子们接触积极正面的工作态度的一种方法就是让他们观察正在工作的大人——干任何工作的。例如，堵住的马桶或坏掉的管子可能会让老师或保育员感到头疼，但是如果让孩子们看水管工工作，那么这可能就是孩子们一天中最有意思的活动。孩子们也喜欢看日常的工作，比如一个大人准备、烹饪一顿饭。（家庭育儿中心的一个好处就是孩子们能有很多机会看大人怎样工作；在中心托儿学校，成人的工作通常都不被孩子看见,比如饭是在一个独立的厨房里烧好的或者根本就不是在学校里烧的。)同样地,建筑工作很吸引好奇的孩子——不仅是因为那些器具而且因为那些正在工作的工人们。

在一个家庭育儿中心,孩子们可以透过车库的窗户看校长的女儿修自己的汽车。在一个中心托儿学校,一个老师骑着摩托车来上班并在操场上修他的摩托车,而那些四岁的"机修工"则围着他修自己的三轮车。[1] 在另一个幼儿学校里,校长喜欢做木工,所以为学龄儿童建了一个工作室。当校长在工作室为学校做各种设备时,孩子们要么给他帮忙要么跟他一起做自己的工作。

## 对以孩子为中心的学习方式的两种看法

上述例子中,成人在以儿童为中心的环境里做成人的事情。然而一些幼教工作者却强烈地感受到,孩子们的空间就应该是孩子们的。他们不赞成在早期儿童教育的环境中出现的成人式的工作,因为他们对以儿童为中心的学习深信不疑。他们把学习看做是互动的,认为当孩子们处在一个丰富多彩且能得到回应的以他们为中心的学习中时,自由地游戏和探索,他们的学习效果可以达到最佳,而不是让他们仅仅是站在一边,观察或模仿大人。

杰恩塞·米斯特瑞(Jayanthi Mistry)是一名儿童发展研究员。他对此持有另一种观点,他还质疑以儿童为中心的学习是否必要。

在一些文化中,当大人们工作或者是做家务的时候,孩子们的学习仅仅是现场的观察。大人们没有创造一个学习的氛围来教育他们的孩子。是孩子们在一天中,通过围在大人们身边观察,学习并练习一些有文化意义的行为举止。孩子们很自然地成为大人们的工作和活动的一部分。例如,一个刚学步的孩子由经营家庭小店的母亲照顾。在这样的环境里,孩子至少作为一个观察者参与了日常的经营活动。孩子有责任通过主动的观察和逐渐的参与来学习。[2]

如今,有很多孩子在家族式经济环境中成长,比如商店和旅店。这样的环境是否在早期的时候对他们有利,这还依赖于个人的观点。当抚养同一个孩子的两个人持有这两种相反的观点时,问题就出现了。正如先前所说,在幼儿教育工作中,多种多样的观点都有生存的空间,只要父母保持灵活机动,并愿意协商。

## 学习中的项目教学法

项目教学法(project approach)是介于单纯游戏和单纯学习之间的领域。在以儿

---

[1] Monihan-Nourot et al., *Looking* 26.
[2] Jayanthi Mistry, "Culture and Learning in Infancy: Implications for Caregiving," *Program for Infant Toddler Caregivers: A Guide to Culturally Sensitive Care*, ed. Peter Mangione (Sacramento: California Department of Education, 1995): 20.

童为中心的学习环境中，要完成的项目并不是自由的玩或者学习。一个想法引发一个项目的展开。这个想法可以是来自大人或者小孩，也可以同时来源于二者。而且，这个想法是由一群孩子在一段时间内付诸实践的（关于项目工作的描述将在第六章里详细阐述）。

项目教学法于20世纪30年代源自芝加哥大学，由于今天在瑞吉欧（一个意大利幼儿学校，在第一章中有提及）的应用而受到关注。在瑞吉欧，每个学校都为方案工作准备了一个房间——是工作间和实验室的结合体。在这个工作间中，孩子们可以自由发挥，不被打扰。（不幸的是，对于意大利的大多数幼儿学校来说，有活动场所是奢侈的。经常会陷入这样的两难境地。找到个房间，方案项目进行当中，却发现桌子必须每隔几小时清理干净一次，以备吃饭和吃点心之用，而且整个房间也必须整理好，因为每天都要在这里睡午觉。）

项目活动的展开提供了一种连续性。有时，这种连续性中断在自由的游戏或是独立的不相关的课程活动中。项目活动会持续几天或几个星期，由一件事关联到另一件事。建立关联是一种重要的认知能力。

项目活动要有所成果，这就使它与自由游戏区别开来。在自由游戏中，过程就是全部，而产出通常为零。当然，在项目活动中，过程也是非常重要的。事实上，在项目活动中，正是因为过程的重要性，意大利的瑞吉欧学校或是其他一些地方学校的老师才会把过程记录下来。记录有多种方式：笔记、录音、照相、摄像和绘画。通过记录，孩子们可以知道他们自己的学习进程；有时他们甚至会发现，进步的最好办法是后退和回顾。

## 成人在孩子们学习和游戏中的角色

在这个单元，我们发现了成人在幼儿教育中承担的很多角色，辅助项目工作的实施或者仅是按照每日的作息时间表按部就班，包括常规活动和自由游戏时间。首先，让我们来看看仅仅在一项活动——辅助项目工作中，成人的责任是怎样多样化的。

成人也许会灵光一现，想出好点子。或者，这些主意也可能来自孩子本身。但是，无论点子来源于谁，还是要由成人来筛选，使它发挥作用。成人应这样做：

- 为实践小组任务的孩子们提供资源和机会。
- 通过提出问题和引导孩子们寻找答案来帮助他们思考和计划。
- 记下过程。
- 计划如何引导孩子们在项目主题上更深一步。
- 帮助孩子们发现项目的每一步之间是怎样衔接的。
- 帮助孩子们回顾文档记录，使他们发觉他们已经走了多远以及他们已经学到了什么。
- 记录成果。

正如你所看到的，仅仅是辅助一个项目的完成就包含了多种角色。但是，总体说来，幼教工作者需扮演的角色主要有三种：观察者、舞台管理者和鼓励者。

## 成人作为观察者

在项目工作中，观察者的角色是非常重要的。通过观察，你会发现项目活动正朝哪个方向延伸，以及孩子们作为个体，同时作为一个群体，他们认为他们在做什么。但是，无论是否在从事一个项目，幼教工作者都必须是一个细心的观察者，明白发生了什么事情，并在必要的时候介入。观察孩子们各自的以及他们在团队中的表现可以发现他们的需求，这是一个评估的重要途径（见第十二章）。第二章讨论了观察者这一角色。担任这个角色的时候，你必须在观察孩子的同时审视你自己。你是否插手太多？是否因为你离得太远而发生了一些不幸的事情？你是否辅助而不是全盘掌控？

与孩子们在学习和游戏中进行互动的一个有效方式是给予非判断性的评论或**描述性反馈**（descriptive feedback）。当老师们说下面这些话的时候，实际上他们是在指导孩子们的行为和感受。

同游戏或工作中的孩子有效互动的途径是对他们从事的活动表现出兴趣，不随意褒贬。

　　"我看到你把沙子倒进了你的鞋子里。"
　　"你好像不喜欢他碰你画的图画。"
　　"你把积木放在了另一块积木上。"
　　"你捡胡桃捡了很久了。"
　　"你画那幅画费了很大劲。"
　　"你擦桌子擦得真仔细。"

仅谈论孩子在做什么，或者你认为他心里在想什么，传递了一种认同、接受和支持。虽然在开始的时候你会觉得这种交流方式很别扭，但是一旦你学会了如何给予描述性的反馈，你就能在扮演一个辅助者的时候有效地利用它。凯思林·格雷（Kathleen Grey）是一个幼儿教师，她称这种谈话方式为"积极的聆听"（框4.2中是她的感想）。

第一部分　教学过程导论：幼儿教师的角色

> **框 4.2**
> **提示与技巧**
>
> **一种有礼貌的沟通方式**
>
> 我渴望一种"仅仅是与孩子们待在一起"的方式。我想成为他们生命中积极正面的力量，但是我想放弃令人疲倦的和无用的想把他们塑造成我心目中形象的努力。我想告诉他们我对他们的期望，希望他们只要成为他们能够做到的最好，而不是我期望的最好。但是我究竟怎样告诉孩子们，又不至于让他们认为是一种什么都可以什么都很好的完全随意呢？
>
> 于是我学会了主动倾听，一种主动接受的、思考的沟通方式，尊重他人……而且一个全新的世界展现在我面前。我发现：回忆孩子们正在做的事情以及看起来他们的感受如何，以这种方式强化他们的自我意识，会让他们更加坚信自己是有力的、有能力的、有价值的人。我可以相信他们想要长大。主动倾听这种沟通方式是让人感觉如此清楚、简单、诚实和真实，所以我非常轻松地完全沉浸到这种方式中去了。
>
> 这就像往一个平静的池塘里丢了一块鹅卵石一样。从那时起，涟漪就一圈一圈地向外散开来。我开始有很多与孩子们交流的经历以及看着他们开始明白事情、由理解而得到的明显快乐。即使是在很多我必须规定限制的时候，我也感受到了来自真诚的沟通以及分享的意义的陪伴。
>
> Adapted from Kathleen Grey, "Not in Praise of Praise," *Exchange* 104 (July-Aug. 1995): 56–59.

一旦你学会了怎样给予描述性的反馈，你就会给出很多这样的评论。要注意使你的建议真正起到辅助效果，而不是产生干扰。反馈性描述是为了帮助孩子们，而不是从他们那里吸引对你不必要的注意力。

## 成人作为舞台管理者

当为孩子建立一个属于他们的环境的时候，创造性的思维可以发明出来的东西会非常惊人。这个过程是细小的，甚至是细微的。而你个人的创造力或者孩子们各式各样想法的集合，也可以触发这种思维。试着鼓励孩子们的创新意识。比如，当有个孩子提出一种设备的新用法，在机械的回答："它不是这样使用的！"之前，问问你自己："有何不可呢？"（见框 4.3 中的内容）

> **框 4.3**
> **提示与技巧**
>
> **为什么不呢？**
>
> 当孩子们开始把空加油箱和空牛奶硬纸盒拖到这个区域时，我站在戏剧表演角，这个表演角将被建成一个游戏商店。作为一名新加入这家合作幼稚园的新家长，我并不是很清楚学校的规矩，所以我自己定了一些规矩。"商店的东西堆到这儿来，"我以一种愉快的同时我希望它听起来也是坚定的声音宣布道。孩子们不理会我。我又重复了一遍。一个小男孩说："但是我想把我们的商店建在那儿。"我深吸了一口气，正准备发脾气时老师走到我身边来了。我告诉她孩子们想

> 续
>
> 要移动商店,但她所有的问答就是"为什么不呢?"我被问住了。我想不出一个好理由。然后,当我们在早上结束时的会议上讨论这件事情时,这个老师告诉我,当孩子们想做她不赞成的事情时,她经常问她自己"为什么不呢?"如果她想不出一个反对的好理由,她就不反对孩子们的决定了。这很有道理,从此以后我一直遵守她的经验法则。
>
> Adapted from Janet Gonzalez-Mena, "From a Parent's Perspective," *Nape Valley Register*, 10 February 1995.

你可以让孩子们不时地改变环境来激发他们的创造性。一些房间的内置家具比较少,就可以重新布置;而一些材料需要重装,因为它的很多部件都松弛了(例如大型的建筑积木,孩子们可以用来搭建他们自己可以进出的大型建筑)。一些项目活动中,有板、箱子、梯子和其他一些工具。这些工具可以拼在一起,这样孩子们就能设计他们自己的玩具设备了。这有点像让孩子们在建筑工地上玩——但是安全多了。

除了建立起一个环境——确定提供什么材料、活动、设备或玩具,以及怎样安排它们——必须时刻意识到这个舞台是怎样影响着整体。是不是错过了什么对活动、项目或者常规有所帮助的东西?我是否需要按部就班?这个特殊的区域是否可以忽略?我是否需要添加点有趣的东西,或者就站在这里吸引孩子们的注意力?(在第八章中将详细讨论环境的建立)

## 成人作为老师

教师的一个重要目标应该是帮助所有的孩子擅长游戏。我们中的大部分人在成长的过程中都很自然地需要这种技能,却从来没想过怎样才能玩得好。很多孩子都被一种典型的发展模式束缚着,自己和自己玩。但是也有其他的一些孩子在老师的帮助下学习如何玩。事实上,一些孩子很需要这样的帮助,没有这样的辅导他们就学不会玩。

在教一个孩子如何玩的时候,基本的目标就是要使他和另一个或者更多的孩子一起玩,并教会他和他们一起玩的技巧。孩子学习玩的技能可能会经历几个步骤。对于很多孩子来说,和老师一起玩是准备阶段。两个孩子在一起玩又是一个早期的阶段。因为和一个孩子一起玩比加入一群已经打得火热的孩子简单多了。平行的游戏——两个或者两个以上的孩子在一起各玩各的——朝交互式的游戏又更进了一步。学习模仿其他的孩子意味着开始成为一个会玩的孩子。模仿是学习跟从其他孩子的前奏。孩子们还需要学习的另一个技巧是,在一个玩伴的队伍里每个人都应该有机会担当领导者的角色。能够互相让步,知道什么时候该领导什么时候该跟从,在互动式的游戏中很重要。假装也是一个重要的玩的技巧。如果孩子们以一种积极发展的态度作好准备，所有这些技巧都可以教给他们。当然，懂得分享、轮流做事、富有同情心以及与他人分享个人的感受和想法，这些基本的社交技能也很重要。

要想使这些技巧更好地帮助孩子们游戏，从观察开始，确定哪个孩子需要哪种技能。指导孩子们并做到身体力行。如果他需要一些鼓励来加入一群孩子，那就鼓励他。点点头示意他们，并给予激励。对于一些孩子来说，言语不起作用，他们需要其他更多的一些东西。如果是那样的话，使用一些肢体语言来指导他们。

有些孩子需要在幼教工作者的帮助下动手，猜对第一道谜语，或者把球推到地板的另一端。如果大人们扶着孩子的手，代替他完成这些动作，孩子最终会自己学会这样做。比如，三个孩子坐在地上玩豚鼠，两个孩子抱着豚鼠，轻柔地抚摸它。如果第三个孩子想要摸摸小豚鼠却不知道该怎么做，边示范边讲解似乎是帮助孩子互动起来的好办法。如果他还是没有反应，大人可以伸手带着孩子抱抱小豚鼠并抚摸它。

在玩的过程中，安全感是另一个重要因素。缺乏安全感的孩子不会显示出他们的游戏本领。在第三章和第九章中讨论的是情感上的安全感。但是身体上也需要安全感。有时，孩子们会觉得自己的身体缺少对外界的控制，这样的需要就可以简单地通过适当的操作和定位来满足。例如，一个脑中风或者患有其他身体残疾的孩子就是这样（见框 4.4 中的内容）。一个孩子感觉不舒服，失去平衡，或者害怕摔倒，可能在游戏中表现出不够专心（或者在干其他的事情）。

---

**框 4.4 提示与技巧**

**帮助有缺陷的孩子和其他孩子一起玩**

游戏是孩子学习技能的一种方式，而且游戏本身有时候也是一项需要教的技能。有些孩子可能没有多少游戏的经历，也有些缺少技能。一个有听力或语言障碍的孩子可能没法跟同伴沟通，因而就不能做游戏。成人可以教孩子们跟有听力或语言能力缺失的孩子进行交流的方法，反过来也帮助了那个有缺陷的孩子同成人和其他孩子沟通交流。有些孩子对自己的行为没有控制力，其他的孩子就不愿意和他们玩。在这里，老师又应当给予帮助了。下一章中惩罚的备选指导信息可以用来把不能控制自己行为的孩子转变成令人满意的玩伴。即使是可调节的设备，比如轮椅或学步器，当它变成社交的障碍时，都可能成为问题并阻碍游戏。第八章里讲到的关于物理环境的内容在这里可能有些用。可调节设备会不会使孩子在同伴中更受欢迎不是可预测的，也没必要预测。例如，我听到一个故事说，一个四岁的孩子问圣诞老人他圣诞节时能不能像他在幼稚园的朋友一样有个学步器礼物。他竟然不想要自行车而是想要一个学步器。

---

观察和交流是重要的。老师可能不知道怎样为孩子提供他们需要的人身安全，孩子们也无法很好地表达或表现他们的感受。父母是这类信息的最佳来源。物理治疗师也能提供一些信息。一旦把一些孩子放在某个地方，他们就无法超出那个活动范围。他们的安全是肯定有保障的。为了使他们待得舒适些，时不时地去变换一下他的

位置。如果要孩子处理这些很困难,那就对玩具和材料加以改动,小小的行动也会有大大的效果。一旦有了合适的环境和正确的指导,孩子们学习和增进自己技巧的能力是不容小觑的。

## 成人作为鼓励者

成人可以通过他们的鼓励辅助孩子们学习和游戏。下面的场景就展示了在婴儿看护中心孩子们自由游戏时,鼓励是怎样发挥作用的。

阿什利发现了玩具架上有个玩具木头马车,装有积木,她便爬过去。马车的线缠绕在了一个货车的轮子上。阿什利一拉马车,货车就跟着过来。阿什利感到受挫,使劲地拉了一下马车,但是并没有解决问题。她用力敲了一下马车,也无济于事。她把积木一块一块地取出来,但绳子还是打结。她又拉着绳子拽了一下马车,挫败感使她叫了起来。成人听到叫声就走了过来。成人说出了阿什利的想法:"你想把马车弄松。"

阿什利把绳子递给她,但是成人又递回去。当阿什利又一次拉那根绳子的时候,成人没有用言语的鼓励,只是把自己的一根手指放在拉紧的绳子上,指向问题的源头。然后,她用语言描述了问题出在哪里:"绳子打结了。"

阿什利挫败地扔掉绳子,这样一来绕着轮子的绳子就松了。"看吧,"大人鼓励她说,"我肯定你能解开绳子。"阿什利又一次拽住绳子,绳子松动了。她晃晃悠悠地牵着小马车跟着成人。成人仍然保持沉默,他知道阿什利的成功得到了回报。

成人并没有代替阿什利解决问题,而是鼓励阿什利自己解决它。他仅仅给阿什利一点帮助和恰到好处的行为上的鼓励。这个过程叫做"脚手架"。

鼓励孩子是大人扮演的一个重要角色。只是鼓励,而不是解决孩子们的问题,从而把孩子们从挫败感中解救出来,这需要决心。例如,对于一个老师来说,帮助阿什利解开绳子是轻而易举的事。但是这样一来就等于是在告诉阿什利,是她太小了而无法有效地解决问题。经常帮孩子们解决问题就会使他们在面对困难的时候连尝试都不愿意付出。他们处理任何事情都向大人们寻求帮助,而且他们无法学习应对在解决问题时常常会出现的挫败感。

**鼓励和表扬** 口头的鼓励会使孩子们更有能力。但是,很多大人都用表扬取代鼓励。用例子来看看两者的区别,如果成人表扬了阿什利,而不是鼓励她,会发生怎样的情况。

阿什利把马车从架子底下拉了下来,但是因为连着马车的绳子绕在了货车的轮子上,货车也跟了过来。

成人说:"很好,你把马车拉下来了。"而没有指出问题。阿什利看上去很沮丧。在她还没有实现她想做的事情的时候,表扬会产生什么样的后果呢。她对那个马车又拽又敲也毫无作用。当她因为沮丧而叫喊起来的时候,成人发现已经很难找出什么理由来表扬她了。这个时候,阿什利只好放弃。看来仅有表扬是不够的。

第一部分　教学过程导论：幼儿教师的角色

很多成人不知道不恰当的表扬和替孩子解决问题一样，会使孩子沉溺。当孩子对表扬产生依赖，他们就失去了自我判断的能力。他们依靠外来的观点，失去了原始的动力。对比下面两个场景。

第一个场景中，特弗雷正努力建造一个非常高的塔，他向分管他们区域的实习教师宣布了他的决心。他小心翼翼地在高高的塔上添加一块积木。结果塔坍塌了，整个建筑几乎毁于一旦。他很快转头看着老师，老师从他的脸上看到了失望。他又试了一次。成功了！他又一次看着老师，老师说："你成功了，好样的！"听到老师的赞扬之后，他才坐回坐位，为自己的成功而自豪。

第二个场景中，布赖恩搭了很高一堆积木，然后试着用自制的钟摆把最顶层的一块积木敲下来。钟摆的绳子从天花板上悬挂下来，一头系着个乒乓球。他旁边的每个人都知道他的意图。他摆动起钟摆，结果没有击中；又摆了一次，又没有击中。他又添加了一块积木，再一次摆起钟摆的时候，终于击中了。顶上的积木翻了下来。布赖恩不停地尝试，直到他开始第二个试验：击翻顶层的一个塑料梨。

两个孩子中，哪一个更受表扬的驱动，哪一个在没有受到认同的前提下在自己的所作所为中有所收获？布赖恩有**内在动力**（intrinsic motivation），没有人表扬他，他仍然感觉良好。比起结果，他更关注的是过程。他不需要鼓励，也不需要表扬。

很显然，这个孩子有非常强的内在动力，对他不必再用表扬或其他外在的奖赏去激励他。

内在的动力，是学习的基石——而不是外在的奖励系统。然而，在幼教领域中，很多成人都坚信应该对孩子的成功给予奖励。因此，表扬、标志、特权以及其他一些辅助手段都被用来激励孩子。

很容易发现那些依赖于表扬的孩子。除非和别人分享，否则他不会因为自己的成功感到快乐。在一个婴儿活动中，我注意到，一些孩子每次获得了点成功就满房间地寻找赞赏的眼神和掌声。当没有人喝彩或是鼓掌时，他们的表情就显示出失望。

表扬有很大的能量——但是也有一些毁灭性的负面效果。下面一个在一所大学实验室里进行的试验就说明了这一点。试验是在毡笔最早进入市场的时候进行的；毡笔价格昂贵，而且很多孩子从来没见过。试验者带了一把毡笔进入学前班，放在桌子上的几张纸边上。试想一下这些毡笔和蜡笔、粉笔或者铅笔——孩子们仅用过的几种绘画材料。

孩子们被告知在一周左右的时间里可以自由地使用毡笔；之后，毡笔就会被取走。同时，孩子们被随机地分成几组，并且有一个奖励计划。教室的毡笔被取走之后，孩子们被有秩序地以小组形式带到另一个教室，工作人员发给他们毡笔用。一些小组因为使用毡笔而得到奖励，而其他小组则没有。一个月左右以后，毡笔重新被带进教室，给孩子们自由地使用。研究者发现没有得到奖励的孩子再一次拥到桌子边，心满意足地用起毡笔。而得到奖励的孩子们因为知道除了得到使用毡笔的快乐之外他们什么也得不到，就止步不前。

从我自身的经历得出，当大人们为活动提供额外的奖励，活动本身就失去了乐趣。因此，当一个孩子在玩沙子，一个大人打断他说："哦，我喜欢你堆的沙堆。"下一次孩子堆沙子的时候就会倾向于为大人而堆，而不是为了自己。或者等孩子更大一些的时候，当他渴望学习，并在每一个阶段得到一些奖励的标志，学习的过程就失去了它本身对于孩子的价值。这就仿佛一个大人在说："我知道这对你来说没什么，我不会亏待你的。"

当孩子在游戏中被大人的表扬所驱动，他们并没有真正地陶醉在游戏中。切记，玩的五个特征之一是内在的动力。以表扬为动力的孩子是在为赞赏而努力，而不是为了活动本身的乐趣。

来自加利福尼亚大学大卫儿童与家庭研究中心的凯思林·格雷认为：

> 表扬是交流的一种强有力的形式。它能鼓舞士气，给日常生活增添光彩。它是对努力的绝好回报。但是如果滥用表扬，它就会成为一种危害，而不是支持和鼓励。不加区别地使用，它就会丧失它的效能，变得空洞而没有任何意义。表扬一般都是通过过度地使用一系列带"喔"的感叹词来表达的，通常是一种做作的表现。这样，它就滋养了一种抵制和怀疑的情绪，削弱了表扬的施予者和接受者的关系。[1]

格雷谈到的关系是儿童早期教育中一个重要的因素——成人和儿童之间的关系。当这种关系无从发展，或者破裂，教学的过程就受到了很大阻碍，因为在幼教工作中，教和学是密切联系的（更多关于这种关系的重要性的内容在第五、第六和第九章中展开）。

事实上，我们都需要表扬、关注、爱抚、认可和承认。但是，能审慎地运用表扬很重要——建立这样的关系而不是破坏它。要根据下述几条，明智审慎地运用表扬：

- 当一个孩子在活动中已经有内在的动力的时候，就不要给予表扬。
- 帮助孩子在他做成功某件事情的时候发自内心地感到快乐。在合适的场景下说："你一定为此感到开心吧。"
- 不要仅表扬成功，也要表扬尝试和冒险，即使它们不成功。

---

[1] Kathleen Grey, "Not in Praise of Praise," *Child Care Information Exchange* 104 (July-Aug. 1995): 56–59.

第一部分　教学过程导论：幼儿教师的角色

- 避免宽泛的评断，例如："能干的女孩！"、"聪明的男孩！"孩子们在通常情况下认为自己能干和聪明是很重要的——而不是仅仅当他们使大人们开心的时候。
- 把表扬和鼓励区别开来。多用鼓励，少用表扬。当孩子需要一点表扬的时候，记下来，并学习怎样有效地鼓励。
- 经常给孩子一些认可，而不是当他们做成功了某件事情的时候才认可他们。给孩子们积极的关注，轻拍他们，朝他们微笑，和他们交谈，这些都传达了你对孩子的赞许。有人称这种关注为"无条件的爱"。
- 每天都不要吝啬你的关注。当你在和孩子互动的时候，在给孩子打扮、喂孩子吃饭的时候留心一些。但是在玩的时候，要放手让孩子们自己玩；喂饱了的孩子不会在玩的时候感觉到肚子饿。在没有半途出现的急需解决的事情的情况下，玩得更丰富多彩。
- 切记，表扬会使人沉溺。如果你觉得孩子依赖表扬，帮助他懂得感受内在的回报和满足。

表扬通常是用来树立自尊的，但是具有讽刺意味的是，它经常会起到相反的作用。当孩子能客观地辨别是非，并认为是比非多的时候，自尊心开始建立起来。过度的表扬只会掩盖真相，使孩子产生一个错误的自我认知（第五章和第六章将会详细讨论自尊心的问题）。

## 小结

在幼教工作中，孩子才是注意力的集中点。虽然使教师置身中心位置是很有诱惑力的，但是认识到以儿童为中心的学习的益处很重要。游戏为孩子提供了一个发展智力、社交、体能和情感的丰富多彩的平台。玩的种类包括感觉运动性的、象征性的、单独的、平行的、相关的和合作的。学习也是孩子们学习周遭环境、对自身负责的一个媒介。大人们对待学习的态度对孩子有很大影响。孩子们喜欢观察大人们工作，但是在幼教工作中使孩子们身处大人的工作环境是否有利，专家对此的观点有分歧。项目教学法将学习和游戏结合起来，需要大人和孩子的共同努力。大人在辅助孩子学习和游戏方面扮演着三个角色：观察者、管理者和鼓励者。描述性的反馈和鼓励（不是表扬）是幼教工作者在实现这三个角色时使用的两个有效手段。

## 自我测试

学习本章后，你能够

* 讨论幼教工作者的角色和你想象的有何不同吗？
* 解释为什么幼教工作者不应是"舞台上的明星"？
* 描述游戏对孩子的学习有所帮助的诸多方面吗？
* 列出游戏区别于工作的五大特点吗？

* 描述感觉运动游戏,阐述它如何对儿童早期发育起作用的吗?
* 讨论象征性游戏的三个种类,阐述它怎样对儿童的早期发育起作用的吗?
* 阐述单独游戏、平行游戏、相关游戏和合作游戏之间有什么不同之处吗?
* 解释工作也是一种学习吗?
* 阐述大人对待工作的态度是怎样影响孩子的吗?
* 讨论关于在幼儿环境设置中对成人工作的两个对立观点吗?
* 讨论项目学习法吗?
* 说出成人在辅助孩子学习和游戏时担任的三个角色吗?
* 阐述鼓励和表扬的区别吗?
* 列举出进行恰当表扬的四条指导准则吗?

## 需知术语

你可以用下面的多少个词语造句?你知道它们的含义吗?

| | |
|---|---|
| 以孩子为中心的学习 | 平行游戏 |
| 适宜的发展练习 | 相关游戏 |
| 意义生成 | 合作游戏 |
| 感觉运动游戏 | 项目教学法 |
| 象征性游戏 | 描述性反馈 |
| 单独游戏 | 内在动力 |

## 深入阅读

Bumgarner, M. (1999). *Working with School Age Children*. Mountain View, CA: Mayfield.

Elliott, M. J. (1998, July). Great Moments of Learning in Project Work. *Young Children*, 55.

Forman, G. E., & Hill, F. (1984). *Constructive Play: Adding Piaget to the Preschool*. Reading, MA: Addison Wesley.

Gronlund, G. (1995, July). Bringing the DAP Messages to Kindergarten and Primary Teachers. *Young Children*, 4–3.

Jones, E., & Reynolds, G. (1992). *The Play's the Thing*. New York: Teachers College Press.

Kamii, C., & DeVries, R. (1993). *Physical Knowledge in Preschool Education: Implications of Piaget's Theory*. Englewood Cliffs, NJ: Prentice-Hall.

Katz, L., & Chard, S. (1989). *Engaging Children's Minds: The Project*

*Approach*. Norwood. NJ：Ablex.

Mangione，P.（Ed.）.（1994）. *Infant/Toddler Caregiving*：*A Guide to Cognitive Development and Learning*. Sacramento，CA：California Department of Education and WestEd Program for Infant-Toddler Caregivers.

Monihan-Nourot，P.，Scales，B.，Van Hoorn，J.，& Almy，M.（1987）. *Looking at Children's Play*：*A Bridge Between Theory and Practice*. New York：Teachers College Press.

Wassermann，S.（1990）. *Serious Players in the Primary Classroom*：*Empowering Children Through Active Learning Experiences*. New York：Teachers College Press.

## 结尾故事

一个小女孩曾经拿给我看一幅真的非常好的图画,直接举到我眼皮下,并等着我作评价。我给了她一个评价。"它很漂亮,"我不由自主地赞叹道。然后,我想起不能对孩子们的艺术作品作判断,我便给出了我诚实的个人评价。"我确实很喜欢你的画!"小女孩手里拿着画笑着离开了。几分钟后,她又给我看另一幅画。这一幅就没有上一幅那么好了。她显然希望得到更多的赞美。我觉得为难了。我撒了点小谎,对她说:"我也喜欢这张。"她又走了,一分钟后又回来了。她直接把画在一张皱巴巴的报纸上的乱七八糟的一幅图画给我看。终于我不得不说实话了,所以我说我想她只是为了得到我的表扬才画那些画。她脸红了,不再画画给我看了。我觉得很糟。几个星期以后她才又开始画画,不过只是为了她自己的满足而画。

我本可以对第一张画作出不同的反应,用客观的观点谈论它而不是赞扬它。我原以为只要是真诚的赞赏,热情的表扬是可以的,但是我所给的是一个价值判断("它很漂亮")。虽然分享我的感受("我确实很喜欢你的画")是对我第一个反应的提高,但是我本可以有不同的反应。

我学到的最有效的反应就是与孩子一起讨论过程,用客观的语言来评论画,并鼓励孩子表达对他自己成果的感受:"我可以看出你在这幅画上花了很多时间和精力。我敢说你肯定很喜欢画画。我看见你在这个角用了红颜色,底部这里用的是黄色。看看到哪里它们可以跑到一起。"一开始就很诚实会给这个故事一个不同的结局。

## 下章导读

本书的前四章都提到了一个没有命名的关键话题。这个话题就是公众所说的"纪律"或者本书所讲的"引导"。接下来,我们就要探讨引导小孩子行为的目标:帮助他们发现并使用指导自己行为的内在控制力。

# 第五章 指导孩子的行为

适当的行为期望
对惩罚,包括体罚,说"不!不!"
  惩罚错在哪里?
  惩罚的副作用
取代惩罚的选择
  出局
  从后果中学习
  设立界限
  指导
  教育孩子表达自己的情感
  规范亲社会行为
阐释孩子的行为
小结
自我测试
需知术语
深入阅读
结尾故事
下章导读

第一部分　教学过程导论：幼儿教师的角色

在这一章里你将了解：
* 理解儿童行为的适度发展是有效指导行为的关键。
* 体罚的副作用。
* 六种可以取代惩罚的选择。
* 为什么拖堂并不总是有用的。
* 儿童如何从后果的经验中学习。
* 如何利用规则来限制差异。
* 为什么儿童需要限制。
* 为什么说某些错误行为同"挑战限制"有关。
* 如何运用转向以避免打架。
* 为什么接受孩子的感情是非常重要的。
* 如何教育孩子恰当地表达自己的感情。
* 为什么说成人给孩子树立好的榜样是重要的。
* 行为就是沟通。
* 如何修饰环境以避免错误行为。
* 如何解读错误行为中包含的多样信息。
* 指导建立在互相尊重和信任的基础上的成人—儿童关系。

　　为了正确地指导幼儿的行为，幼儿教师必须具备知识和技巧。新手必须知道，引导孩子的行为的目的是教育孩子如何以社会能够接受的、得到尊重的方式来控制自己的行动。在这一章里，你们将会学到一些指导方法及如何巧妙地增进孩子的自尊和增强成人—儿童的关系。

## 适当的行为期望

　　发展指导孩子技能的前提是要了解儿童发展每一年龄段的行为预期值。在你判断儿童什么行为需要指导时，你首先需要知道在每一个年龄段的正常行为是什么以及如何解读它。比如，一个六周大的婴儿的哭声是一种通知而不是有意烦人，一个两岁孩子的反抗是迈向自主的一个台阶而不是恶劣品德的一种迹象。

　　理解各个年龄群体的正常行为对于从事幼儿教育工作的人来说是至关重要的知识。以下是婴儿和幼儿真实行为的简介（年龄和阶段在第一章、第二章里曾有讨论）。

- 六周婴儿的啼哭不是试图操控成人，而是表达他们的需求。啼哭是要求成人及时来照料他们的一种方法。当婴儿能够得到细致的、负责任的照料，他们就发展了一种基本的信任感。按照埃里克·埃里克森（Erik Erikson）的说法，这是生命的第一年的首要发展任务。[1]
- 很自然地，两岁的儿童已经具有反抗性。按照埃里克森的观点，这个年龄段的

---

[1] 埃里克·埃里克森《儿童与社会》（第二版）。New York: Norton, 1963.

儿童发展的主要任务是体验自主性。[1] 行为上的抗拒,不是他们在试图学"坏",而是在学习表明自己的存在。尽管他们的某些行为应该得到温和的指导和纠正,但重要的是成人应当理解他们的行为和目的。

- 通常,三岁的孩子开始说些不真实的话。但是成人不要认为这些就是谎言,要知道理解现实同想象之间的差别正是童年的认知任务。吉恩·皮亚杰(Jean Piaget)认为,三岁的孩子还不能把各种现象清楚归类,也许正沉溺在一厢情愿的想象中,并且真的把想象当成现实(见框5.1)。[2]

### 框 5.1 提示与技巧

#### 为什么幼儿会"说谎"

孩子说的一些话有时是不真实的。大人也会这么做,如开个玩笑,讲个夸张的故事,找个借口等。但是,当我们为了负面的理由或者避免责怪时这样说,就是说谎。

孩子逐步地懂得了词语的力量和操控现实的能力。他们有时沉溺于一厢情愿的想象中,这意味着他们以为说它是真的,它就有可能变成真的。所以当孩子在说谎时,与其认为他是在欺骗大人,不如说他是在试图改变现实。大人明白了孩子的这个特点后,就可以作正面处理。

孩子们是逐步地学会区别真实与虚假的。我们不去区分孩子的想象和现实,就会阻碍孩子的学习过程。当我们告诉孩子,牙齿仙女会把钱放在枕头下面时,我们不是也在期望孩子把想象当成现实吗?想象对孩子不是坏事。无论如何,当孩子在试图学会区分想象和现实时,如果成人喋喋不休地质问他的想象,孩子是会有挫折感的。另外,孩子也可能会模仿这样的方法解释发生的意外:"我没有把茶杯掉到地上,是风从我手中吹落的。"

有时,一个谎言在理解上是有很大差异的。两个孩子在争吵时,每个人都坚信自己对故事的叙述,成人试图调停并判断谁真谁假是徒劳无益的,帮助孩子自己学会区分更为有用。

成人可以鼓励争执的儿童对话,让他们彼此解释自己的故事。这种情境提供了极好的实践机会,培养孩子解决问题和矛盾的技巧。要让孩子尽早地学会这种技巧。不要替他们判断发生了什么和谁对谁错的问题。如果你让他们自己解决分歧,你就不必为谎言所烦恼。

处理"说谎"孩子的技巧

- 了解孩子对于现实同想象之间的界限是很模糊的,他们不会用成人的眼光去看世界,要慢慢地帮助他们识别真相。
- 自己首先要诚实。以身作则是教别人诚实最好的办法。当冰箱里填满了冰激凌时你说没有甜点了,你就是在教别人撒谎。你在示范一种行为时,你必须期望学生也同样遵守。
- 当学生犯错时,别罚他们站墙角。如果你已经知道是谁做的时也别问"谁干的?"学生受到刺激会开始胡思乱想以试图挽回面子或者逃避后果。学生往往并不知道他们在干些什么。

处理不诚实的孩子,感性的、通情达理的方式比拙劣的当面指责更为有效。谁知道呢,也许他们的现实性要远远比我们更准确。

---

[1] 埃里克·埃里克森。
[2] 吉恩·皮亚杰《儿童的现实性建构》。New York: Basic Books, 1954.

第一部分　教学过程导论：幼儿教师的角色

- 一个四岁的孩子"偷"东西不是他犯罪本性的迹象，相反，这可能表明他还不能区分正确和错误。对于他来说，尝试不同的行为，探索哪种行为会带来负面的结果是学习区分正确与错误的一种方式。根据两位研究道德发展专家——劳伦斯·科尔伯格和威廉·戴蒙（Lawrence Kohlberg & William Damon）的观点，他还处在道德发展的早期阶段（见框5.2有关四岁儿童道德常识的两种阐释）。[1]

> **框5.2 观点集萃**
>
> **道德发展：科尔伯格和戴蒙**
>
> 劳伦斯·科尔伯格解释说，一个四岁的儿童是没有内化的道德规范的——对于对和错都没有明确的概念。他是靠外部的奖励和惩罚来指导他的道德判断的。对于一个儿童来说，更为关注自己的兴趣而不是那些抽象的公平概念是非常正常的。威廉·戴蒙也论及公平的问题：在一个孩子看来，能给他想要的东西就是公平的。按照一个四岁孩子的逻辑，如果他想要它，他就应该拥有它。
>
> 在研究道德判断阶段论时，科尔伯格通过给儿童讲述打破规则的故事来探讨儿童的道德判断过程。科尔伯格把儿童的道德判断过程分为三个阶段：前习俗水平、习俗水平、后习俗水平。在前习俗水平阶段，道德的判断主要依据外部的奖惩。当儿童进化到习俗水平阶段时，他自己就会把从外部学到的某一标准内化。到达后习俗水平的判断者已经具有了根据判断的道德规则，并且能够自我判断什么是公正的。
>
> 威廉·戴蒙也是运用讲述故事来理解道德判断的发展的。他的故事大都是与公平主题和正直理念有关的物品、奖励分配。他发现，四岁以下的儿童认为实现了自己的愿望就是公平，他们的理由是"因为我想得到它，我就应该拥有它"。四至五岁的儿童依然关注自己的愿望，但他们也很任性地认定"大孩子应该得到最多"。五至七岁的孩子开始希望所有的人，不论高矮和性别，都应该平均分配。一直要到八岁以后，孩子才能明白，"公平"不完全等同于"平等"，某些特定的条件会影响到真正公平的决定。

- 学龄儿童中的争吵并不意味着他们社会化的欠缺，而是一种思想的自我整理，把个体融入社会的方式。通过口舌之争，儿童们懂得了社会关系的得失。有时，有必要指导他们如何争论得更有成效。

本书有助于你明白**指导**（guidance）孩子的行为比顺应他们更为重要。实际上，整本书都是关于幼儿教育的指导工作。的确，每一样事物都会影响孩子的行为：

- 成人与孩子的互动方式。

---

[1] Lawrence Kohlberg, "Moral Stages and Moralization: The Cognitive-Developmental Approach," *Moral Development and Behavior*, ed. T. Lickona (New York: Holt, 1976). William Damon, *Moral Child: Nurturing Children's Natural Moral Growth* (New York: Free Press, 1988).

- 成人同孩子的说话方式。
- 幼儿所处的环境。
- 幼儿课程。
- 设备、材料、活动、计划的选择。
- 成人对非社会化行为的处理。

那么,幼儿的哪些行为需要成人的指导呢？例如,咬啮、踢人、打人、取绰号、损坏物品等等,这样的行为需要指导,同时也要思考如何预防。预防在幼儿指导方案里是更为重要的一个部分。

本书使用"指导"这个术语取代更为常用的"训育",因为后者常常同惩戒联系在一起。指导的方法较少地去试图控制儿童,而更多地注重预防错误行为,并且告诉孩子可供选择的行为方式以便他们能够自我控制。因而,指导是幼儿教学计划和课程里的一个主要目标。

由于许多类似的"指导"联系到纪律和惩罚的纪律,我们首先讨论为何惩罚,特别是体罚在幼儿教育指导体系里是不可行的。

## 对惩罚,包括体罚,说"不！不！"

一个刚开始从事早期教育的人面对孩子的不当行为有时会感到困惑。他们知道应当纠正孩子的不当行为,但却不知道该如何纠正。有些成年人是在惩罚(以某种方式伤害孩子)作为维持纪律的主要方法的背景下成长起来的,这样,当他们在不允许体罚或情绪折磨的环境里,对孩子缺乏教育手段就一点也不令人惊讶了。

## 惩罚错在哪里？

你是否这样想过或者说过："我的童年也是被打过屁股的,不是一样成长得很好吗？"如是,那么你可能会认为惩罚是普遍的,而打屁股是一种控制孩子行为特别有效的方法。其实,打屁股从来就不是一种有效的教育手段。

孩子在做了错事以后,其实非常想知道怎样做才是正确的。孩子会处于一种平静地理解错误行为带来的后果或者接受其反馈的状态,这是教育的"最佳时刻"。打屁股或者其他形式的惩罚将会破坏孩子平静的心态和接纳的状态。他们在情绪上陷入混乱,远离教育的"最佳时刻"。

从打屁股和其他体罚中孩子学到的是——运用暴力是正确的。一旦他们学会了这个,就会对别人使用暴力！任何一个早期教育方案最希望的是孩子应当具备自我控制力。

体罚和惩罚也传达了"你最好服从,不然……"的信息。至于服从这个目标,孩子们逐步习惯了服从就会陷入总是顺从和从不质疑权威的危险。让孩子们学会服从会妨碍发展智力和批判性思维（见框5.3中关于权威的不同观点）。

> **框5.3**
> **多棱镜**
>
> ### 关 于 权 威
>
> 　　这一章里讨论的教导方法都是源于权威的理念。这一章的作者以及其他幼教工作者都认为应当鼓励孩子们独立思考，而不要盲从任何成人。这样的信仰源于同这个国家基础的反抗和独立精神相一致的文化理念。[1]
>
> 　　但是某些文化不具备这样的理念，相反，他们认为儿童永远不应当质疑成人，他们鼓励同一而反对独立思考。他们认为合适的行为已经很明确地规定了，成人的工作就是教育孩子照章办事。他们不认为人生是一系列有待解决的问题，而是应当学会在各种情境中如何行动。他们强调基本技能、范式、仪式和传统比创造、解决问题和自我表达更重要。
>
> 　　当对权威和纪律持有不同观点的人士负责指导幼儿行为时，发生冲突几乎是不可避免的。在这样的情况下，重要的是成年人要尊重对方的观点，讨论各自的差异，并且达成一致，以免他们照应的儿童陷入迷惑之中（参见第七章关于如何处理成人间的矛盾有更为详细的讨论）。

　　训练孩子们盲目服从权威，在他们成人时会出现另一种退步。尽管儿童在早期会觉得成人毫无疑问是权威，但许多孩子最后还是会认为自己的同辈群体才是权威。经常被教育要服从权威的孩子也许会在拒绝朋友方面遇到困难。孩子年幼时没有被鼓励独立思考，长大后自己作决定会有困难。

## 惩罚的副作用

　　像猛药一样，体罚和其他形式的惩罚也有副作用，有些副作用是可预见的，有些是不可预见的：

- 体罚和其他形式的惩罚是羞辱性的，它伤害人的自尊。学业成功方面一个最好的预测指标是自尊心，孩子在刚入学时就已经具有自尊心。
- 体罚和惩罚以及羞辱让孩子受到伤害，感到愤怒。要回击这些成人的愿望是很强烈的。此外，孩子郁积在心中的愤怒最终会投向成人、儿童或者物品。某些孩子会反过来将愤怒转向自身。
- 儿童会模仿成人。经常被成人体罚的儿童就更倾向于用体罚去控制其他儿童。早期教育工作者一直在关注这个现象：最有侵犯性的儿童常常是那些在家里受到体罚或者严厉惩罚的儿童（偶尔地，他们也来自另一个极端——无人管教儿童的家庭）。

---

　　[1] Ruth Chao,"Beyond Parental Control and Authoritarian Parenting Style: Understanding Chinese Parenting Through the Cultural Notion of Training," *Child Development* 65 (1994): 1111-1119.

- 指导工作在成人和儿童关系良好时效果最好。应当尽量避免惩罚,因为它会腐蚀成人和儿童的关系,减少孩子对成人的尊敬。
- 因为有些孩子对惩罚能产生免疫力,成人如果增加惩罚的力度会陷入恶性循环的怪圈。由于惩罚升级,儿童与成人的关系会急剧恶化,进而阻碍沟通。类似情形常常导致儿童受虐待这种不幸的后果,甚至,有时儿童会借助违法行为来惩罚成人。

从社会的角度看,我们对惩罚作为一种行为矫正的有效性也会产生困惑。我们的监狱制度就反映了这种困惑。我们试图重塑犯人的行为习惯,但我们的方法是残酷和侮辱性的。至少在多年以前我们就认识到使用体罚并不会使成人的行为变得更好,因而在法律上取消了体罚。那么为什么直到今天我们还在对孩子使用体罚呢?因为对于父母来说,只要不在身体上留下体罚的印记,就不存在法律问题,疼痛是不能作为证据的!

## 取代惩罚的选择

作为一个早期教育的学生,你必须学习许多身体和精神惩罚的替代方法。由于指导的目的是帮助孩子学会控制自己,同时发展健康的意识,你首先要学习的必须是能够敏感地了解自己的行动对孩子的影响。你可以问问自己:何种方式是没有不幸的副作用的?何种指导工具能够促进孩子恰当的自尊和不损伤他们的自尊?何种方法能够不影响我同孩子的关系?

同样重要的是记住,没有一种公式、一种规则、一种系统是能够适用于所有孩子的。你必须以一种崭新的心态去接触每个情景,对待特定的场景和为处在特定发展阶段、特定的孩子寻找一种合适的反应。把这些牢记在心,来研讨下面六种替代惩罚的方法。

只有在孩子确实无法控制自己的行为时,且老师明白自己的角色是帮助者而不是惩罚者时才使用出局这一方法。

## 出局

把孩子从其犯错误的场景中撤离出去,有些人称之为**出局**(time-out)。出局是一种替代惩罚和其他形式体罚的非暴力的选择。无论如何,把孩子从一个群体中分离出来是最后的一种选择,因为它只对某个特定的情境有效。

如果孩子确实不能控制自己,成人处理问题的立足点是帮助而不是惩罚,那么,把孩子暂时分离出去是能起到作用的。这个儿童可能还很高兴暂时离开一会儿,而把出局当成再度返回群体的机会。但是不要弄个定时器或者规定孩子必须待多少时间。这个时间长度应当取决于孩子的需要。许多孩子能够自己决定何时重返群体或者回到失去控制以前正在做的活动中去。这样的场景转移对孩子和成人都是幸事。

遗憾的是,出局极少以这种方式发生。在体罚中成长起来的许多成人倾向于把出局制度化,并且作为指责其错误的额外手段。你可以想象一顶纸帽子戴在孩子的头上,而成人的态度表明:"这是个沉默的、没有价值的坏孩子,他必须坐在出局凳上让人围观。"使用这个方法,出局凳不比多年以前广场上使用的棍杖更好。想想这样的行为会给孩子的自尊、自重带来什么样的影响!

谨慎地使用出局,是替代体罚的一种选择。但是,还有其他更为有效的替代方法可以考虑(见框 5.4 中关于使用出局的不同观点)。

---

**框 5.4 观点集萃**

### 关于出局的观点

出局对于那些来自重视个人需求文化的人来说是有意义的。当时间和空间被视为一个基本需求时,把一个失去控制力的孩子转移出去并不是一种惩罚,而是一种优待。一个孩子最终能明白,当面对太多麻烦时,自己决定独处是一种有益的解决方法。如果有效的话,孩子们也许会在独处地里寻求庇护。独处成为一个重要的需要。但不是所有的儿童都来自那种强调个人需求的文化。某些孩子来自强调互相依赖、忽视个人需求的文化。对这些孩子来说,出局就是最严厉的惩罚,因为最坏的事情就是把他从群体中分离出来。在这些文化中,隔离就是严厉的惩罚,一般是因为犯了严重的错误。出局的主题在不同的教育场所,人们对它的使用很明显地分为两派。两派的态度都很激烈。好几个幼儿教育项目的参与者认为,出局是剥夺孩子权利的措施,太过粗暴。另外一些项目的参与者强烈地捍卫出局,认为这是帮助孩子改正行为具有人性化的有效方法。

---

## 从后果中学习

孩子们从自己行为的后果中学到经验。例如,保姆会说"牛奶杯不要装得太满,会溢出来的"。孩子如果不听，当他端起杯子喝奶时，牛奶就会滴在地上。一个平时总是喜欢说"我已经这样告诉你了！"的保育者，这时如果默默地递给孩子一块抹布，那么，她就是让孩子自己体验后果，自己解决问题。

这个儿童正在抹去溅出来的水迹，你认为他会从中学到什么？

当萨拉开始把水从水槽里弄到地上，就应该要求他把地面擦干净。如果他拒绝并仍然把水弄到地上，就应该让他去做别的活动，为了安全的原因，不能让水弄湿地面。

要告诉那个懒洋洋地玩弄食物的凯尔："我看你一点也不饿，那么把碟子放到一边，把桌上擦干净。做完这些后，或者去拿一本书看，或者在垫子上安静地玩，等待午睡。"

在这些个案中，孩子行为的后果会给他们带来失望。萨拉也许会因为不能再在水槽里玩水而沮丧。凯尔也许会后悔不能再吃东西了，他的碟子已经被放在洗碗池里了。使用后果法教育孩子最难办的部分是要避免让孩子遭受痛苦。没有人愿意看到孩子因为一个选择而后悔，但这是生活教给他最好的一课（框5.5是关于运用后果法的不同观点）。

自然，成人必须要防止孩子可能会导致伤害的选择。你不能够站在后面，注视着一个两岁的幼儿在翻越游戏场的篱笆，同时在想："如果你去停车场里玩的话，你将会知道后果是什么。"对一个四岁的孩子，适当的做法是，对他说："外面很冷，如果你不穿

第一部分 教学过程导论：幼儿教师的角色

着外套出去的话，你也许会不舒服的。"当然，你也许会犹豫要不要给孩子这个建议，因为你对孩子和家长都有责任，但是，这个方法肯定能避免很多争执。孩子很快就会知道在户外不适当的穿着对他意味着什么。

> **框 5.5 多棱镜**
>
> **关于纪律的不同观点：个人的故事**
>
> "你的孩子不像我们的孩子，"我在同一个美国母亲讨论纪律的时候，她很苦恼地告诉我，"你的方法对我们的孩子不适用。"我花了很长时间，并作了些研究，才弄明白她的纪律观。
>
> 当我使用后果法时，这位母亲会说："这是在惩罚他们。"我认为她的方法是消极的，她认为我的方法是冷酷无情的。这位母亲期望孩子远离失望和沮丧，对待孩子的不当行为，她是摇动手指，警告孩子不要犯错；她以爱的名义做了这一切，并且让孩子知道。我的方法是让孩子自己选择，让他们体验自己选择的后果，即使我明明知道这些后果可能很不愉快。我也是以爱的名义，但我不用那种方式表达。
>
> 阅读辛迪·巴伦杰(Cindy Ballenger)（曾与海地人一起工作）的文章使我明白了在教导孩子的目标和技术上存在一些文化上的基本差异。[1] 巴伦杰曾以早期教育者中管理儿童行为的"主流"方法来同海地人的方法作对比："北美的老师注重与孩子个体建立联系，鼓励孩子表达自己的情感和问题。"北美的老师使用后果法来解释为什么不能做某些事情。每个孩子必须懂得，在每个情境中行为本身无所谓好坏，结果有不同。关键在于后果，不要牵扯到道德和价值。
>
> 海地的老师既不关注情感也不关注后果，他们更强调的"是群体的可控性、群体成员明晰的价值观和责任感"。他们不去细分某一不当行为，而是一股脑儿地把所有的不当行为都归结为"坏行为"。海地的老师善恶分明，孩子也是。他们知道为什么必须要做好孩子，所以他们不会给家庭带来羞辱。这是一种共享的价值体系。按照巴伦杰的说法，海地的老师认为惩戒并不是消极的反应，而是限制和强化联系的手段。
>
> 这种观察的结论对我打击挺大。在我的早期教育训练中，我学到的是不要责怪和惩戒孩子。学到的是如何以正面的或者起码是公正的方式处理纪律问题。我避免使用"好"或者"坏"这样的字眼。我从不以爱心为由来做某些事情。我能在幼儿园里整天不说一个"不"字。我曾以我的技能自豪，但是现在我开始明白，我的方式方法会被某些孩子误解，他们习惯于更为严厉的、更多控制的管教，对于他们来说，这意味着更多的爱。

使用后果法能让学生照料好自己的物品吗？是的。如果朱莉到学校后就把自己的外套丢在角落里，而外出时又找不到它，她就从这个后果中上了一课。确实，很多孩子不耐烦收拾玩偶或者自己的物品。这是很好理解的，因为他们可能对自己的玩具不是一直抱有兴趣，或者从来没有培养起照料自己物品的习惯。尽管你可能无法让一些

---

[1] Cynthia Ballenger, "Because You Like Us: The Language of Control," *Harvard Educational Review* 62.2 (Summer 1992): 199–208.

学生明白物品的价值，但是你必须培养他们收拾物品的习惯，因为他们要同别人一起共享环境。提醒孩子(不要唠叨)、帮助他们培养自己收拾物品的习惯。如果你为他们完成这些任务，他们从中学到的就是，如果把衣服扔在地上，老师会捡起来挂好的。这并不意味着你不能帮助一个孩子，你当然可以帮助他。只是要让他知道，你所做的只是一种恩惠(你也许会惊讶恩惠的迅速扩散：从成人施与孩子的恩惠到孩子反馈成人，以及孩子之间的互惠行为)。

## 设立界限

相对于规则，年幼的孩子更需要界限。**界限**(limits)不同于规则——它们是限制而不是规定。一些人把限制理解为边界。界限有两个主要的范畴：物理的界限和成人的界限。

物理的界限包括用以保障孩子安全的建筑和防护的设施。它们是楼梯顶端的安全栏杆、诊疗室的门锁以及游戏场周围的篱笆。这些界限的背后也许暗含着某些规则(如"没有成人的带领孩子不得离开游戏场")。照料者完全可以放心，孩子们虽然年幼，不可能理解这些规则，但也是安全的，因为他们根本没有破坏这些规则的可能。这就是物理的界限。

利用物理的界限而不是强制性的规则来保证幼儿的安全。

社会中物理界限的一个例子是现代逃生通道的设计。例如，许多紧急通道设计时不会有通往错误方向的岔路，也没有捷径。这一决策不是为你一个人，它是为保护所有的人而设计的。一旦你对孩子有所限制，你就将会遇到所谓的"挑战"现象。成

第一部分　教学过程导论：幼儿教师的角色

人知道从岔路进入高速公路的危险性，他们不必去亲身体验它。但是年幼的儿童要比成人知道的少得多，他们需要碰触遇到的物理界限。他们走过楼梯顶部时，会摇晃旁边的安全栏杆，会敲打锁上了的诊疗室的门。如果这些安全设施安装得正确，方会安然无恙。

当得知这些物理界限是牢固的，幼童们一般不会再去测试它。认知和感知这些界限是儿童们必需的。当他们撞击这些界限时，他们也许会有受挫感，但是一旦发现这些边界是牢不可破的，他们最终还是会回到自己的活动中去。

质量好的、坚固的物理界限一个最大的好处是提供了安全感。有了它们，孩子就可以在一个环境里自由自在地活动。这有点像把一匹马放在有篱笆的牧场里。若无篱笆，这匹马就得拴住或关在笼子里，以防它乱跑。有了质量好的、牢固的篱笆，这匹马就可以在里面安全地散步。

当我驾车穿越离家不远的金门大桥时，我想到了界限。我很欣赏桥两边的栏杆。尽管我从来不需要它们来保护我在桥面上——因为我的车从来没有撞上栏杆——但如果没有这些栏杆，我肯定会拒绝驾车穿越大桥！我需要这些栏杆给我安全感。

物理的界限是能够被看见和触及的，但成人的界限就不同了。成人的界限是看不见的篱笆。它们是成人为了孩子的利益、为了他人的利益、为了环境的利益而施加于孩子的种种限制。例如，当一个孩子出门走进汽车道时，那儿没有物理的路障把他们拦在路外，这时是成人的界限发挥作用的时候了。成人会说"我不希望你走近马路，那里危险。来，抓住我的手"以设立边界。如果孩子们到处乱跑，成人会把他们叫回来或拉住他们。

孩子们只有通过我们的言行才能理解这些界限。对于他们来说，准确地理解这些看不见的界限的位置和强度只有通过成人的阻止。他们会不断地向我们的界限挑战，以弄清这些不可见的篱笆的形状、尺寸和强度。

**挑战不可见的界限**　　儿童们在挑战成人界限上花费的时间要比挑战物理界限多，结果造成了大量的不良行为。让我们来看一个孩子挑战成人界限的例子。

一个孩子在房间里把一个塑料玩具扔得很远。成人温和而坚决地同他说，乱扔玩具不好。这个孩子想挑战这个界限，看看它是否坚固。他自言自语地说："老师真是这个意思吗？"他去捡回这个玩具，又把它扔出去了。这个成人走过去，捡起这个玩具，孩子过去想抢回来，成人把它放在他够不到的地方，又一次地重复了这个界限。

孩子愁眉苦脸地伸出双手站在成人面前要这个玩具。成人坚定地说："我给你可以，但绝对不准再扔！"孩子说"好的"。他拿到了这个玩具，成人一直注视着他，看看是否需要再去阻止他乱扔玩具。当成人看到他不再扔玩具了，才满意地放松下来。

这时，这个孩子又问自己："如果我把这个玩具直接丢到地上，大人会来阻止我吗？"他就这么做了，但大人毫无反应。因此，他认定界限是不准乱扔而不是丢弃物品。

"抓住我的手过马路"是成人发出命令设立界限的一个例子。

尽管这样,他还是没有停止挑战。现在他问自己:"我是不是可以扔其他的东西呢?"他捡起个橡皮球又扔出去了。成人立刻来到他身边:"如果你想扔皮球可以去室外,在室内只能扔气球。"这个孩子考虑了一下,然后从成人手里拿到了气球,开始对墙抛掷起来。成人微笑地看看他,离开去别处了。

这个挑战的过程不是时时在发生,也不是能经常被意识到的。但是,这个事例是非常真实的。这个孩子并不"坏",他只是在尝试。他的安全感在某种程度上取决于弄清楚是否存在界限、界限是否牢不可破。

只要孩子们知道能走多远就会停止尝试。当他们发现了看不见的篱笆在哪里时,也就不会去再次检验,一旦他们知道边界在哪里,也就获得了自由。

对于孩子们来说,更重要的是应该让他们懂得,当碰撞这些规则时,与物理界限相似,这些不可见的障碍也是不会移动的。成人必须坚持树立这些界限。如果不这样做,孩子们就不能通过试验证明规则的存在,就会反复去破坏这些规则。如果他们没有对后果有一系列清醒的认识,他们就会过分地去尝试,而有可能被视为问题儿童。

孩子们永远不会停止尝试。随着他们的发育成长,他们的世界扩大了,成人给他们设定的界限也随着他们新增的能力而变化,会有持续的、新的边界约束他们(即直到他们长大成人,开始确立自己的界限,也包括社会的界限等)。

当孩子们挑战成人的界限时,常常会爆发冲突。绝大多数儿童不会去同锁着的门或者石墙争执,但他们会同成人争执、强求、发牢骚、纠缠,甚至直接攻击成人,直至明

第一部分　教学过程导论：幼儿教师的角色

白那些界限是牢不可破的才罢休。当面对一个烦躁不安的孩子时，你可能会退让。但是无论如何要记住，孩子们会持续地向你挑战，看你是否会被他们改变主意。重要的是要在事前讲清楚树立规则的理由而不是在事后解释为什么要这样做。只有制定了规则，你才能开展其后的活动。

最后，与树立边界和坚守规则同样重要的是要具有灵活性。记住，当面对强制的规则，从孩子的角度来考虑问题并不是"退让"，而是一种尊重。不肯改变规则是因为你有不同的视角。可以试着考虑是否需要重新评估自己的立场。如果必要的话，当情境在随后的时段里变化了，就改变规则。想想成人的规则也并不是永久的石墙，也是可移动的障碍物。

**关于界限思考的指导方针**　在设立界限时有三个问题要考虑。

**孩子的发展超越了界限吗？**　事物是变化的，他两岁时合适的界限，以后就不再能用了。很明显的，两岁的孩子不会允许他站在凳子上去高架上取物，但同一个孩子在八岁时就可以爬梯子去清扫阁楼。要记住许多界限只适合某一时期。

**这个界限有正当的理由吗？**　有时成人们制定了界限，即使没有正当的理由也固执地坚守这些限制。为了避免这些问题，当你面对一些非传统的行为时，可以问问自己："为什么不可以呢？"如果你想不出来什么合适的理由，不如取消这些限制。

**我能重新布置环境以取消这些界限吗？**　一个婴儿中心遇到的问题是孩子们喜欢爬那些摆放玩具的书架。在这个保育计划中即使非传统的行为受到尊重，但这种攀爬行为因为危险还是会被禁止的。然而很难禁止孩子们的攀爬书架，保育员们不停地把孩子从架子上抱下来。后来，园长突然想到一个创造性的解决办法，她把书架腾空，平放在地板上，让孩子们在其中爬行，这就安全了。

## 指导

与其创设一个界限，然后费力地同孩子们斗争使他们服从，不如利用疏导的力量。当你能把孩子的能量引导到正确的方向时，就不要做面坚硬的石墙，让孩子来撞击你。在浴室里洗澡把水溅得满地的孩子可以在暖和的天气送他到户外的水槽去玩。雨天里被限制在室内的精力充沛的孩子可以组织个合唱队，参加生气勃勃的、嘈杂的游行队伍。喜欢把书撕破的学步儿童可以给他些碎纸，满足他的心理需求。

在第二章里，我们讨论了转向和分散注意力的区别。两者的区别在于，分散注意力是为了使孩子的心思脱离他所做的事情或感觉的一种设计。而转向则相反，它尊重孩子的活力和感觉，但是让它们改变方向或者投向在当时情境下更能被接受的另一种活动。

雨天被关在室内的精力充沛的孩子需要转向活动。

## 教育孩子表达自己的情感

当孩子们不知道如何表达愤怒的情感时，常会陷入困境。一个四岁的孩子拆不开拼装玩具时，挫折感会使他把玩具扔到地上。两岁的孩子会打另一个从他手里抢走图书的孩子。提醒一个五岁的孩子捡起外套并挂在衣帽钩上时，他会对老师尖叫"我恨你！"并跑到外面去。

在以上例子中你该怎么办呢？首先，你应当接受孩子们的情感，并用言语表达出来，"因为拆不开这个玩具你有点狼狈了"；"因为你想要这本书，所以你愤怒了"；"你对我发脾气了"。在理解孩子们情感的基础上，你就可以处理这些不恰当的行为了。如果你是抱着解决问题的态度而不是发泄自己的情绪，效果会更好（有趣的是，一个人的愤怒会很容易引发第二个人的情绪发作，即使后者并不是愤怒的对象）。下面是解决以上问题的一些例子：

"我很想知道你不用摔砸来拆开这些积木的方法。如果你摔砸它们的话，我担心会伤到别人——或者会损坏了这些塑料玩具。"

"把你的感受告诉他。让他知道被他抢走了书，你很不开心。这样说明白是好的，但打他就不对了。"

第一部分　教学过程导论：幼儿教师的角色

"我知道你对我真的很生气。让我们坐下来谈谈。仅仅是这件外套的问题，还是有别的不满？"

在这些例子中，成人没有表露自己的情感。如果她有情绪会怎样？如果她不能控制自己的情绪又会怎样？如果她很生气并愤怒，最好还是如实地表示出来而不是假装若无其事。下面是成人表达自己不满情绪的适宜方式：

"我不喜欢你乱扔积木。"
"看见你打他我很生气。"
"有人对我说'我恨你'时，我很难过。"

不要期望这些简单的情感表述会改变当时的情景。因为你的愤怒并不意味着他要纠正自己的行为。另外，也不要企图以表示愤怒来控制孩子的行为，应当用其他的方法来纠正他们的错误行为。表达你的感觉仅仅因为这是一种真实的沟通，也因为你想用一种正确的方式让孩子知道你的感觉。

对很多孩子来说如何处理愤怒的情绪是个问题（对成人也一样）。何时产生这种情绪才是恰当的呢？有没有什么方法是既可以表达感觉而又不伤害到其他人的呢？当面对一个愤怒的孩子时，重要的是：
- 接受并理解他。
- 规范恰当的表达方式。
- 告诉孩子情绪和行为的区别。

让我们来研讨这些观点。当一个孩子生气时，重要的是要帮助他理解这是正常的情绪。由于理解和接受孩子的心情，你可以给孩子一个接纳他们的承诺。你也许听到成人对孩子说"你不应该这样生气嘛"。这种话语传达的信息是，孩子的情绪是不适宜的，应该把它们埋藏起来。

不是情绪本身制造了麻烦，而是有时伴随着这些情绪的行为。孩子根据自己的感觉来表达或者行动可能是不适宜的。对于你来说，重要的是要帮助孩子区别感觉与根据这种感觉行动的不同。你可以告诉孩子，表达心情除了言语以外还有其他许多方式。可以代替言语表达情感的还有身体语言、激烈的运动、绘画和音乐。指导和成人的身教对于教育孩子如何接纳和正确地表达自己的情感是非常重要的——避免伤害自己、他人或者环境（框5.6中是对于控制发脾气的两种文化的讨论）。

> **框 5.6 观点集萃**
>
> ### 表达情绪：两种脾气观
>
> 目前的早期教育实践是主张接纳所有正常的情绪。某些实际工作者很看重孩子完全的情绪表达，甚至如生气等。他们鼓励孩子"经历全过程"，这一过程不应当去干扰它，直至完成。这个理论的依据是，孩子没有表达出来的感情还会隐藏在心中，潜伏运行，一旦被某些偶然事件激发，就会一次又一次地爆发出来。孩子发脾气是可以被这些早期教育工作者接受的，因为这是让孩子发泄出来的途径。他们认为，成人的任务是在孩子发脾气的时候确保他们的安全，而不是转移他们的情绪或者在一开始就阻止他们发火。
>
> 这些教师也认为可以预防发脾气。一个预防的方法是检测孩子耐受挫折的水平，看看某些压力是否可以转移。另外，不要对孩子发脾气大惊小怪也是预防的办法之一。当孩子知道愤怒可以引起别人注意时，他就会利用发脾气作为吸引别人目光的手段。
>
> 某些孩子发脾气是企图控制成人。当成人对某次发脾气让步时，这个孩子就会试图利用同样的举动来得到自己想要的东西。容忍孩子发脾气的早期教育工作者应该知道如何避免受一个哭闹的孩子的控制。
>
> 另一方面……
>
> 不是所有的人都相信发脾气的益处的，即使那些懂得如何避免被控制的教师。某些人相信个人情感的表达（比如发脾气）不如尊重权威或者维持群体的和谐更重要。
>
> 《儿童的本性》（*The Nature of the Child*）书中的人物杰罗姆·卡根从跨文化的角度看待这个问题。他说：
>
> 美国人重视真诚和个人诚实的价值高于维系社会统一。但在许多文化里，比如爪哇、日本、中国，维持社会关系的协调、尊重长者和权威的姿态的重要性要求每一个人不仅要压抑愤怒，还完全不能表现出自己的真实情感以免伤害他人。这种实用主义哲学被认为是成人的成熟性特征而不会被贴上不诚实或者虚伪的贬损标志。[1]

## 规范亲社会行为

为了防止孩子的错误行为，你自己的行为必须合乎规范。在孩子乱打家犬之前，家庭教育者就应当教孩子如何爱护宠物。在做示范的时候，成人会说："你看，这就是它喜欢被抚摸的方法，你得很温柔地去做。"

不幸的是，有些不当行为没有能防范住。在这些例子中，重要的是你应当作出建设性的反应。对于所有的幼教工作者来说，示范是最有效的指引工具。虽然示范被视为一种教育技术（见第六章），它也能作为惩罚的一种重要替代。请看下面情境中的一个示范例子。

两个小姑娘正坐在家里的地板上玩得很开心。突然，没有任何明显的理由，两岁

---

[1] Jerome Kagan, *The Nature of the Child* (New York: Basic Books, 1984): 244-245.

的谢尔比冲出去,并推倒了她的妹妹阿曼达。保育员听见阿曼达的头"咚"地一声撞在地板上。阿曼达受到惊吓,就大哭起来。

保育员本能地抓住了谢尔比,并坚决地纠正她。这是个严肃的情况。但是保育员知道,如果以侵犯性来对待侵犯性,只会增加更多的侵犯性。她告诫自己,如果表现得很气愤,将丧失一次非侵犯性教育的机会。保育员将自己的情绪平复下来,冷静地走向两个女孩。她没有假装镇静,她确实体验到冷静的心境。经过了很多实践,只要牢牢记住自己的目标——培育孩子的非侵犯性,她就能够控制自己的情绪。

保育员蹲下来,很安详地同谢尔比说话,同时轻轻地抚摸她。她让动作、语调增加词语的内容:"安静点,谢尔比,安静点,你推倒了阿曼达,弄疼她了。"

她转向阿曼达轻柔地说:"跌倒时你被弄疼了,"她揉揉阿曼达被碰到的头部,然后用言语强调了事实:"是谢尔比推倒你的。"

她又转向谢尔比,轻轻地说:"看看阿曼达哭得多厉害,你弄疼了她。"她用同样的方法抚摸着谢尔比的脑袋。无论是语调还是动作,她都没有一点责备的意思。她只是表明了一个事实,温和地处理这一事端。

保育员把注意力又转向阿曼达,但什么也没说。她安静地同她坐在一起,让自己的冷静帮助这个孩子慢慢地恢复。

很短的时间里,阿曼达安静下来,翻了个身,又匍匐爬行到离她最近的一个鼓,开心地敲打起来。这时,谢尔比走向她,更多的是对自己而不是对保育员说:"当心,别伤着阿曼达!"她的音调同刚才保育员使用的一样温柔,她弯下腰去,在自己妹妹头上深深地吻了一下。

培育礼貌的课。

这个保育员以一种温和的态度来处理侵犯性行为,不是一种本能的反应,而是因为她知道温柔能培养温柔。

本章已经讲述了六种替代惩罚的指导手段,归纳如下:

1. 出局。
2. 让孩子体验行动的后果。
3. 设立界限并强制他们遵守。
4. 纠正不适宜的行为。
5. 教育孩子表达情感。
6. 规范亲社会的行为。

无论如何,有了这些工具还是不够的。早期教育工作者必须知道如何阅读孩子的行为,理解其含义,并知道如何应对(框 5.7 中是处理孩子挑战性行为的更多提示)。现在我们开始转到帮助你理解孩子不适宜行为含义的部分。

---

**框 5.7
提示与技巧**

**棘手的孩子**

来到早期教育项目中的某些孩子行为上具有挑衅性,这些孩子被认为是有特殊的需求。他们也许已经被贴上了"情绪困扰"或者"注意力不能集中"(ADD)或者"多动症"(ADHD)的标签。孩子具有挑衅性行为的例子有:冲动、侵犯性、多动、缺乏自我控制等。有些孩子无法集中注意力。有些孩子缺乏遵守规则、约束自己的能力。重要的是要考虑这些特殊的儿童试图与别人沟通什么,还要努力去了解如何为他们服务。如果教师能够对这些困难儿童的沟通愿望表示理解和作出反应,那么对他们的教育就要容易得多。例如,这些儿童通过击打或者抢夺传达了什么信息:缺乏社交技能吗?急不可耐?受过挫折?过于兴奋?兴奋不足?要引起别人注意?教师或保育者的任务是读懂这类行为,明白它们的含义,对孩子的需求作出反应。如果孩子过于兴奋,就减弱他们的兴奋;如果兴奋不足,那么就增加能丰富环境和能玩耍的材料。他们忽略规则吗?也许规则太严了,或者是太松了。想引起人们的注意吗?那么,就给他关注!如果一个孩子需要关注并利用错误的方法来获得它,显然,这种情形必须得改变。不要因为它是错误的行为就不去理睬、不去取代。希望得到关注的欲望不会因为注意力的转移而消失,它依然存在。教师和保育员必须帮助孩子用可接受的行为替代那些错误的举动。

观察是了解每一个孩子需要些什么和正在做什么的重要方法。其次,孩子与成人之间的温馨关系是与孩子成功相处的一个必不可少的因素。如果孩子认为自己是个坏孩子,那么是很难同他相处的。同样,每次只处理一个行为或者一件事情,而不要试图一次把所有的事情都解决掉。密切关注挑衅性行为即将发生的时间,寻找合适的方法把它阻止在萌芽阶段。例如,不要让那些非常活跃的、难以控制自己的孩子排队,那是给自己找麻烦。如果一个孩子面临许多可能会失去控制的选择,就减少这些选择并改变环境。在自由活动期间,尽可能地离他们近些,这样你既可以关照游戏中的孩子,也可以与其他孩子互动。要确保孩子和其他需要控制的孩子的安

> 全。保护是要务。孩子们需要保护，而这也是成人的工作。出现问题的时候要控制自己的情绪。例如，对一个犯错误孩子发火只会让事情变得更糟。应该客观地旁观，在心中把孩子同他的行为区分开来。无论孩子做了些什么，他都希望被自己的老师接纳。最后，也不要低估了孩子的成长和变化的能力！

## 阐释孩子的行为

行为是一种沟通。它告诉我们孩子的需求。成人必须正确地解读这些信息，将这些信息利用到实践中去。为了帮助你解读出这些行为背后可能的含义，思考以下六个问题。

孩子的基本需求得到满足了吗？　例如，一个四岁的孩子每天十点左右就开始发脾气；万圣节后，孩子们会极度兴奋，感到疲倦；雨天，被关在室内的孩子会烦躁不安。

在以上的案例中，你必须要考虑孩子们的需求是否都得到了满足。例如，那个四岁的孩子是不是在还没到午餐时候就饿了？那么，就应该在九点半的时候喂他点食物，而不是试图让他回到跑道上去，这样他的脾气就不会发作了。同样，创设一个轻松的环境有助于万圣节后的孩子们安静和放松下来。在雨天烦躁不安的例子中，可以创建一个动作区域，以缓解孩子的紧张情绪，尽量减少指令性的、持续不断的教诲。自然，你不可能在任何时间里满足孩子的所有需求，但是你应当意识到在不适宜行为中没有得到满足的需求所起的作用。

环境适合孩子吗？　例如，一个两岁的孩子在学前班教室的每一个角落里都受到了种种限制，乱放拼贴材料、手指蘸上胶水到处乱画、乱扔一些莫名其妙的碎片都是被禁止的。教师整天都要提醒他这些限制并且引导他。问题是这些材料和活动对于他这个年龄并不合适。解决问题的办法应当是找到一个适合他的区域，在那里他能够自在地玩耍，使用一些适合他的器材。

例如，一个五岁的孩子从出生起就处在儿童中心的照料中，学前班的环境很少有适合他需要的挑战。厌烦中，他琢磨出了个会给老师带来麻烦的娱乐方式。

解决这一问题的办法是改造环境，增加新奇感以满足该儿童及类似儿童的发展需求。这种解决问题的方法能够逐步改变孩子的不当行为。

孩子的哭是为了引起人们的注意？　例如，一个孩子吵闹了一上午，只有一会儿的行为是正常的，那时老师问他："乔治，你愿意帮我把这些种子种下去吗？"

不要低估了孩子对注意的渴望，要回应他。要注意孩子是如何利用不适宜行为来唤起成人的关注的。要制订明白无误的方案在那些需要关注的孩子没有犯错的时候就毫不吝啬地给予他们关注。让他们有"入局"的感觉，反之则是"出局"。要留出一部分时间关注那些渴望得到老师更多的注意，而不喜欢大组活动的单个儿童和小群体。

斯坦利·格林斯潘(Stanley Greenspan)把这段时间叫做"地板时间",因为成人同这些儿童都坐在地板上,并不刻意去指导他们什么,仅仅是与他们共同的活动就够了。[1] 孩子的行为是情感上无助的反应吗？ 例如,一个蹒跚学步的孩子无论是受到挫折或者想得到什么东西都会啃咬。

感到无助的孩子迫切想使用自己的力量。在这个例子中,这个孩子使用了他所知道的身体上最强有力的部位(见框5.8)。有几种方法可以帮助这样的孩子：比如教会他们一些技能,传授一些是非标准,鼓励他们学会表达自己,学习一些有助于表达的词语。

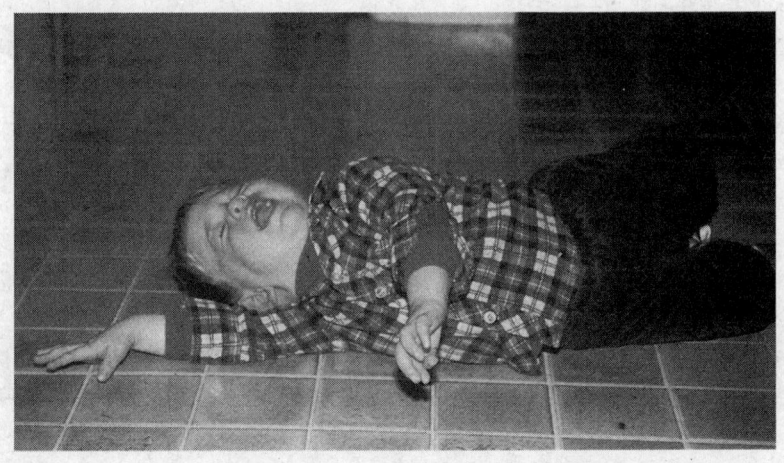

这是真的痛苦还是仅仅为了吸引成人的注意？

### 框5.8 提示与技巧

### 咬人：学步儿童的常见问题

我参观的儿童照料中心的门厅里充斥着哭闹声。"就像短鼻鳄鱼拍打的声音,"正带着我参观的指导员评论说,"这是学步儿童的房间。"对我疑问的神色,她解释说。"我希望鳄鱼们不要再追咬着公主们,"她神秘地添加了一句。

她进一步解释短鼻鳄鱼的含义："我们把蹒跚学步的儿童称做'短鼻鳄鱼',因为他们总是在互相咬啮。"她其实不必告诉我这个,我从经验里早已知道这一点。

学步儿童咬人是因为他们不能很好地表达自己的思想和情感,所以他们利用嘴巴这种更为直截了当的方式获得力量。理解咬啮这种行为比控制这种行为要容易。要阻止咬啮必须在它发生之前,而不是在发生之后。预防是关键词。你一定不会忽视手里拿着一支上了膛手枪的学步儿童,某些满嘴牙的学步儿童就很像一支上了膛的手枪。由于你不能夺下他的牙齿,所以你必须

[1] Stanley Greenspan, "Emotional Development in Infants and Toddlers and the Role of the Caregiver," *A Caregiver's Guide to Social Emotional Growth and Socialization*, ed. J. Ronald Lally (Sacramento: California Department of Education, 1990).

## 第一部分　教学过程导论：幼儿教师的角色

续

防止他咬人。下面有防止咬人的四点提示：

**保持警惕**　一旦两个学步儿童在一起，其中一个是以咬人闻名的，就要密切观察。你必须要防止咬啮事件的发生，直到孩子学会了用其他方式表达愿望和情感，如互相接触和抚摸，满足他们的愿望，寻求注意，具有自信。

**通过选择和提供要求力量和技能的挑战帮助学步儿童体验自己的力量**　满足孩子展现自己力量的需要，而不是否定它。当外力迫使他们认为自己是弱小的、无力的、能力不足的时候，他们展示自己力量的愿望反而开始增长，有时会达到可怕的程度。他们越是感到无助，越是倾向于使用他们身体上最强壮的肌肉——下颚！

**提供道具给孩子象征性地发泄侵略性行为**　玩具短鼻鳄鱼对此非常合适，或者试试那些能够张口"咬啮"，却不会带来伤害的手制木偶。

**教育学步儿童怎样保护自己——防止被咬**　这个提示的意思不是说要教会孩子学会咬人，或者通过互相咬人来决一胜负。解释这个提示的最佳方法是参考我在"鳄鱼和公主"故事中的观点。

公主正在着迷地玩一个黄皮球，其间一只"鳄鱼"一直跟踪着她，这个孩子已经多次咬伤过她。他也许是想要那个黄球，也许是又想尝尝公主柔软的手臂的滋味。他靠近她，嘴张得大大的。但是今非昔比，公主已经用非暴力的自卫本领武装起来了。

首先，她举起一只胳臂，用坚定的语调说："别动！"同时，她从口袋里取出一个塑料牙环。她把牙环穿在手臂上，慢慢地把手臂送到那个张开的大嘴里，"鳄鱼"没有咬到手臂，却咬到了塑料牙环，大吃一惊。

**孩子学会这种行为是因为以前受到过纵容吗？**　例如，喊泰勒进去吃饭，他尖叫着说"不"，跑到另一边去了。老师在他身上花费了相当多的时间，同他谈话、责备他、威胁他，直至最后允诺他可以坐在老师身边吃饭才肯进去。

当这种情景形成了模式，孩子从中学习到，这样的挑衅行为常常会给他们带来特别的关照。改变这种模式的方法是去除这种奖赏。重要的是要理解学习理论的原则。改变非期望行为的最好的办法是在一开始就阻止该类行为的发生。如果在该例中的教师对泰勒不当行为处置的后果有所认识的话，她也许应该考虑用别的方法来让他吃饭。但是太迟了，她先是忽视泰勒的不当行为，却在他后来合作的时候给予奖赏，反而让泰勒得到了错误的经验。这样的教育体系被称做**行为矫正**(behavior modification)。

**孩子能够清楚地认识到自己的行为为什么是不适当的吗？**　例如，迈克正在烤一个玩具饼，不小心弄到了外面，斯蒂法妮正好走过，抓到自己的手里。迈克不乐意了，但斯蒂法妮不理他，抓着饼跑到远远的地方。教师对斯蒂法妮说："你抓着东西跑走了，迈克会不高兴的。他开始气愤了，你看看他的脸！迈克，告诉他你的感觉是什么。"

孩子们必须要知道自己的行为会给别人造成什么影响。早期教育工作者的任务之一就是要通过促进矛盾双方的沟通来帮助孩子们懂得这一点。

如果教师对斯蒂法妮的夺取很反感,试图用强制的方法让斯蒂法妮把玩具还回去会怎样呢?当斯蒂法妮拒绝的时候,教师会发现自己处在进退两难的境地。结局会是个赌注,或者教师拿回玩具饼交给迈克,或者让斯蒂法妮获胜,最终得到这个玩具饼。也许这个教师会回忆起自己童年遭遇的不公正,决定拿回玩具饼并惩罚斯蒂法妮以疗旧伤。

正如你所看见的,重要的是依靠孩子的自我反省和觉悟,而不是使用把成人的判断强加于孩子和惩罚孩子的教育手段。当面对一种容易触发激烈情绪的恶行时,一定要在思想深处问自己两个问题:我是真的想改变这种行为呢,还是更想报复孩子的恶劣行径?我是不是更想赢得这场争执呢?

报复是强烈的动力。有时成人很强烈地想给孩子点"厉害尝尝"或者让他知道"咎由自取"的味道。但是,这种愤怒的情绪对改变孩子的行为只有副作用。

有些成人认为在力量的较量中必须取胜才是赢得孩子尊重的最佳途径。但是要记住,任何时候有胜利者,就有失败者,而失败者必然是孩子。失败会损伤孩子的自尊和自信,也会损害你与孩子建立起来的关系。在与孩子的正面冲突中,重要的是解决问题的态度而不是僵硬的立场。抱着解决问题的目的对孩子和成人都会形成解决问题的良好情绪。在任何冲突中,双赢才是最好的结局。

如果你确实是想改正孩子的不适当行为,而不是把气冲冲的"正义"分配给他们或者把你的意志强加于他们,那么多考虑本章陈述的可替代惩罚的一些措施吧。

要记住在孩子受教育的时期,你是他们的同盟军。你的目标是通过预防或改造问题行为、指导他们发展内在控制力、规范自己的行为以帮助他们完成社会化。

## 小结

规范孩子正确的行为始于对合适行为发展期望值的理解。对不当行为很容易产生惩罚的冲动,但是打屁股和其他形式的惩罚——肉体的和精神的——都会带来愤怒、侮辱、报复、丧失自尊、损害成人—儿童关系等等副作用。早期教育的目的是帮助儿童学会控制自己,同时培育健全的心理。早期教育工作者有六个指导手段可以取代惩罚:出局、后果法、确立界限、指导、表达情感、规范亲社会行为。孩子们的行为是在用他们的方式告诉成人自己的需求是什么。在试图理解不适当行为背后隐藏的信息时有六个问题是必须要考虑的:(1)孩子们的基本需求得到满足了吗?(2)环境适合孩子吗?(3)孩子的行为是为了引起注意吗?(4)孩子的行为是感觉无助的反应吗?(5)孩子学会这样的行为是因为曾经得到过鼓励吗?(6)孩子能清楚地认识到自己的行为是不恰当的吗?

## 自我测试

学习本章后,你能够

第一部分　教学过程导论：幼儿教师的角色

* 给出孩子行为发展中不恰当期望值的一个例子吗？
* 列出打屁股的副作用吗？
* 列出替代体罚的六种方法吗？
* 讨论出局能够起到效果的环境吗？
* 给出一个孩子是如何通过后果学习的例子吗？
* 解释界限与规则的不同之处吗？
* 解释为何孩子需要界限吗？
* 给出一个孩子试探界限的例子吗？
* 阐释如何利用指导来避免身体冲突吗？
* 说出为什么理解孩子的情感是重要的吗？
* 讨论应如何教育孩子以合适的方式表达自己的情感吗？
* 解释"行为就是沟通"这一表述吗？
* 说说应该如何改善环境以防止不当行为的产生？
* 列举六个能帮助你发现不适当行为所隐含的信息的问题吗？
* 解释为什么成人—儿童关系对于教育是重要的吗？

## 需知术语

你可以用下面的多少个词语造句？你知道它们的含义吗？

| | |
|---|---|
| 指导 | 转向 |
| 出局 | 亲社会行为 |
| 界限 | 行为矫正 |

## 深入阅读

Almeida, D. A. (1995, September). Behavior Management and the "Five C's." *Teaching K-8*, 88-89.

Bailey, D. B., & Wolery, M. (1999). *Teaching Infants and Preschoolers with Disabilities*. Upper Saddle River, NJ: Merrill/Prentice-Hall.

Ballenger, C. (1992, Summer). Because You Like Us: The Language of Control. *Harvard Educational Review*, 62.2, 199-208.

Cook, R. E., Tessier, A., & Klein, M. D. (2000). *Adapting Early Childhood Curricula for Children in Inclusive Settings* (5th ed.). Upper Saddle River, NJ: Merrill/Prentice-Hall.

Gartrell, D. (1995, July). Misbehavior or Mistaken Behavior? *Young Children*, 27-34.

Reinsberg, J. (1999, July). Understanding Young Children's Behavior. *Young Children*, 54-56.

Wittmer, D., & Honig, A. S. (1994, July). Encouraging Positive Social Development in Young Children. *Young Children*, 4-12.

## 结尾故事

作为一名教师,我很早就学会了给儿童多些选择,以避免正面的对抗。我会用"如果你想玩这个豚鼠,必须温柔些。如果你想要虐待动物,就同这些长毛绒玩具玩"的说法来取代"不,你不能这样做"。我是个善于给出选择的专家:"你想自己服药,还是我来拿勺子喂你?""你是现在换尿布,还是等你爬过滑梯后再换?""你是自己爬到尿布台上,还是我来抱你上去?"有选择会给孩子自信——可以避开固执的成年人。

这并不意味着我从来不说"不",但我会尽量节约"不",把它留待重要的场合以使它发挥真正的作用。由于知道孩子会模仿成人,我对鸡毛蒜皮的任何小事都说"不"会让学生反过来对我也说"不"。

因为知道示范的作用,所以在我把儿子从幼儿园接回来的那天就不会吃惊。他爬到汽车座位上,等我给他系上安全带,然后眼睛直视着我,用类似我的那种语气说:"妈妈,你有两种选择:或者带我去你朋友家玩,或者带我去商店买个玩具。"直接回家不是给我的选择,幸运的是,他给出的选择里有一个是我可以接受的,于是我带他去拜访了一个朋友的家。

我开始思考这个事件,并且为我儿子行为里的那种控制欲感到烦恼。对那种被迫选择真的感觉不一样,我不喜欢被人控制!但随即我想可以从不同的角度来看待这个插曲:首先,作为开放性谈话的方式,我应该对孩子给我两个选择表示尊重。其次,如果这两个选择我一个也不能接受,我可以提出更多的选择,我们可以反复协商,直至达成一致。

## 下章导读

下一章将讨论环境对于孩子的重要性。因为孩子很容易模仿周围的成年人,我们要关注成人的示范作用对孩子施加影响的多种途径。第六章将探讨早期教育工作者的模范行为对孩子增强非暴力行为、自尊、公平和学习的正确态度的影响途径。该章结尾部分关注家庭教育提供者用自己的学习技能配合孩子的兴趣和能力来创设"安全课程"。

第一部分　教学过程导论：幼儿教师的角色

# 第六章
## 教师作为榜样

树立非暴力解决问题的榜样
　　获取信息
　　认识可供选择的方法
　　考虑后果
　　暴力的多重根源

树立自尊的榜样
　　示范美德
　　示范力量
　　示范重要性
　　示范能力
　　示范平等

树立学习的榜样
　　观察的重要性
　　创设自然课程

小结
自我测试
需知术语
深入阅读
结尾故事
下章导读

## 在这一章里你将了解：

* 青少年暴力在学前阶段有着怎样的根源。
* 成人如何能帮助儿童发现冲突中除攻击之外的选择。
* 如何帮助低龄儿童考虑到攻击性行为的后果。
* 成人的自尊怎样影响儿童的自尊。
* 自尊的四个方面。
* "反偏见关注"意味着什么。
* 成人的行为给予儿童性别歧视信息的实例。
* 为什么教师也需要成为学习者。
* 为什么观察是早期教育工作者的一项重要技能。
* 什么是"自然课程"。

如前所述，一些教育者认为，我们所教授的正是我们自己。此论点与"模仿"构成了本章的主题。

模仿是儿童学习的方式之一，他们常复制成人的行为。不论是否意识到，成人无时无刻都为儿童所模仿。有意识地将**树立榜样**（modeling）作为教育方法，这是影响儿童行为的一种最有效途径。问题是榜样的影响不能随意"打开"和"关闭"，我们的行为总起着教育作用，哪怕是在树立坏榜样的时候。

作为一名早期教育专业的学生，必须认识到自己行为的重要性之所在。如果对着一群孩子吼叫让他们保持安静，他们可能会更大声。如果给孩子们讲授分享，但不与他们一起分享你自己所拥有的东西，则你所讲授的内容给予他们的影响要小于你的行为。[1]

你所做的比所说的传达出更为强烈的信息。这也是为何说教对孩子不太起作用的原因。因此，用行动——通过树立榜样来支持你所说的，是非常重要的。

想到始终有如此多双眼睛看着，任何人都有可能产生完美主义者的倾向。完美主义，或担心犯错误，可能会造成某种压力，进而影响作决定。早期教育研究者莉莲·凯茨（Lilian Katz）将这一情形称为"分析瘫痪"。[2] 当然，与儿童在一起的时候，我们愿意展示自己最好的行为，但我们是普通人，不是圣人，偶尔也会犯错。即便犯了错误，

---

〔1〕 写下这段文字的时候，我想到了：儿童保育工作者和幼儿教师经常违背其分享的要求，在一些活动情境中，成人所有并运用的物品通常不适合与孩子一起分享。例如，锋利的剪刀，是不得不让孩子们远离的东西，而且教师也不允许孩子将其私人物品拿来玩耍。因此，当你有意定期请孩子们分享你的私有物品时，如何来构建贴近现实的分享课程是值得思考的。一旦失掉了机会，你便有可能无法为分享树立一个好的榜样。

〔2〕 Lilian G. Katz, *Talks with Teachers* (Washington, DC: NAEYC, 1997). (译者注：该词意指分析过多，难以作出决定。)

第一部分 教学过程导论：幼儿教师的角色

我们作为榜样，要向儿童展示如何对不完美的行为作出回应。当我们向儿童展示如何热爱并原谅自己人性的弱点时，也就为他们树立了一个好的榜样。

本章探讨了成人通过树立榜样影响儿童的多种方式，以及美德、力量、重要性和能力等各领域中自尊的发展。我们还将审视成人如何通过树立榜样来传达有关尊重和重视多样性的信息。最后，本章探讨了作为榜样的成人自己如何成为学习者。在本章开始，我们来看看树立非暴力解决问题的榜样的一些方法。

## 树立非暴力解决问题的榜样

当今美国日益增长的暴力受到了所有人的关注，因此，我们近距离地审视早期教育实践者在防止暴力方面的角色非常重要。暴力倾向始于童年早期：对攻击性的学前儿童来说，如果没有人教给他们建设性的、和平的处理冲突的方法，他们便有成为暴力的青少年的危险。为了教给孩子固执与攻击性的区别，儿童照料者与教师自己必须树立用非暴力的方法解决问题的榜样。

当儿童表现出攻击性行为的时候，许多成人倾向于以同样暴力或更暴力的方式加以干预。他们展现出的不是温和及镇静，而是生气和言语上的责备，有时甚至是身体上的惩罚（第五章已探讨过"树立好的榜样"这一主题，另一个案例见框6.1）。

### 框6.1 提示与技巧

#### 儿童是脆弱的

一名男童照料者试图让他不要在大街上乱跑，结果造成了男孩的肘关节脱臼。这并非任何人的错。照料者尽力保护孩子，但当她抓住男孩的胳膊，猛拉他背部的时候，肌肉之间的腱支持不住了。她没想到会发生这种事，因此感到很恐惧。

儿童是脆弱的，会因粗暴的对待而受到伤害。摇动婴幼儿，哪怕是轻微地摇晃，都可能导致脑损伤。因为孩子的头部来回晃动时，其肌肉还未强壮到有足够的力量来支配头部的重量。

很难把握既坚定又温和的概念。有时，我们不得不坚强和顽强，但从来没有必要粗暴。一些粗暴对待孩子的成人也对自己粗暴。他们仍不了解，学习温和地对待自己是温和地对待孩子的第一步。温和地对待孩子非常重要。毕竟，我们希望他们学会温和，但如果他们的榜样是粗暴的，则他们如何能够学会温和呢？

暴力始于童年早期。尽管我们还不能将其贴上暴力的标签，但演变为成熟、有害的青少年暴力的根源通常在于学前阶段。低龄儿童未学会解决问题的技能，因而诉诸于暴力策略。如果他们想要玩具，会从他人手中抢夺。如果偶然碰伤，则会用力地推挤冒犯者。

尽管这些行为最终可能转化成暴力，但抢夺、推挤甚至碰撞对低龄儿童来说非常正常。儿童表现出这些行为并非坏事，他们只是需要帮助，找到其他方式来解决问题并表达情感。

在暴力的青少年身上，研究发现了三种源于童年早期的思维模式。在冲突中他们会：(1) 忽视获取信息；(2) 对如何就冲突作出回应的视野较为狭窄；(3) 不能考虑自己行为的后果。上述模式也出现在低龄儿童身上。至于这些模式是否会变得根深蒂固，则取决于童年早期的经验。让我们来看看成人能够树立行为榜样以取代那些有缺陷的思维方式的方法。

## 获取信息

暴力的青少年忽视获取有关冲突中究竟发生了什么的信息，他们采取"行动第一，询问第二"的方法。他们很少给任何人以怀疑的好处，更愿意将每个人视为潜在的对手。这种思维习惯很早便开始了。例如，学前儿童将偶然的碰撞当做他人有意的冒犯。尽力使他们信服不

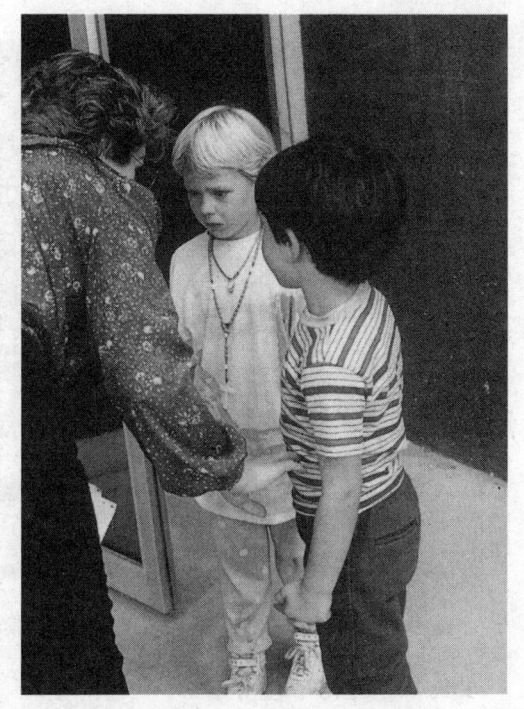

这位老师正在示范解决问题的办法。这个办法比他们用武力争夺更好。

会起作用。所以，树立获取信息的榜样便显得尤为重要。

在下述实例中，教师便没有获得相关信息，不懂得如何帮助儿童解决其冲突：一个孩子叫喊着："他推我！"教师快速赶到现场。虽然没有看到发生的一切，但她相信"原告"并站到了他的一边。对着"冒犯者"，教师严厉地说："不能推别的小朋友！这是很不好的。其他小朋友不喜欢这样！如果你再推他，就要罚你站到一边。"

上述方法没有针对究竟发生了什么，孩子对这一情形有何感受，感受背后的内容，或尖叫之前所发生的一切来处理问题。孩子们也未获得有助于他们防止类似情形再度发生的支持。

下面，我们来看一个与之形成对比的例子：教师看到了推挤的一幕，迅速作为信息获取者走了过去。她没有询问孩子而是将自己看到的一切转化成了话语。

教师：尼克，你刚才似乎推了杰拉德。
尼克：是的，我推了他。看看他对我都做了些什么呀。
尼克伸出胳膊，上面有红色的痕迹。教师转向杰拉德，想听听他有什么

第一部分 教学过程导论：幼儿教师的角色

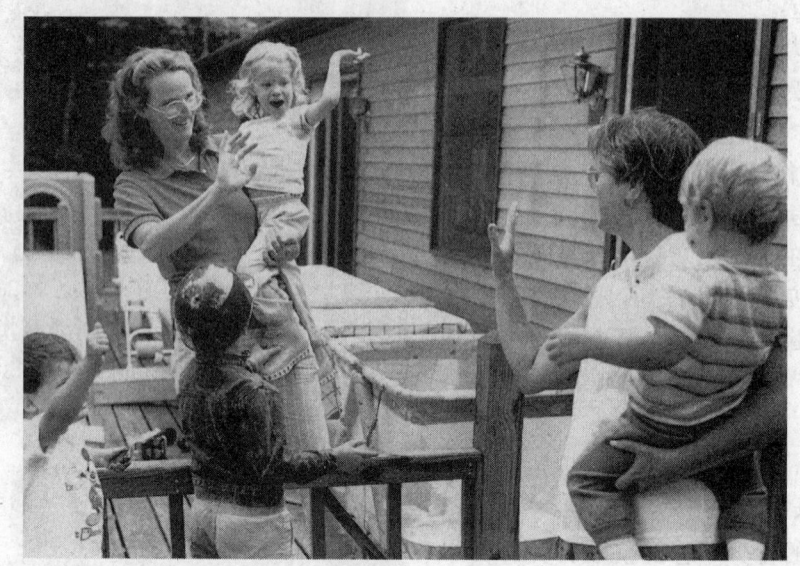

在孩子还不能自己解决问题时，有时需要成人把他们分开。

要说的。她耐心地等着。

杰拉德：好了，我不是有意的。你正好挡住我，我没有看见。

尼克：你为什么不看啊？

杰拉德沉默了，没有任何解释。于是，教师帮助继续谈话，以获得更多的有关所发生一切的信息。

教师：于是你就撞了尼克？

杰拉德：（从容地说）嗯，我用一块积木撞了他。

教师：用积木……

杰拉德：（演示）我这样拿着积木。

教师：撞了尼克……

杰拉德：但真不是故意的。

尼克：是故意的，我敢打赌。

教师：（面向尼克）被积木撞了胳膊，你感到很生气。

尼克：是的。

教师：于是你推了杰拉德。

尼克：是的。

教师：我在想，除了推杰拉德，你还有其他的方式让他知道你被积木撞到胳膊后有什么样的感受。

杰拉德：他可以告诉我他很生气。
尼克：但他把我弄伤了。
教师：你受伤了……
杰拉德：我真不是故意要伤害你的，尼克。
尼克：好吧，下次注意点。

快速作出决定，以自己的方式来解决问题非常吸引人，但它不如下述方法奏效：了解整件事情的来龙去脉，发现每个儿童的立场。让事件的当事人双方说明情况，你便示范了一种获取信息、解决问题的方法，儿童最终也会采取此种方法来代替仓促决定的习惯。

当难题出现后，帮助儿童学习通过获得更多的信息来澄清事件必须当场完成。如果"说明情况"在争斗开始之前就已发生，则上述方法会更加有效。虽然当场尽可能早地防止攻击需要细心的监督和指导，但这样做是值得的。即使无法尽快赶到现场，而且争论已演变成身体上的打斗，在你阻止了愤怒的双方相互伤害后，将问题解决仍是非常重要的。

## 认识可供选择的方法

在冲突中，如何对问题作出回应，一些儿童的视野比较狭隘。他们只能看到一种方法，即身体上的攻击。

当成人面对冲突时表现出身体上的攻击，如从一个孩子那里把他从其他孩子处抢夺来的玩具再抢回来，他们便示范了正在试图避免的同样的攻击。一旦你有了可供选择的想法，便能通过"我想知道，如果他有玩具，你又希望得到的话，你该怎么做"等话语来帮助孩子。让我们看看下述玩具争夺情境中，教师鼓励孩子思考攻击之外的选择性方法。

哈蕾正在沙箱里玩玩具卡车，布莱克将卡车夺了过去。哈蕾迅速起身试图把卡车夺回来。布莱克将它扔到了围墙之外。哈蕾尖叫着，向布莱克扑过去。教师来到现场，既坚定又温和地将他俩分开，站到了他们的中间。布莱克试图离开，教师抓住了他的手。

一开始，教师解释他所看到的一切——两个生气的孩子。他阐述了事实，未进行任何阐释或判断。布莱克和哈蕾立刻开始谈论，解释起各自的立场。

教师：等等，我没有理解你说的。（转向哈蕾）这里发生了什么？
哈蕾：（哭诉）他抢走了我的卡车。
教师：告诉布莱克你的感受。

第一部分　教学过程导论：幼儿教师的角色

哈蕾：(尖叫)你抢了我的卡车，我要打你。
教师：(以镇静、理解的嗓音)被布莱克拿走卡车，你感到非常生气。
布莱克：卡车又不是你的！
哈蕾：(尖叫)老师……
教师：和他谈谈。
哈蕾：(以威胁的语调说)把卡车还给我！
布莱克：不。
教师：你们两个都想要卡车。

教师坐了下来，温和地牵起两个孩子的手。原先他站在两个孩子中间，现在则让孩子面对面。"我想知道，你们如何能够解决这一问题，"他说道并等待。

随后，孩子们对问题进行了重新定义——现在谁也没有卡车了。他们讨论了自己的感受，以及该怎么做。整个过程中，教师更多的是倾听而不是谈论，而且保持平静和非攻击性，从而为孩子树立了镇定面对冲突的榜样。

最后，两名孩子逐渐试探性地理解各自的感受，开始找寻解决的方法。第一个问题是，如何让卡车回到游戏场地。当然，这需要教师的参与，因为两个孩子都无法离开游戏场地。对此，教师说，等他们解决导致先前冲突的问题，他会帮忙将卡车找回来。

在教师的帮助下，两名孩子开始详尽讨论解决的方法。最后，三个人决定哈蕾获得卡车，因为她当时正在玩卡车，但布莱克对这样的决定不太高兴。他也想玩。于是他们继续自由讨论。另一辆卡车会起作用吗？轮流玩会起作用吗？教师不断询问，"你们如何解决这一问题？"最后，孩子们同意轮流玩卡车。教师给邻居家打了一个电话，邻居同意隔着围墙将卡车退还回来。

解决问题似乎花了比预想要长的时间。的确，和儿童一起解决问题最初要花费很多时间，但花费如此多的时间是很值得的。当他们能更好地解决自己的问题，直至不再需要教师帮助解决每个争论，回报便一点一点地获得了。[1]

为了提高儿童解决问题的技巧，教师不要列出一系列解决的方法，而是鼓励他们自己去找寻方法。如果他们不能想出一种建设性的解决方案，则坚持询问："你能怎样解决问题？"起初，儿童可能会觉得你在质问他们，而且你肯定拥有一些正确的答案；他们可能会用沉默来回应其所认为的"成人游戏"。然而，如果你不断鼓励他们提出自己的方法，儿童最终会有所领会。记住，询问"你能怎样解决问题"后，

---

[1] 一些教师可能会抱怨，不可能花费如此多的时间来解决一个问题，因为其他的孩子也需要管理。他们的抱怨，正是调整师幼比例、为儿童照料和早期项目提供更多财政支持所争论的中心。对我们所有关注通过低龄儿童的教育来消除成人暴力的人而言，我们必须拥有资源，只有拥有了财政和人力方面的资源，我们才能向低龄儿童教授非暴力的方法。你所读到的情形，便是一种虽费时但很有效的教授这些课程的方式。

保持安静非常重要。[1]

一些教师培训者认为不应提供任何解决方法，但根据我的经验，提出建议不会对鼓励儿童思考问题造成妨害；不过，我建议在沉默期之后这样做，以给他们一个回应想法的机会。沉默如何创造出一个需要填充的"真空吸尘器"，乃是非常有趣的。

在小组活动中预演解决问题同样很有帮助。针对假想或真实的问题，讨论解决敌对行为的选择性方法，以及每种方法的后果。根据你和儿童对每种解决方法的接受程度来展开讨论；对儿童的创造性想法，你应持开放的态度，同时，也要指出不适当或非建设性的解决方法。在一个不易感情用事的情境下预演，有助于儿童以非攻击的方式对真实的冲突作出回应。

在冲突中，教师说话的语气尤为重要。语气首先要坚定，以便让儿童知道你在说"我不希望你伤害他人或伤害你自己"时的含义。话语中还应传达出共情："我知道你有多想要那辆玩具卡车，你不喜欢他抢走你正在玩的卡车。"你必须表现出一种解决问题的态度："除了抢夺或撞人，你还可以怎么做？"最后，你必须坚持不懈、耐心等待，让儿童自己提出解决问题的方法，在其所提的各种方法不能奏效时，你应坚持让他们回到谈判桌上。"我想你们可以尝试其他的方法"则是你需要经常重复的一句话。

## 考虑后果

有暴力倾向的儿童在行动之前通常不考虑后果。通过平静的对话，你能帮助儿童理解其行为的影响。让我们再来看看布莱克和哈蕾的冲突。对于他们的冲突，教师没有进行说教，而是将其行为与后果联系起来："你拿走了哈蕾的卡车，她非常生气，现在你们没法一起玩了。你把卡车扔到了围墙外面，现在没有卡车了。"

做到不训斥是很难的；只需要记住，一两句话就足够了。当然，绝对不要说"我告诉你"之类的话。因为没有哪个孩子（和成人）喜欢被懂得比他多的人来告诉自己该怎么做。这类话语会让孩子觉得自卑，也会让那些容易失去解决问题的信心的人感到自卑。

有两种方法可以奏效。一种方法是，帮助儿童提前理解攻击性行为的后果。这种方法可称为**前馈控制**（feedforward）。当然，它只能在下列情形下发挥作用，即某情境中的所有成人对攻击都持有一种零容忍的态度。如果监管不严并缺乏一致性，儿童会习得，只要其攻击性行为不被成人发现，他们便可以得到想得到的东西，这样，其攻击性行为可能增加。

为了在攻击发生之前详细说明问题，成人必须保持警惕，预料到问题，在冲突酝酿

---

[1] 我第一次发现这种方法，是儿童治疗师、婴幼儿专家玛格达·格伯在一个项目，即现在的"婴儿抚育者资源"（RIE）中展示了此方法。之后，我运用了此方法，并不断发现其实际的效果。如果你说服孩子面对问题，他们或者会对问题感到厌烦，或者会找到解决问题的方法。就连学步儿童也能处理。

时迅速赶到现场。随后,成人可以帮助儿童分析其针对他人的敌对行为可能造成的影响。使儿童明白远见卓识可以避免问题非常重要。

第二种方法是,在不会引发进一步攻击的前提下,让儿童直接体验其行为的后果。布莱克获得的教训是,当他将玩具卡车扔到围墙外之后,他便不能玩卡车了。如果邻居正好不在家或拒绝归还玩具卡车,他可能会获得更多的教训。

### 暴力的多重根源

成人的示范和技巧性的干预有助于教授儿童面对冲突的非暴力方法。不幸的是,其他一些因素,如儿童在家里、大街上或电视节目中看到的各种暴力行为,与他们的所学相互抵消。同样,一些原本是虐待行为受害者的儿童,会体验到一种远比课堂上展现出来的要强烈的树立榜样的影响,长大后,他们自己也可能成为儿童虐待的作恶者。

还没有任何方法来解决我们国家日益增长的暴力。如果我们希望生活在一个和平的社会,我们就必须采取多种方法。最初的方法便是,在童年早期的项目中,有效示范非暴力解决问题的技巧。

本小节我们会近距离地审视作为暴力根源的三种思维模式:(1)在冲突中获取信息失败;(2)对如何就冲突作出回应的视野较为狭窄;(3)不能考虑自己攻击行为的后果。一旦我们承认,暴力行为是作为一种处理问题的方式始于早期阶段,我们便能看到自己的工作在帮助儿童创设一个非暴力的未来社会的重要性。如果我们不为儿童示范解决问题的多种可供选择的方式,他们将会继续运用在其童年期自然产生的攻击性方式。

暴力的另一个因素是低自尊。此时,需强调的仍是树立榜样的影响尤为有效。本节的第二个部分将仔细分析自尊的四个方面:美德、力量、重要性和能力。

### 树立自尊的榜样

尽管有越来越多的书籍和文献提出如何来提高儿童的自尊,但它们仍忽略了论述成人的自尊程度如何影响儿童的自尊程度。自尊低的成人为儿童树立了不好的榜样。

什么是不好的榜样?是指作为一名幼儿教师就意味着从不犯错误吗?当然不是,这是对教师要求过高甚至让他们去当超人。因此,我们不希望儿童拥有其不可能实践的榜样。

我们每个人都有缺点和不足,也会犯错误。问题的关键是,你如何接受自己的缺点,为儿童树立一个活生生的榜样。你接受自己,或对自己过于苛刻吗?你原谅自己的错误,并考虑如何解决吗?对于这些问题的回答,即能为你看待自己的自尊水平,以

在电视或者街上看到的暴力行为对孩子来说是可能更为强权的模式,也许会削弱老师提供的行为模式。

及你为儿童树立了何种类型的榜样提供某种线索。

拥有较高自尊且自尊发挥了有效作用的成人,树立了态度和行为方面的榜样,从而有助于儿童的成功及其自尊程度。俗话说,你不能给予孩子你所没有的,这对我们谈论自尊颇有启发。可是,如果你阅读完本节后觉得自己是一个自尊低的人,千万别放弃。大部分人在怀疑自己时,便经历了某些阶段。事实上,你阅读本书,就表示你正努力提升自己。自我提升能推动自尊。与此相关的书籍成千上万,你可以在当地的书店或图书馆查阅。

接下来的部分探讨了自尊的四个方面以及你如何塑造它们。这四个要素来自研究自尊的权威学者斯坦利·库珀史密斯(Stanley Coopersmith)的著作(见框 6.2)。1967 年,他撰写了名为《自尊的前提》(*The Antecedents of Self-Esteem*)的经典著作,这也是他系列著述中的第一本。[1]

---

[1] Stanley Coopersmith, *The Antecedents of Self-Esteem* (San Francisco: Freeman, 1967). Other researchers share Coopersmith's ideas but employ different words. Susan Harter, for example, uses the words *acceptance*, *power and control*, *moral virtue*, *and competence* in "Developmental Perspectives on the Self-System," *Handbook of Child Psychology*, ed. E. Mavis Hetherington, 4th ed., Vol. 1 (New York: Wiley, 1983) 275-386.

## 框 6.2 多棱镜

### 自尊的维度

在《自尊的前提》一书中，斯坦利·库珀史密斯将自尊分为四个要素，以下是四个要素的列表以及每一要素的描述。

- 美德：依据特定的标准或道德法则，或依据个人自己的标准和道德观念，做正确的事情。
- 力量：一种有关个人拥有能力过自己的生活、满足不同的需要、能正常生活的情感，一种有关个人有能力影响他人的情感。
- 重要性：一种被生活中的重要他人热爱并关心的情感。
- 能力：有能力取得成功，尤其是在个人关注的领域。

### 示范美德

在教科书上，"美德"已是一个过时的词语。该词引发了其他一些概念，如正直、品德、诚实、品质、正派、值得尊重的品格，所有这些概念皆与"表现良好"相关。但表现良好究竟有何意义？

考虑以下情形：教师手头上有一些红纸，她正在筹划情人节的计划。这些纸卷放在柜子上面。一名正将彩纸剪成碎片的孩子需要些红纸，因为桌上没有红纸。教师觉得不好拒绝孩子的愿望，但又不想拿出那些特殊的纸张。她担心其他的孩子也会要红纸，这样的话，自己所设想的计划便没有足够的红纸使用。结果，她没有告诉孩子事情的真相，也没有处理可能的问题，而是假装没有任何红纸。当然，这并非什么大的谎话，但会带来意外的后果。如果孩子们意识到了教师的谎言，想想她树立了什么样的榜样。

另一个情形涉及到诚实。孩子们正在进行图书馆的实地考察旅行。在书架上的一本书中，一个孩子发现了 20 美元的纸钞。她把钱放在手里，跑到老师那里，说："看看我发现了什么！"教师从她手里接过了钱。接下来，教师会做些什么呢？以下是三种可能性：

- 她将钱连同那孩子的家庭住址及其母亲的名字交给了图书管理员，并请求图书管理员，如果无人认领，则将钱寄给孩子。
- 她将钱放到了自己的口袋，再也没有提起。
- 她将钱给了孩子的母亲，没有向图书管理员提起。

这三种反应向那位捡钱的孩子、其他旁观的孩子分别传达了什么样的信息？请认真地思考。

以下是另一种情形，涉及根据法律来做正确的事情。一名教师和一组五岁的幼儿正在散步。他们想要穿过街道，近距离观看一棵有着美丽彩色树叶的大树。教师仔细看了看街道，发现没有汽车驶过来。但离那里一个街区远的地方，就是一个有红绿灯信号的人行横道。如果教师没有选择穿越人行横道过马路，他会给这些正在学习"法律的制定是为了保障其安全"的孩子什么样的信息？

尽管偶尔采用便捷或简单的方式走出某个困境很吸引人，但对你而言，总选择做正确的事情非常重要。自尊在某种程度上取决于你将自己看做是有德行的。当你关注自己的正直时，便为孩子们树立了一个良好的榜样，这不仅关系到他们的正直，也因此关系到他们的自尊。

## 示范力量

自尊的第二个要素是力量。在我作为未来教师接受培训时，我从未听过"力量"这个词，但在生活的许多领域我们都能体验到力量。首先我要解释两种有关力量的观点。大部分人所想到的力量类型，我们可以称为"统治力量"，它赋予某个人以超越他人或他事的力量，换句话说，它与控制有关。例如，独裁者便拥有这样的力量。如果这是"力量"一词唯一的含义，那么，虚弱、温和的人们肯定没有力量。

但有另一种类型的力量——这种力量来自我们每个人的内心，它使我们过自己的生活，使我们的需要得到满足，促使我们正常生活。这类力量我们称之为"个人力量"，它与支配或控制他人无关。英语中的"力量"一词来自拉丁语"poder"，意思是"能够"。

统治力量不同于个人力量，正如挑衅不同于武断。一个人实施挑衅或攻击时，他完全不考虑其他人。相比之下，一个武断的人支持他的需要，且在认可并尊重他人需要的前提下表达自己的需要和愿望。

你需要清楚儿童从你身上学到了哪类力量。如果你有严重的控制欲并控制他们，你便展现了统治力量。即便你以仁慈的方式来支配孩子，你所展示出来的仍是对他人的统治。

对控制的讨论把我们带回了运用表扬来操纵孩子的问题。考虑以下情形：早期教育者尽力引导小组活动时间，可是，虽然他努力让孩子们专心并安静下来，但他们仍无法安静。对此，她感到挫败并紧张起来，最后采取了控制手段。她用伪装的甜蜜声音说道："我喜欢耶西安静地坐着并聆听的方式。耶西，你真是一个好听众！"

这里，教师的首要目的不是表扬耶西，而是支配其他的孩子能够安静下来并聆听。教师的企图不诚实也不值得尊重。请记住，如果你尊重儿童及其需要，同时，你也要尊重自己以及自己的需要，此时，你所展现的是个人力量。

你可能会问，在与儿童一起工作时，早期教育工作者应满足自己的需要吗？如果满足自己需要的话，是否表示缺乏专业主义？第一个问题的答案为"是"，第二个问题的答案是"不"。作为一名早期教育工作者，需要的是一种特殊的、不同于其他专业人员的职业行为。医生和律师能够掌控自己的需要。例如，医生不会中断对某位病人的检查而去盥洗室，律师不会在法庭上用午餐。这些专业人员会在不工作的时候满足上述需要。其当事人不需要知道他们何时用餐、沐浴、洗手或休息。这些都不是他们专业性的组成部分。

第一部分　教学过程导论：幼儿教师的角色

教导孩子们怎么过马路，遵守交通规则，就是在教育他们遵守法律。

　　然而，作为一名早期教育专业人员，你自己就是儿童的榜样。其中包括你长时间的持续工作。在午餐时间，你给孩子们喂食或进行服务。当你忙于帮助他们使用卫生间的时候，你便不能照顾到自己去盥洗室的需要，但得注意不要忽略自己。让孩子们明白，所谓"专业"，是留意他们需要的同时，理解并满足你自己需要的重要性，这是你的首要责任。

　　一日当中，你可能拥有自己时间的阶段是午睡时分。但在婴幼儿项目中，婴孩通常有个人化的时间表，因此，本质上不存在小睡的时间。在混龄小组中，一些孩子想睡觉的时候，其他一些孩子可能仍觉得精力充沛。即使是在同龄小组中，任何可预知的时间里，也不是所有的孩子都去睡觉或正睡觉。当然，如果你在幼儿园、初级或学龄儿童照料中心工作，则没有小睡时间。一天中，你得找出其他时间来照顾自己。

　　虽然难以为自己找到机会，但你不要总将自己的需要置于最后，这也非常重要。平衡需要是一生都需要做的，也是儿童必须了解的。应该由你教给他们。

　　发展出良好的个人力量感，对与他人的互动感到自信的成人是儿童学习的良好榜样。譬如，在一次前往消防队的实地考察旅行中，一名消防队员不断讲述"回应时期"。教师在感受到孩子们对此正失去兴趣后，打断了消防员的谈话说道："抱歉，我们的时

第六章 教师作为榜样

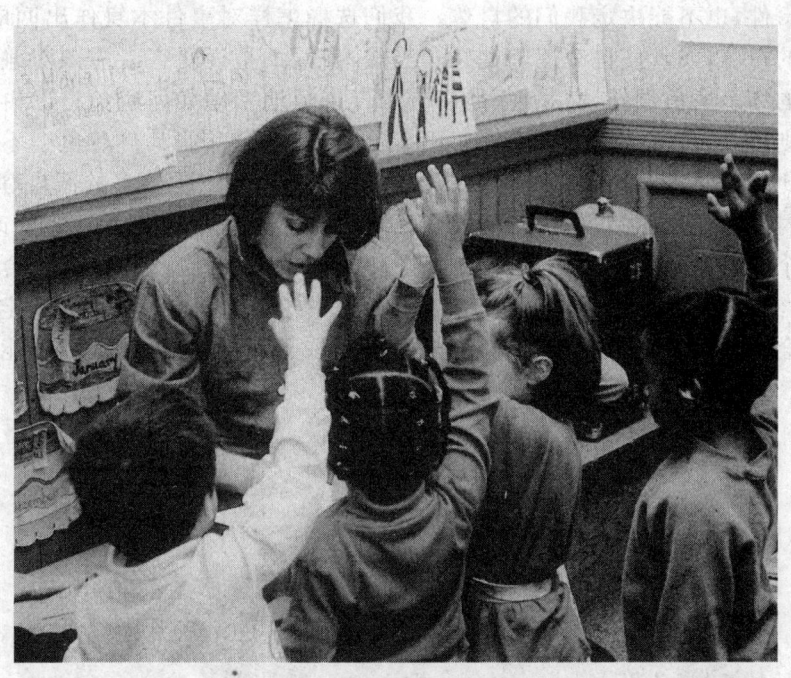

教育年幼的儿童就是对他们提要求的工作。

间可能不够了,离开之前,孩子们希望好好看看你的帽子。"在这一实例中,教师以建设性的方式,在尊重消防员感受的同时,恢复了孩子们的兴趣。

我们已经探究了早期教育工作者运用脚手架的方法鼓励儿童解决自己的问题,并由此发展个人力量。当儿童在探索世界、他人及其自己的过程中获得支持时,他们能不断体验到自己的个人力量。因此,成人要做的不是压制儿童,而是帮助他们澄清其需求、需要和倾向。通过支持他们在有困难时找到解决方法,成人还教给儿童尊重他人,以及在适当的时候要坚持己见。

## 示范重要性

库珀史密斯及其追随者将"重要性"作为自尊的第三个层面,它是一种与我们被爱和被关心有关的情感。它还与个人力量相关,因为我们越以健康的方式关爱自己,其他人就越可能关心我们。

对我们每个人而言,理解自己能够在自我发展过程中发挥作用是非常重要的。在个体自尊的发展过程中,我们每个人也是积极的参与者。如果我们感受不到爱,则需要仔细思考怎样做才能获得更多的爱。也许,我们可以付出更多的爱,这样,他人回报的爱也会更多。

对于自己的自尊,我们每个人都有责任。没有人会将它赠送给我们。即便是生活中的各种事件,也不能决定我们的自尊。我们选择怎样对事件本身作出回应,或者建立起我们的自尊,或者使自尊逐渐丧失。当然,我并不是说受害者应该对碰巧发生在他们身上的坏事情负责任,而是说,他们有责任谨慎地考虑如何避免自己再次成为受害者。否则,他们在接下来的有生之年仍会不断成为受害者,其自尊也会不断受到伤害。这好比恶性循环——低自尊导致受害,成为受害者又产生更多的低自尊。被人解救可以暂时奏效,但要想获得永久的改变,则受害者不得不作出某些决定来改变事情。

为了个体自尊的责任观不仅能用于成人,也可以用于儿童。你不能给予儿童自尊,但可以给他们机会,让他们对自己感觉良好——然而,不能保证他们一定会充分利用这些机会。你可以告诉某个孩子,甚至向某个孩子表示他很可爱,但不能强迫他接受这些爱。

对年幼的孩子多给予情感的奖励。

在与他人每天的互动中,儿童逐渐感受到自己的重要性。对教师来说,让一个孩子增加这种重要性的情感有多种方式,可以尊重他,适当关心他,以及帮助他建立起与其他孩子健康的依恋关系。至于孩子选择怎样接受教师所给予的,便完全是他自己的决定了。

当成人表现出他们觉得自己很重要时,便为儿童树立了良好的榜样。幼儿教师向儿童示范重要性有两种最佳方式,一种方式是为作为一名早期教育工作者而感到骄傲,另一种方式是在工作中尊重并关心同事。[1]

---

〔1〕 由于社会的态度,早期教育工作者难以在其职业中表现出骄傲和自豪。儿童照料这一职业,不仅薪酬偏低,还被人轻视,因此,相关从业人员更应努力来支持重要性这一情感。他们需要提醒自己是有价值的早期教育专业人员团队。正如爱荷华州立大学的助理教授林恩·格雷厄姆所说:"未来近在咫尺。"如果所有的早期教育工作者能时刻记住这一点,那么,自我尊重和有关重要性的情感自然会随之而来。

需要注意的是：有时候，自我尊重这一概念会妨碍从他人那里获得重要性。我们承认，一些人之所以被早期教育领域吸引，是因为与儿童一起工作增加了他们有关重要性的情感。享受与儿童一起工作带来的情感上的回报没有任何不对之处，而且这正是作为一名早期教育工作者最好的一个方面。早上，孩子们陆续来到教室，给教师一个大大的拥抱时，感觉真是棒极了。一天结束，有些孩子不愿和父母回家，教师也会感到有所回报。但将孩子的这一行为理解为爱的表达的教师，可能看不到他们为什么不想离园：他可能不习惯不停地换地方，可能对父母离开他一整天感到生气，或者游戏正玩到兴头上。

无论如何，对一名早期教育工作者而言，认真考虑自己从与儿童的关系中获得了多少重要性非常重要。例如，一名休假返回班级的教师，对其休假期间班级一切正常感到失望，这说明，这名教师过于依赖工作，将其作为自尊的重要来源。作为教师，利用儿童来满足自己感到被爱这一需要，乃是对儿童的伤害。在早期教育项目之外，教师拥有社会和情感生活，能够平衡他们在照料过程中与儿童建立起来的关系，这一点非常重要。

## 示范能力

自尊的第四个要素是能力。讨论能力引发了许多问题。如果我将自己看做是一个没有能力的人怎么办？能力究竟有何含义？如果由像我这样缺乏能力的人照看孩子，他们的能力会怎样？

记住，你为自己的自尊担负着责任，你能够作出选择，包括你对自己的能力水平有何感受，以及该怎么做？ 表面上看，能力似乎是最不公平的东西。一些人天生能力较强，他们似乎有比他人更多的头脑、技能和才能。但这种不平等，乃是某一价值体系认为特定的技能和才能比其他的技能和才能更重要的结果。

在学前教育中，一名四岁的男孩能自学阅读是一个奇迹，而他正攻读博士学位的老师于是成了同事羡慕妒忌的对象。一名七岁女孩展示出了不凡的数学技能，让老师无比兴奋，因此对她的关注远多于那位展现出了超级社交技能的孩子。天才小画家会因其创造性获得一些关注，但这种关注可能要少于拥有学习天分的孩子。早期的思想家认为，孩子的潜力远远超出教师的想象，但现在，这些思想家可能会获得完全不同的回应——成人并不因孩子的能力去珍视他，而是不断地抱怨与斥责。

虽然才能有助于人们更容易掌握新的技能，但能力不只是才能。有些人不得不为所学习的每件事而奋斗，但这并不意味着他们不能达到或超越有才能的人的技能水平。即便没有非凡的才能，一个努力工作的人也能获得成功。

能力这一要素影响自尊，但它不是说你技能如何高以及如何有才能，而是你如何应对挑战。儿童最好的榜样是，成人将学习作为一种令人愉快的挑战，而不是某些需要回避或惧怕的杂事。实际上，如果你是那种领会到万事来之不易，需要付出

第一部分 教学过程导论：幼儿教师的角色

努力才能掌握某方面技能的人，与那些发现学习很容易的人相比，你会是一个更好的榜样。

树立榜样的影响只有在儿童看到成人学习时才更有成效。例如，一名家庭保育工作者克服恐惧，勇敢地坐到一台全新的电脑前面，在耐心、持续的学习过程中教给孩子一堂有价值的课，这好比教师在打电话叫水管工人之前尽力使卫生间不受阻碍。在这些案例中，成人通过解决问题展示了能力。有时候，成人和儿童的角色也会倒过来，由儿童为成人树立类似的榜样（见框6.3）。

---

**框6.3 提示与技巧**

**树立榜样影响的两种方式**

有时候，儿童乃是成人的榜样。我儿子杰克·亚当就曾教会我用勇气和好奇心来面对未知事物。事情发生在很久以前的某条商业街上。那时亚当（八岁）和我走进一家电脑商店，想看看那里为什么有那么多人。我们所能看到的只是站在前面的人的后脑勺，但在前面某处，有个屏幕在闪光。好奇的亚当挤到了人群的前面。坐在电脑前的一个人示意亚当前去代替他。在生活中从未接触过电脑的亚当毫不犹豫地走上前去。那时，我也尽力地挤到人群前面，看究竟发生了什么事。

亚当朗读了电脑屏幕上的问题"你叫什么名字？"之后，仔细地在键盘上找寻字母，用一个手指将自己名字的字母敲了进去。

"嘿，杰克，"屏幕上显现出了这几个字母。人群发出了笑声。屏幕上继续有句子滚动。"你准备做些美味可口的食物来吃吗？是的话请按Y键，不是的话请按N键。"亚当按了Y键。于是，一系列的菜谱出现了。亚当从中任选了一种。

"好的，杰克。我要告诉你怎么做沙锅焖小鸡。"屏幕上显示了这样的句子。人群再次爆发出笑声。

"你打算为多少人准备食物？"屏幕上显出的字母询问杰克。仔细看了键盘上的数字后，杰克敲了数字1，并在后面加了6个零。

电脑马上显出："好的，杰克，你得准备250 000只小鸡，将它们洗净并切成块。"周围的人群大笑起来。

电脑继续运行。"接着，你得放500 000瓣大蒜并把它们切成小方块。"然后，电脑继续显示出上千加仑的橄榄油和百万撮的调味品。周围的人群彻底兴奋起来。此时，亚当发现，不适合为那么多人烹饪这道菜。

至今我仍对亚当直接走上前去、开始按电脑键盘感到惊异。我绝不会有那样的自信。

现在，亚当是一名工程师，而且仍在教给我一些东西。我看到他承担了自己了解甚少领域的项目，我看到他自学需了解的知识。他为害怕面对未知事物的母亲树立了好榜样。

［资料来源］Janet Gonzalez-Mena, "In Praise of Children," *Child Care Express* March-April 1995：2.

## 示范平等

当儿童看到成人如何走近学习情境（或从中逃跑）时，他们通常发现未言说的性别角色。某个木制玩具的螺丝松了，教师将它收好，直到自己的丈夫修好它。儿童从中得到的信息是，只有男性才能使用工具——这是有关性别角色的强烈信息。同样地，如果一名男性教师说，制作面包要等到其女同事有时间时再做，如果他拒绝给婴儿换尿布，那么，所传达给儿童的是有关"女性工作"的信息。[1]

如果你展现出广义的性别角色和能力的概念，则可以帮助儿童将他们自己视为在许多方面都具备相应能力的人。为了示范平等，你需要学习做一些你以前从未做过的事。同时，也要谨慎地避免类似"我需要一位强壮的男孩来帮我抬那块重木板"的话语。

在某个早期教育项目中，一些年长的男孩总向每个人展示他们有多么小气和蛮横。对此，项目负责人决定让他们去接触一个完全不同的男子汉气概的观念。于是，便派这些男孩去婴儿班帮忙做些日常的事情。负责人的目的是为了给男孩们一个机会，通过拓展他们对男性能够做些什么、欣赏些什么的认识，从而改掉其蛮横的性格，最后，上述目的成功地达到了。

路易丝·德曼-斯帕克斯(Louise Derman-Sparks)以及美国广播公司特别工作组(ABC Task Force)所著的《反偏见课程》(Antibias Curriculum)讨论了除性别之外的多样性的其他层面。[2] 种族、文化、语言和能力是**反偏见关注**(antibias focus)非常重要的其他几个领域。那么，什么是反偏见关注？它是一种重视多样性和促进平等的行动主义者的方法。其目的是帮助儿童接受、尊重并赞美多样性。儿童必须逐渐理解偏见是不公平的，并学习怎样对此作出回应。

反偏见方法重要的第一步是你自己示范对多样性持一种积极的态度。在《反偏见课程：赋予低龄儿童的工具》(The Antibias Curriculum: Tools for Empowering Young Children)一书中，路易丝·德曼-斯帕克斯与她的反偏见特别工作组列举了偏见存在的多个领域。尽管标题表明专门是针对儿童的，但该书也涉及了成人如何在种族、性别、文化和能力等领域来揭露他们自己的偏见。早期教育工作者需要理解反偏见态度带来了哪些内容，他们需要针对这些内容开展工作。要做到这一点，首先必须意识到自己无意识的偏见——揭示并审视隐藏的态度。有时候，与另一位成人一起工作，或是到外面接受培训，都有助于揭示这些偏见。

例如，一名教师愿意在必要的时候擦去孩子的鼻涕。但当鼻涕是属于一位移民男

---

[1] 但在后一个案例中，那位男教师可能存在保护自己不受儿童虐待的主观臆测。不幸的是，男性比女性更容易受到被怀疑做错事情的伤害，现在一些男性仍拒绝换尿布或帮助孩子上卫生间，以便保护自己。

[2] Louise Derman-Sparks and the ABC Task Force, *Antibias Curriculum: Tools for Empowering Young Children* (Washington, DC: NAEYC, 1989).

孩时,她则说:"快去找点纸,擦掉鼻涕。"当有人指出她这是区别对待孩子时,她感到十分诧异。她说自己并未意识到区别对待了属于不同群体的孩子。面对质疑,她作了深入的思考,而且承认她之所以那样做,是害怕移民孩子可能携带了某些疾病。她完全没有考虑到两个不同群体的孩子会怎样看待她的行为。而当有人指出两个群体中的孩子最大的不同只是肤色时,这位教师震惊了。她可从未想到要将种族主义者的态度传给孩子们。在另一个案例中,一位教师负责人因对周围到处有残障儿童感到不舒服,所以拒绝接收一名五岁的发展迟滞儿童。她给出的解释是,这名孩子没有受过如厕方面的训练,因此她不能接受。之后,有人给这位教师指出,她主持的早教项目有能力更换尿布,而且有很多年龄较小的孩子都在使用尿布时,她才意识到自己的偏见。

  许多偏见行为是无意识的,而且许多不平等并非个人行为的结果,而是制度上的偏见造成的。当某项目有一个工作机会的时候,如果申请者全部来自于中产阶级,则偏见便存在于制度层面,也存在于该项目本身,抑或是由文化或社会趋向强加的。某位坐着轮椅但合格的早期教育工作者不能获得工作面试的机会,也证明了偏见的存在。

  当你认识到自己隐藏的态度时,便向"为儿童树立一个好榜样"迈出了第一步。下一步是针对这些态度做些什么。最佳的方法之一是通过一种被称为"对话"的互动,下一章我们会对它加以分析。

### 树立学习的榜样

  将早期教育工作者视为一名学习者似乎非常奇怪。当然,你不得不学习成为一名早期教育工作者——教师。难道你的主要任务不是教学或至少促进学习吗?是的,但要做到这一点,你就必须不断学习。本章已审视了成人学习的多个领域,如提高自己的能力,发现自己对多样性的态度和看法。本章接下来的部分将分析如何来设计自然课程,它是一种源于儿童和成人的兴趣的课程。从中你将会了解,作为一名早期教育工作者,不仅必须是一名乐意和有能力的学习者,也是一名师父学习者,因为你得给儿童树立榜样。

  成为一名师父学习者意味着什么?一旦完成了早期教育培训,你还需要学习哪些内容呢?简而言之,你必须学习了解孩子——孩子的内心和外在表现。譬如,处于特定发展阶段的特雷弗需要什么?本周他特别需要什么?今天需要什么?现在马上需要什么?尼科尔又怎样呢?她的需要与特雷弗的需要有多少相似?如果我以某种特定的方式接近她,她会作出什么样的反应?她害怕什么?她有哪些优点?

### 观察的重要性

  通过发展敏锐的观察技能,你会逐渐了解作为个体和作为群体的儿童。当你关注儿童的时候,你对他们的情感会不断提升,对他们的尊重会不断增加,也会随之打开一个全新的视野。处于敏锐观察的成人周围的儿童可能会选择自己学习的方式。框6.4告诉我们,一些学生如何仅从仔细观察一个苹果中学习。

> **框6.4 提示与技巧**
>
> **观察技能:苹果练习**
>
> 在我教授的大学课堂上,为了向学生讲述观察技能,我给每个学生一个苹果,并且运用了"认识你的苹果"的指导语。此练习不仅作为一个好的开始,同时也教学生仔细地观察。等学生完全熟悉了自己的苹果,我要求他们向班内其他两名同学"介绍"自己的苹果,描述自己苹果的特点。最后,我让学生把苹果放在一个篮子里面。快下课的时候,我让他们传递篮子,从中找出自己的苹果。
>
> 篮子里另外还放了40个苹果,但他们都能够认出自己的苹果。可见,一旦学生仔细观察,任何成熟的苹果就变成了一个个特别的苹果。而且,他们在几分钟的观察后,都喜欢上了自己的苹果。观察是一种多么有效的工具啊!

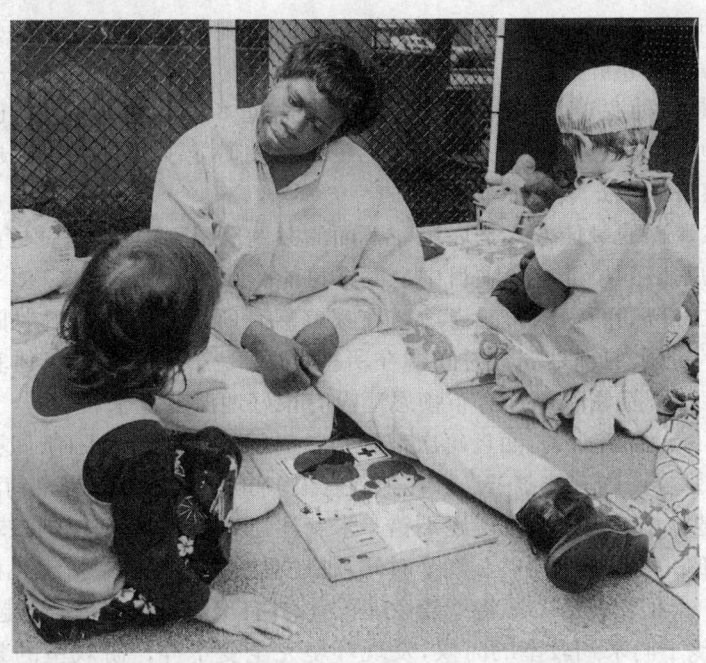

对年幼的孩子多给予情感的奖励。

观察的目标之一是发现每个儿童的情感。如果我们正在学习的内容与我们最关注的对象有关,那我们便会获得最佳的学习效果。儿童的情感超出了明显的兴趣水平,构成了未来学习的基础。譬如,研究人工智能的学者西摩·佩珀特(Seymour Papert)曾跟随皮亚杰(Piaget)学习,即阐述了他对传动装置的兴趣如何与学习数学关联起来。

第一部分　教学过程导论：幼儿教师的角色

两岁之前，我已开始摆弄汽车，而且熟悉汽车各部件的名字：尤为自豪的是，我了解传动系统、变速箱和分速器。当然，多年以后，我才理解传动装置的工作原理。即便如此，玩传动装置是我最爱的消遣活动。我喜欢模拟传动装置的运转来旋转圆形物体，自然而然地，我最早的"组装设备"是一个粗糙的传动装置系统。我对车轮的旋转以及其中的因果关系已经非常熟悉：这个轮子以这样的方式旋转，那另一个就必须以其他方式……[1]

## 创设自然课程

当教师和照料者展现自己兴趣的时候，他们常鼓励儿童对此也充满热情。例如，我的一位朋友琼以"猫女士"闻名于所任教的学前机构，因为她常向孩子们谈论起自己饲养的猫。在另一个项目中，一位教师总与孩子们分享有关岩石的知识，结果，孩子们学会了区分不同的岩石，有些孩子甚至也成了岩石爱好者。当我们以语言或身体的方式与儿童分享自己兴趣的时候，我们向他们展示的是，可以将自己的个性带到儿童照料中来，我们向他们展示的是，他们可以将自己的热情带进早期教育项目。

找出作为个体和群体的儿童的兴趣之所在，是发展自然课程的第一步。如前所述，自然课程是一种源于儿童兴趣的学习，其所需远多于书本或成人自己的想法。自然课程极大地取决于成人作为一个学习者。[2] 你如何能了解儿童的兴趣有哪些？答案是通过观察来认识儿童。

解释自然课程的最佳方式是展现。下面的案例来源于一所家庭保育所，但自然课程在以中心为基础的早期教育项目中也同样可能。

朱莉正忙着帮助两岁的布赖恩习惯在家庭保育所里待上更长的时间。尽管布赖恩已入所一年，但之前都是部分时间待在所里，今天是第一次的全天体验。她母亲因为怀孕并发症在医院住院，对此，布赖恩还没有很好地调节过来。

布赖恩不断地黏着朱莉，而且每次都要很长时间，否则，她会哭闹。这样一来，朱莉便难以像往常那样照顾其他孩子。好在朱莉有很多事情让他们做，当朱莉满足布赖恩需要的时候，其他孩子的常规保持得还不错。朱莉注意到，两名学前期男孩花了好长一段时间玩蜡笔、纸和剪刀。而且早上某个时候，她还看到他们在尽力折纸飞机。虽然他们不了解气体力学，但仍很开心地将纸随意地折叠，并且努力让这些折纸飞起来。

第二天，孩子们来到教室的时候，发现环境完全变了样。游戏室的某个区域设立了"新生儿托儿所"，摆放了洋娃娃和其他附属物品，如婴儿床、瓶子、橡皮奶头以及毯子等。布赖恩被新的布置所吸引，不像先前那样黏人、爱哭。朱莉注意到，布赖恩没有和"婴儿"一起玩，而是扮起了婴儿。她将洋娃娃从小床中抱出来，自己爬进了小床，拉

---

[1] Seymour Papert, *Mindstorms: Children, Computers, and Powerful Ideas* (New York: Basic Books, 1980) vi-viii.
[2] Elizabeth Jones and John Nimmo, *Emergent Curriculum* (Washington, DC: NAEYC, 1994).

开毯子，躺在那里吮吸橡皮奶头。显然，她还没有准备好当妈妈的角色，还需要探究当婴儿意味着什么。时机适当的时候，朱莉会鼓励她转换角色。

过了一会儿，那两名男孩走了过来，捡起了布赖恩之前放到旁边的洋娃娃。布赖恩立刻爬起来叫喊道："那是我的！"并且马上从床上爬出来去追男孩。朱莉观察到了这一切，但没有采取任何措施，因为男孩们正向她专为其设立的活动区域跑去。她耐心地等着，看接下来会发生什么。男孩们看到"飞机活动"区域后，将洋娃娃朝布赖恩相反的方向丢去，之后，开始探究各种材料，以及朱莉从图书馆为他们收集的书籍和朱莉自己个人收藏的书籍。

布赖恩抱起洋娃娃，对男孩们的活动也产生了兴趣。于是，三个孩子开始试验桌上的塑料飞机，浏览有飞机图片的书，放下书后照着图片折纸飞机。他们用朱莉准备好的纸，将纸折一次或两次。由于折起来太难，其兴趣越来越小。其间，朱莉给他们提了一两次建议，但他们还是失去了兴趣，手上拿着塑料飞机跑向积木区，开始在那儿建造一个飞机场。

朱莉认为上述两个活动并没有失败，仅仅是迈出了第一步。那天稍晚一些的时候，即午睡时间过后，处于学龄期的孩子来到了保育所并发现了吸引人的布置。"喂，男孩们，有飞机！"一名八岁的孩子热情地说着，并跑向准备了纸、书和塑料飞机的桌子。她迅速拿起一张纸开始折飞机。于是，两名学前期男孩来到桌子旁看着她。很快，他们两个也开始折。其中一个男孩每一步都模仿女孩的动作，另一个男孩相对随意地折叠，结果只弄出了一堆皱纸。"一开始要这样，"折纸师父边说边做示范。当男孩忘记折时，她便手把手地教他。

上述情形说明了一个重要的概念，即俄国学者列夫·维果茨基（Lev Vygotsky）提出的**最近发展区**（zone of proximal development）。维果茨基描述了年长的儿童如何能帮助年龄小的儿童完成他们无法独立完成的任务。这也正是保育所里发生的。这天早些时候，那些处于学前期的孩子仅靠一本书的指导，结果放弃了折飞机；毕竟，他们的年龄太小，无法仅照着书本上的说明和视觉图形来做。朱莉的建议，也许提供了他们需要的某些脚手架，但还是因为其年龄小的原因没有发挥作用。而一名年长孩子的示范却非常有效。当八岁的女孩开始折的时候，两个男孩进行了观看，而且模仿她的每一个动作。由于她比男孩们更有技巧，所以他们能够向她学习。她偶然发现了男孩们的最近发展区。

而当八岁的女孩开始帮助其中的一个男孩折飞机，她又展示了维果茨基提出的另一个概念——**协助性表现**（assisted performance）。协助性表现原则建议，在某些情况下，儿童单独的表现不如他们在某个掌握了更多技能的人的帮助下的表现。尽管一些早期教育工作者，尤其是信奉皮亚杰理论的人，不太赞成帮助儿童做他们自己无法完成的事情，但在其他一些人看来，协助性表现完全可行。框6.5进一步讨论了上述争论。

第一部分 教学过程导论：幼儿教师的角色

> **框 6.5 观点集萃**
>
> **应在多大程度上帮助儿童**
>
> 多年以来，早期教育培训项目倾向于教授不干涉的方法来帮助儿童。儿童努力后是否成功都不太要紧，这样做的目的是促使儿童自己做事情。无论如何，过程远比结果重要。采用上述方法，唯一的例外是涉及安全问题的时候。
>
> 后来，意大利北部出现了著名的瑞吉欧·艾米利娅（Reggio Emilia）早期教育项目。那里的教师没有接受过"不干涉"的培训。其部分的方法要归因于他们的文化，意大利人倾向于成为一个动手实践的人，整个意大利社会也倾向于集体主义而非个人主义。不过，维果茨基的理论获得了全新的关注，进入了瑞吉欧的视野。维果茨基相信，帮助儿童完成做某事远比让他们自己努力并可能失败要重要。
>
> 美术是两种相反的观点相互交锋的一个领域。应该向儿童展示如何逼真作画吗？应给儿童开设正式的美术课程并提供范例吗？或是只要他们愿意，便让他们自己随意作画或雕塑？如果美术是一种自我表现，那成人的教授在何种程度上增加或减少儿童自己的风格？帮助他们是"催逼"他们吗？
>
> 美国流行的早期教育观点是，成人不应运用范例来向儿童展示如何逼真作画？而是只要他们愿意，便让他们随意作画或雕塑。美术被视为一种自我表现，成人的教授会减少儿童自己的风格。然而，如前所述，其他一些地方存在着不同的观点。譬如，瑞吉欧学校的儿童在教师的帮助下创造出了令人惊异的绘画和雕塑作品。在中国，成人向儿童教授正式的美术课程，同时教授特定的绘画技巧，而不是让他们自由地探究材料并表现自己。

再回到我们前面所讲的故事。其间，两名学龄儿童想拿走洋娃娃。布赖恩紧紧地抓住洋娃娃，传递"这是我的"的信息。后来，他们发现了另外两个洋娃娃以及一些瓶子，于是，这三个孩子满足地坐下来喂他们的"宝宝"，而且始终谈论为人父母的难处。

至此，两个活动都没有结束。整个星期，朱莉在洋娃娃区角放置了各种新的、让孩子们感兴趣的物品。一天，该区角放置了婴儿食物和围兜，一些孩子开始尝试。在喂了洋娃娃宝宝后，他们开始互相喂食。而朱莉则一直站在旁边，以确保孩子们的活动是卫生的。另一天，朱莉借来了轻便婴儿车，孩子们分别坐在婴儿车内并互相推动。

朱莉也继续了飞机活动。整个星期，早上和下午都设立了飞机桌。机会适当时，朱莉收起桌子，倾听孩子们的谈话。朱莉不时写下孩子们所说的话，从中了解他们已经懂得的领域，以及她可以帮助其进一步学习的领域。孩子们理解朱莉在做些什么以及为何这样做。她向孩子们展示了，她正作为一个学习者——同时也是一名研究者。朱莉还是孩子们学习的催化剂，她帮助他们运用周围的环境和体验创造出意义。

接下来的一个星期，每个孩子都能够折出一种飞机，而且有些孩子还学会了多种设计。孩子们也观看了朱莉做一些复杂的折叠式样。许多孩子甚至学会了区别滑翔机和飞机，并用绘画的方式表现了他们对飞机为何飞翔的认识。

孩子们还用积木建造了一座飞机场,并以飞机场为主题进行了壁画创作。朱莉拿出自己的新宝丽来相机,拍了一张照片,挂在壁画的旁边。孩子们观看朱莉阅读照相机的说明书,学会了如何操作照相机。朱莉站在孩子们前面作演示,而不是像前一天晚上研究照相机时那样让他们看不见她。

之后,所有人到公园进行了一次实地旅行,在滑道上放纸飞机。此时,朱莉提出了各种各样的问题,如"我想,飞机的大小影响飞行吗?""重一点的飞机比轻一些的飞机飞得更快吗?""颜色影响飞行吗?"要求孩子们仔细观察,从而创设出一种试验性的氛围。虽然不清楚朱莉自己是否知道这些问题的答案,但显然她很有兴趣找出答案。她没有催促孩子们,因为他们此刻最感兴趣的不是去分析飞机,而是飞机飞行的过程。他们走上滑道的台阶,将飞机掷向空中,然后飞快地从滑道上跑下来,跟在飞机后面追赶。

他们不是在进行科学实验,但朱莉正留意所发生的一切。她想知道哪些飞机飞得又远又快。在回家的路上,朱莉从孩子们的谈话中了解到,他们注意到了这一点并且将各自的飞机作了比较。一名女孩牵起朱莉的手问道:"颜色非常要紧吗?"朱莉说自己不这么认为,接着,其他两名孩子进入了一场长时间的、有关飞机重量对飞行的影响的讨论。这引发了一个全新的探究领域。一回到保育所,朱莉拿出刻度尺,那两名孩子则开始尝试设计和试验不同的重量。朱莉和女孩一样满怀兴趣。他们记下了自己的发现,并与其他孩子一起进行了分享。

朱莉拍摄了孩子们的飞机及其实验的图片。她写下了孩子们的意见,并鼓励他们在其继续创作的飞机上画上、写下自己的想法(如果孩子年龄太小,可以请他们口述)。朱莉对孩子们所做工作的兴趣,向其传递了这些都是重要活动的信息。此外,朱莉没有将孩子们的飞机画寄往其家里让家长保管。因为孩子们创作出来的是研究数据,不是艺术作品。而且,孩子们还需要定期地审视先前的假设,去除其中的无效内容,改进想法。朱莉将收集作品视为一种让孩子们的心理过程显现出来的方式——这不仅有助于朱莉,也有助于这些孩子。

其间,又出现了另一个新的探究领域:一名最先完成计划的学前期男孩注意到,他在从公园回保育所的路上捡起的种子也能够"飞起来"。"看,多像直升机!"他说道,并让种子降落下来,看种子旋转着落在地板上。

这样,朱莉采取了其他途径帮助孩子们继续对飞行的学习。他们一起来到图书馆查阅有关直升机和种子的书籍。他们计划走着去寻找种子,进行实验找出哪个飞得最好。于是,他们开始谈论去一次飞机场。

一天,孩子们还未到达保育所,布赖恩的祖母打电话给朱莉。事情与布赖恩的母亲有关:一周前,她母亲才从医院回家,但昨天深夜,又被救护车送去了医院。祖母担心布赖恩对妈妈又被送往医院和对救护车的呼啸声的反应。第二天,布赖恩来到了保育所,发现沙地上摆放了救护车、警车以及其他类型的汽车。布赖恩没有谈论自己的感受或是母亲的情况,但很长一段时间里,她都发出呼啸声,并将各种汽车相互碰撞。最后,布赖恩将所有的汽车埋到了沙里,玩洋娃娃去了。

朱莉——这位儿童保育员、教师和学习者,在家庭保育所里,使一切都如常进行。正如你所看到的,朱莉的自然课程满足了儿童的兴趣和需要。该课程不仅处理了儿童的情绪问题、促进了他们的学习,也拓展了朱莉的知识。

事实上,朱莉现在正在阅读霍华德·加德纳(Howard Gardner)所著的《智能的结构》(Frames of Mind),在该书中,加德纳提出了七类智能:语言智能、数学智能、空间智能、运动智能(与身体运动有关)、交往/流智能(理解并与他人相关联)、自知/省智能(理解并与自己相关联)以及音乐智能。由此,朱莉现在开始以一种全新的眼光看待孩子,同时思考她所创设的环境和课程如何来发展每种智能。她早已意识到每个孩子所拥有的力量,但现在则运用一种新的方式来观看并认识他们。朱莉展示了作为一名师父学习者的品质,为孩子们树立了一个极好的榜样。

你能感受到在这一自然课程的实例中,孩子们以及朱莉所体验到的学习的丰富性吗?思考朱莉长期的、正在进行的飞行方案与"运输"这一单元有何不同。在飞行方案中,每个子方案相互联系,而且皆生成于儿童的兴趣以及他们对朱莉所提供的活动的反应。后者则是一种"封闭式"的课程,在这一课程中,孩子们演唱与飞机、火车和公共汽车有关的歌曲,给印刷好的图片涂色,以及将各种形状和图形粘连起来等等。之所以分析朱莉的自然课程,主要是为了阐明,成人如何能通过将自己积极地投入向儿童学习、与儿童一起学习中去,从而树立起一个拥有积极学习态度的榜样。

## 小结

在照料儿童的过程中,成人为儿童树立榜样非常重要。树立榜样是教授儿童的一种最有效方式。在早期教育项目中,成人应该树立以下几个方面的榜样:(1)温和、非暴力地解决问题;(2)美德、力量、重要性和能力等各领域的自尊;(3)接受并尊重多样性;(4)拥有积极的学习态度。早期教育工作者必须同时担负起教师和师父学习者的角色。要想成为一名师父学习者,早期教育工作者必须观察儿童,向儿童学习以及和儿童一起学习,进而创设出能够促进儿童在身体、社会、情感和认知各方面皆获得发展的自然课程。

## 自我测试

学习本章后,你能够
* 解释为什么青少年暴力根源于学前阶段吗?
* 说出成人需要树立榜样的三种能教授儿童非暴力解决问题的技能吗?
* 列举一个成人树立"获取信息"榜样的实例吗?

* 解释怎样帮助儿童在冲突中找到选择性的方法吗?
* 解释怎样教给儿童采取攻击行为应对冲突之前考虑其后果吗?
* 解释成人的自尊如何与儿童的自尊相关联吗?
* 说出本章所讨论的自尊的四个方面吗?
* 解释"反偏见关注"意味着什么吗?
* 列举一个成人树立性别角色榜样的实例吗?
* 解释为什么一名教师也需要成为一名学习者吗?
* 解释为什么观察是每个早期教育项目非常重要的一个方面吗?
* 界定"自然课程"吗?

## 需知术语

你可以用下面的多少个词语造句?你知道它们的含义吗?

树立榜样　　　　　　　　最近发展区
前馈控制　　　　　　　　协助性表现
反偏见关注

## 深入阅读

Carlsson-Paige, N., & Levin, D. E. (1990). *Who's Calling the Shots: How to Respond Effectively to Children's Fascination with War Play and War Toys*. Philadelphia: New Society Publishers.

Coopersmith, S. (1967). *Antecedents of Self-Esteem*. San Francisco: Freeman.

Derman-Sparks, L. (1989). *Antibias Curriculum: Tools for Empowering Young Children*. Washington, DC: NAEYC.

Gardner, H. (1983). *Frames of Mind*. New York: Basic Books.

Harter, S. (1983). Developmental Perspectives on the Self-System. In P. H. Mussen (Ed.), *Handbook of Child Psychology*. Vol. 4. Socialization, Personality, and Social Development (4th ed., pp. 275 – 386). New York: Wiley.

Jones, E., & Nimmo, J. (1999). *Emergent Curriculum*. Washington, DC: NAEYC.

Jones, E., & Nimmo, J. (1999, January). Collaboration, Conflict, and Change: Thoughts on Education as Provocation, *Young Children*, 5 – 10.

Katz, L. G. (1993, Summer). All About Me: Are We Developing Our Children's Self-Esteem or Their Narcissism? *American Educator*, 18 – 23.

Nelson, K. (1995, July/August). Nurturing Kids' Seven Ways of Being Smart: How to Develop Your Students' Multiple Intelligences. *Instructor*, 26-30.

## 结尾故事

"这是一只稻草腿蚊子，"女儿告诉我说。"嗯，"我回答，"很有趣……"我粗略地看了看那只被打死的、放在她手上的蚊子，随后用纸将蚊子包了起来，接着拿上女儿的书包，发动汽车，向图书馆驶去。女儿要到那儿上科学课。

"我们将会学到更多的昆虫知识，"我说，并将女儿轻轻地推进图书馆的大门。可是，当我寻找昆虫各部分的组成时，女儿却开始看图画书。而当我研究昆虫的时候，她却跑到外面的草地上玩耍去了。

我找了又找，没有发现"稻草腿"类别的蚊子。最后，我发现某个术语可能是女儿曾给我看的那只蚊子的名称。于是，我把她叫了回来，告诉她这可能正好是蚊子的名字。"噢，"女儿说，随即跑去看陈列窗里的东西。

我检查了三本书，希望女儿在家、在没有太多分心事情的时候已经阅读完了。但女儿并没有碰过这些书。由于这些书已经到期，我于是再次提出并建议她进一步认识蚊子和其他的昆虫，包括这些昆虫正确的名称。

"哦，"她回答道，"我不关心它们究竟叫什么名字——我喜欢自己给它们取名字。之所以给那只蚊子取了个稻草腿的名字，是因为它腿上有条纹。还记得它长什么样子吗？"我已经不记得那只蚊子的样子了。事实上，我既没有注意蚊子的腿，也没有注意女儿给她取的名字，因为我发现她取的名字是"不对的"。

我发现那只蚊子的标本夹在了一本书里。的确，蚊子的腿上有许多条纹，好像是泡了水的稻草。"啊，看到条纹了，"我说，"你观察真仔细，"我补充道——虽然有点晚。

整个过程中，我对女儿在第一时间便努力告诉我的事情毫不敏感，而是过分热心地教给她不感兴趣的课程。女儿不关心其他人对昆虫的分类，而是有兴趣自己进行发明和创造。她运用了科学的观察技能，我早就应该认识到这一点。相比之下，我没有像女儿观察蚊子那样来观察她。[1]

## 下章导读

接下来的第七章将分析早期教育项目中的成人关系。成人关系为儿童树立了榜样，而且是儿童照料中一个重要的因素。从有效的成人榜样那里，儿童学习成熟的方式去与他人交往、去解决问题、去表达包括喜怒哀乐在内的各种情感。第七章探讨了两种成人关系：一种是教职人员之间的关系，另一种是教职人员与家长之间的关系。

---

[1] Adapted from Janet Gonzalez-Mena, *From a Parent's Perspective* (Salem, WI: Sheffield, 1994).

# 第七章
## 在早期环境中树立成人关系的榜样

**教职人员之间的关系：相互合作**
    敏感于文化多样性
    认可成人在处理问题方式上的差异
    真实性的重要
    通过对话处理成人之间的分歧
    教师间的对话实例

**教职人员—家长之间的关系：与家庭协作**
    让家庭感受到它们是早期项目的一部分
    认可家长与保教人员的角色不同
    处理与家长的冲突
    促进与家庭的交流
    支持家庭

小结
自我测试
需知术语
深入阅读
结尾故事
下章导读

第一部分 教学过程导论：幼儿教师的角色

在这一章里你将了解：
* 成人关系如何为儿童与他人的互动方式树立榜样。
* 成人所树立的榜样教授儿童如何处理冲突并欣赏差异。
* 成人处理问题的一些不同方式。
* 为什么成人应该真实。
* 如何区分争论与对话。
* 保教人员怎样运用对话消除差异。
* 为什么早期教育者需要关注的不仅是儿童还有家庭。
* 一些让家庭感受到它们被纳入到早期项目中的方式。
* 保教工作者与家长的角色有何差异。
* 为什么早期教育工作者需要对抱怨的家长保持敏感。
* 怎样处理与家长的冲突。
* 保教工作者与家长之间可能产生哪些文化和语言问题。
* 解决冲突时怎样运用"RERUN"程序。
* 家长与保教人员冲突的四种可能的结果。
* 早期教育工作者如何促进与家庭的交流。
* 早期教育工作者如何对家庭进行支持。
* 家长支持小组的目标。

早期教育涉及到关系，它包括儿童之间的关系、儿童与成人之间的关系，以及成人之间的关系。大部分早期教育方面的教科书在最后一两章会讨论成人关系，本书提前探讨了成人关系的重要性，其中既有教职人员之间的关系，也有教职人员与家长的关系。实际上，早期项目的重心应该是儿童，但成人关系对保育及教育儿童来说至关重要。

尽管成人关系非常重要，但并非所有的早期教育项目都认可这一点。譬如，有些项目就不鼓励成人相互交谈，因此，儿童也就无法看到成人关系的形成与维系。这种将所有的重心都置于儿童身上的传统，可以追溯到半日制早期项目在数量上远远超过全日制早期项目之时。那时，儿童醒着的大部分时候都花费在家里，这样，他们在家便能观察到成人之间的相互关联。但如今，许多儿童在保教机构所待的时间更长，甚至在那里度过了童年时光。由此，在早期教育环境中让儿童看到成人相互间的关联势在必行——事实上，对有些儿童来说，这可能是唯一的机会。

此外，通过观察成人，儿童开始理解成熟的含义。如果整天仅看到成人与儿童的互动，则他们遗漏了了解成人如何相互关联的知识。如果他们最初的成人关系榜样来自于电视，试想，他们会学到什么样的成人行为。

本章分为两个部分：第一部分探讨早期教育机构中教职人员之间的关系，第二部分探讨教职人员与家庭成员之间的关系。

## 教职人员之间的关系：相互合作

除非儿童保教工作者单独工作,否则,成人关系乃是早期环境中的一个部分。儿童观察成人,看他们如何建立起相互间的关系,如何表达情感、交流不快,共情地倾听、界定问题、找到解决问题的方法,以及如何应对挑战与成功。(你可能会想,教职人员在监管儿童时,相互之间怎样发生关联呢？框7.1解释了"双重焦点的管理"这一方法如何在保证儿童安全并获得照料的同时来促进成人之间的关系。)

**框7.1 提示与技巧**

**软 观 察 力**

有经验的幼儿教师和保育员具备既能纵观全局又能专注于细节的观察能力。在第二章"双重焦点的管理"的主题中,我们探讨了这种被教育哲学家乔治·伦纳德(George Leonard)称为"软观察力"的能力。软观察力指的是一种技能,它促使早期教育者相互交谈或与家长进行交谈时,仍能留意教室或操场上发生的一切。这种既注意细节又留意全局的能力,正是新手教师与老教师二者之间最显著的差异。新手教师需要练习"软观察力"这一技巧,以便留意任何事情,甚至是在与他人进行交谈的时候。

依据伦纳德的界定,软观察力不仅仅是观看,它还包括倾听以及感受所发生的一切。它是一种有价值的技巧,篮球运动员、足球运动员、合气道(Aikido,日本的一种自卫拳术)专家等都拥有。同样,早期教育工作者也需要这一技巧。

当然,最好的工作环境是,所有人员作为一个团队共同开展工作,而且相互间的关系健康又有效。做到这一点,并不意味着要求所有人员必须来自相同的背景,甚至想的、做的皆相似。相反,多样性是有益的。然而,即便是拥有健康关系的成人之间也会有分歧。如果能以健康的方式处理冲突,则能增加整个项目的活力。如果不能容忍差异并压抑冲突,儿童便会获得错误的经验。

在我们的多元社会里,让儿童既学会容忍差异,又学会如何去欣赏差异是非常重要的。当儿童拥有向他们展示如何处理冲突、欣赏差异的成人榜样的时候,课程会更为有效。即使所有工作人员以及儿童的家庭成员具有相似的背景,仍然有可能探究并欣赏差异,因为世界上没有哪两个人是完全相同的。你不需要将古时候的装束或异国的食谱带来展示差异。情感、态度、审美、爱好、价值、目标、思维方式、处理问题的方式等无不在展现着个体间的差异。

成人如何满足他们自己的需要是困难常出现的一个领域。我们所有人都有一些相似的、基本的需要,但在何种程度上、何时以及如何来满足这些需要则因人而异。正如前一章所讨论的,在与儿童一起工作的时候,成人应该满足他们自己的一些需要,以

第一部分　教学过程导论：幼儿教师的角色

儿童照料中心里成人之间的关系，即使幼儿没有意识到也会影响到环境。

树立个人力量方面的榜样。当然，成人的需要一定不能超越儿童的需要。因此，所面临的挑战便是在早期项目中平衡每个人的需要，以及认识到成人的需要通常可以后于儿童的需要。

对早期项目中的每个成人而言，最基本的问题是："我怎样照顾好自己，以便在情感和身体上有利于所照料的儿童。"第二个问题是："我如何与既要满足他们自己的相关需要、又要照料儿童的其他成人相处？"我们必须不断地询问这些问题——不仅要长期询问，也要每天甚至是每分钟都要询问。框7.2展示了一名家庭儿童看护者怎样处理项目的需要与家庭的需要。

### 框7.2 多棱镜

#### 家庭儿童保育：满足家庭的需要

讨论成人关系的时候，家庭儿童保育者有着不同于以中心为基础的早期项目教职人员的问题。它要考虑到儿童保育者所服务的家庭。为了儿童保育项目，应考虑哪些因素来确保家庭成员的权利、需要和期望呢？

一名看护者决定，在她开展工作之前必须得到每位家庭成员的同意。她意识到，自己的工作对每位家庭成员都会产生影响，因为一切都发生在他们家里。起初，她草拟了一份合约，说明了每个家庭成员的权利和责任。她将合约呈现给每位家庭成员，他们坐下来讨论并修订合约，直至所有人都愿意在合约上签字。协商过程中考虑了以下问题：在多大程度上我们分享空间（包括

续

> 公共空间与私人空间)和财产(如玩具、游戏和设施)？在多大程度上我们必须相互帮助？此外，作为幼儿的家长，看护者还必须问自己以下两个问题：我将如何区分"母亲"与"看护者"这两个角色？我将如何处理"公平"的问题？
> 
> 在上述问题成为争论的焦点之前便加以考虑。一旦签订合约，家庭即开始严格地行使权利并承担责任。这种类型的儿童保育不会像其他的家庭看护那样干扰到家庭，因为它提前考虑了这些问题。
> 
> 前述"功课"不仅对家庭关系来说非常有价值，而且让儿童保育者练习拟定需要家长签名的合约。在她开展工作的时候，每位家长都收到了一份书面合约，合约上清楚地说明了一切。现在，她仍然使用相同的合约，不过已在需要的时候进行了适当修改。

## 敏感于文化多样性

每个早期教育工作者之间都存在差异，因为他们在童年的本质、儿童需要什么、儿童应得到怎样的照料，以及"教育"有何含义等方面看法各异。例如，在英语中，"教育"一词与学术问题相关；在西班牙语中，"教育"一词则指一个人的教养。对说英语的人而言，受过良好教育的人是已取得了相对高的学术成就的人；但对说西班牙语的人而言，受过良好教育的人指的是这个人有风度、优雅，敏感并尊重他人。

试想，一名说英语的成人与一名说西班牙语的成人，会采取怎样不同的方式对某个孩子进行教育，又会采取怎样不同的方式对一组孩子进行保育和教育。为了较好地合作，这两名教师都必须积极探究他们的文化差异，运用建设性的交流以及冲突处理技巧。一旦成功，两位教师都会为儿童树立如何具有文化敏感性的绝佳榜样。

## 认可成人在处理问题方式上的差异

一名在儿童看护中心工作的教师与另一名教师之间出现了问题，她认为自己的同事多拉瑞丝过于溺爱孩子。多拉瑞丝想为孩子们做任何事情，而不是鼓励他们自己做自己的事情。那位教师该如何解决这一问题呢？以下是她可能采用的六种方法。她可能：

- 冒失地跑到多拉瑞丝面前，说自己想和她谈谈这个问题。
- 与多拉瑞丝交谈，但仅对问题加以暗示，不明确说出自己的想法。
- 与项目负责人谈论起多拉瑞丝，将问题留给负责人。
- 忽略问题，假装很快乐，不与任何人谈论起这一问题。
- 与第三方谈论问题，让他担任中间人。
- 与除多拉瑞丝之外的任何人谈论。

第一部分 教学过程导论：幼儿教师的角色

不要在幼儿面前解决分歧，可选择离开他们在教师会上解决。

注意，其中的一些方法与儿童解决问题的方式是多么相似，他们：（1）直面提出异议的人；（2）退缩或假装问题不存在；（3）求助于成人。这里出现了一些有趣的相似。

你对前述的每种方法有何感受取决于以下两个方面：（1）你觉得应该怎样处理问题；（2）你习惯怎样处理问题。你的文化和价值观也会支配你怎样看待每种方法。

譬如，如果那位教师与除多拉瑞丝之外的任何人谈论问题，你可能将她贴上"长舌妇"的标签。或者，你可能认为对那位教师来说，她在决定与多拉瑞丝谈论问题之前，获得多种看法以及反馈是非常重要的。

"力量"可能是处理问题时的问题之一。例如，如果你担心直接对抗的后果，你可能避免采用这样的方法。但如果你认为直截了当的交流非常重要，则你可能会批评回避问题而不去直面问题的人。你可能还会说"谈谈要点"，却未意识到其他人正想着应该由你来找出问题的要点。

跨文化的错误交流可能以多种形式出现。譬如，在某些文化中，间接谈论问题是一种可接受的交流方式。将所有事情公开反而是一种不尊重他人的行为，这剥夺了他人发表重要看法的机会。好比是猜谜语时让其他人来揭开谜底；一些人相信，如果你是提出问题的人，那么，将最后的谜底说出来便是无礼的。在这种情形下，A认为B"在绕着问题兜圈子"，但B认为自己正采取正常的渠道解决问题。

下面还有另一个跨文化错误交流的例子：A相信如果你有问题，就要清楚地加以说明；当其他人希望他"读懂他们心思"的时候，A非常生气。"讲出来！"是他的座右铭。当遇到惯于以非语言、间接的方式交流问题的 B 时，A 完全忽略了相关信息。

B 习惯人们擅长"读懂他的心思"，而且希望每个人都这样做。遇见 A 时，他对 A 未就其非语言信息作出任何回应感到诧异。反复使用非语言信息都不能奏效后，他将问题说了出来。但所用语言缺乏说服力。对 A 而言，B 之所说仅仅是微不足道的抱怨。再一次地，A 忽略了 B 的抱怨，认为 B 的抱怨无关紧要。

上述各种类型的问题给成人探究跨文化交流、儿童观看成人进行跨文化交流提供了机会。当然，儿童并不总是观察，他们会在碰面、休息或回到家时谈论。但是，儿童的出现并不影响继续去解决问题。

自然地，成人希望自己很敏感，以便他们的交流不会打扰儿童。同时，需要记住的还有，如果冲突已经存在但未作任何的谈论，儿童仍会感受到冲突。他们会对冲突进行错误的想象，所想的结果可能比事实更为严重。他们甚至会想问题可能与自己有关，其实，那只是成人之间的问题。

一些人认为，不应该让儿童接触任何的成人争论。但如果不接触的话，他们如何学习控制冲突并解决问题？他们将会伴随着成人总是相处融洽这一不切实际的期望而长大吗？更可能的是，他们将受到敌对的潜在倾向的影响，结果不懂得怎样解决问题。想要教授儿童解决问题的方法，则你自己以及其他的成人需要运用各种方法来解决问题。

## 真实性的重要

在早期教育环境中，"真实性"有何含义？意思是，在儿童以及其他成人周围要自然而真诚。儿童应该处在"真实的"成人周围，以体验真正的情感和人类互动，而不是处于表现出做作虚假的情感的成人周围。例如，有些人总以甜蜜的声音说话，脸上满是笑容，即便是非常生气或不高兴的时候也是如此。试想，如果儿童不断接触拥有热情快乐外壳的人，而不是"真实的"人，他们如何能了解人们行事的动机究竟是什么呢？

不能从自己老师那里体验到真实性的儿童，为了从生活在外壳之下的人那里获得一些"人类"反应，通常会以不礼貌的形式做一些挑衅行为。伤害他人常常是一种能引出"真实"个人的有效方式，肮脏的话语有时也能奏效。

## 通过对话处理成人之间的分歧

当两个成人出现分歧时会发生些什么？他们如何处理冲突，而且给儿童树立一个良好的榜样？解决争论的最佳方法之一便是**对话**（dialogue）。对话是一种解决冲突的方式，其目的是达成一致并解决问题。对话所隐含的理念，不是在冲突中获得胜利，而是理解他人的看法，并找出最佳的解决方法。以下是对争论与对话的差异所作的总结：

- 争论的目的是获得胜利；对话的目标是收集信息。
- 争论者诉说；对话者询问。
- 争论者尽力劝服和说服他人；对话者寻求学习与了解。

● 争论者认为自己的想法是最好的；对话者愿意理解多种观点。

尽力观察有分歧的两个人，甚至不用听他们在说些什么，从他们的身体语言中，你便能猜出他们是在进行对话还是在争论（见框7.3）。

> **框7.3 提示与技巧**
>
> **冲突的身体语言**
>
> 反复观看了一部角色扮演的争论录像后，我开始识别某些特定类型的身体语言，争论的双方运用这些语言，让另一方信服自己的看法才是正确的。聆听的时候，他们坚定而强硬地站着——采取了一种防御性的姿势。轮到自己讲话时，他们身体前倾，手做出切或推的姿势。看到他们，你便知道他们正在为某事而"争斗"。显然，他们处于潜在的输赢情境中，甚至不用听到他们在说些什么。
>
> 我也观看了角色扮演的对话部分的录像，注意到了对话过程中的身体语言如何不同于争论中的身体语言。对话时，双方热情高涨，姿势也是非常坚定，但运用了不同的身体姿势以及语言。对话的目的是打开交流的渠道，分享并理解不同的观点。事实上，角色扮演者的姿势反映了他们的态度，尤其是手的姿势。他们没有手握拳头或做出有力的切或推的姿势，而是打开着的。手的姿势反映了他们的所想，或他们之所想从其手的姿势中反映出来。
>
> 在最激烈的时候，怎样从争论转换成对话呢？首先要做的是注意你的身体语言。有时候，你要做的只是调整你的身体语言，其他的一切皆会随之而来。
>
> 接下来是倾听他人。要做到真正地聆听，将一切判断悬置起来，专注于别人说了些什么，而不是为下一轮的进攻收集"弹药"。真正地倾听他人非常简单，但也不容易做到。

大部分人在处理冲突的时候，不是去探究问题或倾听他人的想法，而是直接将他人定位。在你认为别人错误的时候，停下来询问自己，为什么你认为别人是错的或为什么你会有这样的想法？此时，所要考虑的是，你可能存在认识上的缺失，而不是假设别人就是错的。千万别急着下结论。运用对话理清整件事情。

让我们再回到多拉瑞丝过于溺爱孩子的例子上。想象你就是那位不赞同多拉瑞丝教育方法的教师。你能理解为什么她要为孩子们做那么多事而不是鼓励他们自己动手吗？也许，她的方法源于她所在的文化。也许，在她看来，孩子值得珍爱，需要特殊照顾。也许，她对独立有着不同的看法，更关心将孩子们紧密联系起来。抑或是，其教育方法根本与文化无关，而是源于她个人的历史。可能她的孩子过早夭折，也可能她在孩提时候没有得到很好的照料。通过对话所揭示的一切，会让你感到惊奇。

对话的要点在于了解与你不同的观点。然而，也要认识到，你所获得的看法并不完全等同于他人提出的看法。待你们双方相互理解之后，还要提出解决的方法。

通常，如果以二者选一的情形开始对话，则结束时非常期待更多的不同。尽管一开始看起来只有两个选择，但随着讨论的深入，冲突双方常常会发现第三甚至第四和第五种解决方法，而这些方法乃是超越了诸如"我对，你就错"或"不按我的方式做，就得按照你的方式做"的二分法。

## 教师间的对话实例

我们来看看对话如何在两名幼儿教师身上起作用,她们在美术活动的方法上看法不一。道恩和艾米在两个不同的教室工作,她们正打算在同一个教室开展小组教学,因此需要共同设计美术活动方案。

道恩提倡自由表现的美术活动。对她来说,美术活动的目的是让儿童以他们喜欢的任何方式来探究材料。在她过去教授的班里,她总是投放画架、游戏面团(有时是黏土)、纸、剪刀、油墨毡笔、磁带、胶水、贴纸、打孔机等各种材料,以便儿童在任何想用的时候使用。道恩从不告诉孩子们要做些什么,而是站在他们身后观察其如何运用这些材料。她强烈地感受到,儿童会运用他们的想象,不会受到指导以及正确、错误观念的束缚。

艾米不赞同道恩原来班级所创作的那类"美术"。她很少从中发现有趣或吸引人的作品,许多都是随意地撕或剪纸,缺乏审美或表现价值。艾米的目标是让儿童创造出他们感到美的东西。因此,艾米偏好具象而非抽象的主题性美术活动。在原来的班级,艾米要花费很长时间剪出各种形状,并让孩子们将这些形状粘贴在纸上或将其用于拼贴。她喜欢让孩子们带些东西回家,再由家长将其悬挂在冰箱上面。她告诉班里的孩子,他们已经制作了一些让父母感到骄傲的东西。艾米的理论是,当家长表扬他们孩子的时候,孩子会觉得有所回报,下一次也会更加努力。

艾米和道恩坐下来谈论各自不同的美术教学方法。以下是她们以争论代替对话时所发生的一切。

艾米:道恩,你们班的孩子只会在美术桌上浪费时间。他们坐下来剪东西、胡乱涂鸦的时候,可以说没有学到任何东西。你既没有组织,也没有任何活动。因此,我提议,我们运用这本书来设计美术活动。

道恩:什么,非得让孩子做那些无聊的、相互雷同的手工艺品吗?那不是艺术!而是浪费时间。

艾米:(非常生气)说什么浪费时间,你们班的孩子才是在浪费时间。

艾米起身走出教室。她非常生气。此刻,教学设计活动结束。

下面我们来看看结合了对话的情形。

艾米:我有一本美术教育理念方面的书。何不借去阅读一下,看看你是怎么想的。它提出的方法与你运用的方法完全不同。

道恩:是手工艺制作方面的理念吗?我总是在找好的方法。但是,我喜欢自由表现的艺术,而不是手工艺方面的活动方案。

第一部分　教学过程导论：幼儿教师的角色

艾米：是啊，这些都是我所运用的方案。我猜你不完全同意，不是吗？

道恩：我觉得它们束缚了孩子的创造力。你也不同意我的意见，不是吗？

艾米：如果他们没有任何技巧，又何来创造性呢？

道恩：你觉得所有的指导与示范都是帮助孩子学习怎样做吗？

艾米：是的，不然的话，他们就是在胶水和颜料中虚度光阴。但我猜想，这对你来说肯定可以。你看重的是过程而不是结果，对吗？

道恩：是的。我觉得做的过程远比结果重要。但你似乎希望他们有一些让其感到骄傲的东西带回家。

艾米：是既让孩子又让家长感到骄傲。大部分家长喜欢看到某个产品，有一些值得他们感叹的东西。这会让他们觉得我们的工作非常出色。他们不仅对自己的孩子感觉良好，也会对我们感觉良好。

道恩：那么，感觉良好以及值得骄傲是你主要的目标吗？对我来说，这些目标与源于探究、尝试和发挥主动性的满足相比，似乎流于表面。我不认为孩子们从指导以及"依葫芦画瓢"中会获得满足感。

艾米：我以前从未听你那样说。我不太同意你的看法，但我明白你为什么有这样的想法。

这两名教师开始处理她们的冲突。也许，还要进行更多类似的讨论，才能最终决定如何计划她们的美术课程，但对话有助于她们讨论差异，开始理解各自的观点并建立起关系。争论没有这些益处，而且实际上是妨碍了关系的建立。

通过相互倾听，艾米与道恩认可了对方的情感与看法。对早期教育工作者而言，倾听是有待发展的一项重要技巧，不仅是为了聆听孩子们要说些什么，也是为了聆听同事们在想些什么。

## 教职人员—家长之间的关系：与家庭协作

初入早期教育的人通常不会察觉家庭在早期保教项目中的角色。他们倾向于关注儿童，并未意识到家庭才是真正的当事人。如果某个项目不考虑家庭，则它不能够教育或照料儿童。有两种普遍的关注家庭的方法，一种被称为"家长教育"，另一种被称为"家长参与"。正如下文所说，这两种方法可能有重叠之处：

家长教育可以像传统的班级那样正式，也可以像临时的工作室或围绕特定主题（如纪律）的晚间会议那样不正式。家长教育也可以采取家长作为教师助手参与课堂工作的形式。大部分家长都能从家庭教育中有所收获，但相关课程必须具有文化敏感性，必须回应家长的目标。最佳的家长教育项目，会用不断评估家长的需要及兴趣来代替将预设的课程强加于整个团体。

家长参与可以包括，也可以不包括家长教育。采取家长参与这一方法的早期教育项目，可能要求家长在教室里帮忙，和/或帮助维修保养园所设备、建筑物或院子。采用家长参与这一方法的标志是家长维修三轮车、将围裙等拿回家清洗，或者每周花费一个上午的时间在教室里。当家长在教室里与孩子们一起工作的时候，我们说家长参与包括了家长教育。家长参与还包括个别的课程、工作室或非正式的家长会议。至于家长参与上述部分或所有活动是要求还是自愿的选择，则完全取决于不同的早期教育项目。

第三种方法以不同于前两种方法的方式看待家长，被称为"家长作为合作者"方法。尽管家长教育和家长参与都可能是第三种方法的一部分，但其重心是合作关系而不是教育或参与。教育是合作关系而非其他途径的结果。从合作关系中自然产生的参与具有平等性，其意义远比要求家长维修三轮车、清洗围裙或每周花费一上午于早期教育项目等来得深远。当项目将家长视为合作者的时候，会让家长参与作决定。合作是这种方法的关键部分。此外，如果采用这一方法，则项目的关注点超越了家长的范围，将整个家庭包括在内。结果，家庭仍会承担诸如维修三轮车之类的任务，但之所以决定这样做，并不因为是项目制定的要求，而是源于合作关系。

早期教育领域的标准已逐渐向"家长作为合作者"的方向迈进。仅仅教育家长或让家长参与是不够的。当前，要求从业者将自己视为家庭的合作者。许多早期项目面临的挑战是找到建立合作关系的途径。框7.4展现了如何与拥有特殊需要儿童的家庭开展合作。

## 框7.4 多棱镜

### 一种特殊的合作关系

当有可识别的特殊需要的儿童进入早期教育项目时，障碍个体教育法（IDEA）要求启动一种特殊的程序，以创设回应儿童需要的计划。针对婴幼儿及其家庭的计划被称为"个别化家庭服务计划"（IFSP）。学前儿童需要的计划则被称为"个别化教育计划"（IEP）。为了创设出 IFSP 或者 IEP，由多学科的专家组成的团队一起与家庭进行合作，为家庭以及特殊需要儿童制定合适的、有意义的目的和目标：目标取决于个人的需要、面临的挑战以及期望。例如，针对一名有身体方面挑战的儿童，其目标可能是如厕训练；针对一名语言滞后的儿童，其目标可能是增加词汇量。目标详细描述了将要完成哪些内容、在何种程度上以及如何来评估是否达到了目标。家庭有权提出这些目标的内容，以及怎样来达到这些目标。最终的决定与教育相关，但它取决于儿童的残障程度，因此看起来不像普通的教育目标。

上述过程的目的是，让家庭自身保持作为主要决策人的同时，充分利用专家们的专业知识。在某些方面，过程本身比计划或项目的结果重要。一旦前述过程生效，进入早期教育项目的家长便拥有了一些与专业人员合作的经验。与专业人员的有效合作，使得家长有权负责照顾自己的孩子。当家长不得不退居专业决定的次要位置的时候，他们可能会感到无助甚至感到与自己的孩子相分离。丧失权力的家庭不同意专业人员有关孩子需要的看法，他们可能放弃其支持者的角色，而把孩子留给那些不像他们那样懂得孩子的人照料。

## 让家庭感受到它们是早期项目的一部分

如果要家长成为某个早期教育项目的合作者，他们必须感到自己是项目的一部分。以下是早期教育工作者能够让家庭有前述感受的几种方式：

- 使入园的初次会谈成为双向的信息交流平台。避免使用家庭不能理解的专业术语。如果会谈无法采用家庭所使用的语言，请翻译帮忙沟通。
- 创设一个令人愉悦的环境，提供一些成人家具和聚会地点。还应为目前还未入园的儿童创设适当的环境，使他们在陪同家长或其他家庭成员来园时也感到舒适和愉快。
- 在早期项目中找到反思家庭所用语言以及所属文化的方式。
- 在园所入口处附近设立一张公告板，提供儿童养育方面的信息。要确保所提供的信息涉及项目中的每个语言群体。
- 在所有事务上考虑家庭的需要。
- 让家庭代表参与影响他们孩子或整个项目的决定。必要时聘请翻译。
- 需要时联系相关社区。

入园的初次会谈是让家庭感到受欢迎的好机会。会谈的目的是了解孩子及其家庭，告知他们项目的相关内容。初次会谈也是开始建立联系的好机会，这种联系对于促进教师与家长间的交流以及未来的问题解决非常重要。

把会见放在园所入口处是让全家感觉愉悦的地点。

如前所述，入园的初次会谈应该是一次双向的信息交流。在有些情况下，你应该向家庭阐明项目所遵从的教育哲学，与家长一起探讨项目如何较好地符合了他们有关适当的教育以及早期教育的理念。

把那些与父母有强烈感情的孩子分开是困难的，但这是个好迹象。

应该带着广泛的家庭概念去参加初次的入园会谈。若将由母亲、父亲和孩子（们）组成的核心家庭视为标准，则你在涉及一些不同模式的家庭时便可能遇到麻烦。除了核心家庭外，还有单亲家庭、由祖父母抚养孙子/女的家庭、数代同堂的大家庭，以及亲属网络等。保持一种开放的心态，不将一种模式置于另一种模式之上。谨慎使用类似"破碎家庭"这样的词语。也要考虑诸如制作母亲节或父亲节礼物这样的普遍习惯。一些孩子会感到被人忽略吗？怎样做才能促使他们明白自己的家庭获得了认可和尊重？

保育员、教师或项目负责人需要广义地看待家庭构成。他还需要理解每个特殊家庭中的权威构成。如果一个家庭主要是由儿童的母亲与项目保持联系，但她在家里没有决定权，最好还是找出谁是家庭的权威人物。有时候，权威人物可能是父亲，也可能是其他的长辈。安排会议的时候，收集到这样的信息是非常重要的。

最后，非常重要的一点是，认识到你可能还会遇到一些你不太赞同其儿童教养方法、道德标准或生活方式的家长。你甚至还会有将孩子从这些家长手中拯救出来的感受。确信这是教师发展的一个自然阶段，希望成为孩子的救星乃是一种正常的反应。不过，你必须抛开这种想法，理解将孩子从其父母手中挽救出来并非你的工作，与家庭合作给孩子提供最好的照料与教育才是你该做的。

## 认可家长与保教人员的角色不同

家庭以及儿童保教工作者担当着两种不同的角色,但这两种角色都要求爱孩子。家庭与孩子之间已经拥有长期而亲近的依恋关系。家庭还关联着孩子的过去,并且设想孩子的将来。相比之下,保教者的角色是保持适当的距离,与孩子之间形成一种短期的、并不太强烈的依恋关系。[1] 与家庭不同的是,保教者与孩子的过去或将来没有关联(对孩子进行照料和教育的持续影响除外)。保教者与儿童关系的重心是现在。这种关系是暂时的:随着儿童年龄的增长,他们通常要升入下一个年级;有时候,随着家庭搬迁或保教工作者离职,这种联系也就突然结束。

因此,认识到应避免与儿童建立过于密切的情感联系非常重要。当然,并不是说要完全避免情感上的依恋,毕竟,这是儿童照料过程中的特点之一。儿童需要与他们所关爱的人,也就是关心并爱护他们的人建立起某种关系。

儿童生活中最重要的成人来源于家庭和保教机构,他们应该相互合作。[2] 一旦双方成人理解对方乃是维护孩子最大利益的人,他们便会因这种信任而克服大部分的分歧。

## 处理与家长的冲突

本章开始,我们分析了教职人员如何处理并解决相互间的分歧。但是,冲突不仅发生于教职人员之间,有时候也发生在家长身上。教职人员与家长之间的冲突是早期教育者工作中最令其感到费劲的一个方面。

当家庭参与早期教育项目,早期教育工作者便着手与其建立起热情而友好的关系。不幸的是,家庭对项目加以抱怨和批评乃是常事。你可能难以与一个什么都不做、只会扰乱项目的家庭保持一种工作关系。然而,需注意的是,抱怨通常是家庭表达其痛苦的方式。内疚可能是其批判的核心,也许,他们希望自己的孩子可以整天待在家里。抑或是,家长看到自己的孩子在家以外的地方获得了更好的照料而产生无意识的妒忌。无论怎样,请不要在这些痛苦、内疚或妒忌上火上浇油。如果你与家长进行竞争,那孩子会被夹在中间,他们可能会感到忠诚分裂的痛苦。(处理与有特殊需要儿童的家庭的冲突时,要求保教工作者细致而周全地考虑。框 7.5 讨论了这些家庭所面临的特殊挑战,以及早期教育工作者如何对它们的需要和情感保持敏感性。)

---

[1] Lilian G. Katz, *Talks with Teachers* (Washington, DC: NAEYC, 1977).

[2] Janet Gonzalez-Mena and Anne Stonehouse, "In the Child's Best Interests," *Child Care Information Exchange* Nov. 1995: 17 - 20.

### 框 7.5 提示与技巧

**理解有特殊需要儿童的家庭**

如果一名特殊需要儿童的家长抱怨和批评，理解他们不满意背后的内容是非常重要的。当然，并不是所有特殊需要儿童的家长都会抱怨及批评，家长之间各有不同。但是，他们都需要早期教育保教人员的进一步理解。

想想特殊需要儿童的家长必须克服的各种情感：伤心、愤怒、害怕、失望、挫折等。很少有家长提前作好了要生一个有特殊需要的孩子的准备，大部分家长都是努力去理解并处理出现在他们面前的独特挑战。来到早期教育项目的时候，他们可能已经忍受了数不尽的创伤，与无数个专家交谈，还可能遭受到了其他不能满足孩子需要的早期项目的拒绝。他们可能会感到焦虑、压抑和孤立。可能会担心根据孩子的疾病状况来改变项目的要求和安排，担心包括指定治疗在内的早期干预服务。

一些家长能够很好地处理自己的情感，有些甚至可以公开表达情感。其他一些家长则没能很好地处理，他们或将情感隐藏起来，或以意外的方式加以表达，有时甚至去专注无关其烦扰之事的事情。对教师而言，在与特殊需要儿童的家长共同开展工作时，时刻记住他们特殊的情况是非常重要的。他们能够用到你能给予他们的所有理解与支持。

有些家庭不提任何问题，只是来到学前教育机构，信任地将他们的孩子交给保育员或教师。但有些家长在希望孩子获得怎样的教育方面却有一整套想法，他们在儿童养育、早期教育等方面都有自己的信念。一旦家长和早期教育从业人员在理解对方的早期教育观点上出现"故障"，冲突便在二者之间产生。框 7.6 列举了家长和保教工作者所表达的一些共同的抱怨。将框 7.6 的内容用做练习，以测试你从一种视角移至另一种视角的能力。如果你难以在不同的视角之间转换，请访谈一些家长和保教工作者，让他们向你解释其观点。

### 框 7.6 观点集萃

**感受另一种视角**

以下是保教人员对家长的一些共同抱怨。看看你能否从家长的角度回答下述每个问题。你能想象通过某次对话，使家长让保教工作者了解他的观点吗？

为什么一些家长：
- 说了再见后还拒绝马上离开？
- 不打招呼就悄悄离开？
- 似乎总是急急忙忙？
- 总对项目加以批评？
- 对孩子过于宽容？

第一部分　教学过程导论：幼儿教师的角色

续

- 需要对孩子如此严厉？
- 对孩子变脏感到不安？
- 不停敦促孩子学习？

家长对保教工作者也有看法。尽量从保教工作者的角度回应下述每个问题。想象通过某次对话，保教工作者能够让家长了解他的观点。

为什么我孩子的老师/保育员不能：

- 让我早上更容易离开？
- 在我离开说"再见"时停止唠叨？
- 让我的孩子更整洁一些？
- 教我的孩子阅读？
- 要求孩子更尊重大人？
- 让孩子多坐着？
- 让孩子保持安静？
- 使早期教育项目更像"学校"？

**敏感于文化和语言差异**　家长与早期保教工作者的交流并不总是非常简单，但却是必需的。当保教工作者与家庭分别来自不同文化背景的时候，不论他们讲不同的还是相同的语言，交流都可能面临挑战。

在家庭与保教人员讲不同语言的情况下，找到交流的方式非常重要，可能需要一名翻译。最好不要让儿童充当翻译，如果他的英语非常流利，可以请他做一些不太重要的沟通工作。但要注意的是，依靠儿童为其父母担任翻译，乃是将儿童置于非常能干的位置。这样一种角色，反过来会扰乱家庭关系。如果谈话的主题是儿童，那让他担任翻译则是将其置于一种尴尬的境地。

翻译是一种精细的工作，需要一些特殊的技巧。传达准确的信息对翻译者而言总是一种压力，不应将这种压力置于儿童身上。此外，儿童还没有成熟到以两种语言来讨论一些成人概念。他们可能很容易就犯错误，极大地干扰到成人间的交流。

某个单词的错译可能会带来一个较大的错误。以一个需要做手术的孩子的故事为例。她的父母都不讲英语，于是请来了翻译。翻译向其父母解释了情况，要求他们在同意书上签字。他们拒绝了。交谈了好几个小时之后，他们还是不肯松口。直到事情变得无望，请来了第二位翻译，他们最后才同意手术。原来，第一位翻译在翻译中用"屠宰"代替了"动手术"一词。难怪孩子的父母拒绝。想想他们当时都想了些什么啊！

讲同样语言的两个人之间也会有交流问题。在下述实例中，来自不同文化背景的一位家长与一名教师在如厕训练方面持有不同的观点。

一位家长将她的孩子送到了婴幼儿早教项目，在孩子学会端坐之前，她就已经开始进行如厕方面的训练。她并不古怪,只是以一种不同的方式看待如厕。这位母亲的如厕训练方法是,在预感到孩子要小便时,将其抱到便池那里。迄今为止,她的方法非常成功,避免了在白天使用尿布。

在教师看来,这位母亲应该接受培训。教师对如厕训练有着完全不同的看法。她将这一过程视为"如厕学习",而且不认为它应始于学步期之前。教师的方法是,等到孩子发出"准备就绪"的信号,如能够越来越长时间地控制尿意时才开始。她认为,如厕学习需要一定的成熟度,它是迈向独立的重要一步。

两种方法的背后隐含了不同的价值观。其中,家长重视互相依赖,教师重视独立。"互相依赖"有时候也被称为"相互依靠"。一些教育工作者,尤其是那些非常重视独立的教育者,往往不可能将依赖作为其早期教育课程的一个目标。

显然,这位家长和教师的观点相去甚远。他们需要相互交谈,也就是说,他们需要进行一次对话。如果他们已有建立起某种关系的基础的话,交流将会变得更容易。这也正是早期教育工作者为何要与每个家庭建立起某种关系的原因。

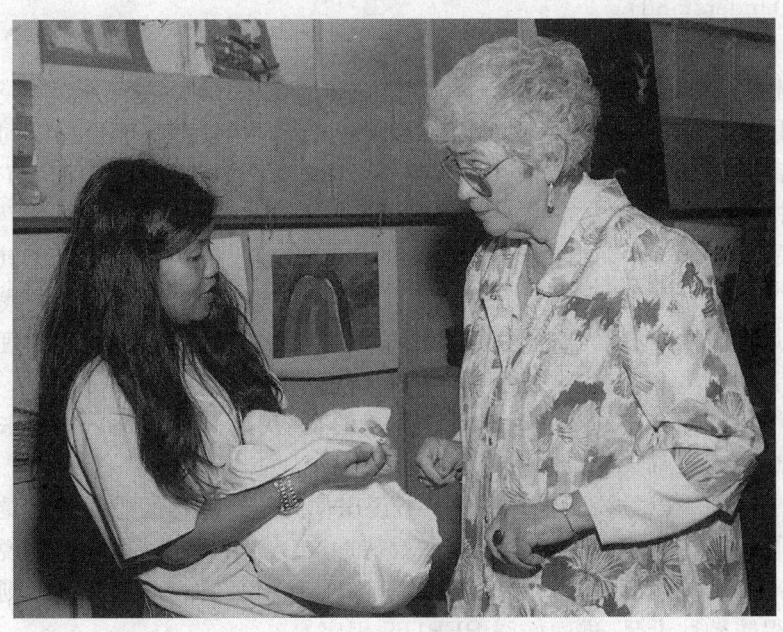

注意到语言、文化、年龄的差别是重要的。

独立与互相依赖这两种概念的冲突往往也体现在进餐上。想象一位教师和一位家长在自我帮助技能上观点不一。家长看重干净、整洁、有序的就餐,因此选择用小汤匙喂孩子吃饭。在她看来,喂孩子吃饭的时候是让母子相互联系的一个特殊的时刻。她对喂孩子吃饭感觉非常好,并且不打算放弃这样做。

对于家长的做法,教师感到很震惊。她的目标是培养孩子甚至是婴幼儿的独立,

第一部分　教学过程导论：幼儿教师的角色

于是要求他们自己就餐。对她而言，独立尤为重要，可以在孩子的学习过程中牺牲自己对干净、有序的关注。因此，她对用汤匙喂孩子吃饭持反对态度，认为这阻碍了孩子的发展。

"正确"和"错误"的方法与文化和价值观密切关联，因此，不存在家长或教师任何一方在如厕训练或用汤匙喂食中获胜的问题。唯一的答案就是交流。如果成人希望做到相互理解来分享儿童的保育和教育，则其中必须有妥协和谦让。如果他们在有冲突之前便已发展了某种关系，则交流起来会更加容易。

**解决冲突**　为了解决问题，争论的各方需要开展对话。对话的要素包括谈话、倾听以及在解决问题时的协商。解决冲突所需要的因素可以进一步分解成：

反思（Reflect）
解释（Explain）
说明缘由（Reason）
理解（Understand）
协商（Negotiate）

将上述各词语的首个字母相组合，就变成了"RERUN"。这一缩写容易记忆，需要时可以重复运用。需指出的是，RERUN 是一个整体的过程，不是总以同样的顺序出现的一系列步骤。之所以按前述顺序列举，乃是为了方便记忆。下面我们来逐一审视每个要素。

- **反思**　在冲突中，你一定要让他人知道，其情感已经被接受。反思其情感时可用"我明白你对这一情形有多么心烦"。反思想法和观点时可用"我猜你的意思是……"。反思为交流打开大门并促进对话。持续反思，直到你理解了他人的看法。
- **解释**　在冲突中的某些时候，以"我想的是（我感受到的是）……"来表达自己的想法或情感。
- **说明缘由**　以"这就是为什么……"说出你为何有那样的想法或感受。
- **理解**　尽量从双方的观点出发来看待冲突。你不必说很多，但要说清楚。近距离聆听并理解他人。同时，也要理解自己：如果你有矛盾情绪，则你极可能变得防御性十足，进而妨碍 RERUN 程序。
- **协商**　当冲突双方明确了问题所在以及各自在看法上的差异，即可以开始寻找解决方法。"这种情形下该怎么做呢？"是开始 RERUN 程序中协商这一步骤很好的开场白。

如果协商破裂，交流受阻，则再次开始 RERUN 程序。反思总是一个适合的步骤，有助于打开事情的大门。

RERUN 程序促成问题的解决，争论则导致不满与不快。让我们来看看下述案例中所运用的两种不同方法。

场景是某个儿童保育中心,时间是下午五点左右。一名刚入园儿童的家长来接女儿回家,发现女儿的衣服上到处是食物污渍。于是,她向教师抱怨起来。

家长:为什么我女儿的衣服上到处都是食物?我不喜欢看到一天结束后她变成这样!
教师:很抱歉。我们中午吃了意大利面条,后来又喝了葡萄汁。她不肯戴围兜。
家长:(看起来十分迷惑不解)我仍不理解为什么食物会弄到她衣服上去。
教师:(也很迷惑)你是知道的,小孩子吃东西时哪有那么整洁。
家长:我当然知道这一点。所以你要喂他们吃!如果你在喂他们时非常小心的话,不管戴不戴围兜,他们的衣服肯定都会很干净的。
教师:喂一名三岁的孩子?我们这里从来不喂,要喂的话只给婴儿喂。学前期的孩子可以自己吃。
家长:让他们自己吃?真是荒谬。他们会把食物搞得一团糟。

在这一过程中,双方正做着争论前的热身。但假如他们运用 RERUN 程序来代替争论,又会发生什么呢,请看下述情形:

教师:我猜我们对小孩子以及他们需要些什么看法不同。给我说说你在家是怎么做的。
家长:我一直喂孩子吃饭,直到他们能够拿餐具并且不会把自己弄脏。
教师:每次就餐时都这样做,难道不会打扰你好长一段时间吗?
家长:没有。我喜欢为孩子们做些事情。这让我感觉很好。
教师:你对喂孩子们吃饭感觉良好。
家长:是啊,难道你不这样吗?
教师:我不这样想。我从来不给像你女儿那么大的孩子喂。但我不介意给婴儿喂,因为他们需要我的帮助。
家长:所以你觉得不适合帮助一个三岁的孩子?
教师:是的,帮助孩子们扣纽扣、系鞋带,或是午睡后帮着收拾床铺,我觉得是可以的。
家长:可以但并没有感觉良好?
教师:我对孩子依赖我感觉不是太好,我喜欢他们独立。
家长:我们的看法不同。我喜欢把我的孩子像婴儿那样对待,我也喜欢

第一部分　教学过程导论：幼儿教师的角色

别人这样对我。那感觉好极了。

　　教师：看法的确不同。这样的话，针对不同的喂养方法，我们可以做些什么呢？

　　家长：针对弄脏衣服，又可以做些什么呢？

**解决冲突的四种结果**　　在运用了 RERUN 程序的案例中，两位成人相互倾听了对方的观点，其差异可通过以下四种方式之一得到解决。[1]

　　只要双方同意，任何一种解决方式都是令人满意的。其目标是达到一个双赢的局面。

- 通过家长教育来解决　　在此种结果中，家长改变对特定问题的看法。（许多早期教育项目提供家长教育课程，让家长了解作为该项目哲学和课程基础的早期教育理论和实践。）如果家长理解保育员的观点并认可其观点的意义，则她可能愿意改变自己的做法。一旦她乐意改变，则双方便会获得一个双赢的解决之道。但若发生以下情况，他们便不可能获得双赢的解决方法：(1) 家长不得不妥协于某个根深蒂固的价值观；或者 (2) 家长觉得脱离了其他家庭成员或所属文化的其他成员。

- 通过保教人员教育来解决　　在此种结果中，保教人员改变了对特定问题的看法。家长可能会说服保教人员，依据其文化和价值体系，她所采取的用汤匙喂食的方法对女儿来说非常重要。如果保教人员能够了解独立和互相依赖并非相互排斥的价值观，或者，如果她以文化回应性的名义将自己的价值观悬置起来，那么，冲突可能得到解决。但若发生以下情形，则不可能取得双赢的解决之道：(1) 保教人员放弃了自己的价值观且感到不舒服；或者 (2) 同意用汤匙喂食但感到愤恨。

- 通过共同教育来解决　　在此种结果中，保教人员和家长都改变自己的看法。如果双方都能领会对方的观点，他们可能会达成一些统一来尊重对方的看法。也许他们会同意，保教人员继续在学校教授自我帮助技能，并让孩子穿上旧衣服就餐，家长则继续在家用汤匙喂食。或者，家长中午到校亲自喂自己的孩子。如果双方都觉得这些方法不错，则它们就是双赢的解决方法。

- 没有解决　　在此种结果中，保教人员和家长皆不改变看法。这是一种无人取胜的情形，双方成人不尊重对方的观点，从而导致冲突持续或升级。所幸，无人取胜的情形也可以变为双赢的情形。由于不同的价值观，双方可能会相互敏感并相互尊重，最终达成统一。此时，冲突处理技巧至关重要。双方学习开

[1] Janet Gonzalez-Mena, "Taking a Culturally Sensitive Approach in Infant-Toddler Programs," *Young Children* 47.2 (Jan. 1992): 4-9.

诚布公地处理差异。只要他们相互信任，并以儿童最大的利益为出发点，便可能取得最好的结果。而且，双方都不需要妥协，不需要放弃自己的文化价值观。

许多力量将我们的社会推向同质化。通过珍视文化多样性，我们对这些力量加以抵制。我们所在的多元社会的目标不是分离主义，认识到这一点非常重要。一个社会是一群人生活在一起，而不是相互分裂开。多元化的社会形态的目标是创造一个统一（不是一成不变）的社会，在这样一个社会里，多样性得到认可、接受和称赞。

早期教育项目是一个个微型社会，保育员、教职人员、家庭和儿童得以实践作为大社会的一部分。通过尊重甚至是鼓励差异，早期教育社会正以健全的姿态看待多样性。

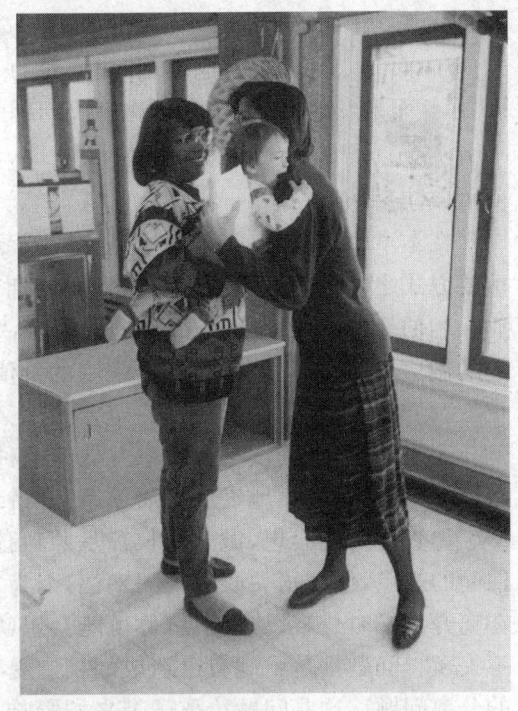

文化差异需要探讨，但仅仅在到达和离开时间里进行讨论是困难的。

## 促进与家庭的交流

建立关系以及为家庭提供一个支持性氛围的方法是通过交流。这就意味着，家庭与保教人员应该定期地相互交谈，然而，考虑到早期教育工作者的工作性质，这种交谈并不容易。以下是如何促进与家长交流的一些观点。

- 充分利用时间　入园与离园时的快速交换意见能增加重要的交流时间。譬如，为了促进成人在早上的交流，可以在儿童与其家长一起来园时，为儿童安排有趣的活动。
- 提供相关信息　家长重视了解园所的一日活动。作好特定的记录：婴儿最后一次进食的时间、学步儿童摇摇摆摆走路时发出的声音，四岁孩子看到蝴蝶从茧中飞出来的兴奋劲，七岁的孩子第一次投中篮筐时的激动。当然，谈论问题也很重要，但不要以谈问题为主。
- 善于接受　交流是一个双向度的过程，提供信息并以开放的心态接受这些信息。要让家长感到能舒适自在地交流。
- 发展倾听的技巧　尽量聆听家长所说的话，以便了解话语背后隐含的信息。如果家长表达了某种情感，对保教人员而言，要做的是认识这种情感并给家长进行适当的反馈，进而打开交流的通道："你好像很烦恼。"这种方法不仅能在与家长的交流中奏效，在与儿童的交流中也能奏效。

第一部分　教学过程导论：幼儿教师的角色

- **共同解决问题**　尽管你可能是儿童发展方面的专家，但家长则是自己孩子方面的专家。当问题出现时，要做的不是确定某个解决方法并将其呈现给家长，而是发起对话，相互合作解决问题。

## 支持家庭

在本章中，我们已经探讨了让家长感受到支持的一些特定的行为。支持家长的最重要方式之一是通过倾听来尊重差异。拥有多年家庭和儿童工作经验的学者艾丽西亚·利伯曼(Alicia Lieberman)这样说道："家长的做法与其价值观相联。若要改变他们的做法，则要很好地针对那个家庭的价值观。"[1]在你将自己所认为的"正确"的儿童教育方法"告知"家长之前，一定要慎之又慎。必须理解并尊重家长们的价值体系。

还要认识到，创设一种关系并保持这种关系乃是你的责任所在。无论遇到多少障碍，你都要尽可能早地设法发展关系，并持续不断地建立起关系。

尽管你可能会想，抛开家长只是照料孩子容易得多，但却绝不能这样做。依据利伯曼的观点，你必须关心家长的幸福，因为它直接关系到孩子的幸福。例如，一位家长在离开孩子时总难以说再见，你可能会想："如果她快点走的话，她的孩子就不会那么不安了。问题都是由她自己造成的！"遭受与自己孩子分离痛苦的成人通常有未解决的分离问题。这些问题给孩子带来的影响，远远超过了早晨说再见的痛苦。所以，重要的是，你不能不理不睬，而是应该认识家长的痛苦，找到方法帮助他来解决问题。

良好的观察技能有助于了解孩子，家长的补充使其更为完善。

---

[1] Alicia Lieberman, "Approaches to Infant Mental Health: Working with Infants and Their Families,"在1995年10月20号，由维多利亚大学主办的会议上的发言。

同样，当某个孩子有了问题并召集会议时，重点关注的不是孩子，而是家长。会议中要做的不是审问或提建议，这两种方法只会让家长处于防御状态，而是应该通过"你对所发生的一切有何感受？"或"问题影响到你了吗？"来打开沟通之门。

另一种支持方式是帮助家长进一步认识并欣赏自己的孩子。增强你的观察技巧，以帮助家长看到自己孩子身上发生的所有美好的事情。这是联系家长的一个重要作用。即便孩子身上出现了某些问题，也应看到其中积极的方面，避免集中关注消极的方面。[1]

一位感觉敏锐的教师或保育员能帮助家长增强他们对自己孩子的理解以及对自己孩子的期望。一位感觉敏锐的家长能帮助教师或保育员做同样的事情。因此，有必要增强你的观察技巧，学习如何解读行为上的各种线索。一名婴儿将瓶子推开意味着什么呢？是他已经吃够了？还是注意力分散？或有其他原因？为什么那位学步儿童拒绝躺在床上？是他不困？还是他想要一条特殊的毯子或填充式的动物玩具？睡觉让他感到受伤害吗？为什么那名四岁的孩子不喜欢游戏场地，在因打扫而禁止进入之前一直都不进去呢？他在游戏场地有什么样的体验让他选择避开？为什么那名七岁的孩子每天都拒绝做家庭作业？这是新的权力争斗还是有其他原因？

上述许多问题都不能由早期教育工作者单独来回答，他们需要家长的参与以及家长的看法。家长可能看到孩子完整的一面，这是保教人员无法看到的，反之亦然。这也正是信息共享之所以重要的原因。

家长和家庭支持的一个重要组成部分是帮助家长相互支持。单凭早期教育工作者不能做到这一点。家长与保教人员的比例是儿童与保教人员比例的二倍。因此，保教人员如何在联系儿童的同时给予每个家长其所需要的支持呢？

答案是让每个家长相互支持。你可以通过将一些家长的名字和电话号码告知其他家长（当然，要获得家长们的许可）来促进家长聚会。通过他们相互访问，一些家长便有机会与曾经处理过或正在处理类似大小问题的家长聚会。哪怕只是与其他家长交谈，也能提供必要的情感支持，来处理包括压倒一切的问题在内的所有问题。

## 小结

早期教育项目中的成人关系至关重要。儿童通过观察成人来学习互动、表达情感以及解决冲突的方式。因此，成人要为儿童示范建立成熟的关系以及如何解决问题。成人通过多种方式来解决问题。在成人接受相互间的差异时，他们即示范了对多样性的尊重。最后，行动自然而真诚的成人示范了真实性。

与他人有工作关系的成人必须学习区分冲突中的争论与对话。争论的重点是获取胜利，对话的重点是获取信息并理解他人的观点。与争论相比，对话更可能导致满

---

[1] Alicia Lieberman, "Approaches to Infant Mental Health: Working with Infants and Their Families," 在1995年10月20号，由维多利亚大学主办的会议上的发言。

第一部分 教学过程导论：幼儿教师的角色

意地处理或解决冲突。当成人向儿童教授对话并在他们自己的关系中展现对话时，往往可以获得双倍的效果。

在早期教育项目中，早期教育工作者相互之间、他们与家庭之间创建起各种关系。对早期教育工作者而言，很重要的一点是将家庭视为当事人并将其纳入项目中。为了与家庭创建关系，认可保教人员与家长的角色差异也很重要。

家长和保教人员有时会产生冲突，此时，作为早期教育工作者，认识到许多冲突都是由于情感、文化和语言差异所导致的非常重要。解决冲突的过程被称为 RERUN，代表反思、解释、说明缘由、理解以及协商。通过 RERUN 程序解决冲突可能有四种结果：(1) 通过家长教育来解决；(2) 通过保教人员教育来解决；(3) 通过共同教育来解决；(4) 没有解决。

通过以下方式支持家庭是早期教育工作者要做的工作：(1) 尊重差异；(2) 创建并维系一种关系；(3) 表现出关心家长的幸福；(4) 帮助家长进一步认识并欣赏自己的孩子；(5) 创建家长支持小组。

## 自我测试

学习本章后，你能够
* 解释成人关系如何为儿童与他人的互动方式树立榜样吗？
* 描述成人所树立的榜样怎样教授儿童如何处理冲突并欣赏差异吗？
* 认识到成人在处理问题时的方式差异吗？
* 讨论为什么成人应该真实吗？
* 区分争论与对话吗？
* 描述两位教师如何运用对话来解决差异吗？
* 解释为什么早期教育工作者既要关注儿童又要关注家庭吗？
* 列举在早期教育项目中将家庭纳入进来的一些方式吗？
* 解释保教人员与家长的角色有何不同吗？
* 讨论为何早期教育工作者要对抱怨的家长保持敏感吗？
* 描述家长与保教人员之间可能产生哪些文化和语言问题吗？
* 解释解决冲突的 RERUN 程序吗？
* 指出并描述家长与保教人员冲突的四种结果吗？
* 解释一些有助于与家庭沟通的方式吗？
* 说出一些支持家庭的方式吗？
* 解释家长支持小组的目标吗？

## 需知术语

你可以用下面的多少个词语造句？你知道它们的含义吗？

| | |
|---|---|
| 对话 | 个别化教育计划 |
| 障碍个体教育法 | RERUN |
| 个别化家庭服务计划 | |

## 深入阅读

Allred, K. W., Briem, R, & Black, S. J. (1998, September). Collaboratively Addressing Needs of Yong Children with Disabilities. *Young Children*, 32-35.

Carter, M. (1995, January). Building a Community Culture Among Teachers. *Exchange*, 52-54.

DeJong, L., & Cottrell, B. H. (1999, January). Designing Infant Child Care Programs to Meet the Needs of Children Born to Teenage Parents. *Young Children*, 37-45.

Gonzalez-Mena, J. (1997, July). Cross Cultural Conferences, *Exchange*, 55-57.

Gonzalez-Mena, J. (2000). *Multicultural Issues in Child Care* (2nd ed.). Mountain View, CA: Mayfield.

MacIntyre, K. P. (1998, September). When Opposites Attract: Using Differences to Make a Difference. *Young Children*, 84.

Mangione, P. (Ed.). (1994). *Infant/Toddler Caregiving: A Guide to Culturally Sensitive Care*. Sacramento, CA: California Department of Education and WestEd Program for Infant-Toddler Caregivers.

Pulido-Tobiassen, D., & Gonzalez-Mena, J. (1999). *A Place to Begin: Working with Parents on Issues of Diversity*. Oakland, CA: California Tomorrow.

Rice, K. F., & Sanoff, M. K. (1998, January). Growing Strong Together: Helping Mothers and Their Children Affected by Substance Abuse. *Young Children*, 28-33.

Stewart, S. L. L. (1999 September). Good Questions to Ask When a Child with a Developmental Delay Joins Your Class. *Young Children*, 25-27.

## 结尾故事

当我作为助手在一所半日制幼儿园初涉早期教育领域时,我很快了解到教室和游戏场地是作为特殊——几乎是神圣的空间为儿童而设。其重心是儿童的需要、教育和情感。填满教室和游戏场地的声音都是儿童而非成人的。这可以理解成,成人是为了孩子而不是为了他们自己来到这里,相互之间肯定不会交谈。会议或休息时间才是成人时间,而且要离儿童远远的。成人在厨房工作时能够相互交谈,但如果旁边有孩子,则成人的交谈会受到影响。

第一部分　教学过程导论：幼儿教师的角色

　　作为助手的经验与我作为一名年轻母亲的习惯完全不同。我习惯花相当多的时间与朋友们坐着交谈，而孩子们则在我们周围玩耍。在我的新角色中，我不得不习惯以下理念：被有兴趣的成人围住时，我得选择忽视，只有对某个孩子的关心才可能让我和他们聚在一起。

　　我仍然记得那所幼儿园的游戏场地和教室是如何设计的。室内外没有任何成人家具。游戏场地旁边也没有椅子让我们坐下，我们站着并且随活动而移动位置。成人被安排在分散的"位置"，以确保整个空间都得到监管。

　　但成人就像磁铁，他们相互吸引。两名成人经常能发现他们亲近得足以交谈。每次我沉溺于这样的行为，我便会感到内疚，因为我知道这是不合适的。当然，如果有某位教师正在观察的话，我会感到无言的批评，随即便会离开与我交谈的成人。

　　可以想象，当发现一些全日制儿童看护项目不同于我半日制幼儿园经历的时候，我是多么惊奇。在一些全日制项目中，成人在监管儿童的同时相互交谈。虽然大部分项目并不支持这样的行为，但它总是会发生。

　　对于在儿童的空间中交谈，儿童看护项目中的成人表现出了不同程度的不适。对此，我作过很多的思考，得出的结论是，一个成人必须与其他成人以及儿童建立联系。当然，必须达成一种平衡：在忙于与其他成人交谈时一定不能忽视儿童，但如果只与儿童建立联系，那么，每天对成人或儿童而言都是不自然或不利的。因此，我很犹豫地在一本培训早期教育教师和保育人员的书中作了这样的陈述。我曾接受的培训要求我们在工作时间之外处理与成人有关的一切事务，但现在我质疑这样的要求。

## 下章导读

　　在下一章中，我们将探讨早期教育的物质层面，包括身体护理、兴趣中心和粗大运动学习空间。我们将分析空间要求、流动模式以及健康与安全方面的考量等细节。第八章将帮助你理解环境如何反映其创设者的目标与价值，以及各项目之间的环境有何差异。

# 第二部分

## 课程导论：计划学习

# 第八章 创设物质环境

创设活动区域
 身体护理中心
 兴趣中心
 粗大运动学习空间
早期儿童环境的其他考量
 "维度"
 空间
 多少游戏空间合适？
 流动模式
 平衡
一个安全与健康的环境
 确保发展的适宜性
 提供保护
 促进监管
 评估环境的安全性
 卫生与清洁
作为项目目标与价值之反映的环境
 个性
 独立与互相依赖
 合作
 反偏见关注
 真实性
 探索
 美感
各种类型项目的环境
 全日制儿童保育中心
 半日制家长合作社
 半日制起点计划学前班
 学龄儿童托管
 家庭式儿童保育
 幼儿园及小学项目
小结
自我测试
需知术语
深入阅读
结尾故事
下章导读

第二部分　课程导论：计划学习

在这一章里你将了解：
* 什么是"活动区域"。
* 三种类型的"活动区域"。
* 在创设早期教育环境时需要考虑哪些因素。
* 怎样确定安排多少可供儿童选择的活动。
* 什么是"游戏空间"。
* 如何设计流动模式。
* 如何在环境中创造出平衡。
* 怎样建立一个发展适宜性的安全健康环境。
* 如何对环境进行调整以促进监管。
* 怎样评估环境的安全性。
* 环境怎样反映出项目的目标和价值。
* 五种不同类型的早期教育项目。

在更高层次的教育（小学及以上）中，教师花费大量的时间创设课程。在早期教育项目中，无论是家庭儿童保育，还是以中心为基础的，或是半日制、全日制的项目，教师皆将更多的思考与精力放在环境创设上——创设出提高教学过程的环境。"课程"源于儿童在环境中与其他的人与物的互动。[1] 本章集中讨论环境的物质层面，下一章将会考察儿童的人际关系。

如果环境是一名教师，那么，仅仅清理出一块游戏场地、再将塑料玩具放在场地中央是远远不够的。必须进一步设计要将哪些因素放入其中，使其与儿童的需要、发展水平和兴趣相符合。需要计划的不仅是要将哪些因素放入环境之中，还包括如何来安排这些因素。

设计环境的第一步是了解你所在州的认可标准，这些标准会对你的一些决定加以约束。理解环境的隐含意义也很重要，尤其是这些意义与责任问题相关时。

创设物质环境时，项目规划者必须预见他们想要营造出的氛围类型。儿童保育环境到底是让人感觉像温暖舒适的家，还是感觉像冷漠的学校、或是充满混乱的地方，这取决于很多因素。通常情况下，以中心为基础的环境和家庭儿童保育的环境都太像"学校"而非"家庭"。一些项目规划者相信，建立制度性环境是促进学习的方法。然而，本文建议，一种类似家庭的环境更适合低龄儿童（见框8.1中所揭示出的一些科学证据）。

---

[1] 一些早期教育方面的伟大理论家与实践者早已阐述过环境的重要性。瑞吉欧·艾米利娅的创始人洛里斯·马拉古兹将环境视为不会说话的教师。玛丽亚·蒙台梭利同样重视环境的教育意义。吉恩·皮亚杰也认为环境非常重要，它使儿童有机会与客体和同伴进行互动。

### 框 8.1 观点集萃

#### 儿童保育项目：应更像家庭还是学校？

位于帕萨迪纳的太平洋橡树学院（Pacific Oaks College）组织研究人员开展了一项经典研究，对一些在家庭之外建立的、但类似家庭中心的小型早期教育项目的优势进行了考察。[1] 与那些规模大、类似学校的项目相比，儿童的等待时间大大减少——排队等待使用洗手间、洗手以及出去等。在类似家庭的环境中，等待仅仅占到了儿童所有时间的 3%；而在类似学校的环境中，有 1/4 的时间，即每天八小时中就有两个小时是用于等待。想想，让孩子们排队等候，教师需要花费多少时间和精力啊！

作决定是类似家庭项目的另一个优势。在这里，对于想要做什么，儿童可以作 80% 的决定；在类似学校的项目中，儿童只能作 42% 的决定，剩下的由成人来决定。此外，在类似学校的项目中，成人决定着活动的开始与结束；而在类似家庭的项目中，儿童决定着活动开始、持续以及结束的时间。换言之，类似家庭的环境允许儿童遵从自己的兴趣和步调。童年期的重要任务包括：(1) 发现自己是谁，自己喜欢什么，如何作决定；(2) 发展时间观念。在类似家庭的环境中，儿童能够练习组织自己的时间，也能更好地完成上述任务。

类似家庭项目的另一个优势是，有成人在身边，能够提供辅助性的学习，提供资源、信息及指导。太平洋橡树学院的研究同时显示，儿童有多于五次的一对一或共同的（与两个或三个其他儿童一起）与教师接触的机会。在类似学校的项目中，一天中的大部分时间，儿童更有可能待在由 10～12 名儿童组成的小组里。不难看出，缺乏隐私、少有一对一的互动、很少引起成人的关注等对儿童的潜在影响。

在类似家庭的中心里，成人更为有用，他们也更可能去促进学习而不是去要求儿童服从。家庭环境中的成人会更加激励与帮助儿童，会提出更多的建议，减少对儿童的苛求。他们能够做到这些，他们不将精力花费在常规控制上，而是用于儿童的保育与教育。

在两种环境下，儿童的行为也表现出很大的不同。在类似学校的项目中，儿童倾向于以一种单向的方式与成人交流，他们花费大量的时间用于抵制或应付成人的期望。相反，在类似家庭的项目中，儿童表现出更为多样性的健康行为：他们主动与成人或其他儿童进行交流，或对其作出回应。在他们发布指令、选择活动、开玩笑或挑衅性地侵犯他人，寻求帮助以及表达观点时，他们在身体和社交方面更可能同时投入。

---

回顾幼儿园发展的历史，趋势似乎是更加倾向于学校模式。从名称来看，幼儿园的意思即是"儿童的花园"，可以想象早期的幼儿园与现在环绕着沥青球场的方形房子相比，要更加自然、更加美丽。现在，一些幼儿园比其他幼儿园更像家庭——这取决于教师，但几乎所有的幼儿园都是由一个个基本的、冷冰冰的教室所构成。

不幸的是，大部分幼儿园和儿童保育机构都以学校为模板。一些项目甚至在公立学校的教室中进行，教师所面临的挑战是使环境变得更为柔和、更为亲切。其他一些

---

[1] Elizabeth Prescott, "Is Day Care as Good as a Good Home?" *Young Children* Jan. 1978.

第二部分　课程导论：计划学习

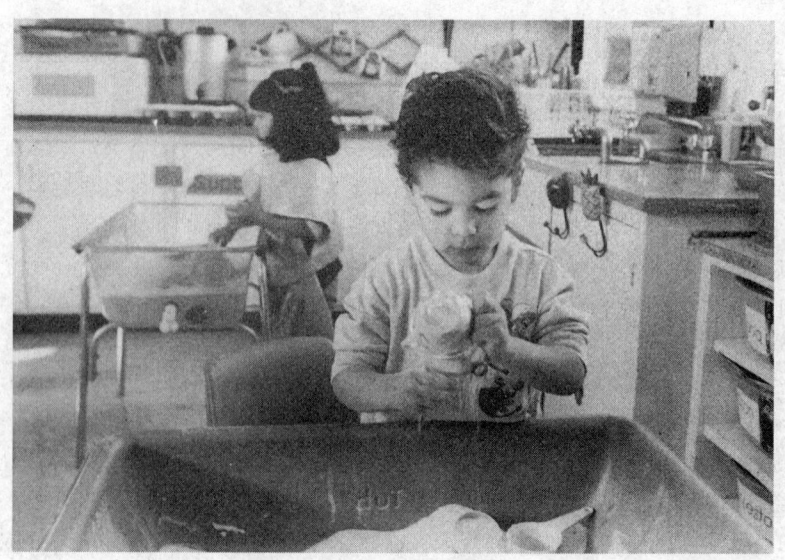

早期教育环境中的许多"课程"源自于幼儿与成人事先放置的材料、物品的互动。

项目建立在更像家庭的环境中，但许多项目规划者却试图给它们以学校式的氛围——也许因为他们从未停下来考虑过其他模式。

## 创设活动区域

儿童保育环境应该被划分为不同的特定区域。家庭儿童保育机构和一些中心必须对其空间进行规划，以满足一天活动进程中的不同目的，因此，其环境与那些团体保育项目的环境是不同的。例如，在一些中心和儿童保育之家，用于放置玩具、进行游戏、放置操作材料和进行艺术活动的桌子必须增加一倍，以便就餐时作为饭桌。在午睡时间，游戏空间可能会被帆布小床填满（类似的安排并不适用于婴儿，因为他们根据自己的时间表睡觉，他们需要独立的、不依赖于占用游戏或就餐区域的空间）。现在，一些中心已经设计了独立的就餐和休息区域；还有一些甚至建立了独立的工作场所和艺术活动区域。[1]

在早期环境中，每个区域中的材料、空间和设施都要适合所要服务的儿童的特定年龄。例如，学步儿童项目的环境应该不同于学龄儿童项目的环境。家具的规格应该符合儿童的大小。将蹒跚学步的儿童，放在使他们的双脚在地板上荡来荡去的幼儿园椅子上，等待这些儿童去适应椅子的做法是不合适的。应该针对大小和年龄各异的儿童群体，提供舒服合适的家具。同样，在规划环境时，还要考虑到儿童的特定需要和能力（参阅第十一章中有关年龄和阶段的讨论）。给婴儿和学步儿童准备的攀爬器具，应

---

[1] 意大利瑞吉欧的儿童保育中心因其所创建的工作坊而著称，它类似于工作间和艺术工作室的结合体。

该设计有向下来的阶梯,这一点与提供给较大孩子的器具不同。为学前儿童和学龄儿童准备的材料可以包括各种碎片和零部件,但决不应该向婴儿和学步儿童提供这些材料,以免他们吞下这些小碎片而导致窒息。在婴儿项目中,应该注意婴儿平卧或爬行的地板。地板安全吗?他们从地板那里可以看到什么?他们可以爬到哪里?玩具和材料的实用性也非常重要。

正如你能看到的那样,规划儿童环境需要考虑诸多细节。首先,我们将项目划分为特定的活动——与身体护理和满足需要有关的活动,以及与儿童的工作和游戏有关的活动。

## 身体护理中心

全日制项目中充满了各种各样的活动:烹饪、吃饭、清洁、洗手、如厕、更换、睡觉等等。每一件活动都需要空间——我们称其为**身体护理中心**(physical-care centers)和设施。半日制项目中,由于儿童回家睡觉,也许要回家吃饭,项目所包含的活动有所调整。尽管如此,注意儿童的身体需求是任何早期项目的一个重点。

在早期教育中,学与教并不局限于"学术"内容,学与教的过程无时不在。在盥洗室、厨房、睡觉区、换尿布的地方,以及其他一些你从未想到的地方,学和教都会发生。每一分钟,儿童都在学习。他们学到了什么,在一定程度上取决于环境如何设定。身处混乱、成人到处乱跑的环境中的儿童,与安静、秩序井然环境中的儿童,所学到的东西是不同的。注意如下两个场景的差异:

在第一个场景中,教师要去给孩子换尿布。她走近一个六个月大、正在地毯上摆弄针织球的孩子。教师首先告知将要做什么事情,接着清洁换尿布区域并洗净双手。她回到那位孩子身边,解释说该换尿布了,并向他伸出双手。教师等待着孩子的回应,然后慢慢地抱起他,带他穿过房间。

一旦将孩子放在换尿布台子上,教师就可以将注意力集中在孩子身上,因为她之前就已经将换尿布区域布置完毕。她所需要的每一件东西都近在手边。这样,换尿布的过程非常轻松,而且教师将孩子纳入进程之中。在整个过程中,孩子与教师是合作伙伴,而且环境很好地支持着他们。孩子更多地了解了自己的身体和上述过程,同时也学到了协作方面的知识。

正如前述场景所展示的,在更换尿布的过程中,花费时间与儿童进行一对一的交流,对于教师而言非常重要。同样重要的还有,要保证其他儿童的安全。建立游戏的环境能够帮助成人,促使未被更换尿布的儿童专注于感兴趣的活动。当不止一个教师在场时,换尿布的那位教师,就可以将全部的注意力放在需更换尿布的孩子身上。这就是团队工作的优势所在。当教师必须单独工作时,她就必须使用到第二章中所讨论到的"双重焦点"的技巧。

现在,我们将第一个场景与如下场景进行对比:教师走近一个13个月大的孩子,他正试图爬上一个小的儿童踏板车。教师首先告知将要做什么事情,然后去整理换尿

## 第二部分 课程导论：计划学习

布区域，洗净双手。教师不得不去寻找尿布，等她回到孩子身边时，他正在探究一个塑料滑梯的内侧部件。当教师将他拉出来带往换尿布区域时，孩子表现出反抗。

孩子想要自己爬上换尿布台，但教师却找不到本应放在换尿布区域的小板凳。于是她去找小板凳，并最终在一个壁橱里找到了，一定是有人用它来够高处的架子。等教师找凳子回来，孩子又跑到外面去了。

她追上孩子，并将他带回换尿布区域。孩子又表现出反抗。最终，她将孩子的尿布取下，但却发现没有毛巾了！她不能将孩子放在桌子上，因此，她抱起孩子，将孩子带到洗衣间，并在那里找到了一条毛巾。

这时，教师和孩子都已经心烦意乱了，教师急急忙忙地完成工作，将孩子放下来。孩子没有学到一点关于协同工作的知识。他也没有学习到要集中注意力。也许，他所学到的是将换尿布看做是一次令人烦恼的打扰，而非一次了解自身、与教师独处的机会。

上述两个例子所要表明的是，在保育期间，环境能够促进学与教的过程。第十章将会进一步讨论这一主题。

## 兴趣中心

在早期儿童项目中，人们在传统上把**兴趣中心**（interest centers）看做是最主要的教学场所。这些兴趣中心包括地板空间、器具以及探索性材料，如木制积木和小道具；操作性玩具，包括猜谜语；感官材料；写作材料和方案；阅读材料；戏剧游戏设施、家具和道具；科学和自然活动；玩具动物；美术材料；音乐器械；运动道具；以及数学和烹饪活动。还应该有个区域放置那些正在进行中的方案所需的、不属于上述目录的材料。兴趣中心也包括教室宠物（关于在早期儿童项目中引入动物作为教室宠物，框8.2提供了两种观点）。家庭儿童保育项目不会在每天都准备上述所有材料和器具，但在一段时期内，上述目录中的大部分物品都应该提供给儿童（关于此主题，请参阅第三部分中的更多讨论）。

---

**框8.2**
**观点集萃**

### 关于教室宠物的两种观点

一些人相信儿童需要学会与动物建立联系，而早期项目中的教室就是发展联系的好地方。动物提供了奇妙的、回应性的感官体验。当儿童帮助喂养和照料动物时，他们就学习了责任感。通过与动物的联系，一些儿童在情感上也会获益。而且，由于许多家庭喂养宠物，将动物带入教室促使教室更像家庭。

所有类型的宠物都是适合的，包括从放在笼中的老鼠、仓鼠或豚鼠，到可以打开笼门四处跳跃、并将笼子作为居家的宠物兔子。大部分以中心为基础的项目没有饲养猫或狗，但在一些家庭儿童保育项目中可以看到。如果有足够的空间，一些项目甚至还喂养农场中的动物。

然而，对此也存在着相反的观点。一些人认为养宠物，特别是笼养动物，是非常残忍的。在

> 这种观点看来,喂养宠物限制了动物的活动,贬低了动物的地位,并向儿童传递了错误的有关人在自然中的信息。根据此观点,圈养宠物时,人类仅将动物用做自己的娱乐工具,并未考虑到动物的感受。教室宠物被拖着四处走,被不正确地抓起,想睡觉时又被抱起。动物也应该自由自在,而不是被关进笼子,被系起、被拴绳、被围栏,被弄成人的玩具。

在较为温和的天气,部分或所有兴趣活动都可放在户外。甚至是身体护理中心也可以设在户外。[1]你可能相信新鲜空气和阳光对于一个人的健康非常重要,这些都取决于你的价值判断。你可能想将孩子们安排在户外或门廊处就餐和睡觉。在某种程度上,这种观念在我们所处的大陆已成为过去,但其他国家仍然存在供休息的门廊或户外睡觉区。[2]框8.3详细探讨了孩子们希望走向户外的倾向。

### 框8.3 提示与技巧

**孩提时期你最喜欢什么样的环境?**

想想你孩提时期最喜欢的地方。是一块位于室外、不受成人监视和管理的安静空间吗?想想这块地方有哪些地方吸引着你,然后用自己的经历来指导你为儿童创造环境。

我所询问的大部分人都回答说,他们在孩童时期最喜欢的地点是户外的隐蔽处:车库后面、房后的空地,或是树上的房子。为儿童设计隐蔽的空间可能带来一些问题。他们想要去的地方,可能并不必然符合儿童团体保育的安全性要求。不过,记住孩子们喜欢远离人群、喜欢到室外去,这总是有益的。

## 粗大运动学习空间

粗大运动的活动包括跑步、伸展、攀爬、跳跃、翻滚、荡秋千、掷球以及(对于年龄较大的儿童)做游戏——换言之,利用了手臂、腿和躯干的大块肌肉的活动。粗大运动学习既包括力量练习,也包括技巧训练。

天气与气候决定了粗大运动的学习发生于室外、室内或是两处同时进行。一些项目常年提供室内和室外的粗大运动活动。其他一些项目由于没有合适的室内空间,不得不将粗大运动活动置于室外。还有一些项目因位于长期寒冷或炎热或潮湿的地区,其室内区域就必须特别设计,以便进行粗大运动的技巧训练以及/或者练习大块肌肉的剧烈游戏。一些项目还有与四季走廊相似的室内/室外活动空间。另外还有一些项

---

[1] 在加州帕萨迪纳市的太平洋橡树学院和儿童学校,户外是主要的工作和游戏区域。其中的看法是一些东西可以在室内习得,则它们也可能在户外习得。

[2] 只要季节允许,匈牙利罗兹孤儿院的孩子们就可以在户外睡觉及就餐。这所孤儿院由著名的婴幼儿专家玛格达·格伯创建,她提出了RIE哲学。RIE代表"婴儿抚育者资源"。

目视需要建立有攀爬器具，或在必要时提供其他的室内粗大运动活动。

然而，不论环境或气候如何，所有的早期教育项目皆需安排**粗大运动空间**（gross-motor spaces），以使儿童能够通过不同的方式来锻炼身体。被照顾儿童的年龄越大，所安排的空间就应该越大。对于那些处于爬行期的婴儿和年幼的学步儿童，就只需要一小块用于练习粗大运动技能的空间。他们甚至可以在室内骑儿童踏板车和三轮车。不过，学龄儿童需要相当宽阔的操场，以及一个可以供极端热的夏季或极端冷的冬季里所使用的体育馆。

## 早期儿童环境的其他考量

多大空间才足够？是否有足够数量的器具和材料供儿童选择？流动模式怎样？如何防止儿童走入彼此的游戏空间？平衡怎样？环境是否反映出项目的目标与价值观？在规划某个儿童保育和教育的环境中，上述所有问题都与之密切相关。

### "维度"

早期儿童研究者伊丽莎白·琼斯（Elizabeth Jones）在所著的《教学环境的维度》（*Dimensions of Teaching-Learning Environments*）一书中，探讨了学习环境中的五种维度。[1]

一个科学兴趣中心可以帮助孩子发展兴趣。

---

[1] Elizabeth Jones, *Dimensions of Teaching-Learning Environments* (Pasadena, CA: Pacific Oaks, 1978).

第八章 创设物质环境

为便于孩子安全学习骑童车,要做好保护措施。

要有适于孩子独处的隔离区域。

- **软/硬维度** 儿童需要一种软与硬的表面和物体相平衡的环境。教育机构中的环境往往比较"硬",以便清洁表面和物体。但低龄儿童需要大量的厚垫子、软毯子、软材质填充的动物、舒适的家具、空气垫、衬垫、软垫和棉卷。在室外,软的东西有草、沙、水、柔软的球、衬垫以及棉卷。软的环境具有回应性。

儿童也需要一些硬的物体(如木制玩具)来获得一种不同的感受。坚硬和柔软,都是早期环境的构成部分。两者中间应该有个平衡。但要记住:儿童年龄越小,越是要向柔软倾斜。

- **引入/隔离维度** 环境中应该提供最优的引入和隔离。为了说明这个维度,让我们从"引入"这个词开始。引入是指来自外部环境的任何事物——物质的、可见的或可听到的——来自外部环境,带来了兴趣和新奇。例如,一扇较低的窗户就是一个很有价值的引入形式;它使孩子们能够观察到外面正在发生的事情,如果窗子打开,还可以听到和谈论工人们在修补街道。引入的另一种形式是走入儿童环境中的外来者——电话维修工、接孩子的家长、参观者。太多的引入可能会破坏儿童所关心的环境,使一些儿童不安,你应该理解儿童对于外来刺激的需要,同时努力保证最优水平的引入。

  隔离作为此维度的第二个因素,同样应该提供给那些需要离开群体的儿童——或想自己待着,或想与另一个儿童待在一起。当然,监管是必须考虑到的问题,不过,总有办法在设置私人空间的同时让你仍能观察一切。一个简单的方法是将一张沙发搬出墙外。此外,平台、阁楼、密室和隐蔽处同样也可以创造出隔离的环境。

  对于一些有特殊需要的儿童,尤其是那些容易受到过度刺激的儿童,拥有某个可以逃避的地方是非常必要的。了解所有儿童对于隔离和最佳引入的需要,并且为这些需要作好准备。

- **活动性维度** 在早期项目中,高度活动和低度活动应该达到平衡。儿童应能够自由移动,而不必等到户外活动时间才有机会进行力量运动。同样,儿童还需要一些歇息时间来放松、听故事或安静地游戏。

- **开放/封闭维度** 这一维度与选择有关。"开放"的例子是有较低的、敞开的柜子,里面装满了可供儿童自由选择的玩具。与此相反,环境中应该有一些封闭的、通常较高的储藏柜,用于对控制儿童的选择、清除杂物,或者锁住一些有毒或危险物品。开放性还与家具及间隔物的布置有关。好的布置是物体的腰部之上具有开放性,以促进监管;腰部之下应有一些封闭空间,以防止儿童被巨大、宽阔的区域所压倒。开放/封闭维度还与某个玩具或材料是否存在一种正确的解决方法或用途(像智力游戏或叠环),或其是否鼓励不同类型的探究有关(例如填充动物、游戏面团以及戏水)。两岁以下的儿童更多地需要开放性的材料和玩具。但到三岁时,儿童将会同时从开放和封闭材料中获益。

- **简单/复杂维度** 一件材料或玩具(或材料、玩具的组合)越是复杂,儿童使用它的方法就会越多。沙子、水和器皿的组合,与三项中的任何单个相比,可以激发更多的想法和用途。教师们发现,当儿童从事复杂的活动时,其注意的广度就会增加。

## 空间

环境中的空间应该与小组的规模相匹配,并且要考虑到儿童的年龄。婴儿所需要的空间较适龄儿童要小得多,后者往往需要足够大的空间来跑步和组织游戏。推荐的空间标准是每个孩子至少有35平方英尺。

小组规模是另一个要考虑的因素。这里,对成人—儿童的比例和小组规模进行区分非常重要。一个项目的成人—儿童比例可能正好符合推荐标准,但小组的规模仍可能会偏大。例如,五个房间里共有2名成人和12名儿童,与一个房间里挤满了10名成人和60名儿童相比大不相同,尽管两种情况下的成人—儿童比例是一样的。

在大的、开放性的体育馆以及其他一些大型空间中开办的儿童保育项目,拥有适当的成人—儿童比例,但如果小组规模太大,就有可能变得过于混乱、嘈杂、带有过度刺激性。为了消解这些问题,保育项目可以划分多个小组,将一部分儿童分配给特定的"大本营"和成人;这样做相对于全体一组的方法有所改进,但仍然无助于减少过度刺激、无助于提供良好的学习环境和氛围。

正如大的空间,如体育馆,并非儿童的最佳环境,小的、分开的房间同样也不适合。当你将一个大组分为多个小组,然后将儿童置于不同的房间时,最后你可能会发现每个房间都过度拥挤。儿童保育的环境设计专家路易斯·托瑞里和查尔斯·杜瑞特(Louis Torelli & Charles Durrett)指出,对于一个6人小组,每个儿童35平方英尺的规定太小。他们建议留出更多的空间,即每个儿童50平方英尺,这样整个环境才会令人感觉更加宽敞。[1]

如你所见,与小组规模相符的空间是非常重要的。太多的空间也有其问题。将12名学龄儿童放在一个体育馆中,除非对空间的使用进行限制,否则,所得到的就是混乱。将12名学前儿童置于一个大的游戏场地,同样难以监管。目标是创设出最适宜的空间,而不是将空间最大化或最小化。当然,需要遵守一定的规则,因此,提供多少空间有时没有选择。

## 多少游戏空间合适?

在确定游戏环境时,给儿童提供选择机会也很重要。问题是,提供多少选择?[2]一个堆积了太多玩具或活动的房间或游戏场地,可能对儿童产生过度刺激,并且会分散其注意力;同样,一个设施缺乏的环境也会产生问题,处于这种环境中的儿童不得不

---

[1] Louis Torelli and Charles Durrett, *Landscapes for Learning* (Berkeley: Spaces for Children, 1995).

[2] 在某种程度上,"有多少选择"是一个文化性的问题。观看了《三种文化中的幼儿园》——以约瑟夫·托宾及其同事对中国、日本和美国学前机构的环境所进行的研究为基础——随附的录像片断后,我陷入了三者对比的困惑。美国的幼儿园塞满各种设施、材料和玩具,相比之下,中国的幼儿园里看起来十分稀疏。对此,有人可能认为这种差异完全是经济上的或是体现了不同的价值观。参看 Joseph J. Tobin, David Y. H. Wu, and Dana H. Davidson, video companion to *Preschool in Three Cultures*, University of New Hampshire, 1990. 随书所附的录像片断。

自己发明活动方法，但这些方法并不总是积极有益的。

对环境进行评估的一个方法是数"游戏空间"。例如，一个游戏面团桌子加上六把椅子，再加上一块足够大、可以切分为六块的面团，就构成了六个游戏空间。画架也提供了两个游戏空间——每边一个（若儿童分享纸张和颜料，便有四个空间）。可以容纳四名儿童的戏剧游戏角，则提供了四个游戏空间。在室外，秋千提供了四个游戏空间，三轮车提供了六个空间。在规划环境时，使用下面的经验法则：当一名孩子变换活动时，应该有两个到三个开放的游戏空间供其选择；如果少于这个数字，选择就太有限，而且孩子们在轮到做自己想做的事情之前，可能要等待很长的时间。[1]

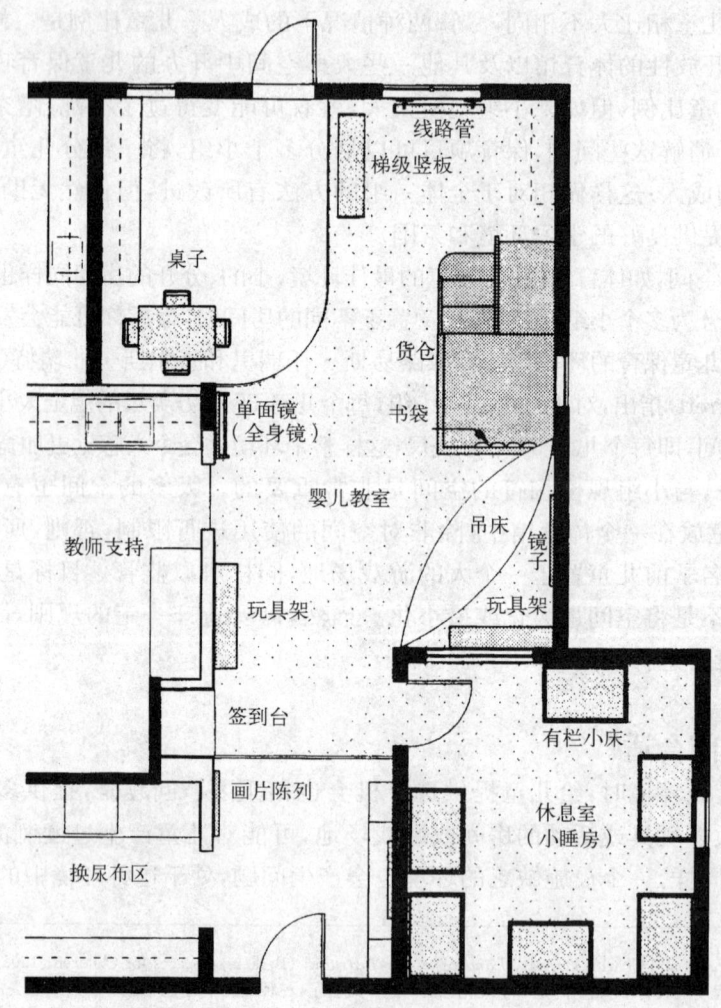

[1] Sybil Kritchevsky, Elizabeth Prescott, and Lee Walling, *Planning Environments for Young Children: Physical Space* (Washington, DC: NAEYC, 1969).

## 流动模式

好的房屋设计应使人去一个房间时，不必穿越另一个房间的中心。同样的原则也可应用于家庭保育和以中心为基础的保育环境的创设。

在任何一种类型的儿童保育环境中，流动模式应尽力避免穿越活动中心或兴趣中心。对于婴儿和学步儿童而言，一个推荐的设计是将活动区域沿墙布置，而将中心空间留作通行区域。[1] 对于学前儿童而言，要安排出"路径"，用以清晰地将儿童从一个活动吸引至另一个活动。[2] 对于所有年龄段的儿童而言，建立起对其产生吸引力的

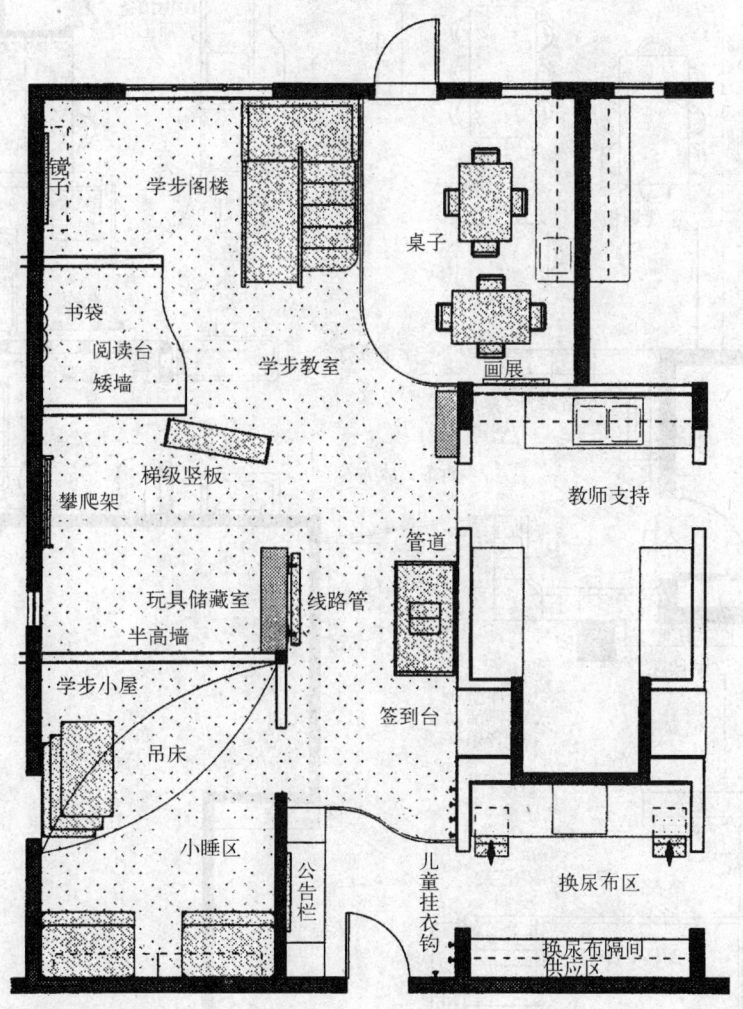

[1] Torelli and Durrett, *Landscapes*.
[2] Kritchevsky, Prescott, and Walling, *Planning*.

# 第二部分 课程导论：计划学习

区域都是非常重要的。设施、材料以及供应品的安排与有效性非常重要。

## 平衡

从平衡的角度来考虑环境：应该有一些安静的和吵闹的区域，以及大组、小组和

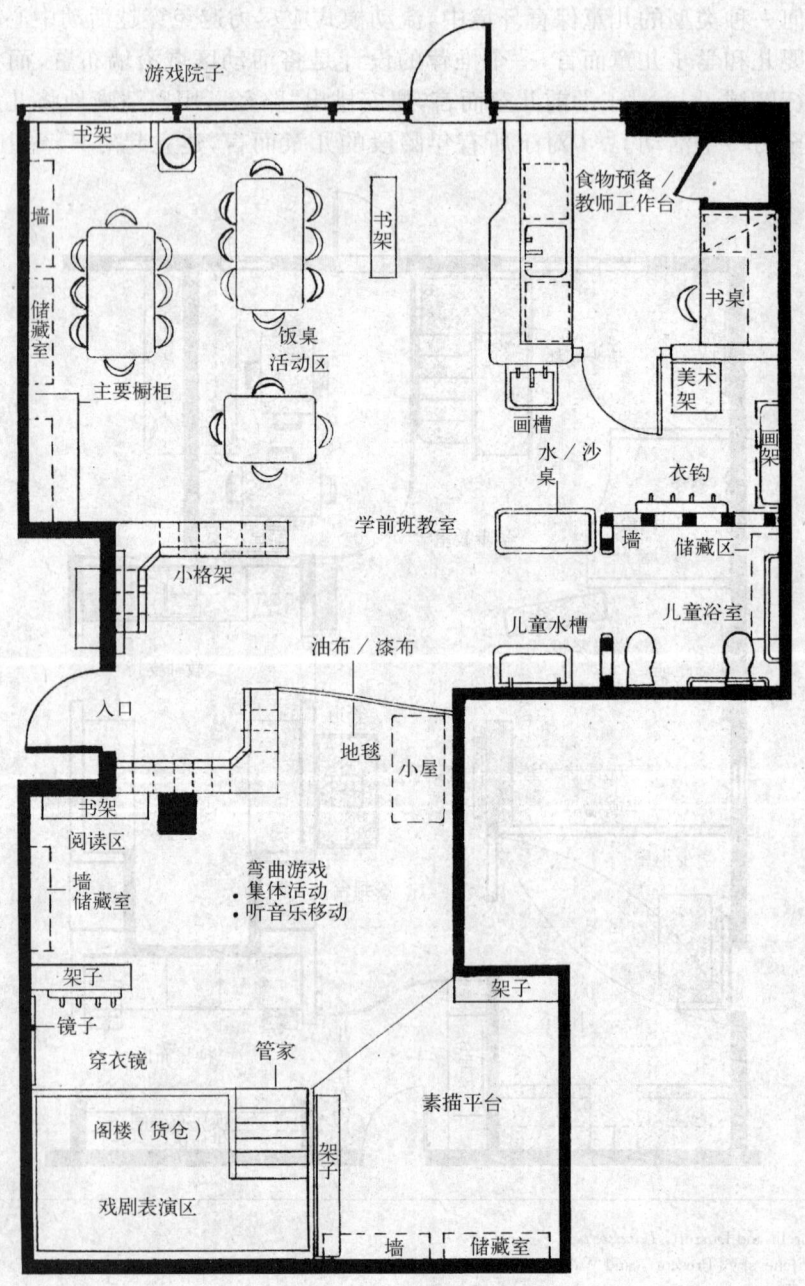

单独活动的区域。还需要考虑,如何依据儿童的生理、认知和社会-情感发展来平衡这些活动。[1]

评估环境时,平衡是关键的考量因素。譬如,环境应同时鼓励安静和吵闹的活动,但必须将安静空间与吵闹的空间隔开;不要将图书区置于音乐区旁边。还有要尽量平衡小肌肉和大肌肉活动。提供同时鼓励粗大运动和精细运动技巧的工具、玩具、材料

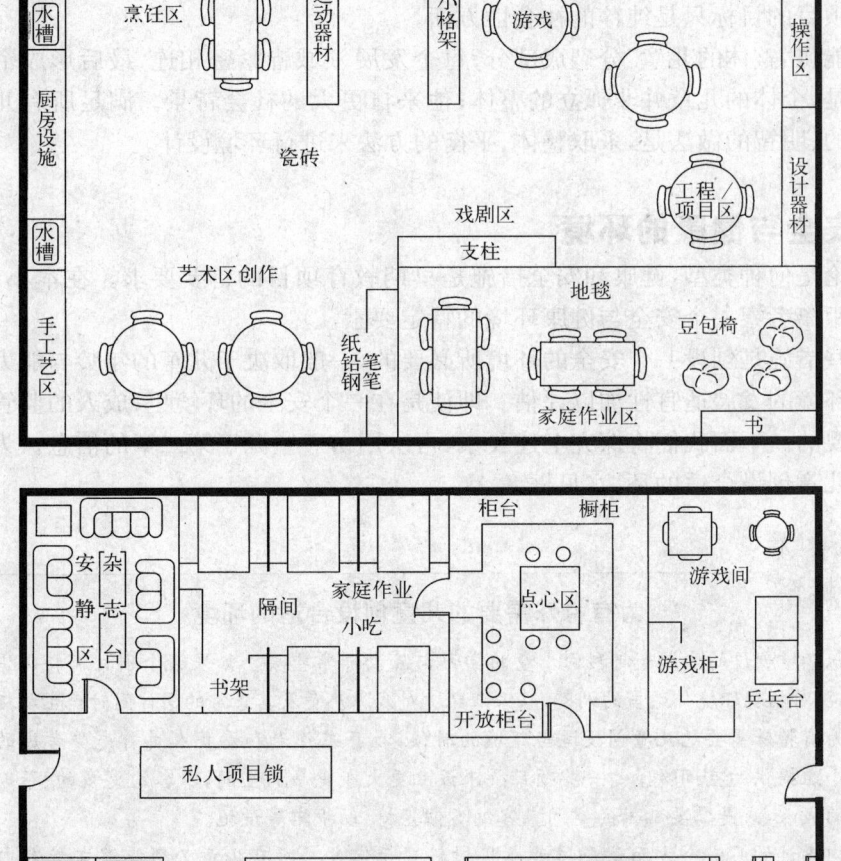

[1] 精神性(spirituality)有时是早期课程的一个层面,不只是隶属于宗教机构的早期教育项目需要考虑精神方面的需要。

及设施。而且,将两类活动分开;不在攀爬器具下和沙地上玩智力游戏。

为一位儿童、多位儿童,或者如果合适的话,为一大群儿童提供空间。不是每个早期教育项目都有足够的空间,能让一大群孩子聚集在室内;在这种情况下,可以考虑开展户外活动或者重新摆放家具,以容纳数量众多的孩子。

创设环境还得考虑所有儿童的需要。"整体的儿童"的概念会引导你进行环境设计。儿童保育不仅是身体方面的照料。早期教育项目也不仅仅关注儿童的智力发展。尽管一些家长将孩子送到早期教育项目的首要目标是为了让其获得社会经验,但没有哪一个项目的目标只是纯粹的社会性方面。

不能将"整体的儿童"分裂成部分;每个发展领域皆紧密相连,最后形成个体的儿童。但是,个体的儿童并非孤立的整体;他来自更大的社会背景。满足所有儿童需要的唯一的、明智的做法是,采取整体、平衡的方法来进行环境设计。

## 一个安全与健康的环境

不论是何种类型,健康和安全措施是早期教育项目的首要要求。在本小节,我们将会近距离考察一个安全与健康环境的特定要素。

哪些措施是创设一个安全的环境所必要的,一般取决于儿童的年龄与能力。必须对每种环境的发展适宜性加以评估。即使是在一个安全的环境里,成人的监管和保育也是必要的。下面我们将探究上述要素,再次回访一些源于第二章的信息。为有特殊需要的儿童创设合适的环境(见框8.4)。

---

**框8.4 多棱镜**

### 为有特殊需要的儿童创设合适的环境

认识环境创设的方式如何影响儿童的学习与互动非常重要。如果某个项目有特殊需要的儿童,则需要对物理环境作适当的调整,以保证环境对残障儿童及其正常的同伴同时产生积极影响。

在为有特殊需要的儿童创设适当环境的时候,教育工作者和看护人员首先要考虑的是项目为整个小组提供的空间数量。一些项目要求设立更大或更多的空间,以容纳更多的、帮助特殊需要儿童的成人,或是需要额外的空间来容纳类似轮椅、助步车等设施。

室内设计的另一个方面是应该考虑将材料置于何处。所有儿童必须能够在教室内获得材料,所有儿童必须感到自己被鼓励获得材料。如果儿童无法走动,他们应该可以通过爬或移动来获得材料。如果儿童可以走动,他们应该可以依靠家具的帮助获得材料。因此,坚固结实的家具总是非常重要的,对于那些为了站立或平衡而需要紧紧抓住架子或桌子的儿童来说,坚固的家具就是必需品了。对这些儿童而言,防滑的地板覆盖物也是必需的。

室内的杂乱程度是另一个需要考虑的因素。对许多儿童来说,混乱和杂乱适合他们的风格。不过,并非所有儿童都喜欢这样的环境。例如,有中度或重度视觉损伤的儿童需要整洁的环境,他们还需要让其感到移动是安全的、不会碰撞到东西的家具和室内设计。小组规模较大、过于嘈

续

> 杂也会令一些儿童注意力分散并感到不安。在嘈杂的情况下，前述视觉损伤的儿童难以解读声音信息。只有在小组规模较小以及吵闹声得到控制的情况下，他们才会做得比较好。
>
> 最后，一些项目将观察作为一种持续性的活动。在观察室装配暗色玻璃，是使观察者不打扰整个班级的最有效方法之一。

## 确保发展的适宜性

一个安全环境的首要要求之一即是**发展适宜性**（developmentally appropriate）。学步儿童在为学龄儿童而设的院子里玩耍，当他们试图爬上高高的滑梯的顶端时，便有受伤的危险。在为学前儿童而设的房间里爬行的婴儿很可能找到一些危险的东西塞进嘴里。

当按照年龄将儿童分成不同的小组时，符合儿童特定年龄与发展阶段的、大小适当的玩具、设施和材料，对儿童而言才是安全的环境。但在混龄分组的情况下，则可能关注儿童的安全。人们在家总是这样做——当他们养育孩子或提供家庭儿童保育时。虽然很少思考或关注，但为多个年龄段的儿童创设一个安全的环境并非难事。

有时，对儿童而言安全涉及保护低龄儿童使其免受过于庞大的设施之苦：学步儿

这个房间很好地表现了空间的组织和正确地利用栅栏保证儿童的安全。

童不能爬上学龄儿童可以上去阅读的高架床,因为对学步儿童来说,往上爬的梯子太高了。婴儿不能使用为年龄稍大的儿童而准备的拼图板,因为它们堆砌起来较高,只能在厨房用的餐桌上而非较低的游戏桌上使用。大孩子正在围栏里做雕塑,婴幼儿因此没法到达那里。在家庭活动室和烹饪室之间的通道中设置一个栅栏,既能让年龄大的孩子使用烤炉,又可以防止年龄小的孩子被烤炉烫伤。可见,空间的安排以及障碍物的运用是保持环境安全的重要因素。

需要记住的是,有生理挑战的儿童可能需要特殊的安全方面的考量。一名坐着轮椅或助步车的儿童能够在房屋和院子里安全地来回走动吗?轮椅的斜面坡度合适吗?

## 提供保护

在健康和安全的名义下,为有需要的儿童提供环境上的保护。例如,应该将还不能移动的婴儿放在远离学步儿童的地方。试想,很多人在你周围来回走动时,你却毫无保护措施地躺着是多么可怕的一件事情啊!将教室的一角用栅栏围起来,或用家具作为障碍物,但别将婴儿隔离在婴儿床上,那里是睡觉的地方。从有关的环境提示中,婴儿通常学会区分睡觉时间与苏醒时间,因此,将婴儿置于婴儿床上这一保护措施可能会混淆他们有关睡觉的环境提示。

如果某个项目里只有一名还不能移动的婴儿,使用轻便围栏是一个不错的主意。其目的不是限制而是保护婴儿。一旦他学会爬行,轻便围栏便不再合适,因为它过于限制。学会了爬行的婴儿需要来回爬。一些项目设置了固定的、足够大的"围栏",可以容纳多个婴儿和一名成人坐在里面。这种类型的围栏与限制婴儿活动的小而轻便的围栏相比,其影响大不同。

婴儿并非唯一的受保护者。年龄较大、有生理方面挑战的儿童,面临学前儿童和学龄儿童的粗鲁而匆忙的游戏时,也需要感受到安全。此时,要求成人密切地监管。儿童需要学会如何谨慎对待不像他们那样结实或灵活的同班同学。成人必须教给他们这一点。

不用说,坐着轮椅的儿童需要坡道和广阔的空间来进行操作。他们还需要坚硬的地面来转动轮椅。厚而蓬松的毯子以及沙地是行不通的。柔软的表面对使用矫形器、拐杖和助步车的儿童而言都是一种挑战。

视觉损伤的儿童需要受到保护的、稳定的空间。如果早期教育工作者不断变换家具摆放的方式,视觉损伤儿童很容易困惑或迷惑。最好是不作变更,若必须变更的话,起初仅变换一种家具,在帮助儿童习惯这种变化之后再作其他的变换。

听力损伤的儿童需要一种特殊而有趣的视觉环境。也需要注意教室内的噪音程度。在混乱的情况下,听力正常的儿童都难以将一种噪音与另一种噪音区别开来,对听力损伤的儿童而言,就更不可能区分了。他们应该有一个非常安静的环境,在其能力所及的范围之内,让他们区分不同的声音并理解谈话的内容。在墙上、地板上和家具的表面增加一些柔软的覆盖物,可以达到消除背景声音的效果,进而创造一个更安静的环境。但要注意的是,你所决定使用的隔音材料应达到消防规范。

## 促进监管

不需要多少远见卓识和计划,便可以创设出更易于监管的环境。挑战之一是既提供私密空间,又保证室内的每个区域或室外的游戏区域能够在成人的注意与留心之下。婴幼儿中心迎接上述挑战的一种方式是建造有较小入口的木盒子。每个盒子容纳一两名儿童。在盒子里面,儿童会有独处的感受,但并非无人监管。盒子的顶部是开放的,成人可以从顶部往下看到盒子里所发生的一切。在轻便小桌上覆盖一张旧的床单或织物,将其中的一面不覆盖,从墙角拖出桌子,再在旁边悬挂一面打不破的镜子,也可以达到上述目的。

## 评估环境的安全性

确保一个安全的环境要求以儿童的水平、从其有利的位置来看待事情。如果你的眼睛长在脚踝或皮肤(对婴儿来说)或膝盖上,世界会是什么样子?在教室里或游戏场地上爬行,或以较低的姿势用摄影机来回走动拍摄,看看你创设了环境之后一切是什么样子?你会发现许多你以前从未发现过的安全问题。当你注意(从上往下看所无法看到的)家具和设施的背面和内侧时,还可能发现美观上的问题。照明也可能是问题之一。像婴儿那样翻滚和平躺着,你可能会发现自己正直视着一处无遮蔽的光源。

## 卫生与清洁

第二章探讨了一些重要的卫生程序。在此,我们将集中分析六个环境方面的考量因素。

1. 洗手。许多疾病,从一般的感冒到其他一些严重的疾病,都是通过不洁净的双手传播的。所创设的环境必须让任何时候洗手都非常容易和方便。不得不到另外一间房间洗手可能导致保教人员人手不足,由此可能减少洗手次数。无论如何,不应该跳过洗手。

   换尿布后、准备食物之前、就餐前、给孩子们喂饭后,以及你接触身体体液的任何时候,都要用洗手液(固体皂易传播细菌)和热水洗手。也要经常给孩子洗手,包括给婴儿洗手。一定要使用流水,而不是公用的水桶。如果没有流水(例如,在户外时),请用大水罐淋着洗手。任何观察过儿童保育项目的人,应能发现洗手在一天中频繁进行。

2. 更换尿布与如厕。在专门的更换尿布区域,建立并采用一种卫生的换尿布过

第二部分 课程导论：计划学习

为了安全和卫生，为换尿布设立一个专门的区域是很重要的。

程（参阅第二章）。疾病通过粪便传播，通过设立专门的换尿布区域，能使人免于接触粪便。换尿布区域应紧邻水池（这种水池与准备食物的水池不同）。更换尿布必要的材料，如尿布、擦拭布、衬垫纸、纸巾、有盖的垃圾桶等等，应准备充足，并将其置于易取之处。

对年龄稍大的儿童来说，厕所应该位于附近，以便儿童根据需要使用。理想情况下，应设置两个水池，一个供成人使用，另一个尽量设置得低一些以供儿童使用。

保教人员应接受如何处理流血以及其他的通过身体体液传播的疾病方面的培训。若事先缺乏防范，艾滋病和乙肝便是可能传染的疾病。环境的创设应将健康的风险降至最低；例如，保教人员随时都应能使用乳胶手套。不要将乳胶手套放置在另一个房间或另一幢建筑物里面。在某个早教项目中，每位班主任都有一个装塑料手套的腰包，腰包悬挂在门口，外出时可以背上。

3. 消毒。每个早期教育项目都应有一个确定的消毒程序。盥洗室和换尿布区域的所有表面每天都要消毒。同样，喜欢将东西放进嘴里的婴儿和学步儿童的玩具，也应每天用新鲜的漂白液擦拭，或用洗碗机中足够热的水消毒。将干净的物品置于方便之处，并锁上柜子或壁橱。

4. 个人物品。教师需要教孩子保存自己的个人物品。诸如梳子、牙刷、衣服、瓶子、面巾、手巾以及被褥等都不能相互共享。将所有的个人物品贴上标签，放到儿童专用的小房间、盥洗室（如牙刷），或是储藏室中独立的鞋盒子或袋子里面（如多余的衣服）。将孩子们用的瓶子冷藏起来。

5. 食物的准备与储存。正确的食物准备和储藏也是必须的。将食物准备区域置于远离盥洗室以及更换尿布区域的地方。该区域应该有一个专门用于准备食物并清理的水池；理想情况下，应该设立两个水池，一个供成人使用，一个设置得低一些以供儿童使用。将瓶子和就餐器具消毒。在孩子们就餐及吃点心之前将桌子消毒。食物准备区域还应配备一个能设置至4.4度或更冷的冰箱。

6. 午睡和休息区域。午睡和休息区域需要特殊的关注。轻便小床、垫子或婴儿床应依据规则摆放，标准是至少间隔三英尺。儿童应有自己的被单和毯子，而且应经常清洗。轻便小床、垫子或婴儿床每周至少要用漂白液擦拭一次，需要时擦拭多次。每个孩子的被褥应该单独放置，而且相互之间不得有接触，以防止细菌或寄生虫（像虱子、蛲虫）的传播。

## 作为项目目标与价值之反映的环境

环境应该反映项目的目标与价值。如果你对某个项目进行观察，哪些环境方面的因素会反映其价值呢？例如，你如何知晓某个特定的项目是否重视独立和个性？又是否重视合作、真实性或探索呢？

### 个性

许多项目都设立了单独的小房间而非大的、公共的储藏区供儿童存放个人物品。小房间不仅非常有效，而且促进个性发展。同样，请家长在孩子的衣物上缝上孩子的名字标签，则是另一种促进个性的方式。当然，名字标签让保教人员更易了解衣物的归属，但它也反映了这样一种理念，即每位儿童都是一个拥有自己物品的独立个体。

提升个性的另一种方式，是在儿童所有的小房间或其他的显著之处展示其名字和照片。对教师而言，上述策略非常便利，而且有助于儿童在象征性方面的发展，但更为重要的是，此策略向每位儿童传达了这样的信息，即他是独特的个体。

### 独立与互相依赖

所创设的早期环境还应有助于儿童反思某个重视独立的项目。例如，当更换带阶梯的桌子时，即便是最小的孩子，也需鼓励他独立。一些项目有专门的艺术活动区，那里提供了一系列让孩子们自我帮助的材料。有些项目还为儿童使用按比例逐渐缩减的分餐用碟及罐壶来自己就餐和饮水作了预先准备。[1]

一个促进互相依赖的环境创设完全不同于促进独立的环境。在这样的环境中，材料、供应品和设施皆存储在离地面很高的地方，而非放置在离地面很近以及开放的架

---

[1] 如前所述，并非每个人都强烈地信奉独立和个性。若你信奉发展儿童的自助技能并创设促进独立的环境，则与家长进行讨论是非常重要的。如果看法不一致（保教人员与家长之间，或是保教人员之间），请通过对话来讨论你们的差异。（参看第七章中有关对话的内容。）

子上(框8.5将某个促进独立的项目中的环境与另一个促进互相依赖的项目中的环境进行了比照)。儿童不得不寻求帮助。在这样的项目中,儿童被保教人员带着或牵着的机会远多于更强调独立的项目。由于儿童有许多事情需要成人的帮助,因此,此类项目中的成人—儿童比例将更高。解决上述问题的方法可能是混龄编组,使得大龄儿

---

**框8.5 多棱镜　　环境如何反映项目目标**

全国幼儿教育协会(NAEYC)于1997年在重新修订的《适宜的发展练习》(Developmentally Appropriate Practice)中指出,独立和个性是两种基本价值。同时指出,在早期项目中作决定时,必须考虑文化背景。如前所述,一些文化鼓励低龄儿童互相依赖。下文分别对如何创设出促进独立和互相依赖的环境进行了阐释。

促进独立的环境的特征

● 架子低而开放,邀请儿童自己获取供应品和材料。
● 外套挂钩设置较低,儿童能轻易够着。
● 更换尿布的台子能让儿童自己爬上去。
● 提供小水罐,儿童可以自己倒水饮用。
● 分餐碟、适合儿童尺寸的分菜匙鼓励儿童自己端上食物。
● 儿童可以随手拿到抹布,在就餐后或吃完点心后清洁自己面前的桌子表面。

促进互相依赖的环境的特征

● 供应品和材料储存在高高的架子和封闭的橱柜里。
● 外套挂钩以成人的高度而设置。
● 没有阶梯通往更换尿布的台子。
● 水罐、分餐碟和厨房用具都是成人尺寸,仅供成人使用。
● 清洁工作全部留给成人。

一位高度重视独立与个性的人会认为第二列表中的内容极度消极,因为项目的特征促进了儿童对成人的依赖。然而,另一位来自珍视互相依赖这一文化的人,却会将成人为儿童做事情的教室视为一种建设性的环境:在他看来,儿童观看成人示范合作行为,他们就会模仿成人的行为而互相帮助。也许,他们领会了帮助的精神,甚至在成人未提出要求的情况下帮忙。擦拭桌子成为一件他们想要去做的事情,不只擦拭自己面前的一角而是擦拭整张桌子。他们也许不为自己端上食物,但一些在洋娃娃区角玩耍的孩子,肯定会为洋娃娃端上食物。与鼓励独立和个性的教室相比,混龄小组中的大龄儿童更倾向于帮助低龄儿童。

作为一名早期教育工作者,对与你所在的项目有儿童教养方式差异的家长应保持敏感度。要彻底了解1997年修订版的《适宜的发展练习》。如果在观念上产生了冲突,则开展对话是很合适的。对话的目的不是"教育"家长,希望他们放弃原有的价值观,而是遵循NAEYC的指导,看项目所持的价值观与家长的价值观之间是否有可能交叉。无论如何,你应该尽量领会如何使项目适应儿童,而不是期望儿童来适应项目。

童可以承担起部分照顾低龄儿童的责任。在一些强调互相依赖的大家庭，此种方法较为奏效。

由于独立被我们社会广泛重视，而且它深深根植于早期教育文化，所以，很难积极地来探讨互相依赖。对某个促进互相依赖的环境的描述也使其听起来不太合适。NAEYC开发的《适宜的发展练习》已成为质量标准，而它又以独立的价值观作为基础。不过，1997年的修订稿包含了文化方面的考量。过去，反映互相依赖的做法被视为明显地不适宜，但现在，如果出现某种文化冲突，则提倡进行对话。

## 合作

合作是一种超越了大部分文化界限、广泛倡导的特性。尽管大部分信奉独立及个人主义的人不赞成培养低龄儿童的互相依赖，但他们都极度重视合作。

一个促进合作的环境的例子是，教室内设立了许多小区域，每个区域可以容纳2~3名孩子一起工作和游戏。一间大的、开放的教室或游戏场地不太可能鼓励合作，其中的部分原因在于，它更多地引发短暂的互动。

成人可以运用许多创造性的方式来促进儿童间的合作，如挑选需要两名儿童操作的设施。老式的平台式秋千和跷跷板即是需要合作努力的设施；不管多么努力，你一个人是没法玩跷跷板的。如今，平台式秋千和跷跷板被视为不够安全，于是，一些项目已找到通过运用其他类型的设施来鼓励合作。[1] 例如，大型的木制积木需要两名儿童运送，这样，便促进了合作。双人三轮车和带乘客坐位的三轮车也是鼓励合作的设施。同样，戏剧区角的担架需要两端各站一名儿童；放飞风筝需要两名儿童——一名儿童拉着线跑，一名儿童托着风筝让其离开地面；雪橇可以容纳2~3名儿童；"老鹰捉小鸡"的游戏至少需要两名儿童。

合作性的美术活动方案包括绘制壁画(针对年龄稍大的儿童)、在桌面上用蜡笔在一大张屠夫纸上作画(针对年龄较小的儿童)。孩子们也可以直接在桌面上而不是仅仅在纸上作画。拼贴也可以成为合作性的美术活动，即将一张长贴纸固定到墙上或是朝上的一面有黏性的桌子上。分享胶水瓶也促进合作。在强调美术创作的过程而非结果时，也可将黏土和游戏面团用做合作性的材料。也就是说，需将黏土或游戏面团回收至公共容器里再次合作性地使用，而不是让儿童把所制作的东西带回家去。

## 反偏见关注

对多样性的反偏见方法也可以在环境中体现出来。反偏见的方法被界定为一种促进平等的行动主义课程。架子上的图书、墙上的图片以及教室内的物体会告诉观察

---

[1] George Forman and Fleet Hill's book on constructive play has many examples of materials and equipment that promote cooperation: George Forman and Fleet Hill, *Constructive Play: Applying Piaget in the Preschool* (Menlo Park: Addison, 1984).

者,这是一个以平等作为目标,而且尊重并认同多样性的教室。

多元文化的方法略微有所不同,它更多地关注理解与欣赏而非行动主义。一种多元文化的环境可能看起来与反偏见的环境相同,但也有些差异。当照片或书籍描画出"全世界的儿童"身着他们自己的民族服装时,我们说,这样的环境更可能体现了对多元文化而非反偏见的重视。反偏见倡导者喜爱那些表现各民族的儿童和人们身着其日常服装的图片;这样,他们看起来会少一些异国情调,更像是儿童易于了解的人。

特定类型的节日装饰是多元文化环境的另一个特征(与反偏见环境相对)。我们在下一章探讨社会—情感环境的因素时,将对此作进一步讨论。

## 真实性

真实性重要吗?如果还未重视的话,它应该受到重视。你曾想过儿童从真实事物的人工复制品中"学到"什么吗?难道儿童不应通过与真实事物的接触来习得第一手有关他们环境和文化的知识吗?难道儿童不该有他们能碰触的真实事物——像真实的鸟巢而不是鸟巢的图片吗?

如果真实性是你的问题,那么,请用真实的物品,如真正的工具而非其复制品来创设环境。与用塑料锤子锤塑料钉子相比,用真正的锤子锤钉子更令人满意。大部分游戏厨房配备了适合儿童尺寸的厨房器具和用具,然而,若向儿童介绍真正的厨房,带给他们的则是无比的兴奋与好奇。我所知道的一个早期教育项目,在儿童游戏区域除了放置各种玩具外,还设立了一个"厨房抽屉",抽屉里装满了供儿童使用的真实材料。

孩子们喜欢真正的工具!

某个活历史农场专门为儿童进行探索活动而开辟了一个阁楼。还有一个早期教育项目带来了许多破损、坏掉的器具,如干燥机或收音机,请孩子们用真正的工具将其拆除来"修理"这些用具。

除了让儿童接触真正的物品,一个促进真实性的早期教育项目还提供"真实的"体验。在早期教育机构之外,儿童为自己创造出多种有趣的体验,这些体验乃是保教人员从未考虑过的。孩提时代,我最喜欢做的一件事情就是翻抽屉,而且在大人要求时,对其进行整理和清洁。当时的梦想是能够拥有一间堆满可以玩的各种老式废旧物品的阁楼。[1]

真实性还包括在环境中体现其使用者——儿童和成人的兴趣之所在。瑞吉欧·艾米利娅学校即提供这种真实性,它们所采用的方案都是"真实的"——也就是说,是围绕真实的兴趣和真实的原因来开展活动,而不是去开展一些虚构的、以促成儿童技能的构建为首要目的的活动。

真实性也体现在如何装饰环境上。请仔细考虑用可爱的卡通人物装点教室,与用艺术海报、照片、孩子们的作品和自然物品装饰教室之间有何差异。

## 探索

主动探索是与真实性密切相关的价值。一个鼓励儿童进行探索的项目应有唤起"请来探究我!"的环境。应做到安全地布置与安排,同时提供大量诱人的材料和设施。自由探索需要足够的时间和空间,以便儿童充分体验以及自由尝试做事情的新方式。一种毫无趣味或多样性不够的环境,会得到更多的成人指导与干涉,从而削弱了自由探索。

另一方面,如果某个项目的目标更注意环境中的成人,那么,从空间中移去令人感兴趣的事物将促进其目标。请认真地思考,怎样才能创设一种强调人际互动、不强调人与客观物体互动的环境。[2]

我们在分析真实性的时候曾经提及,环境应体现项目中的人——既包括个人,也包括整个群体。一个好的环境会告诉来访者有关儿童和成人的相关信息,如谁是使用者,以及家长的部分信息。例如,瑞吉欧的环境便体现了这样一个事实,即美感对教师和家长而言都是非常重要的(参看下一小节)。[3]

---

[1] Lyn Fasoli and Janet Gonzalez-Mena, "Let's Be Real: Authenticity in Child Care," *Child Care Information Exchange* 114 (Mar. 1997) 35-40.

[2] 我已观察过某个早期教育项目所创设的强调人际互动而非探索的环境。依据我的经验,将成组的儿童置于稀疏的环境中,成人肯定是非常好的表演者,或者要用到人群控制技巧。事实上,这些情形似乎都不能提升人际互动的价值。

[3] Rebecca New, "Excellent Early Education: A City in Italy Has It." *Young Children* 45.6 (1990): 4-11. 实际上,任何观看过瑞吉欧巡回展览的人都会对展览本身及其文本图片之美印象深刻。儿童的作品显然也得到了最精心的照料和最大的尊重;没有一处提示人们,应该拿起一张儿童作品,在底部匆忙写上自己的名字,再随意用两种破旧的遮蔽胶带将其贴在墙壁上空着的空间里。

第二部分 课程导论：计划学习

## 美感

在许多家庭式儿童保育中心的游戏场地中，你很难发现一件美的事物。儿童保育与美感不必要紧密相随。也许缺乏美感是这个时代的标记——对其他因素的考虑要优先于美的感受。

通常，成人会用他们所认为的、反映儿童偏好的物件来装饰环境；他们会将商业卡通画放在墙上，以使房间更显得对儿童友好。但有时候，他们反而使房间变得更富刺激性，由此也错失了帮助儿童学会欣赏美的机会。不幸的是，一些儿童从来就没有获得机会去探索、理解及欣赏最基本形式的"美"的概念。

不过，并非所有地方都不重视美感。在英国幼儿学校（一种特别的早期儿童教育方法，在20世纪60年代的英国流行）的极盛时期，一些项目设立了专门用于审美的区域；设计一个特别的视觉展览，不为其他，只为找一些美丽的东西来观看。美感同样也活跃于北美大陆。我曾观察过许多由教师和保育员布置的令人赏心悦目的环境。

在一些项目中，所提供的艺术品被布置得极富吸引力。艺术桌本身看上去就像一件艺术品。当然，随着不断使用，它们变得又脏又乱，但接着成人会积极谋求一名或两名孩子的帮助，以在混乱中再次创造出秩序。有时候，儿童会主动地重新安排这些材料。

如今，瑞吉欧代表了美的儿童保育环境的最顶点。视觉吸引——同时对于儿童和成人——是空间安排的首要考量。[1]

## 各种类型项目的环境

正如在第一章中讨论的，早期儿童项目要根据一些因素而发生变化，如规模、区位、幼儿入园时间的长短等等。项目的类型影响着环境创设的方式。一个全日制的、以中心为基础的保育项目要从凌晨一直持续到晚上，这与半日制幼儿园有所不同。在本小节，我们将比较六种类型的项目所需要考虑的环境因素。

### 全日制儿童保育中心

在全日制儿童保育中心，有些孩子在园的时间要比任何一个工作人员都要长。在此种项目中，一天的开始和结束被称为**全托**（surround care）。黎明前的小组通常较小，由不同年龄的儿童组成。他们在一个专门为混龄小组而设的房间集合。这里更像家庭而非学校，有软质的家具、垫子和安静的氛围。那些待到很晚的儿童同样也会来

---

[1] Rebecca New, "Excellent Early Education: A City in Italy Has It."

到这个房间,在忙碌、嘈杂的一天之后,他们可以在这里安静下来休息。由于离房间主体区域不远处正好有洗衣机和干衣机,他们可以帮助做一些第二天的杂事。走入房间,通常可以看到孩子们和成人一起叠衣服,不同年龄的男孩女孩待在一起,相互偎依在沙发角上。

在"工作时间",儿童被依据其年龄划分在针对各发展阶段而设的不同教室和游戏场地里,这些地方有小家具、适宜的材料、器具和供应品,用以促进学习、创造力、想像力、身体发展和社会交流。他们在进行指画的桌子上吃饭。到了午睡时间,他们在同一所房间休息,其他时候,他们则在此玩积木、智力玩具和造房子游戏。

## 半日制家长合作社

像全日制保育中心一样,典型的半日制家长合作社也依据儿童年龄划分出了不同的教室和游戏场地。孩子们早餐之后到达,午餐前离开,因此,大部分早晨时间都用来开展激烈的活动,其中一些活动显得非常杂乱。点心时间在某些项目中可能是正式的活动,而在其他一些项目中则会比较随意,而且经常在户外进行,因此,很少有准备和清洁工作。由于并不需要频繁清理桌子以便吃饭和用点心,不需要重新安排家具以便午休,半日制项目中的工作人员有着不同类型的工作。由于没有很大的频繁重新布置环境的压力,因此过渡较少,也不那么强调严格遵守时间表。

有时,孩子们在离开合作社时会帮忙进行清理工作;然后再回家吃饭、睡觉和洗澡。教师及其助手最后彻底清洗,并将环境重新布置得整洁有序。工作结束后,他们就可以有一段安静而平和的时间来准备第二天的活动。

## 半日制起点计划学前班

尽管现在很多起点计划(Head Start Program,又译做先行计划)项目都在自己的地方之外进行,也有很多项目(由于有一些半日制合作社项目)必须与另一个项目或机构共用空间。设置在教堂星期天学校的教室就是一个共用空间的例子;通常,同一间教室在周末要被腾出来以备晚上的教堂集会,星期五更是忙碌,工作人员要赶到各个地方锁好设施和材料,以防星期天学校中那些好奇的学生。

就像全日制中心和半日制合作社一样,典型的先行项目也依据儿童年龄来划分不同的班级。一般没有全托。供应早餐和午餐。

## 学龄儿童托管

学前与学后儿童托管环境有多种形式,但一般都在小学之外进行。上学之前,孩子们在他们自己的特定教室或多功能教室会面。学校上课时,孩子们到班级中去。在设立了半日制幼儿园项目的学校体系里,儿童相应地参加学前或学后托管(有些儿童参加的托管项目可能就在他们就读的学校,另外一些儿童则要到其他地方参加幼儿园项目)。

半日项目,如提前开始计划,经常同其他项目,例如星期日学校,共用校舍。

中午,下午入托的儿童离开去教室,上午入托的儿童来到这里。学校放学后,其余的儿童都来到这里,人数会急剧增加。为了容纳下如此庞大的群体,大部分项目需要一个多功能教室、一个体育馆或多个教室并外加一个游戏场地。

由于许多学前与学后托管项目与小学共用空间,它们不得不经常要根据学校的日程表,将各组儿童移至不同的场地。这便意味着,教师和儿童必须具有灵活性,必须能够与使用同一环境的其他成人和儿童合作。仔细思考一下经常转移场地可能带来的一些挑战;特别是,对保教人员来说,提供一种稳定感非常重要。存储物品也会有些困难。应将补给品置于何处才不会打扰正常的课程教学呢?有关正在进行的计划的材料应放到哪儿?储藏室应与儿童工作的地方在一起吗?

当然,并非所有的学前和学后托管项目都面临上述挑战。一些项目就有地方存放设施,而且存放地点非常固定。有些学龄儿童也会在家庭式的儿童保育项目中接受照顾。每种环境都以略微不同的方式回应学龄儿童的需求。

### 家庭式儿童保育

家庭式儿童保育有多重目的;它位于家庭之中,可以为那些周末也要待在那里的儿童提供适宜的环境。就像位于教堂中的项目一样,对于共用空间和设施,必须做出相应的决策。由于晚上和周末时,房间要变为家庭空间,因而必须安排好家庭财物的存放,以及储藏好儿童护理设施、材料和补给品(除了作为儿童主要保育环境的房间,通常是家庭活动室里的东西）。但是，某些设施由于尺寸过大，难以完全储藏起来；婴儿小床可以放在主卧室；高板凳可以放在餐厅；凳梯、便盆小椅子以及儿童的其他一些装饰物等，都可以放在浴室。

像许多以中心为基础的项目一样，整个环境有多种用途，因此，工作过程中以及工作结束后不得不频繁地重新整理。由于儿童离开与家庭成员到家之间可能没有时间上的间隔，看护人员很少有时间为第二天做计划以及为布置环境作准备。

### 幼儿园及小学项目

幼儿园及小学项目有多种形式和规模。传统上，教师带着由同龄儿童组成的小组，在一个独立的教室中单独工作。但目前有一些学校提供混龄分组项目。此类项目可能会有一个专为两个年级而设的混合教室，如将幼儿园的孩子和一年级学生置于同一间教室。或者是一个未划分年级的项目，其中包括了年龄跨度更大的孩子，如5~8岁。在这些项目中，教师可能是单独一人，也可能有助手、家长志愿者或到教室帮忙的专家。

如果这些教室位于小学内，那么，不论儿童是如何挑选出来的，教室看上去都非常相似。这里，盥洗室在走廊尾部，而且所有教室的尺寸相同，而在幼儿园里，盥洗室或建在教室里面或紧邻教室。与1~3年级的学校教室相比，幼儿园教室更有可能设有水池和用于凌乱游戏的区域。天气寒冷时，那里有供儿童自由活动的室内游戏场地和室外操场。天气温暖时，剧烈的游戏更可能在室外进行。

### 小结

要了解如何创设环境，早期教育工作者必须考虑儿童身体、认知和社交情感上的需求——它们相互交叉。环境是一位重要的教师，要求精心地加以设计。早期项目的布局被划分为身体护理区域、兴趣中心和粗大运动空间。环境规划的其他因素还包括空间、活动选择、流动模式、平衡以及健康和安全。

环境反映出项目的价值观。如果项目重视独立性，环境的创设就会引发儿童独立去做一些事情。如果项目重视合作，房间的布置和玩具的选择，就会鼓励儿童一起工作和游戏。某个反偏见关注的项目，与一个并不强调行动主义的多元文化方法的项目，看上去略微不同。其他一些价值判断也会在早期项目中得到反映，这包括真实性、探索、人际互动以及美感。

根据项目的注册人数、儿童在园时间长短、项目所在的位置以及是否根据年龄对儿童进行分组等因素，早期儿童环境会有所变化。尽管以上讨论的六个项目之间可能存在一些相似，但每一种类型的早期儿童项目都必须规划并布置环境，以满足它所服务的儿童的特定需求。

## 自我测试

学习本章之后,你能够
* 列出早期环境中的一些"活动区域"吗?
* 区分三种类型的"活动区域"吗?
* 列出创设早期环境时要考虑的因素吗?
* 解释儿童应该有多少种活动选择吗?
* 描述如何设计有效的流动模式吗?
* 解释如何在环境中创造平衡吗?
* 解释发展适宜性怎样有助于环境安全的吗?
* 解释怎样调整环境以促进监管吗?
* 描述一种评估环境安全性的方法吗?
* 举例说明环境如何反映出某个项目的目标与价值吗?
* 说出六种不同类型的早期儿童项目吗?

## 需知术语

你可以用下面的多少个词语造句?你知道它们的含义吗?

身体护理中心　　　　　　　　　　发展适宜性
兴趣中心　　　　　　　　　　　　反偏见关注
粗大运动空间　　　　　　　　　　全托

## 深入阅读

Fasoli, L., & Gonzalez-Mena, J. (1997, March). Let's Be Real: Authenticity in Child Care. *Exchange*, 35 - 40.

Greenman, J. (1998). *Caring Spaces, Learning Places: Children's Environments that Work*. Redmond, WA: Exchange Press.

Lally, J. R., & Stewart, J. (1990). *Infant-Toddler Caregiving: A Guide to Setting Up Environments*. Sacramento, CA: California Department of Education and WestEd Program for Infant-Toddler Caregivers.

Prescott, E. (1984). The Physical Setting in Day Care. In J. Greenman & R. W. Fuqua (Eds.), *Making Day Care Better*. New York, NY: Teachers College Press.

Torelli, L., & Durrett, C. (No date). *Landscapes for Learning: Designing Group Care Environments for Infants, Toddlers and Two-Year-Olds*. Berkeley,

CA：Authors.

Winter, S. M., Bell, M. J., & Dempsey, J. D. (1994). Creating Play Environments for Children with Special Needs. *Childhood Education* 71, 28-32.

## 结尾故事

  我的学前教育职业生涯，是从一个与公理会教堂的星期天学校共用场地的先行计划开始的，我在里面担任志愿者。每周一早晨，我们兴奋地将玩具和设施从碗柜中取出，将围绕着小羊羔的耶稣画像换为体现项目中的儿童与教师的多元文化图片。整个过程就像是一名换装迅速的艺术家的行为：起初，环境里存在着明显的基督教氛围，但在孩子们到来之前，就被改变成了一个反映孩子们多样化兴趣的学前教室。

  当孩子们走进来的时候，他们经过一面实用的科学展板，接着是一张问候桌，教师在这里欢迎孩子们的到来，并将姓名标签贴在他们的衣服上。在交谈并感受科学物体后，带着正确名字标签的孩子们走向一个活动区域。快速地浏览房间可以看到：装扮角中，衣服挂在钩子上；家务角中有水池、炉子、桌子、放洋娃娃的小床以及足够数量的洋娃娃；画架上放好了刷子、颜色鲜艳的颜料和色彩；积木角中敞开的架子上放着一排排整齐的积木。在积木架的上层，放着积木配件，如小人、轿车和卡车以及迷你家具，这些都很容易够得到。

  为了布置以及重新布置这些环境，我们每天要做很多工作，但是非常值得。孩子们游戏时的表情和声音常使我希望自己再次成为这样环境里的一名新手。

## 下章导读

  下一章将详细考察如何在早期儿童项目中创建社会情感环境。还将探讨尊敬、热情、养育、回应和连续性等因素，对于儿童的发展及其安全感和幸福感的重要性。早期儿童项目应以个人还是以小组为中心？也是我们将在第九章中分析的问题。该章最后会审视文化的动态性，以及它从整体上如何影响家庭、儿童、教职人员和早期儿童教育。

## 第二部分 课程导论：计划学习

# 第九章 创造一个社会情绪的环境

社会情绪环境的特征
　　尊敬
　　温暖、养育、接纳、保护和回应
　　连续性
早期教育机构是应该关注团体还是个人？
文化问题
　　儿童的家庭文化
　　文化的多元性
　　儿童早期文化的发展
小结
自我测试
需知术语
深入阅读
结尾故事
下章导读

# 第九章  创造一个社会情绪的环境

在这一章里你将了解：

* 哪些因素会影响一个健康、安全的社会情绪环境的创设？
* 成人怎样才能尊敬地对待孩子？如果他们不尊敬孩子，将会怎样？
* 为什么成人不应该当着孩子的面谈论他们？
* 为什么早期教育者更应该像一位母亲而不是一位只懂得灌输的警官？
* 连续性是早期教育中一个很重要的因素，什么阻碍了它的发展？
* 早期教育是该关注个人还是团体，为什么在这一点上存在分歧？
* 为什么儿童早期文化与儿童的家庭文化甚至同教职工的文化不相同？
* 一种看待相冲突的文化孰轻孰重的方式。
* 压迫会影响一些家庭对儿童的培养目标。
* 文化是多元易变的。
* 为什么"婴儿要学习他们家庭的文化"这点很重要？
* 儿童早期文化是如何发展的。

同物质环境相比，为学前儿童创设的社会情绪环境较难察觉，但它是真实存在的，并且影响着身处这个环境中的每一个人。同创设物质环境一样，创设一个健康、安全、具有发展性的社会情绪环境必须要投入大量的爱护和关心。

## 社会情绪环境的特征

社会情绪环境和物质环境在很多方面都是重叠的。物质环境的设立方式直接影响到社会情绪环境的质量。在第八章中，我们谈过这样一些环境特征：合作、平等、真实、探究、审美。在这章中，我们关注社会情绪环境的特质：尊敬、温暖、养育、接纳、保护、回应和连续性。

### 尊敬

创设一个尊敬的环境意味着什么？在许多文化中，养育孩子最基本的守则之一就是教会孩子尊敬大人。但是一个成人尊敬儿童意味着什么？玛格达·格伯（Magda Gerber）——一个非常有名的儿童临床医学家、婴儿专家，多次谈论、发表过尊敬的重要性。格伯认为，对待每一个儿童，无论他的年龄是多么的小，都要像对待一个成人那样尊敬他，而不是把它当做一个物体看待。

成人是怎样将孩子当做一个物体来对待的呢？想象一下这样的情景：一个抱着婴孩的家长正透过栅栏与一名幼儿教师谈话。这位幼儿教师正看管着一群四岁小朋

## 第二部分　课程导论：计划学习

友玩沙盒。这位家长同教师讲起她和孩子在一起的最糟糕的一个早晨，此时孩子正在低低地抽泣。为了使孩子高兴起来，家长摇摇他，然后给他挠痒痒。小婴孩扭动身子，有点局促不安。最后，她将小婴孩抛入空中，再接住他，对他的尖叫哈哈大笑。而他的尖叫是由于恐惧还是高兴？她不知道也并不关心。

同时，两个小朋友开始争论起来，这位教师走了过去。她从一个小孩的背后走过去，没有说任何一个字，很唐突地将她拽起来，带到沙盒的另一边。这个小女孩看上去惊呆了。

这幅画面有什么错误的地方？你看见不尊敬幼儿的迹象了吗？家长当着孩子的面讨论他，也许他并不能理解她正在说什么，但是他很有可能已经怀疑到她在谈论自己。而家长在谈论时却若无其人。当孩子哭泣时，她并没有尝试找出孩子哭泣的原因，而是决定分散他的注意力。她并不关注他需要什么。也许她只把这个孩子当做娱乐她自己的一个玩具。

挠痒痒作为分散孩子注意力的一种方式是不尊敬的。你是否想到过要给令人厌烦的教授或者检查车票的警察挠痒痒？不，只有对无力阻止我们的人，我们才使用挠痒痒，将其作为分散注意力的一种方式。将孩子抛入空中，除了这种举动不安全外，对孩子也是不尊敬的。"不能把孩子像球一样扔"必须成为每个家长和幼儿工作者的信条。

同样，这位幼儿教师并没有告诉小女孩她正准备做什么和她为什么这样做。她像拿一袋马铃薯一样将这个小女孩拎起来，将她带到另一个地方。如果对你这么做，你会有什么样的感觉？这个老师很有可能大部分时间让孩子坐在椅子上，除非孩子们自己迅速蔓延开来。她很有可能认为让孩子坐在椅子上是个好办法，但是她这么做就等于把孩子当做一个物体来对待。这个老师很有可能通过拉、推、拖使孩子排成一队，直到孩子们习惯被这样做。

我们注意到在这个场景中缺少了成人与孩子的沟通交流。成人没有尝试去观察正在发生的一切，没有试图去理解孩子的需要。成人没有去聆听孩子。他们也没有与孩子进行互动，除了肢体上的互动，而这些肢体的互动不是分散孩子的注意力就是对孩子发出命令。

现在让我们看看另一个完全不同的场景，这个场景显示了成人是怎样尊敬地对待孩子。卡伊拉——一个婴儿，躺在毛毯上正用手指把玩着一个软软的球。当她看见她的养护者接近时，她抬起了头。养护者从前面走近她，而不是从后面。她不想让卡伊拉感到奇怪，她认为让卡伊拉预料到将要发生的事情更显得对她的尊重。她说："我要把你抱起来，我们要去外面逛逛。"她停顿了一下，看看卡伊拉是否作出回应。卡伊拉晃了晃，朝养护者靠近。养护者微笑着："哦，你理解我的意思了，是不是？"向卡伊拉伸手，抱起了她。

园长经过，问养护者，"卡伊拉今天怎么样？"养护者并没有直接与园长讨论卡伊拉今天感觉如何以及今天早上在家发生的事情，而是把卡伊拉也带入了对话中，"我认为你今天感觉很好，是不是卡伊拉？"她将一些信息传达给了园长，但是她有目的地将话题保留到后面以避免在卡伊拉面前直接讨论她及她的家庭情况。她把卡伊拉当做一

第九章 创造一个社会情绪的环境

个值得尊敬的成人来对待,即使她只是一个小婴孩(见框9.1)。

**框9.1 技巧与提示**

**给幼儿着装时怎样显示对他们的尊敬?**

玛格达·格伯认为:给孩子穿上可爱的衣服,仿佛他们是玩具娃娃,这是对孩子缺乏尊敬的表现。可爱的衣服也是可以的,只要他们穿上去舒适,不限制孩子的活动。但是正在学习爬的小婴孩坚决不能穿有褶边的衣服,因为当膝盖被裹在裙子里时,爬行是不可能的。同样,刚学步的小孩和学龄前的孩子穿的鞋子鞋底不能很滑,因为这样在跑步、攀爬、跳高时就不会有滑倒的危险。颜色浅的衣服比颜色深的衣服显出更多的污迹。很显然,怎样给孩子着装是父母们需要解决的问题,但是有些时候孩子的着装由幼儿园等机构所决定。想一想为家长而准备的每一季的表演,孩子被要求穿上可爱的但他们自己却不愿意穿的服装,因为不舒服,是否该尊敬孩子,这是个问题。

但是,通常早期教育者在给孩子着装上站在另一个方面。他们希望家长给孩子穿不昂贵的衣服,这样孩子在玩耍时,任何人都不用担心他的衣服。幼儿园等机构可以通过访谈、家长信息簿、手册,告知家长他们认为孩子最适合的着装。一些家长已经知道最好要给孩子穿戴适合玩耍的衣服,而且乐意遵守。但是有些家长不乐意按照学校的嘱咐给他们的孩子穿不好的衣服。就像早期教育者尊敬孩子这点很重要,尊敬家长也很重要。尊敬家长并不意味着遵从家长对幼儿着装方面的要求,而是同家长对话交流,理解他们的态度。当双方努力去消除他们的分歧时,冲突管理的技巧发生了作用(可参见第七章复习对话的技巧)。

孩子需要成人温暖、体贴的回应。

这儿有另一个场景可以用来说明尊敬孩子是一门学问。幼儿园某教师的新助手发出如此之感叹:"哦!他们都如此可爱。他们太迷人了!"这位教师记得曾经他也这么看待孩子。但是现在他已经能够超越这些情绪,将孩子当做独立的个体来看待,不再把他们当做动物园的猴子来讨论以娱乐自己。他也学会了一些方法来尊敬孩子。他也不对孩子们用甜的像蜜一样的声音说话,似乎他们是没有思想的玩具娃娃。他和孩子们在他们的层次上相处,并给以他们像对同伴和老年人一样的尊敬。这位教师决定要在他们的教工大会上抽出一些时间,帮助新助手理解尊敬孩子意味着什么。

尊敬是一个很重要的问题。你能

看见成人尊敬孩子的例子只有很少的一些。但是要理解怎样尊敬孩子,最好的办法就是把自己放在孩子的位置上。试想一下,如果别人以你对待孩子的方式来对待你,你会觉得受到别人的尊敬吗?在我们结束尊敬这个论点前,有一点必须指明:要想让孩子尊敬你,你必须尊敬他们。只有这样,成人和孩子才能学习尊敬,才能获得尊敬。通过命令得到的尊敬和赢得的尊敬两者之间存在着很大的区别。

### 温暖、养育、接纳、保护和回应

小小的孩子需要成人给予温暖和照顾。他们需要一个母鸡妈妈而不是一个只懂得灌输的教官。想象一下母鸡妈妈:夜幕降临的时候,小鸡们急切地回到鸡妈妈身边,依偎在它的怀里,它的羽毛为小鸡们提供了温暖而舒适的庇护。但是它们不仅仅只在夜晚的时候才回到鸡妈妈身边,而是在任何有危险逼近的时候,它们都会急切地寻求鸡妈妈的温暖。当它们害怕,当它们觉得寒冷时,它们都会在关键时刻得到它们需要的东西。它们得到了温暖、养育、接纳、保护和回应。

实际上,幼儿园等机构中的小孩也许并不需要母鸡妈妈,但是他们确实需要在他们的环境中有像母鸡妈妈那样的温暖、养育、接纳、保护和回应。当他们因为某些真实的或者想象中的危险而害怕时,他们应该能够从大人保护性的羽翼下得到温暖。至于是男人还是女人提供了这种保护和关怀并不重要,重要的是他以一种温暖和理解的方式回应了孩子。

同样,为了理解温暖、养育、接纳、保护和回应这些品质的重要性,我们可以看一看当这些品质缺乏时将会是怎样的情形?想象一下,一个婴儿因为身体不适而哭闹。一个冷漠、没有同情心的成人——而不是一个温暖、富有同情心、负责的成人,走近了他,以一种冰冷的口气问:"你怎么了?"这表明她并不是真的关心。她很粗暴、无情地将婴儿翻了个身,但是并不起作用,婴儿哭得更厉害了。她将他抱起,给他喂食物,尽管不久前他刚吃过。婴儿试图转开头来吐出奶嘴,但是成人紧紧地抱住他。他不能够摆脱奶瓶,所以他的嘴巴微微张开着。

突然,婴儿吐了出来。成人粗鲁地将婴儿从她的身上迅速挪开,很严厉地说:"看看你都做了什么?"并试图用放在她肩头上的抹布擦拭婴儿吐在她衣服上的脏东西。她将啼哭的婴儿放在婴儿床上,用海绵擦拭自己的衣服。当她擦拭完衣服后,她才来照顾他。这时婴儿已经睡着了。她坐了下来,舒了一口气。

这儿有另一个场景:四岁的珍娜很想念她的妈妈。她站在最后一次看见妈妈的窗户旁哭泣。教师在她的一旁布置教室,招呼其他刚刚到的孩子,对她却视而不见。当教师经过珍娜时,珍娜抓住了她的围裙。她甩开了珍娜的手,告诉她:"你最好停止哭泣,小姑娘!这对你没有任何好处。你妈妈是不会回来的。"在这个成人身上,珍娜感受不到母鸡妈妈的特质,没有温暖,没有理解,没有安慰,没有被保护的感觉。

同样另一个场景:杰克逊为了得到红色的球已经等了很长时间,现在他终于得到了。他开始很开心地在篮圈下拍球,当他正准备投球的时候,哨子响了。教师大声宣布:"时间到了!"

杰克逊跑到另一边,紧紧地抓住球。教师在他背后抓住他的夹克:"不可以,年轻人!难道你没有听到哨子声吗?时间到了!"杰克逊松开手,将球用力地扔在院子的另一端,跌坐在地上,挥着拳头哭闹。

教师很严厉地说:"够了!时间到了!"把他带到靠近窗户门后面的椅子旁。他消沉地坐在那里,很渴望地看着窗外滚到庭院角落里的球。眼泪落在他的脸颊上。没有母鸡妈妈等候着杰克逊,他的沮丧和生气得不到理解,没有温暖和依偎,也得不到他将还有机会玩球的安慰。

这三个场景说明:当你去关注孩子的感受时,你就会理解和接受他们试图表达的东西,便能够以一种温暖和关心的方式回应他们。相比于性急而只懂得灌输的教官,谁不想要得到母鸡妈妈的温暖和保护呢?

## 连续性

温暖、养育、接受、保护和回应是帮助成人与儿童建立良好关系的所有特质。但是还有一个特质是必需的——连续性。儿童需要在一段时间内有固定的人守护在他们

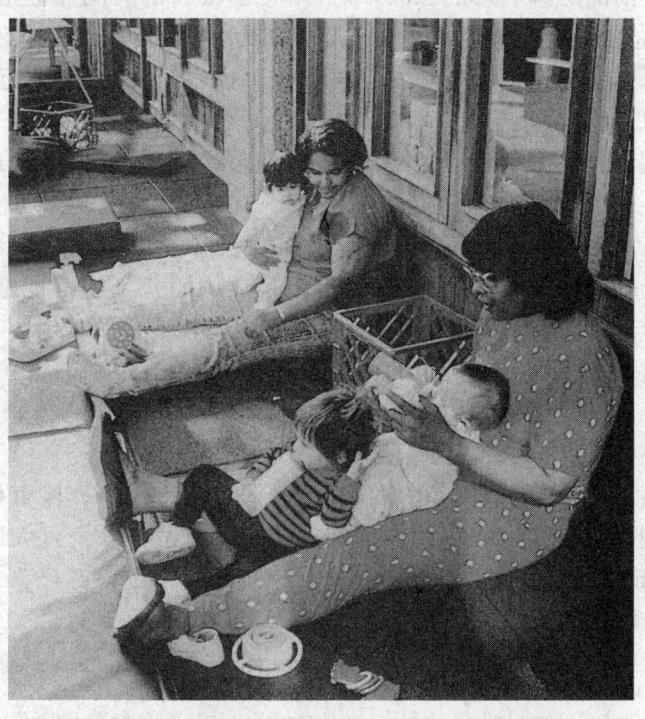

周围是相似的人群会让孩子感觉到舒适、安全和放心。

身边,这样他们才能在家庭外的早期教育机构中感到舒适和安全。连续性是社会情绪环境中一个非常至关重要的成分。[1]然而,在早期教育机构中有两种因素阻碍了连续性的发展。我们要谈论的第一个因素是人员的交替。早期教育者,尤其是儿童保育中心的工作人员,来去频繁。原因很简单:辛苦的工作换来的却是微薄的工资。

保育的连续性是衡量早期教育机构质量的一个指标。但是好的质量来之不易。家长和投资方没有承认和认识到薪水的多少和保育的质量直接相关联,使得这个领域的工作人员大批流失。这些工作人员之所以离开,是因为他们厌倦了微薄的薪水,厌倦了没有津贴。摩西·怀特布(Marcy Whitebook)和其他专家对保育工作人员的研究显示:在一年里,一般儿童保育中心都要流失40%的教职工。而且,教师的更替速率正慢慢变得更加糟糕:数据显示20世纪90年代教师的更替速率是70年代的三倍还多。怀特布认为:"婴儿和学步儿童,作为最容易受到伤害的年龄组,似乎却受到最差的养护。"[2]

现在让我们来看看这两个机构的区别——一个机构教师的更替速率很高,另一个机构教师的更替速率很低。ABC保育中心教师更替速率很高,它的教职工也经常缺席。所以,当小吉米在某个周一的早晨到达保育中心时,她不确信将会遇见哪个教师。她已经渐渐了解道恩老师,并且很喜欢她。小吉米希望道恩老师今天能够在那儿。

因为吉米之前的老师莉娜的缘故,小吉米花了很长的时间才让道恩老师接近她。吉米很爱莉娜,总是期望能够看见她。但是突然有一天,莉娜消失了,园长替代了她的位置。吉米永远不会知道莉娜老师发生了什么事情,但是明白她永远都不会回来了。吉米很悲伤,就是现在当她想到莉娜老师时,她仍然觉得心烦。

但是吉米逐渐开始了解道恩老师,在一系列替代者后,道恩老师最终取代了莉娜的位置。就在上一周,道恩老师也不在那儿了。吉米以为道恩老师也消失了。但是在午睡前,道恩老师过来探望吉米,告诉她,现在她在婴儿班工作。吉米不能理解为什么。尽管道恩老师被分配在吉米这组工作,但是上周园长不得不把她调到婴儿班,因为婴儿班的一个老师生病了,而园长发现替代的人却没有能力照看好婴儿。所以这个替代者取代了道恩老师在吉米班级的位置。

所有这些混乱不是任何人的过失,但是吉米却承受着痛苦。依恋机构中的任一个人都让她觉得很痛苦。

现在让我们对比一下ABC和XYZ机构。史蒂芬是XYZ保育机构的一个四岁小孩。他对他们保育机构中的一些老师都很依恋。史蒂芬六个月大的时候来到这个保育机构,一直到三岁,都是同一个老师——琼斯小姐。史蒂芬极喜欢琼斯小姐。然

---

[1] Ronald J. Lally, "The Impact of Child Care Policies and Practices on Infant/Toddler Identity Formation," *Young Children* 51.1 (Nov. 1995): 58-67.

[2] Marcy Whitebook, Deborah Phillips, and Carollee Howes. *National Childcare Staffing Revisited: Four Years in the Life of Center-based Childcare.* Oakland, CA: Childcare Employee Project, 1993.

后他进入了学前班,在那儿,他开始依恋贾尼斯老师。但是他还是可以去拜访婴儿和学步班的琼斯小姐,因为婴儿和学步班就在学前班的隔壁。

在过渡时期的一段时间内,史蒂芬被允许可以在两个班间来回上课。但是史蒂芬并没有将大部分的时间停留在婴儿和学步班,学前班更富有挑战性和有趣性的环境吸引着他。贾尼斯现在很了解他,他也很了解贾尼斯。他们之间建立了亲密的关系。他仍然能够看到琼斯小姐。他很喜欢现在的这个状况。

这儿有另一个关于连续性的例子,这次是一个儿童保育之家。伽玛自从他还是个小婴孩时,就一直待在这个保育之家。他现在已经七岁了,他把这儿当做第二个家。他的养护者——芭芭拉,开办这个保育之家有十年的时间了,有些时候,一些大孩子会回来拜访曾经养育他们的保育之家,这给伽玛一种温馨大家庭的感觉。因为他是家里唯一的孩子,所以生活在家庭和芭芭拉这里,使他受益颇多。

在早期教育机构中,第二个阻碍成人与儿童建立长期联系和连续性的因素,在于很多早期教育机构采用将儿童按照年级分组的模式。因为这种年级制学校的学生每年都要向上升级,一些专业人士也认为这是开展早期教育的一种很好的方式。事实上,一些人按照发展的等级给儿童分组,将这种想法进行得更深入。这样,还不会自由行动的婴儿在教室里配有一个护理者或者一群护理者。当他们开始爬时,他们升级去另一个被更加精心设计过的环境,配备受过合适训练的护理者。走是另一个等级,需要一个新的环境和新的专家。在两岁后,每年升级一次。到那时,儿童们已经习惯了成人频繁的来去,他们也许能很好地避免对某个人过于依恋。

## 早期教育机构是应该关注团体还是个人?

你能够挑出一群儿童使他们组成一个团体吗?一个团体意味着什么?一个团体是由一个年龄段组成,还是必须包括各个年龄段?早期教育机构能够被当做一个团体吗?它应该被当做一个团体吗?

一方面,一些早期教育者认为早期教育机构应该关注作为个体的儿童,而不是强调其作为团体中的一个成员。对于儿童和成人,不管是来自教室、学校、周围地区以及社会,这点都是一样。终究,儿童正在发展他们的个性。为什么要认定他们必须属于一个团体?这些教育家担心,这种儿童必须属于团体的看法会迫使儿童顺从,而不是以自己的方式行事。

另一方面,另一些早期教育者坚决认为儿童从来都不会因为年纪小而不能感受到自己是团体的一部分。团体的概念和存在是非常重要的。儿童可以同时作为个体和团体的一分子。

如果早期教育机构的主要目标是建立一种团体意识,那么它应该是什么样的一个团体?早期教育机构应该成为儿童在机构外所感受到的社区的一种扩展吗?早期教育机构应该坐落在大部分儿童都生活的社区附近吗?(早期教育机构不同于小学,服务于所坐落的社区。家长们往往不辞辛苦,为儿童选择合适的早期教育机构,以最大程度地满足他们的需求、品味、预算,尤其是对合适课程的需要。)即使大部分的儿童都是来自于早期教育机构所坐落的社区,那它就应该成为社区的一种扩展吗?如果这个社区暴力和吸毒事件的发生率很高,那该怎么办?[1]

在决定一个早期教育机构是否要将社区的概念融入它的课程之前,所有这些问题都必须经过考虑。当然,除了关注社区和个体之外,还有别的选择。举例说,早期教育机构可以同时关注个人和团体。或者也许你想要按照家庭的模式来改造早期教育机构。儿童保育之家和小型早教中心,相比于某些大规模、按照年龄分组及机构化而非家庭化的机构,模仿家庭模式较容易,因为它是混龄的。但是即使是这样大规模的、按照年龄分组的早期教育机构,也同样可以创造一个改良的家庭模式。

关于家庭模式,我们需要思考一下这些问题:你希望机构模仿孩子的家庭吗?这个机构对于每一个孩子都应该尽可能地像家一样吗?还是它应该有意识地体现与家不同的一面?(框9.2提供了一个早期教育机构专门避免家庭与教育中心一致性的例子)。

**框9.2 多棱镜　　早期教育机构应该反映家庭环境吗?**

在系列录像《三种文化的幼儿园》(*Preschool in Three Cultures*)中,研究者约瑟夫·托宾(Joseph Tobin)和他的同事向我们展示了中国的一个保育机构,这个保育机构被有意识地设计成与儿童家庭生活不一样的环境。[2] 因为中国的计划生育政策,每个家庭只有一个孩子,这唯一的孩子在家里是众多成人的焦点,每个成人都予以了大量的关注。然而,这里保育机构设计的目的,就是让儿童与他的同伴有更多的接触,使他们感受到自己是这个群体的一部分,因此师生比很高。儿童被当做团体的一个成员而非个体来对待。一些家长甚至选择让儿童在幼儿园住宿,每周有四个晚上都在幼儿园度过。从这个例子,你可以看出:一个机构是选择反映团体还是个体,这与文化、社会和个人的问题有很大关系。

## 文化问题

家庭文化影响的早期教育机构的社会情绪环境该怎样设置。如果由职工和行政部门代表的文化(在早期教育机构中)反映了家庭的文化,要作出决定就比较容易。

在我们更深入地讨论这个问题之前,看一看文化的基本观点是非常重要的。文化

---

[1] 除非你住在那里,否则你不应该试图去评价这个社区。你也许不能全面地了解住在那里是怎样的情形,如果你仅仅依靠印象或者媒体报道,你也许会忽略掉这个社区的积极的方面。

[2] Joseph J. Tobin, David Y. H. Wu, and Dana H. Davidson, video companion to *Preschool in Three Cultures*, University of New Hampshire, 1990.

是不可视的。有一种说法：人与文化的关系就如同鱼和水的关系。水是鱼生活中的一部分，只有当鱼儿突然被空气包围的时候，它才意识到水的存在。

我们浸透在我们的文化里，就像鱼儿浸透在水里。我们也许不会意识到我们的文化对我们的行为、想法和感知的影响有多深。文化决定了我们所做的一切事情——从我们个人的行为（我们坐的方式，站的方式，走路的方式，跷腿的方式，肢体的动作）到我们的交际行为（我们同别人站在一起时相隔的距离，眼神交流的方式，如何发送和解释信息）。这些潜在的规则控制着我们行为的每个方面——我们中的大部分人从来没有思考过或者注意过这些规则，直到有人违背它们。实际上，违背我们文化的规则也许会使我们震惊，但是它们会丰富我们的经历，使我们有思考和存在的新方式。

没有水鱼儿就会死亡，但是人类要幸运得多。当我们进入一个不同于我们自己的文化时，我们不仅能存活下来，而且能够从这种经历中获得成长。通过学习其他文化，我们能够更好地了解我们自己和其他人。

儿童从一出生就开始学习成为他们文化的一员。让我们看看两位母亲吕蓓卡和乔伊是怎样使他们的婴儿社会化的。吕蓓卡怀抱着她的孩子茱莉。茱莉微笑着，喉咙里发出"咕咕"声。吕蓓卡也微笑着，模仿茱莉发出的咕咕声。吕蓓卡用舌头发出"喀哒"声，好奇地睁大眼睛，逗得茱莉哈哈大笑。听到女儿的笑声，吕蓓卡轻轻地拍拍她。她们都笑得很大声。吕蓓卡给了茱莉一个温暖的拥抱，用鼻子爱抚着她的脖子。茱莉高兴地发出尖叫声。吕蓓卡抱着茱莉，伸出一臂的距离，轻轻摇晃她。茱莉发出更多的尖叫声。吕蓓卡和茱莉看上去都很愉悦和激动。最后，茱莉的反应不那么热情了，吕蓓卡将其作为应该安静下来的信号。

另一方面，乔伊采用了相反的方式对待她的女儿苏西。当苏西第一次微笑，喉咙里发出"咕咕"声时，乔伊也对苏西微笑，安静地与她交谈，温暖地回应了她。但是当苏西变得激动、小腿开始乱踢时，苏西面部表情柔和，用更温柔的声音与女儿交谈。苏西自己没有兴奋，反而更加克制。不同于吕蓓卡，她一直在增强茱莉的反应，给予她更多的刺激，直至她满足为止，乔伊却使苏西平静下来。她静静地抱着苏西，发出令人宽慰的轻声低吟。

当苏西开始跳跃时，乔伊将她抱得更紧并轻轻地摇摆她，哼着缓慢而有韵律的催眠曲。她温柔地抚摸着苏西的后背，因为她知道这种方式能够使她安静下来。这种方法果然奏效。

这两位母亲都有不同的目的，但是她们的行为在她们的文化中都是合适的。吕蓓卡有意识地使她的女儿处于一种活动状态中。婴儿越活泼，她也越开心。吕蓓卡希望看见她的女儿激动兴奋，她认为这样的刺激对她有好处。吕蓓卡本人喜欢愉快的互动，所以，她提倡这种积极的互动。当女儿发出信号表明她已经有足够的刺激时，吕蓓卡也敏锐地感受到了，所以她停止了给女儿更多的刺激。以这种积极的方式，吕蓓卡正帮助她的女儿成为她们文化中的一分子。这种文化提倡激动、刺激和积极的互动。

另一方面，乔伊认为女儿苏西有被过度刺激的危险。她担心婴儿变得兴奋。她认为安静的婴儿比吵闹、活泼的婴儿好。在她的文化中，宁静和安详是两个备受推崇的品质。乔伊正在教苏西怎样变得安静。她在教她镇静。

这两位母亲中，哪位母亲的做法是正确的，哪位母亲的做法是错误的？如果不考虑各自的文化背景，你不能回答这个问题。框9.3是关于这个话题的深入讨论。

---

**框9.3 多棱镜**

### 正常还是异常

你是赞同吕蓓卡还是乔伊？你是否将你赞同的那位归为正常，而将不赞同的那位归为异常？因为文化是不可视的，一些人尤其是来自主流文化的人，认为他们没有文化。他们将自己视为"正常的"、"普通的"、"常态的"。他们也许给其他人贴标签为"异教徒的"，而将自己视为既没有文化又不是少数民族。

但是，换言之，我们都有一种种族优越感的倾向，我们以自己的方式走路，以我们种族的眼光看待世界。我们中的大部分都倾向于认为我们自己的方式是正确的。我们用自己文化的标尺来衡量世界。

---

想象一下，茱莉将如她母亲所希望的那样，成为一个活泼的女孩；苏西也将如她母亲所希望的那样，成为一个安静、沉着的女孩。这两个女孩将对幼儿园产生怎样的反应？茱莉认为是有趣的事物，苏西也许会认为过于刺激、令人恐惧和心烦意乱。当然，这样的一种预测过于简单化。仅仅知道婴儿两种不同的社会化方式，我们不可能预测到两个孩子将会发展成什么样。遗传因素也发挥着作用。同样，一个文化中也存在着个体差异。处于同一个文化中的人不都是一样的！吕蓓卡所处文化中的人们不一定都是活泼积极的，乔伊所处文化中的人们也不一定都是宁静平和的。这种变化是无穷的，但是仍然有一根文化之线将处在一种文化中的人们联系起来。我们个人的价值观、礼节、存在的方式都受到我们文化的影响。文化是一个框架，所有的一切都处在这个大框架下。

文化的某些方面是可见的——食物、衣服、音乐、美术、文学、节日。而且文化的一些方面可以从行为上显现出来——包括人们抚养孩子的方式。抚养孩子的方式通常取决于某种文化对孩子的需求、对孩子如何学习发展和对其本性的看法。

任何一个早期教育机构，很可能都同时运行着好几种文化：儿童间不同的**家庭文化**（home culture），教职工的家庭文化（这种文化也许能产生影响，也许不能产生影响，取决于教职工的培训）。如果这些教职工被作为早期教育者培训过，那么就有第三种文化——即**儿童早期文化**（early childhood culture）。

现在，儿童早期文化在很大程度上反映的是它的欧洲根源。但是对欧美文化的大量重视已经开始逐渐减退。来自全美幼儿教育联会的两个文件部分地预示了一种想要改变的意识。第一个文件，1995年的一个文件宣称，"国家的所有儿童都应该享有与其家庭、社区、种族和文化背景相应的儿童早期文化"。[1] 第二个文件，修订版的《适宜的发展练习》(Developmentally Appropriate Practice)，认为专业的决策必须建立在三个领域的知识上——什么是对发展合适的，什么是对个体合适的，什么是对文化合适的。[2]

第三个文件也是由全美幼儿教育联会发表的，它曾影响了前两个文件。路易斯·德曼-斯帕克斯(Louise Derman-Sparks)反对偏见势力，在1989年出版了《反对偏见课程：授予孩子权力的工具》(The Antibias Curriculum: Tools for Empowering young Children)，使全国注意到了种族、文化、语言及其他领域中的偏见。[3]

国家专业领导力量和实施方面在每个层次上都发生了变化。儿童早期文化已经超越了它的欧洲根源，逐渐地反映很多专业人士和家庭的多样文化。教师培训项目改变了教师的观点。早期教育者对不同的家庭文化和他们抚养孩子方式的多样性有了更多的回应。

儿童是个体，同时也是小团体、社区、文化中的一个成员。

---

[1] National Association for the Education of Young Children Position Statement: Responding to Linguistic and Cultural Diversity: Recommendations for Effective Early Childhood Education" (Washington, DC: NAEYC, 1995) 1.

[2] Sue Bredekamp and Carol Copple, eds., *Developmentally Appropriate Practice in Early Childhood Education Programs* (Washington, DC: NAEYC, 1997).

[3] Louise Derman-Sparks, and the ABC Task Force, *Antibias Curriculum: Tools for Empowering Young Children* (Washington, DC: NAEYC, 1989).

## 儿童的家庭文化

儿童将他们的文化带进了早期教育机构,但是他们的文化也许被教职工承认或者不承认。先前的章节已经讨论过是提高儿童的独立性,还是提高儿童的相互依赖性这两种不同的看法,但是下面的文章是为了帮助你从一个更大的文化背景下理解家长的态度和行为。

**文化优先权:独立性还是相互依赖?** 新生婴儿面对着两项主要的任务:(1)成为一个独立个体;(2)同别人建立联系。父母的任务就是帮助他们的孩子完成这两项任务。

父母应该同时注重这两项任务,这点似乎很合理。但不是这样。大部分的家长总是有意或无意地注重其中一项任务。他们的选择取决于他们的目标,通常由他们的文化所决定。结果就是孩子们定义"自我"的方式,就像他们的文化定义"自我"这个概念一样。这两种定义是:

- 个体是一个个别的、自制的个体,为了能够成为一个大集体中的一部分,他的任务就是最好地发展自己。个人的功绩、成就是最重要的。
- 自我与生俱来就是联系的,不是分离的,是根据关系来定义的。对别人的义务比个人的功绩和成就更为重要。

鼓励独立性和重视联系性的家长之间存在怎样的不同?对独立性更加重视的家长很可能鼓励儿童早期自助技巧的发展。当婴儿第一次伸手拿汤匙时,他们会给他一把汤匙。他们教婴儿一个人睡在婴儿床上。自信、果断、自我表达是关注独立性家长培养婴儿的目标。达到这些目标的最终结果就是自尊。这些儿童能够很好地适应培养同样目标的早期教育机构。

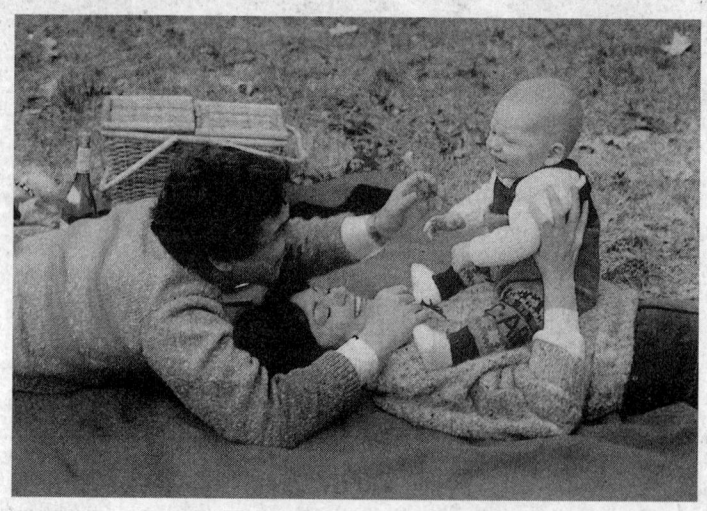

父母为孩子树立自信和自我表达的目标,以发展他们的独立和个性。

那些终身密切关注子女能力的父母也许重视孩子的依赖性甚于其独立性。

  关注独立性的家长也会教他们的孩子同其他人相联系，但是他们对发展这些技巧关注甚少。这些家长认为他的孩子一定能成为一个个体，并且在他学会分享他的财产前理解所有权的概念，"当他准备好的时候，他就会学会分享。"

  更重视儿童保持联系性能力的家长有不同的观点。他们担心他们的孩子变得太独立，所以他们关注建立相互依赖的关系。一个亚洲妇女解释依赖性是怎样循环运转的："最初，你依赖你的父母；后来，他们依赖你，就应该是这种模式。"[1]

  有些时候，关注联系性的家长不重视所有权，坚持从一开始就要会分享。他们也许对自助的技巧很少关心，用勺子喂养他们的孩子几年——有时候到四岁。喂饭的时间代表着家长与孩子建立联系的机会，这些机会家长不愿意匆忙地放弃。当三岁的孩子还想要喂饭时，一些教师会觉得震惊。同样，想要教师给他们的孩子喂饭的家长，对幼儿园内发展儿童自助的技巧，也许会感到奇怪和失望。

  虽然关注独立性的家长看不惯溺爱孩子，但是重视联系性的家长却不认为有什么不妥。为他们的孩子做事，即使孩子们自己能做，家长会有一种温暖、愉快的感觉。当孩子们开始坚持他们的权利，家长甚至阻止他们独立。在日语里有这么一个词语"得体地接受帮助"，这个观点是让有独立意向的孩子学会让别人帮助自己，尽管他们本不需要帮助。

---

[1] 在一个我发表了有关文化差异演说的研讨会上，一个名叫特丝的与会者告诉我这些。

第二部分　课程导论：计划学习

　　提倡相互依赖关系的家长对于让孩子在夜晚独睡不是那么坚持。他们在提高孩子自我表达、自助、甚至自尊方面也不那么焦急。实际上，任何前缀以"自"开头的特性都是值得怀疑的。这些家长不想培养自私的孩子，他们希望他们的孩子把别人放在首位。

　　独立性和依赖性这两种方式代表了使需求得到满足的两种不同看待方式。提倡独立性的家长教会他们的孩子，当他们变得更有能力的时候，满足自己的需求是他们自己的责任。但是在"以其他人为中心"的家庭里成长的孩子，认识到别人的需求而非他们自己的需求是他们应该关注的。他们将使别人的需求得到满足，然而，因为当他们照顾别人时，别人也在照顾他们。在这两种家庭里，需要都得到了满足，但是每种家庭的过程却是不一样的。

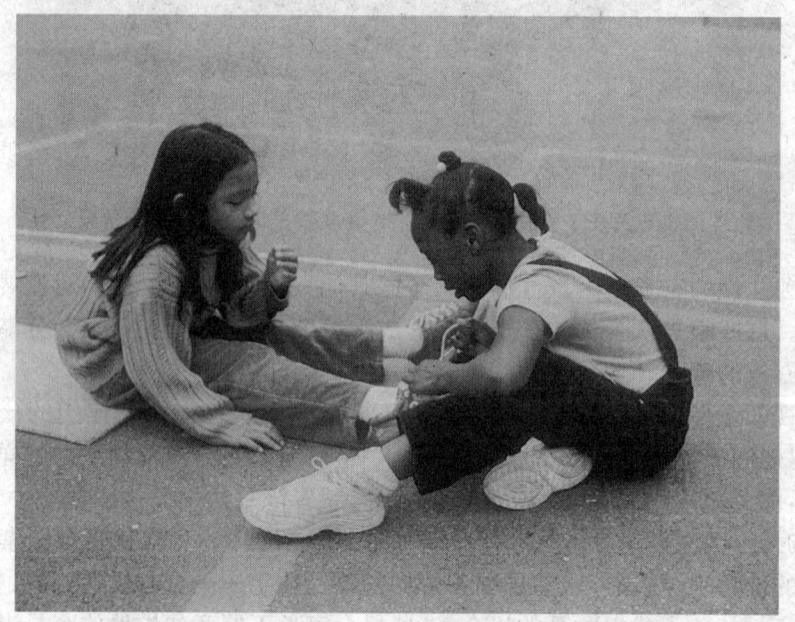

在"以其他人为中心"的家庭成长起来的孩子学会了互相帮助，而不是只关注自己。

　　关注独立性的成人和注重联系性的成人对于彼此常常有很深的误解和不和。前者批评那些站着等待她的家长给她戴上帽子的学龄前儿童："没有理由让孩子这么无助！"后者会批评那些因为儿子年纪太小而不用同祖父母打招呼的家长："没有理由对老人这么不尊敬。"一方看来很小的问题，在对方眼里，都成了道德问题。

　　当然，大部分孩子，不管他们的抚养方式怎样，都会成长为一个独立的个体，都会同别人建立、维持关系。儿童都会完成这两项任务，即使他们的父母只强调一个方面。实际上，父母们希望孩子们既独立又与别人相互联系，他们对自认为最重要的品质上倾注更多的心血，而对他们不那么关心的品质（或者是很少出现的、没有被觉察到的品质）缺少关注。大部分的家长从来不会有意识地决定他们将要关注独立性还是依赖性，因为这种决定来自于根深蒂固的文化观念。

**压迫** 然而，有些家长确实是有意识地指导他们的孩子变得更加独立或者与人相互依赖。他们深思熟虑的目的在于减少压迫的影响，比如说种族歧视。一位家长坚决地强调使她的孩子成为群体的一分子，成为她们人民的一部分，而不是强调成为一个独一无二的个体。这位家长将群体作为孩子和残酷现实之间的一个缓冲器。当孩子接收到社会对他们自己及他们人民的负面信息时，他们需要自己的群体来证实关于自身的另一个不同的现实。当孩子们离开家庭的保护时，家长通过紧密地将孩子和他们的人民联系在一起，帮助孩子作好准备去面对残酷的现实。他们的养育方法就同建立相互依赖关系这个目标有关。

相反，一些家长作为被压迫团体的成员却采用了另一种方法。他们教他们的孩子学会独立，学会珍惜他们的个性，以此作为抵抗压迫的一种方式。不管是哪种情形，家长的动机不仅仅主要取决于文化，更是对历史和当今社会环境的一种回应。[1]

**家庭文化和它与儿童早期文化的关系** 对于早期教育者的挑战，就在于他们要更多地意识到家长的动机，意识到文化是怎样运行的，意识到还有什么（比如说压迫）会影响到家长对孩子的抚养方式。有了这种意识，我们就会尊重其他人，以尊重的眼光看待别人，在这一章中给了我们深入的思考。同时，早期教育者要易于接受和尊重他人，他们应该帮助家长更好地理解他们的行为。有时候，家长的动机、目的和行为是不一致的。如果这样，早期教育者就应该帮助家长发现和处理这些不一致的动机、目的和行为。

举例说，第一次做妈妈的母亲和她四岁大的儿子到了一家早期机构。在一开始的交谈中，这位母亲告诉主任，她的儿子需要严格的纪律，当他行为不端正的时候，就打他，这一点是很重要的。园长很尊敬地解释：体罚是不允许的。这位母亲坚持这是她们文化的做法，并让园长转告老师：当他的孩子过于疯闹、不守规矩或者不尊敬老师的时候就打他。在这位母亲看来，这种行为是所有罪恶中最为糟糕的。

园长在体罚这件事的立场上，不仅遵守了法律的规定，更是反映了儿童的早期文化，而且她所呈现的儿童早期文化已经超越了她自己的文化。在进入早期教育领域之前，这位园长常常打她自己的孩子。她相信体罚，实际上，她曾认为体罚是控制孩子行为的一个非常重要的因素。现在，她将纪律而不是行为控制作为指导，并且她对体罚有了一个完全不同的看法。她已经成为了儿童早期文化的一员。

随着交谈的继续，园长发现这位家长希望她的孩子成为一名和平主义者。她强烈反对暴力。园长逐渐地指出：这位母亲对体罚的运用将会阻碍上述目标的达成。起初，这位母亲并不信服，但是讨论在继续，园长希望这位母亲能够发现体罚会使孩子无

---

[1] 关于压迫的这段话，来自于我同 Intisar Shareef, Ed. D. 的个人交流。

法达成反对暴力的目标。

## 文化的多元性

文化不是固定的。个体在变化,家庭在变化,文化也在变化。它们从来就不是静止的,尤其是当它们与其他文化相碰撞时。文化总是在进化、发展的。

是的,文化在改变。但是,作为早期教育者,我们必须努力地发现早期教育机构在儿童的文化发展中起了什么样的作用。一些儿童来到早期教育机构时,他们所带来的家庭文化不同于机构的文化。儿童是保持、扩展、修改他们自己的文化观点,还是整个地丢弃他们的文化观点,采纳机构的文化,这取决于很多因素,包括主流文化和媒体没有说出口的信息。另一个因素就是儿童的年龄。进入一个文化多样化的机构,年龄越大的儿童丢失他们自身文化的概率就越小,尤其是那些家庭文化和语言已根深蒂固的儿童。小孩子更容易受到主流文化的影响。

婴儿的养护者尤其要对文化的多样性敏感。因为养护者风格上的微小差别很容易被忽视,但是这些微小的差别对婴儿却有重要的影响。思考一下这个例子:安吉尔用她那大大的棕色眼睛盯着她的养护者,此时她正偎依在金伯利的手臂里,她脸上的巧克力色与金伯利手臂的白皙形成鲜明的对比。金伯利用很温柔的语调同安吉尔说话。安吉尔有什么样的感受呢?她看上去有点不舒服。她注意到金伯利抱她的方式不同于她母亲抱她的方式吗?金伯利的嗓音和身体语言与她的母亲也是不一样的。

照料婴儿的方式是决定其社会化和成年人格的主要因素。

婴儿是能够适应的。不同的人抱婴儿的方式都是不同的。为什么我们不能假设安吉尔将能够习惯金伯利的方式,并且一切都会好起来?很多早期教育专家认为:一个儿童早期身处多种文化环境下,会使他日后更易于接受文化的多样性。但是这种假设正确吗?在婴儿时期就将他们置于多种文化环境下,这个时间合适吗?

问题在于我们不是确切地知道婴儿是怎样成为他们文化中的一分子的。我们不知道将婴儿置于多种文化环境下是会让他们更加开放还是更加迷惑。如果他们确实变得迷惑，我们不知道随着年龄的增长他们是否能走出迷惑，变成二元文化（或者甚至多元文化）的——这不是一个必然结果。一些孩子没有接受到很强烈的文化信息，长大后可能不易于接受文化的多样性。通常，孩子们接受主流文化，排斥他们自己的文化。

这儿有另一个更加形象的例子表现一个婴儿对文化多样性的反应：当迈克尔看到碗和勺子时，他很激动。他踢着小腿，挥舞着胳膊。但是当海伦把他抱在一个高高的椅子上，在他面前放了一个碗，里面装着用手指抓的食物时，迈克尔只是坐在那里，没有做任何尝试去吃放在碗里的东西。起初，他看上去很痛苦。最后，他从他的位置上跌落了下来，眼睛里闪着泪花。后来他的母亲解释：迈克尔从小就被教导不许用手去碰食物。实际上，他通常坐在妈妈的腿上被喂饭吃，而且为了阻止他干扰妈妈喂饭，他被一块毛毯紧紧地裹着。很显然，迈克尔不知道怎样去应对这个新的环境。

在迈克尔的家庭里，他们的目的不是独立性。这个家庭认为，孩子与生俱来就有一种顽固的独立性（比其他方面更为强烈），这种独立性必须要被减弱。家长对孩子的抚养方式就是要创立一种亲密和相互依赖的关系。他们担心他们的孩子变得过于独立以至于不再需要他们。家庭的亲密与相互依赖这些具有优先权的品质不是自给自足的，不管你是否在这方面训练你的孩子，他们认为这些品质都是自然获得的。

婴儿被照看的方式是影响他的社会化及未来人格的一个主要因素。婴儿的自我认同和他怎样将自己与其他人相联系都受到早期生活的影响。[1]

家长的养育方式是在家庭的文化中为孩子向成年的过渡而准备的，理解这一点非常重要。当儿童的家庭文化不同于机构的文化时，养护者需要意识到这些不同对婴儿造成的可能影响。

越来越多的早期教育机构强调，思考将婴儿置身于多文化背景时所造成的影响，这点很重要。婴儿刚刚开始学习他们自己的文化。在他们身上将会发生什么——他们还没有收纳所有那些潜规则和潜行为——他们与不是他们家庭文化的人相处吗？他们会自动地学会二元文化吗？也许会这样。但是许多因素在起作用，包括主流文化中没有说出来的信息（尽管这个因素对大孩子有更大的影响，但是很难说孩子在什么年龄开始领会这种没有说出来的信息）。如果孩子认识到他们家庭的文化是下等的，他们也许对自己有一种负面的看法。很自然地，他们会想要成为"更好文化"的一部分，而排斥他们自己和他们家庭的部分。

当然，文化差异的问题不仅仅局限于幼年期。之所以对幼年期如此关注是因为文化差异始于此。但是文化差异的问题和对文化敏感性的需要不仅仅在早期教育盛行，在其他教育领域也盛行。举例说，某一种文化认为骄傲是一个很大的弱点甚至是一种罪恶，那么来自这个文化的孩子，不管他是什么年龄，在一个提倡个人自豪感的课堂里

---

[1] Ronald J. Lally, "The Impact of Child Care Policies and Practices on Infant/Toddler Identity Formation," *Young Children* 51.1 (Nov. 1995): 58–67.

会感到困惑。这些孩子怎样处理这个两难问题？他们将在学校里学习感受自豪，而在家里排斥这种感觉？或者他们选择其中的一种观点而排斥另一种观点？有多少学生将老师的观点带回家，并且从此以后抵制父母的教导？如果他们抵制他们家庭文化的一方面，他们也会抵制其他方面吗？想象一下，当孩子被放在这样的一个位置上，它们会对孩子产生什么样的影响？

对于保育中心的儿童，文化的敏感性和合适的回应对于他们是否根植于他们的文化、是否更多地成为主流文化的一部分、是否学会二元文化或者在文化中犹豫不定找不到归属感至关重要。[1]

## 儿童早期文化的发展

早期教育者必须学会尊敬不同的养育方式，但作为专业人员也要学会学习他们的技能和知识。当来自不同背景的家庭与早期教育者接触时，家庭发生了改变，同样早期教育者也在改变，认识到这点很重要。文化适应是两方面的过程。一些老的价值观和习惯保持原样，有一些被修改了，还有一些被新的所代替。[2] 这个过程需要孩子、家庭和早期教育的教育者在两种或多种文化中灵活地操作。

文化不是静止的。儿童早期文化和其他文化一样都易于改变。如果早期教育者使他们的心智足够地开放，当他们与不同的思维和存在方式相碰撞时，有些时候他们是被改造的一方。成为一名称职的早期教育者需要给予和回报。有些时候，我们教导别人，有时候我们自己从中学习。当一个早期教育者拥有一种不同的视角，改变机构的某种做法时，他就扩大了儿童早期文化的参数。

## 小结

早期教育机构的社会情绪环境应该提供尊敬、温暖、养育、接受、保护和回应。但是只有这些品质还不足以创造一个健康、安全、发展的环境，连续性是最终的关键成分。儿童早期教育领域中有两个因素阻碍连续性，一个是人员的交接速率，另一个是孩子每年的升级从一个教室换到另一个教室。在设计幼儿园教室的社会情绪环境时，必须要考虑一些文化因素。首先考虑是该关注个体还是团体——或者是否按照家庭的模式来改造早期教育机构。第二个应该考虑到抚养孩子的不同理念——有的家庭注重独立性，有的家庭强调联系性。如何在完成儿童早期文化职责的同时，学习怎样尊敬儿童的家庭文化，这是一个挑战。因为文化在不断地发展，家庭文化、甚至教职工

---

[1] Carol Brunson Phillips, "Culture: A Process that Empowers," *Program for Infant/Toddler Caregiving: A Guide to Culturally Sensitive Care*, ed. Peter Mangione (Sacramento: Far West Laboratory and California Department of Education, 1995).

[2] Patel, Power, and Bhavnagri, "Socialization Values and Practices of Indian Immigrant Parents: Correlates of Modernity and Acculturation," *Child Development* 67 (1996): 302-313.

的家庭文化都不会保持一样,儿童早期教育的文化也在发展。

## 自我测试

学习本章后,你能够
* 列举出营造一个健康、安全的社会情绪环境需要哪些因素吗?
* 描述怎样尊敬地对待儿童吗?
* 解释为什么成人不能当着孩子的面讨论他们吗?
* 解释一个早期教育者像母鸡妈妈那样意味着什么吗?
* 列举出阻碍早期教育机构连续性发展的两个障碍吗?
* 讨论早期教育机构中关于个体和团体的争论吗?
* 解释儿童早期教育机构的文化怎样不同于家庭文化或者教职工的文化吗?
* 列举出两个引起争论的文化优先权吗?
* 解释压迫怎样影响一些家庭对孩子的培养目标吗?
* 解释为什么婴儿学习他们家庭的文化是重要的?
* 描述儿童早期教育文化发展的一种方式吗?

## 需知术语

你可以用下面的多少个词语造句?你知道它们的含义吗?

社会情绪环境　　　　　　依恋
家庭文化　　　　　　　　独立性
儿童早期文化　　　　　　依赖性

## 深入阅读

Blasi, M. J., & Priestley, L. (1998, March). A Child with a Severe Hearing Loss Joins Our Learning Community. *Young Children*, 44-49.

Katz, L., & McClellan, D. (1997). *Fostering Children's Social Competence: The Teacher's Role*. Washington, DC: NAEYC.

Lally, J. R. (1995, November). The Impact of Child Care Policies and Practices on Infant/Toddler Identity Formation. *Young Children*, 58-67.

Logan, T. (1998, March). Creating a Kindergarten Community. *Young Children*, 22-26.

National Association for the Education of Young Children. (1995). *Position Statement: Responding to Linguistic and Cultural Diversity: Recommendations for Effective Early Childhood Education*. Washington, DC: NAEYC.

Phillips, C. B. (1994). Culture: A Process that Empowers. In P. Mangione (Ed.), *Infant/Toddler Caregiving: A Guide to Culturally Sensitive Care*. Sacramento, CA: California Department of Education and WestEd Program for Infant-Toddler Caregivers.

## 结尾故事

我曾经出席过一个研究所为教师培训者举办的研讨会，讨论儿童早期教育中文化和语言的多样性。领导者讨论"儿童早期文化"，而我不是很确信这样的事真的存在。但是，一个练习向我和整个团体的人证明：儿童早期文化确实存在，这就是将专业人员联系在一起。

领导者将与会人员分成三组。第一组的任务是关注家长；第二组关注教师；第三组关注孩子。在三张卡片上写着简单的指令："列举出一个好的_____（教师、家长、孩子）的特征和一个坏的_____（教师、家长、孩子）的特征"。横线处可以写教师、家长或是孩子，取决于各个组。

得到家长卡片的那组马上就工作起来了。在列表时他们没有遇到任何问题。得到教师卡片的那组同样也没有什么问题。他们很清楚：一个好教师和一个差教师的特征是什么。

我在持有儿童卡片的那组。在完成任务的过程中，我们感觉很糟糕。首先，我们一致认为不存在什么坏孩子；不是孩子坏，而是他的行为坏。但是，接着我们就争论了"坏"这个词语的使用——不能接受的行为，非社会化的行为，过分的行为，但不是坏的行为。

对于这项任务，我们感到沮丧和愤怒。当宣布练习结束，该向大家汇报时，我们还没有想好怎样去处理我们的情绪和这项任务。我们不得不作出一个快速的决定。

当轮到我们给大家展示我们的两张列表时，我们向大家解释：因为我们一致认为不存在坏孩子，我们拒绝做这项任务。我们强调：所有的孩子都是好孩子。构思这个问题的领导者点点头。他们说："看，儿童早期文化就是这样运作的！"我们认识到：我们之所以意见一致是因为我们不知不觉地分享同一种文化——来自我们的专业训练和经验。如果这个团体是由随便从大街上挑来的个体组成，他们也许不会达成这样的共识——没有坏小孩，甚至没有坏的行为。

## 下章导读

下个章节，我们要看一看常规活动及这些常规活动怎样提供学习的时机，他们是早期儿童课程中重要的一部分。每日常规成为了重要的仪式，创建了一个框架，可以使儿童有安全感。我们将看看四个常规：喂养、如厕、休息和清洁。另外要研究的两个常规是：过渡和集体活动。

# 第十章 常规活动

保育课程
　　同步互动
　　依附
身体保健常规活动
　　进食
　　如厕
　　睡眠
　　盥洗与穿戴
其他常规活动
　　过渡
　　集体活动
小结
自我测试
需知术语
深入阅读
结尾故事
下章导读

第二部分　课程导论：计划学习

在这一章里你将了解：
* 为什么保育被认为是课程的一部分。
* 什么是同步互动以及它们是怎样产生依附的。
* 四项保健常规。
* 儿童进食什么以及怎样进食。
* 进食是如何随着儿童年龄变化的。
* 如何使换尿布成为婴儿一种有意义的经历。
* 如厕学习准备概念。
* 如厕训练的多种方式。
* 睡眠是怎样随着儿童年龄变化的。
* 有关幼儿盥洗和穿戴方面的文化和发展问题。
* 什么是过渡。
* 怎样使过渡由混乱变为常规。
* 怎样处理情绪化入园和离园。
* 不同园所是怎样开展整理活动的。
* 集体活动如何发挥作用。

日常活动组成了幼儿一天生活的基本框架，儿童从中可以获得安全感，甚至成人也是越来越熟悉和享受某种结构安排。正如不同人和不同家庭之间的日常活动各不相同一样，托幼机构中的日常活动也是多种多样的。有些托幼机构的日常活动反映的是开放性结构安排，其活动次序是跟随集体的节奏和步骤；而有些托幼机构则把日常活动精确地分为时间组块，由时钟管理（比如：十点钟是点心时间）。但是，无论托幼机构采用何种时间表，有些常规活动是每天都必须实施的（见框10.1）。

---

**框 10.1 提示与技巧**

**日常结构要素**

无论托幼机构实施的是开放性时间表，还是固定结构时间表，日常活动总是会包含以下要素：

● **开始与结束**　无论是个人还是集体，一日或一段时间应该有个开始和结束。每个儿童都会接受某种形式的问候和告别，即使来园和离园时间错开。

● **需求满足**　个人（包括儿童和成人）应该有能力合理及时地满足自己需求，而不用遵守严格的时间表或固定的集体节奏。

● **平衡**　注重适宜幼儿发展的平衡：(1)个人自由和集体安排，(2)挑战和安全，(3)稳定和灵活。

● **选择**　儿童每天都应该有机会可以自行决定时间。这种决策能力的培养对于儿童的未来发展是很重要的，它使儿童有机会体验自己所作选择的结果，并帮助儿童自行决定喜好和厌恶，从而授权儿童。

续

> - **可做事项** 提供给儿童的仪器、材料以及活动应该有趣、适龄以及适合不同文化，它们能够帮助儿童产生认知联系并赋予其深层意义。
> - **多样机会** 儿童应该有机会参加各种形式的游戏和活动，包括户外、室内、安静以及活跃的游戏和活动。此外，儿童每天还应有机会或单独、或三三两两以及或以小群体形式进行游戏和活动，合适的话还应该开展集体活动。
> - **强调儿童的整体发展** 儿童的日常体验应该促进其头脑、身体、感情以及社会技能的整体发展。
> - **关系** 帮助儿童彼此之间以及儿童与园所员工之间建立联系，这是园所每天的重点。
> - **教育** 环境和设计的活动与项目应该促进儿童有意义的和深层的学习与发展，并直接与儿童生活和兴趣相关。此外，成人应该留心和利用计划外的学习和发展机会。成人必须注意不要错过任何可教育机会。

本章主要讨论四项保育常规活动——进食，如厕，睡眠，盥洗和穿戴，以及它们是怎样组成托幼机构学习计划中不可分割的一部分的。此外，我们还将探索其他两项常规活动——过渡和集体活动，它们同样也是课程的重要组成部分。最重要的是，我们将探讨怎样以适龄、互动、教学的方式开展各项常规活动。

如果本章仅仅是为或将要成为学前班、幼儿园以及小学的教师们准备的，那么其重心将会放在过渡时期和时间规划等方面，而不是着重强调身体保健方面的常规活动。随着儿童度过婴幼儿时期，教师将会减少对儿童身体需求和保健方面的关注。但是，婴幼儿托幼机构发展迅速，每位幼儿教育工作者都有必要至少了解保健和教育知识的基本概况。这章内容对年龄稍大些的儿童也是适用的。在整个幼儿时期，即便如厕成了个人私事，儿童始终都需要身体保健和成人关注；随着他们慢慢长大，即使不再需要成人抱着或匙子喂食，儿童也在持续学习饮食和营养知识。事实上，国家有关肥胖记录表明在儿童处于饮食习惯形成时期，我们必须加强儿童适当的营养教育。

## 保育课程

幼儿教育工作者必须认识到儿童始终是处于学习状态的，即便在进食、如厕、睡眠，以及盥洗和穿戴时也是如此。保育工作占掉园所大量时间，有人认为它是杂活，因为他们没有认识到保育活动的意义，而对于那些将其视为一种与儿童互动的方式的幼儿教育专家来说，保育活动却是一种福气。保育常规活动可提供极佳的互动机会，这种互动可以增进双方了解，建立依附关系。

## 同步互动

成人与儿童之间互动的质量对双方关系会产生很大影响。儿童与成人之间进行大量的一对一互动,儿童需要成人的关注、回应和尊重。而同步可以使互动发挥作用,为了说明清楚,下面我们来看一个关于**同步互动**(synchronous interaction)的例子。

戴维是个婴儿,他刚睡醒不久,因为饿了哭闹得厉害。戴维的保育员——简,赶忙去准备奶瓶,她边走边叫着孩子名字试图使他安心,但是孩子哭闹声音很大,很难知道他是否听到。最后,简终于准备妥当来到戴维身边。戴维稍稍安静了些,似乎听到了简的声音正告诉他正准备把他抱起。简伸出双臂,戴维也将背弯了弯,她知道孩子在配合她。

过了一会儿,他俩舒服地坐在靠窗的墙边。简将戴维的头枕在自己的臂弯里,并使他的头高于身体,然后拿起奶瓶,轻轻碰着他的脸颊,于是戴维马上将头转到了这个方向,使奶嘴一下子滑进自己的嘴巴。戴维的眼睛眯成了一条缝,使劲地吸着奶瓶,过了很长时间都没停下来歇口气。后来孩子终于停了一会儿,使奶嘴恢复原形,然后又一口咬住继续吸。

简这时候不跟他说话,也没有分散他的注意力,因为她知道,戴维应该专心进食。最终孩子慢了下来,这时简才开始跟他说话:"你刚才真的是饿,哦,瞧你那副吃相。"他停了停,松开奶嘴,看看她的眼睛,开心地笑了一下,接着又继续专心于他手头的工作——吸光瓶子里的奶,填饱肚子。

你发现这个互动过程中的同步性了吗?简非常了解戴维,她知道他需要什么,以及怎样提供这些东西,她甚至还明白不能直接将奶瓶塞入孩子的嘴巴,而应将奶瓶碰碰他的脸颊以激起他的本能反应,将奶嘴放进嘴巴的不是简,而是戴维自己,因此像这种细小的动作也能授权予儿童。简只是促成戴维完成了这一动作。简还清楚何时该说话,何时不该说话,并设法引起戴维微笑,这让她自己感觉非常开心。他们之间的同步互动非常成功。

像这样进食用不了几次,戴维和简之间就能建立起亲密关系。简是戴维的主要保育员,所以通常都是由她给戴维喂食。这种一致性能够促进他们之间的关系。

以上是保育员和婴儿之间的同步互动,接下来我们来看看教师与学前儿童是如何进行同步互动的。

里巴独自站在操场上,看起来有些沮丧。托依德老师走到她身边,把手搭在她肩上,里巴抬头看着老师,托依德问道:"发生什么事情了?"

"我感到不开心。"里巴很平静地回答道。托依德屈膝蹲了下来,看到她脸上有两颗很大的泪珠顺着双颊流了下来。

"那是为什么呢?"托依德老师问道。里巴突然扑进老师的怀中,托依德老师紧紧抱住她,并感到她深深的叹息。

正当他伸手想摸摸里巴额头看是否发烧时,里巴说:"我想我妈妈。"说完又挣开老师的怀抱,撇过身子,耷拉着脑袋。托依德老师并没有走近她,而是等在原地。接着里巴转过身来,生气地说:"她们太小气了。"

"小气!"托依德老师重复道,等着她继续说下去。里巴朝他挪了挪,这时老师伸出手,于是她那略带颤抖的手握住了老师的手,说:"她们说我不会玩,"然后里巴便拖着老师的手穿过操场来到沙坑上。

"我也会玩。"她冲着正在挖沙的三个女孩嚷道,并紧紧抓着托依德老师的手。"来吧,你会玩的,我们从未说过你不会玩。"其中一个女孩说道。"那,我要这只绿色的桶。"里巴大声说。刚才说话的女孩耸了耸肩,把这只桶扔给了她。于是,里巴松开老师的手,一把抓住这只桶,跳进沙坑里,开始往桶里大铲大铲地装沙。

托依德老师弯下腰凑近里巴的脸,温柔地问:"现在感觉好些了吗?"她一脸灿烂,用笑容给出了答案。"那么你现在不需要我了吧?"老师问完便走开了。里巴对托依德老师做了个胜利的手势,然后继续挖自己的沙。

简和戴维,以及托依德老师和里巴之间的这些互动就像一条连接线,促使双方最终建立关系。因此,即使双方本没有感情,只要有充分的联系,儿童与成人之间也能形成依附关系。

## 依附

为什么**依附**(attachment)在幼儿教育中很重要呢?而在高年级教育中却没有人会担心师生之间是否存在依附。当然,学生喜欢老师对学习会有所帮助,但亲密联系不一定是学习的先决条件。然而,对于幼儿教育来说,情形却大不相同,因为依附是幼儿学习环境的重要组成部分。当幼儿感到有所依附的时候,他们会产生安全感,学习起来也更自如。同样,当成人与儿童之间产生依附时,他们可以更好地了解对方,从而教师教学会更有效,教学进程也得以推动。

依附是如何促进成人与儿童之间的相互了解的呢?儿童年龄越小,成人就越需要依靠非言语交流来了解儿童需要什么,以及学习差距在哪里?依附产生的亲密感可以促进双方的交流与理解,想想你那些关系亲密的熟人,你能理解他们发出的信号但别人却容易错过。比如,我认识一个男孩,他不会公然表示自己的愤怒或不快。当他感到受挫或心烦时,只会拉扯自己的脸,哼着小调——总是这种调子。还有一个女孩当她累的时候会捻自己的头发,另外一个婴儿受惊吓的时候会流口水。

当你不了解儿童却又不得不决定他们需要什么或者他们试图在表达什么的时候,

双方交流就显得困难了。当你不能理解他们所说的话，或不明白他们的信息时，相对于交流良好的人们来说，你更倾向于将自己的需求强加在儿童身上。比如，你会因为自己站在一旁感到冷，就给正在活动的孩子穿上过多的衣服。同样，假如你自己感到饿了或是累了，你也许会给婴儿喂本不需要的食物，或过早地让他们开始午睡。

依附不仅利于交流，促进成人完成保育员和教学进程推动者的角色，而且对幼儿的发展也至关重要。当然，最重要的依附应该是而且通常是发生在家里。大多数儿童在进入托幼机构时就已经对某成人产生依附了，所以他们在托幼机构里产生的是第二依附，这种依附并不是要取代第一依附，其目的是为了填补儿童离家时对亲密关系的需求。儿童需要成人的陪伴和亲自照顾，他们还需要成人和自己保持一致，双方创造互动以形成紧密、持久、发展的关系。托幼机构不仅要教育和护理幼儿，同时还要考虑其依附需要。

在许多文化里，孩子有多个照料者。当今的美国，在看护中心和大家庭里，母亲并不是唯一的照料者。

然而，作为幼儿教育工作者还应该理解，有些人坚信只有母亲才能培养出自信、健康的小孩。这种想法源于欧美儿童养育的历史观。人们曾经一度认为母子关系是唯一可依赖的依附，其他任何关系对于孩子健康幸福来说都无关紧要。至今仍持此观点的人们会担忧这些全托儿童，这些批评家不相信多人保育。

我们现在都知道，在婴幼儿生活中不仅只有母亲才能担当保育员的角色，有时候父亲也担负着同等养育责任，并且和母亲一样成为儿童的保育员。许多儿童由父亲、祖父母或在亲戚的帮助下带大。多人保育并非是个新提出的概念。在我们的世界里，儿童的成长环境中有很多家人或亲戚，所以担当他们养育（保育）角色的人就不止一两个。

尽管保育模式有多种,但是儿童可以接受的保育员人数却有个限度。例如,如果一家托幼机构的婴儿和保育员人数过多,就会无意中阻碍成人与儿童间形成依附。为此,这家机构可能会采用**主要保育体系**(primary caregiving system)来解决此问题,首先对婴儿进行分组,每组6~8人,然后每位成人可选择或被分配负责一个小组,这样做的目的是希望这组特定婴儿能得到专人的特别照顾。主要保育员通常还要负责这组婴儿的日常记录。

有些托幼机构采用主要保育体系是为了重现母子关系中的这种排他性,然而这种排他性依附也会引起归属感的问题,保育员考虑问题时可能会用"我的婴儿"和"你的婴儿"这样的字眼。同时,当保育员不在或离开他这组婴儿时,婴儿会感到无所依托。因此,托幼机构最好是以团队方式采用主要保育体系,即每个儿童都有其专门的主要保育员,同时儿童在日常生活中也会接受机构其他员工的护理。

不管怎样,无论是对于婴儿还是年龄稍大的儿童来说,与园所里一个或多个成人发展持续关系并建立联系是十分重要的。但是,这种联系有时不会自动产生,故应有意而为之,这就是主要保育概念产生的来由,尤其当园所需要建立联系机制时会更加明显。

## 身体保健常规活动

这部分将讨论四项常规活动的实施:进食,如厕,睡眠,以及盥洗和穿戴。此外,我们还将探索怎样促进儿童由一种活动逐渐过渡至另一种活动。

## 进食

**婴儿**　婴儿在出生的头几个月仅依靠母乳或奶粉为食。我们应该鼓励母亲以及父亲定时抽空来园喂养孩子。园所还应为母乳喂养的母亲提供安静的私人空间。由于时间关系(比如:婴儿饿了,而母亲又不在时,这的确是个问题),这对保育员而言,也许不是件容易的事情,但是如果婴儿因此能获得母乳,或者经常与他母亲建立一对一的关系,这种努力还是值得的。

同样,为了不分散注意力,奶粉喂养的婴儿进食时也需要一个私人的、安静的、一对一的护理空间。成人应该将婴儿抱在怀里进食,决不可让他们自己拿着奶瓶躺着吃,因为这样会产生灾难性后果:婴儿可能会有窒息、双耳感染,以及牙齿腐坏的危险。此外,婴儿还会失去被抱在怀里进食产生亲密感的机会。进食是种亲密的情感体验,这种体验可增进关系。

还记得简和戴维的情景吗?那个例子不仅说明了婴儿该怎样进食,而且还证实了进食是如何增进双方亲密关系的。简和戴维是在进行同步互动,简展现了对婴儿,特别是对戴维的了解;同时戴维也展示了他与简如何进行互动的,首先通过哭声告诉简

第二部分 课程导论：计划学习

自己醒了而且很饿，完了便报以灿烂笑脸，使他们之间的关系更加亲密。

根据埃里克·埃里克森（Erik Erikson）的观点，婴儿的首要任务便是建立一种基本的信任关系（参见第一章）。如果保育常规活动可以温暖、敏感、及时地完成并能产生回应，它就可以促进首要任务的成功完成。

婴儿通常在六个月左右时开始添加（除了母乳和奶粉之外）固体辅食，这一过程可能要花几个月的时间。一些婴儿可能要到一岁左右才开始添加固体辅食，这得看他们的家庭情况、儿科医生的建议或园所制度而定。一般最好是由家庭决定何时和怎样添加固体辅食。根据一般经验每次添加一种新食物（纯净食物），而且一开始只吃一种味道，然后每天新增一口其他味道，直至一两个星期后婴儿能吃搭配得当的食物。之所以每次只新增一种新食物，是为了检测婴儿对食物的敏感性。如果婴儿一次吃一道由八种不同材料炖成的荤素什锦，即使他对这道菜有所反应，也很难分辨到底是哪种食物令婴儿难受。

食物中不要加糖，或其他调味品。儿童需要的是食物天然味道，尤其要注意避免添加人工调料和人工色素。

活动期的婴儿的任务之一就是探索这个世界，而食物便是一种理想的媒介。对于婴儿来说，一日多餐并保证有充足的进食时间非常重要。用手吃可使幼儿有机会自己进食（虽然有些文化不鼓励这种进食方式）。儿童最终也可自己用调羹进食，但具体什么时候会因文化的不同而有很大差异。

婴儿进食时是否应该坐在高椅上呢？尽管通常为了方便起见，让儿童坐在高椅上与成人持平，但托幼机构可以不用这种高椅。成人可以把年纪太小还不能坐的婴儿抱在腿上，而活动期的婴儿则可以坐在矮桌旁的凳子上，这样可以方便孩子进出，并能促使他们拥有更多的自由，孩子可自己决定什么时候结束，而不用等大人来将他们从绑带上松开。

幼儿不必坐在高凳上，坐在矮桌旁会更有独立自主性。

**幼儿** 幼儿的主要任务就是自己尝试动手，学会独立。如果培养独立能力是园所或家庭的目标，那么只要儿童能力所及，就应该允许他们自己进食，以及准备食物。给予幼儿适当的选择权有助于避免易产生的权力斗争，幼儿需要耐心和理解。我们必须认识到，当婴儿长成幼儿时，他们的食欲便会大幅下降。曾经食欲旺盛的婴儿如今变成了只吃几小口食物的幼儿。

可以让孩子参与备餐的工作。

**学前儿童和学龄儿童** 此年龄段的儿童很能吃。与大人相比，他们可能还不够井井有条，但与活动期的婴幼儿相比，他们已经非常整洁。儿童可以帮助成人一起准备食物，以及清洁整理。这个年龄段的儿童需要学习营养知识，这样当他们长大时就可以正确地选择食物。习惯是早期形成的，所以大人有责任帮助儿童从小就形成良好的饮食习惯。

食物金字塔给人们提供了营养指南，包括食物种类，以及健康饮食的配比。儿童和成人对谷物、水果、蔬菜的需要都远远超过对脂肪、油、糖以及肉类的需求。摄取足够的蛋白质对成长中的身体无疑是不可或缺的，但蛋白质不是仅从肉类和其他畜产品中才能获得，它存在于多种食物之中，大豆和其他豆类食物都含有较高蛋白质。

对于任何年龄的人来说，进餐都是令人愉悦的社交活动，所以进餐环境的创设应能够鼓励人们进行互动。比起大群儿童挤着长桌进食，围着小桌的那一组儿童更易进行餐桌交谈。如果园所和家庭都想培养儿童的独立能力，那么儿童从幼儿起就应该学会自己吃饭。自我服务能给儿童一定的自由权，因为他们可以自行决定食量。一些只提供点心的园所将进食变为一项自由选择的活动，儿童可以自己进食，有时还可以自己动手做。还有些园所甚至用同样的方式提供正餐。

## 第二部分 课程导论：计划学习

**特殊儿童**　有特殊需要的儿童在进食时可能需要帮助，从家长那里获悉他们特殊的喂养方法很重要。一些创造性的解决方案可以消除进食障碍，例如，嘴唇控制力弱的儿童需要吸管的辅助来代替直接用水杯喝水；一些儿童需要进行脸颊和喉部按摩以帮助其咀嚼或吞咽；橡胶奶嘴可唤醒儿童口腔功能，使儿童意识到自己的口腔感觉，为进食作准备。此外，一些食物成分对儿童营养来说是有问题的，纯净食物可以解决这个问题，这也同样适用于婴儿期之外的儿童。儿童从纯净食物逐渐过渡吃含有更多成分的食物，这样有助于培养他们的咀嚼和吞咽技能。

无论年龄和具体情况如何，进食都是一种愉快健康的社会体验，它是托幼机构中不可缺失的组成部分。

## 如厕

**婴幼儿**　换尿布是一项常规活动，但又远非仅是常规。换尿布具有高度个体性（换尿布应根据儿童的需要，而非时间表）和互动性。

换尿布的方法很重要。儿童躺在换尿布台时应像其他人一样受到尊重（参见第九章）。那种递给儿童玩具供其上半身娱乐，而胡乱地对待其下半身的做法是远远不合格的。躺在换尿布台上的是"整体儿童"，他们需要受到承认，并加入到换尿布这一过程中，成为团队中的一部分，而不只是一个受控对象。大人要向儿童解释下一步该做什么，并寻求他们的帮助和合作。

换尿布时，儿童可以学习他自己的身体结构及其感觉、过程以及排泄物方面的知识，观察成人处理他身体和排泄物时的反应并从中获得反馈。如果大人觉得这是难为情的，那么儿童便学会了羞耻；如果大人以自然接受的态度对待换尿布，那么儿童就会把尿床当做一件理所当然的事情。若在换尿布过程中用玩具或其他东西分散儿童注意力，那么换尿布对儿童来说便不会有任何意义。

换尿布既是一项保育常规，又是一种社会体验。换尿布时，成人和婴儿进行亲密互动，建立彼此之间的关系。

如果成人不注重保育常规，尤其是换尿布，那么他们往往会进行流水式操作。

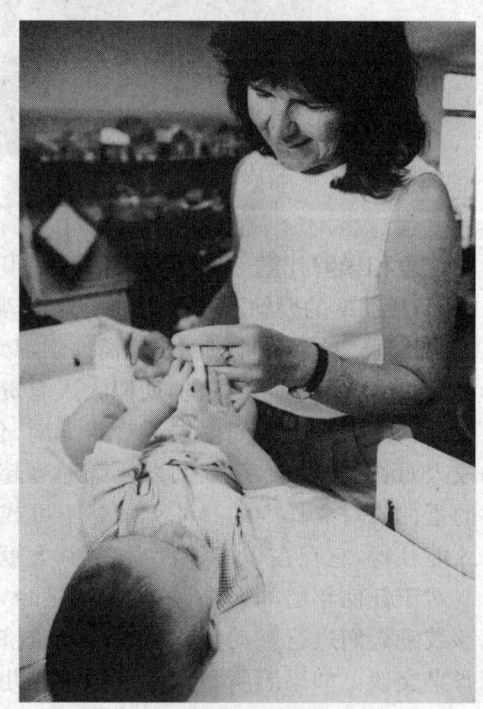

应该让婴儿参与到换尿布的过程中来，以使他们感觉自己是这个团队中的一部分，而不被其他物体转移注意力。

通常,整天负责儿童换尿布的人又是身份最低的。而这种换尿布方式会使刚才描述的所有好处都化为乌有。

像换尿布一样,如厕训练或如厕学习应考虑到儿童及其家庭敏感性,而不能由统一的政策决定。一般最好由家庭带头进行如厕训练,园所跟随其后(有关如厕训练的两种观点请参见框10.2)。

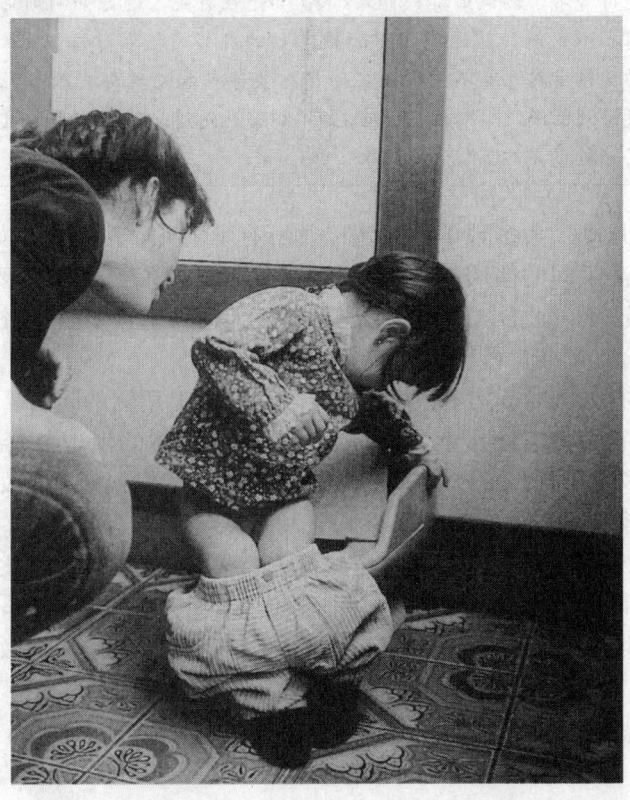

这个年龄的儿童已经可以训练他独立使用卫生间了。

### 10.2 观点集萃　关于如厕训练的两种观点

儿童何时适合进行如厕训练?这个问题必须从两个不同的角度去考虑。幼儿文化赞同育儿专家的观点:如厕训练其实就是如厕学习,它是培养独立能力课程的一部分。儿童要等到有独立意愿时才能开始如厕学习。同时,儿童还必须在三个方面作好准备:第一,生理上的准备(即幼儿至少能忍一个小时或更长时间,能忍几个小时则更说明儿童已经作好生理上的准备);第二,智能上的准备(即儿童知道何时以及怎样如厕);第三,情感上的准备(换句话说,幼儿必须愿意进

> 行如厕)。当儿童在这三方面都已准备就绪时,如厕学习通常才会顺利和快速地进行,这是其一。
>
> 另一种观点则认为如厕训练应该在儿童一出生或稍后不久就开始。通过儿童的信号,成人用便盆或在厕所里为儿童把尿。最终,儿童会变得善于发出信号,保育员也会变得善于理解信号。另外,成人还会发出"嘘嘘"声,促使儿童排尿。
>
> 如厕学习的支持者常常嘲讽第二种观点:"哦,那是在对成人进行如厕训练,而不是儿童。对婴儿进行训练是根本不可能的。"他们相信如厕学习的目标是培养独立性,而不是相互依赖性。但是第二种观点的支持者对此有不同看法:"为什么要等待和处理那些尿布呢?尽管有些麻烦,但帮助孩子让自我感到很满足。"对他们而言,如厕训练也是建立依赖关系的过程。此外,它还为成人和儿童提供了一种不同的工作学习机会。

**学前儿童和学龄儿童** 大多数学前儿童以及所有学龄儿童都进行过如厕训练,如厕时除了向成人征求洗手间的使用权外(个别情况除外),他们已经不需要其他帮助,但需要提醒便后冲水洗手。此外,儿童有时还需要成人帮助塞裤子、拉拉链、扣衣服等。为防止意外,最好给儿童准备替换衣服。

一些园所还有如厕时间表,尤其是不方便其他员工用厕的园所。其他园所设定如厕时间表是因为它们相信让儿童个人的生理节奏与集体的生理节奏保持一致对孩子有益。然而,许多幼儿教育工作者都不赞成让所有儿童根据时间表如厕,因为这不仅会造成大量的等待时间,而且严重疏忽了个人需要。

**特殊儿童** 有特殊需要的儿童如厕时比其他儿童需要更多帮助,因此我们必须不吝于提供实实在在的帮助。如果儿童到了一定年龄还经常发生意外的话,教师应与其家人沟通,制定如厕训练的计划,包括时限和期望,了解家长在家是怎么做的以及他们希望你做些什么。

## 睡眠

**婴儿** 婴儿睡眠时间具有高度个体性。他们何时入睡?如何入睡?当他们累时会给保育员发出哪些信号?甚至他们睡觉时喜欢盖什么?……所有这些都依婴儿的习惯而定。他们也许会有不同的睡眠姿势,但保育员必须明白婴儿睡觉应该以仰卧或侧卧为宜,不能俯卧睡。研究表明,俯卧睡的儿童更易发生婴儿猝死综合征(SIDS,又称婴儿摇篮死)。[1]

睡眠还会受到文化环境的影响。虽然传统上婴儿是在一间安静、昏暗、远离活动区的房间里的安全婴儿床上睡觉,但并非所有婴儿都是那样的。有些婴儿出生头几个

---

[1] S. M. Beal and C. F. Finch, "An Overview of Retrospective Case Control Slides Investigating the Relationship between Prone Sleep Positions and SIDS," *Journal of Pediatrics and Child Health* 27(1993): 334–339.
Zina Josephs, "Reducing the Risk of SIDS," *Educaring* 14(4)(Fall 1993): 5.

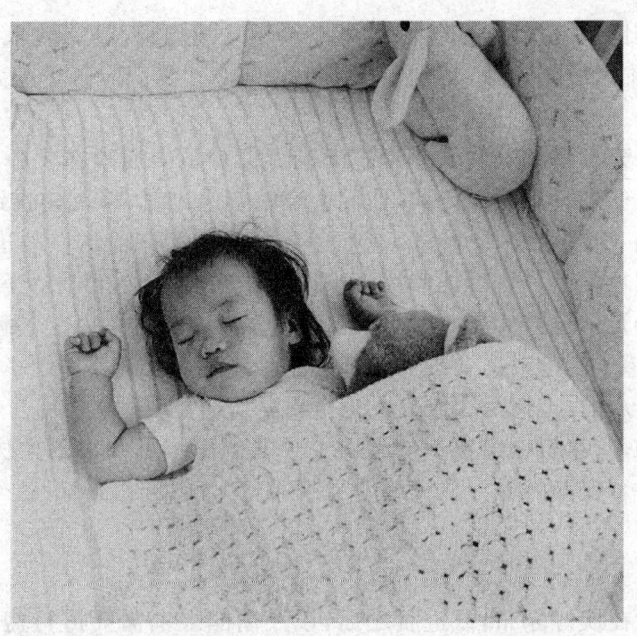

幼儿应当仰睡,而不能让他俯睡,以免发生婴儿猝死综合征。

月总是睡在成人怀中或床上,他们从未独自在婴儿床上睡过觉。他们在日常活动中进食,睡眠和护理,形成自己的节奏规律。一个遵循时间表,注重个人空间和时间的人是不会赞同这种婴儿护理方式的,即使是新生儿也如此。但是,有意思的是那些从未独自睡过婴儿床,甚至晚上也和成人一起睡的婴儿,他们患婴儿猝死综合征的几率相对较低。[1]

**幼儿与学前儿童** 只要不违背相关规定,是否要制定午睡时间表依据各园所自己的方针而定。一些成人会因为让年仅两岁的婴幼儿生物钟适应园所的时间表而感到十分满足。午睡安排在午饭后,儿童已经学会自我调整所以能够等待。午睡通常会持续一段时间,而睡不着的这些儿童也学会了一动不动地躺着休息,一直等到这一组其他儿童醒来才起床。当成人坚信午睡时间表对儿童和集体都有好处时,这种方法是最奏效的。

但并非所有成人对午睡都持有相同看法。有些大人希望儿童能了解自己的身体信号,儿童累了就休息,而不是因为时间到了才休息。他们相信,儿童学会顾及自己的需求很重要,而不是让需求屈从于时间表。

幼儿和学前儿童在垫子上或小儿床上睡觉,他们抱着自己最喜欢的毯子或"抱枕"入睡。有些儿童午睡时会更想念家人,特别是当房间很安静,而又没有任何活动可以

---

[1] M. Gantly, D. P. Davies, and A. Murcett. "Sudden Infant Death Syndrome: Links with Infant Care Practices," *British Medical Journal* 306(1993): 16-20.

转移他们这种感情时,这些"过渡物件"可以给予儿童慰藉。同样,入睡也使一些儿童感到无助,他们难以放松入睡,特别是在陌生的地方。我们应该尽最大所能帮助孩子,使他们感到安全、安心和舒适。

一些园所每天都有相同的入睡常规活动。保育员会通过在午睡时间调整环境来提醒儿童该安静下来睡觉了。比如,他们会调暗室内光线,将玩具收到看不见的地方,或者播放或轻唱一些催眠曲。此外,老师还会在儿童上床前讲段故事,让他们更加放松。儿童接收到越多信号告诉他们接下去该干什么,就会越容易静下来入睡。

**学龄儿童**　学龄儿童也有休息时间,但已不像学前儿童那样规定午睡。然而,对于学龄儿童来说,在感觉疲倦或需要独处时能够有地方休息是非常重要的。有些儿童不习惯成天出现在公众前,他们需要独处的时间。因此,给儿童创造一个安静的半私用环境很重要。例如,有家机构给孩子们留出了一间放满垫子和书的大房间,无论何时只要孩子们需要一个安静的地方放松或看看书时,都可以选择去那儿。

## 盥洗与穿戴

**婴儿**　婴儿通常在换好尿布,或进餐之后,以及离园之前需要进行盥洗。记住为每个孩子准备一块干净的小方巾和毛巾。当婴儿的衣服弄湿了或弄脏了,均应进行更换。

**幼儿、学前儿童以及学龄儿童**　大多数半托儿童除了学会便后洗手,以及饭前饭后洗手之外,并不需要进行太多的盥洗。那些需要午睡的全托儿童,需要特别关注盥洗。午睡后是评价儿童是否需要盥洗的好机会。多数儿童起床后都需要梳理头发(一些家长来接园时,如果发现自己孩子头发未梳理,会感觉不快)。

当然,我们应该鼓励儿童学会自己进行盥洗,特别是学前和学龄儿童。需要注意的是,当保育员坚持不做任何儿童力所能及的事情这一原则时,有时会失去个别护理以及温馨互动的机会。有些儿童尽管自己会梳头,却喜欢让别人梳理,因为这样会让他们感觉舒服;甚至那些自己会系鞋带的儿童也需要别人的关注和特别照顾。要敏于发现儿童的需要,即使是那些最有能力的儿童,也要确保给予其一对一的照顾。

然而,有些儿童能够并愿意自我照顾,但其家人却强调相互依赖。这些家庭不赞成儿童自我照顾。我们要意识到这些文化差异,并尽量理解这些家庭以及儿童的看法。

儿童穿戴确实很耗时间。比如,大冷天出门,小孩和大人均需要花费大量时间和精力,要是儿童能够自我照顾或互相帮助,穿戴就会相对容易些,花在等待出门的时间也越少。穿衣脱衣是持续性活动——无论冬夏都如此。儿童衣服弄湿了,必须换衣服;但是儿童衣服弄脏了,要不要换则依据保育员及其家庭而定。一些家庭发现孩子衣服弄脏时,会认为孩子度过了成功、积极、活跃的一天。而另外一些家长则更注重清洁,他们不希望看到自己孩子脏兮兮的,并认为脏衣服意味着某种忽视,而不是积极参与。对于那些因把孩子放在托儿所而稍感愧疚的父母来说,任何被忽视的蛛丝马迹都会促使他们这种感情变得更加强烈。尽管如此,多数家长的态度还是处于两个极端之间的。

## 其他常规活动

最后一部分将着重探讨过渡的不同种类,包括两个活动之间以及儿童日常来园和离园之间的过渡。整理活动也是一种特殊形式的过渡。最后,我们还将讨论集体活动,这也是大多数园所都存在的常规活动。

## 过渡

过渡(transition)就是从一个地方到另一个地方或从一种活动到另一种活动之间存在的间隔。来园和离园日或时段,以及整理活动都可以归于过渡这一类。有些园所的过渡均会伴随整理活动;而其他园所,一天或一段时期内只进行一到两次整理活动。

儿童每天以集体或个人变换活动,而过渡也伴随着活动变换而频繁发生。大多数园所,一天之中存在着的各种过渡在时空上将活动和常规衔接了起来。作为集体成员,有些园所的儿童每隔几分钟就经历一次过渡,而有的几个小时也不会经历任何过渡,此外,集体和成人的需求也会影响过渡的次数。有些成人喜欢快节奏的时间表,那是因为他们对变化情有独钟;其他成人则愿意让一切自然地缓慢地进行,这会减少所需经历过渡的次数。

在考虑节奏和步调时,儿童的需要应摆在首要位置。到底是儿童需要大量变化,还是成人的误解或厌倦在推动儿童的节奏步调呢?基于儿童注意力集中时间短暂这一观点,有的园所节奏较快,但事实上,通常成人注意力集中时间才是有限的。儿童注意力集中时间受诸多因素的影响,尤其是大人的节奏和期望。当成人以为儿童感到厌倦时,便将儿童注意力快速转移到另一样东西,不让他们的探索、活动或项目继续深入下去。因此,成人其实是在传递着这样一种信息,即任何事务都不能保持长久。难道这就是我们想要教给儿童的吗?有家节奏快的园所,经常快速地变化场景,就像MTV中的画面一样充斥着大量一闪而过的镜头,但仅给人们留下印象,而非持久的观念。

我们应该努力延长而不是缩短儿童注意力集中时间,我们应该鼓励儿童进行深层参与和探索。但是,如果我们仅给儿童灌输不断增加的零碎细节,那这一切将是徒劳的。

处理过渡应该像对待其他常规活动一样,但有时却给人造成混乱的感觉,这就是为何要考虑和计划如何处理过渡的原因。

婴儿不像学前儿童和学龄儿童那样可以确定时间,所以过渡对于婴儿来说问题不大。因此,这一部分将主要集中于两岁或两岁以上儿童。

过渡可难可易，这完全取决于集体和成人处理过渡的技巧。这里有一些方法可以确保在两个活动之间实现平稳过渡：

到达院所的时候会有分手的激动。孩子可能会觉得不安全，父母可能会有矛盾的心理。

- 提前提醒儿童，让他们意识到当前活动即将结束。
- 合理安排过渡，尽量缩短等待时间，因为问题行为通常就是产生于等待过程之中。有个方法可预防儿童排长队洗手，即每次只安排几个儿童洗手，而其他儿童则继续手头活动，这样他们就不需要等候了。有些园所，儿童光等候的时间就占了一天的四分之一（参见框8.1）。
- 调整时间表，重新布置空间环境可以使教室中没有那种混乱嘈杂的区域，例如，如果所有小儿床都放置在同一块区域，那么所有儿童都会同时拥向那块区域，这样肯定会发生推撞拥挤的现象。
- 不要等每个儿童都到齐再开始下一项活动，相反，首批儿童一到就应该马上开始活动，这样当其他儿童赶到时部分活动已经开始了。

**来园和离园**　儿童来园和离园是一种特殊形式的过渡，这段时间是所有过渡中最重要的形式，因为儿童要离开原来的环境和人群来到另一环境和人群之中。来园时分离产生的焦虑情绪影响最大，不仅儿童，甚至包括家长，在这个过渡时期都会感到不安心。

来园可以奠定这一整天的基调,对于幼儿教育工作者而言,来园就像杂耍节目一样难应付。如何问候孩子及家长,怎样令他们感到受欢迎,如何进行信息交流,怎样通过理解、安慰和支持帮助他们消除分离时的不安情绪,同时还要照顾到其他孩子,这些的确都是极具挑战的工作。精心设计过的环境有助于吸引儿童关注有趣的物品、玩具以及活动,从而减轻这种不安情绪。

我们应该接受儿童来园时哭闹、反抗或生气等各种情绪,并慢慢处理它们。要让儿童和家长知道你理解并很在乎他们的心情,并表现出能将孩子照看好的信心。对有些孩子来说,家长在旁边待上片刻便会平稳过渡,而对其他孩子来讲,这只是一种痛苦而已。

有些儿童可以从某种过渡物件中获得安慰,比如,自己最爱的毯子或玩具,这些东西可能是他们从家里带来的,也可能是他们在园所里每天都使用的东西。还有一些儿童可以从过渡常规活动中得到慰藉,例如,下面是某个儿童的过渡常规活动:小女孩和母亲一起进入幼儿园,首先接受老师问候,然后孩子在入口桌子处找到自己的名字标签,接着亲吻母亲脸颊,挥挥手中标签,跟母亲道别,紧接着便跑到自己床边放下东西,而后又跑到窗边,与正要离开的母亲再次挥手告别,并一直站在窗边,直到母亲的车消失后才回到老师那里,让老师帮她别上标签。只要可以实施她那一套常规活动,这个小女孩一整天都会表现很好。但是,任何改变都会让她感到不安,并需要特别帮助才能跟母亲道别,逐渐过渡走进教室。

在一日或一段时间末,离园活动通常是很情绪化的。家长来接园时,有些儿童感到高兴,有些则感到不安,这和接园时间相关。第一个被接的儿童也许还未作好离园的准备,而最后一个被接走的儿童则有可能产生被遗弃的感觉。

为什么当家长到来时,有的儿童会不理家长,唱反调,疏远,做出令人难以接受的行为,或不愿离开呢?弄清楚这些问题很重要。你不能想当然地认为这是因为孩子不喜欢他的父母或者说是害怕父母(一些缺乏经验的幼儿教育工作者看到儿童不想回家时,就会怀疑儿童是否在家遭到打骂)。这里还有其他的原因:

- 儿童可能仍在参与活动,所以不想回家。
- 儿童可能抵制所有过渡,甚至包括回家。
- 儿童可能因为父母扔下他一整天感到生气,傍晚家长来接园时又勾起他这种情绪,所以他会冷落父母,以示惩罚。
- 当儿童再次见到父母时会倍感轻松,因为紧绷一整天的弦突然得到放松,儿童感到非常安心,甚至分离也不会害怕。
- 儿童可能想测试如果两个大人(父母和老师)都在房间里,当他做出令人难以接受的事来,结果会怎样?大人们会忙着谈话而不注意他?还是大人们也不知道在这种情形下到底该谁来约束这个孩子?有些儿童就是想知道到底会怎样。

儿童早上来园时又哭又闹,而在晚上离园时还是会一样,这真是令人奇怪却又普遍的现象。相关现象的例子可参见框10.3。

> **框10.3**
> **提示与技巧**
>
> **克里斯托弗怎么了?**
>
> "克里斯托弗怎么了?"实习班的一名实习老师曾经这样问过我,"早上父亲或母亲离开托儿所时他会哭闹,而下午来接他回家时他还是会哭闹。"
>
> "也许他存在过渡方面的障碍,"我回答,"其他时间他会反抗或哭闹吗?他在学校实施固定常规活动时有问题吗?比如,坐下来开始集体活动或者到时间该进教室时。"
>
> "你提到的这些他都有,很难让他放下手中的活儿开始去做其他事。他母亲在家也发现了同样的问题。"
>
> 于是,我给这名实习老师提出了五条建议:
>
> - 不要强迫推动,这会产生反抗。要明白孩子只是需要长些时间来接受变化,以及要理解过渡产生的不快,这些对于一个没有过渡障碍的人来说是很难体会的。
> - 创设一致的常规活动。一个可预见的活动流程可以帮助儿童预计时间表模式,发展和培养处理问题的技能和习惯。
> - 预先提醒儿童过渡。例如,在整理活动开始前先给出信息或在父母到来前提醒他。
> - 给予儿童充足的过渡时间,但是如果这不奏效,也不要沮丧。有时候抗拒活动变化的时间恰恰是用来抗拒的时间。
> - 耐心和理解是最重要的。克里斯托弗绝不会享受过渡,但是请放心,孩子的哭声最终会停止的。

**整理活动** 整理活动是一种特殊形式的过渡。若成人将整理看做是杂活,儿童当然也会有此想法,但是已习惯整理的人则会将其看做一项常规活动。例如,有家园所教育儿童任何活动都是有始有终的,而整理是其中的一个环节。刚开始,当儿童扔下玩具或某些东西,或还没吃干净盘子里或杯子里的东西就要离开餐桌时,需要有人提醒他们应善始善终,把事情彻底做完。最终他们也会和老师一样以同样的方式思考问题,假如一项完整的任务有某个环节未完成,他们就会有一种未尽之感。

对于整理活动,以上是一种观点。下面还有一种看法:在一所学前儿童学校,有两间互通的教室分别设有多个活动区,每个活动区上面都有块黑板以及用绳子吊着的粉笔,粉笔悬挂的高度仅有老师才够得着。老师在黑板上写着早上各区活动的学生名字。当这些活动区需要整理时,老师就分别让这些学生负责整理他们活动过的这些区域。这种体制看似非常合理,但结果却是孩子们千方百计地打破这一规定。

注意观察这三个穿过教室的小男孩,他们停在一个角落,准备搭积木,而负责放风的男孩却发现朝这边走来的老师,于是在老师发现他们之前,这三个孩子已经逃得无影无踪,而且时间把握得恰到好处。老师根本没法发现他们。然后他们又来到试衣间,站在衣架边试穿衣服,并将试穿完的衣服扔在地上,他们始终保持警惕以免被抓住,而确实也没被发现,等到有人发现这是一片狼藉时,他们早已离开了。最后在匆匆经过画桌时,他们照样有足够的时间在四周乱画一通,但停留时间不长,所以还是没被发现,他们名字也没被写在黑板上。

这些男孩非常聪明,他们明白自己所做的事。到了整理时间,房间一片混乱,却没有人让这些男孩负责整理任何地方。他们一边向门外走去,一边露出了胜利的笑容。

很明显,此处所用的警察方式并不奏效。然而,不仅整理方式很重要,环境布置也会影响整理过程。比起那些不管有没有整理看起来都混乱的地方,一个整齐有序并且东西各有其位的环境会更易整理。

一些幼儿教育工作者会设计统一标志,用它来提醒儿童需要开始整理了,还有些老师在整理活动开始时会唱一段整理歌,使儿童明白这是专为整理活动而留出的特别时间。而有些老师则会让孩子边玩边整理,不会特意留出一段整理时间。还有家园所在规定的整理时间还未到时,先对儿童未活动过的区域进行整理,然后在这一区域放上"关闭"的标志。

"关闭"这一标志说明了整理活动还可作为一种"认知"活动。当儿童将玩具与其所属架子的标志、符号或图画搭配起来时,他们其实就是在玩一种搭配游戏。当儿童整理家务生活区时,将婴儿毯放在一个抽屉里,洗碗布放在另外一个抽屉里,这是在进行归类。当儿童将厨房器皿挂在带钩的橱柜上时,他们是在进行视觉和符号训练。清点所有游戏和玩具是否收齐也是另一种认知活动。整理活动还有助于培养儿童早期读写能力(参见第十三章)和数学概念(参见第十四章),以上这些只是其中小部分例子,你若仔细观察,还会发现其他更多的例子。

## 集体活动

**集体活动**(group time)(有时也称圆圈活动)通常是园所一天中最精彩的时段,它是人们最喜欢的常规活动并已成为固定仪式。大多数园所(除了托儿所以及一些幼儿园之外)每天至少有一次儿童聚集时间(或分为几组)。集体活动可以在来园后就开始,但实际情况是儿童并不会在统一的时间来园。集体活动也可放在上午,或户外活动前后,或午饭时间前后,或在一天结束时(甚至一天中可有好几次集体活动)。

托幼机构开展集体活动的目的各不相同。如果该园所的目的是增强儿童的集体主义,那么儿童一天或一段时期内至少会有一到两次聚集时间。[1]一些幼儿教育工作者将集体活动视为入园前的准备,他们相信孩子需要坐、听以及集体活动的参与练习。另外一些专家则将集体活动看做是教学和讨论时间,还有一些成人则将儿童集体

---

〔1〕 1997年,阿米莉亚·甘布尔特(来自瑞吉欧·艾米利娅学校)在访问纳帕谷学院时强调了集体活动的重要性,她认为集体活动可以帮助儿童感受到彼此之间的联系,并把自己归属为集体中的一员。

# 第二部分 课程导论：计划学习

活动经历与"整体儿童"联系在一起：提供音乐和运动活动，认知和理解游戏，以及故事时间（包括讲故事以及大声朗读儿童读物）。

集体活动有时是一天活动中的高潮。

反偏见课程借助于集体活动来开展关于文化、种族、性别和能力等方面的讨论。[1]教师可借助"假面娃娃"讨论真实或虚构的事件，让学生自己解决问题，参与价值澄清。"如果你是玛利亚会有什么感觉呢？"或者"在那种情形下马可应该怎么做？"或者"这公平吗？"每个"假面娃娃"都有其特定的象征意义（它们可代表种族、文化、人种、性别、阶层或者能力）。有时老师还会将有关娃娃的故事继续虚构下去，以拓展儿童的视野。

**婴儿**　有些托儿所也有圆圈活动，他们会唱唱歌，做些简单的移动游戏或活动，但这种集体活动与其说是为了婴儿的娱乐或学习，不如说是为了成人的一时开心。当婴儿在地上爬时，他们会发现其他婴儿和成人，这种自发形成的集体活动对婴儿最为有利。而不会爬的婴儿则要等到其他婴儿靠近时才能形成集体活动。

**幼儿**　如果幼儿可以自由来回走动，并且集体范围相对较小，那么短时间的集体活动可以给他们带来好处。幼儿能够静静坐着听老师讲的时间一般不会超过十分钟。事实上，许多园所都是在儿童学前阶段才开始把集体活动作为一项常规活动来开展的。

要让幼儿保持留心和专心的状态需要高超的技巧。探索、离开又返回，接触他人和身边事物，还有四处走动，这些都是儿童的天性使然，但是有些技巧反而会给儿童传

---

[1] Louise Derman-Sparks and the ABC Task Force, *Antibias Curriculum: Tools for Empowering Young Children* (Washington, DC: NAEYC, 1989).

递一些消极信息。幼儿应该积极地做自己想做的事情,而开展类似学前圆圈活动那样的集体活动则会抑制儿童的本能行为。实际上,园所内许多集体活动都是自发形成的:一个幼儿把书拿给老师,当老师坐下来读时,马上就有许多孩子围过来急着要看这本书。多数幼儿不会在老师身边待太长时间,但有些也会等到这本书读完为止。

**学前儿童和学龄儿童** 一些幼儿教育工作者会把集体活动用来交谈、解决问题或讨论。然而对幼儿持有合适的期望很重要。多数三岁儿童在集体活动时静坐的时间不会比两岁儿童长太多,而四五岁儿童在讨论时间里的表现则比年幼儿童好许多。当然,大多数学龄儿童还是比较成熟,他们对如何成为集体优秀成员,以及怎样从集体活动中受益具有一定的经验。

集体活动要想成功地开展,应该:
- 适合该集体年龄段。
- 适合该集体成员的注意力集中时间。
- 设计适龄又适时的活动,让所有儿童均有机会参与。
- 场地宽敞,使儿童能舒适地分开坐在垫子、椅子或地毯上,并且所有人都能看到老师。
- 提前安排布置以免儿童需要等待老师放置和组织教具,或者声像辅助设备。
- 根据儿童需求和发展能力而作的选择。

集体活动以过渡为引导,儿童应放下手头的事情,加入到集体中。经验丰富的老师在活动开始时会用预备歌、手指游戏,或者活动来吸引和欢迎儿童单个或成群地加入集体。相对于那些被动等待的集体来说,已经开展有趣项目的集体更容易吸引儿童加入,儿童也更容易在积极参与的集体活动中表现出更强的社交能力。

## 小结

保育是课程的一部分,它不应被排除在外。保育常规活动为同步互动提供机会并产生依附关系。在托幼机构中,依附关系对于培养儿童安全感和幸福感以及增进学习机会来说是极其重要的。幼儿课程包括四项身体保健常规活动:进食、如厕、睡眠以及盥洗和穿戴。一般来说,这些常规活动的管理会受到文化差异的影响。其他两项常规活动是过渡和集体活动。过渡即两个地方或两项活动之间的衔接。来园和离园时段是两个最具情绪化的过渡,需要父母和保育员共同予以特别的关注。有些观点认为集体活动是入园前的准备,而其他观点则认为它是讨论和陈述新体验的时段。

## 自我测试

学习本章之后,你能够
* 解释为什么保育被认为是课程的一部分吗?

* 描述什么是同步互动以及解释它们是怎样产生依附的吗?
* 列举出身体保健的四项常规活动吗?
* 阐述儿童进食什么以及怎样进食吗?
* 描述进食是怎样随着儿童年龄变化的吗?
* 描述如何使换尿布成为婴儿一种有意义的经历吗?
* 讨论如厕学习准备概念吗?
* 比较如厕训练/如厕学习的两种方法吗?
* 讨论有关儿童睡眠的问题吗?
* 列举关于幼儿盥洗和穿戴方面的文化与发展问题吗?
* 说出除四项身体保健常规之外的其他两项常规活动吗?
* 解释什么是过渡吗?
* 解释如何使过渡从混乱变为常规吗?
* 讨论如何处理情绪化入园和离园吗?
* 解释不同园所是怎样开展整理活动的吗?
* 阐述什么是集体活动吗?

## 需知术语

你可以用下面的多少个词语造句?你知道它们的含义吗?

| | |
|---|---|
| 同步互动 | 过渡 |
| 依附 | 集体活动 |
| 主要保育体系 | |

## 深入阅读

Aronson, S. S. (1997, September). SIDS, Child Health Month, Health and Safety Standards. *Exchange*, 84–85.

Crowley, A. W. (1999, July). Training Family Child Care Providers to Work with Children Who Have Special Needs. *Young Children*, 58–61.

Gonzalez-Mena, J. (1995). Cultural Sensitivity in Routine Caregiving Tasks. In P. Mangione (Ed.), *Infant/Toddler Caregiving: A Guide to Culturally Sensitive Care* (pp. 12–19). Sacramento, CA: California Department of Education and WestEd Program for Infant-Toddler Caregivers.

Gonzalez-Mena, J. (2000). *Infant/Toddler Caregiving: A Guide to Routines* (2nd ed.). Sacramento, CA: California Department of Education and WestEd Program for Infant-Toddler Caregivers.

McDermott, K. (1999, July). Helping Primary Children Work Things Out During Recess. *Young Children*, 82-84.

Phillips, C. B., & Cooper, R. M. (1992, June). Cultural Dimensions of Feeding Relationships. *Zero to Three*, 10-13.

Wien, C. A., & Kirby-Smith, S. (1998, September). Untiming the Curriculum: A Case Study of Removing Clocks from the Program. *Young Children*, 8-13.

## 结尾故事

我也存在着过渡方面的障碍，所以我非常能理解这些孩子为什么不想停下手中的活儿去做另外一件事情——即使是吃饭或小睡！甚至，就算睡醒后，起床和上床睡觉是同样的困难。

我花了一生的时间才学会早上享受起床，或晚上期待上床。我讨厌为度假作准备，可是一旦假期结束，要恢复平时生活习惯也同样令我不安。我会拖延着不愿进入浴室，可是一旦进去后，我又不想出来。换句话说，我在开始做一件事或者停止这件事时都存在障碍。我不擅长于过渡。我的生日甚至都可以反映出我抗拒变化的特点，我尽可能地拖延时间不肯出来，直到超过预产期两周，我才呱呱坠地来到人世。谈谈拖拉！

现在，我仍然会困扰于变化：结束关系、搬家、换工作。像这些大变化，和大多数人一样，我会感到痛苦。但是，就算是小变化也会让我难受，连用餐结束时我也会拖着不想起身离开。

我在过渡方面的障碍让我看起来很懒散。我通常要花很长时间才能作出改变，所以我经常迟到。在一个客观的观察者的眼里，我仅仅是需要多些时间启动出发。尽早动手也许会有所帮助，但是没有用，因为我抗拒变化，我抗拒的时间恰恰是我不得不抗拒的时间。我可以给自己额外一个小时，但是我仍然会迟到，因为我把这多出的一小时花在准备拖延出发上。因此，尽早动手并不会改变我懒散的习惯，它只会延长拖延时间而已。

我绝望了。但是，这个问题的好处就是我完全能理解同样存在这方面障碍的儿童，我们仅仅是不喜欢变化！

## 下章导读

下章将探讨儿童在不同发展阶段能够做些什么以及需要做些什么。对幼儿教育工作者而言，了解儿童不同发展年龄与阶段的相关知识是非常重要的。当然，要想理解儿童需要做些什么，仅仅靠记忆一些表格是不够的。专业人员还必须知道怎样在文化背景中考虑儿童个体差异和因素，并以此来决定什么是最适合他的。在下一章中，我们将讨论八个不同发展阶段以及各个阶段的特点。

第二部分　课程导论：计划学习

# 第十一章
## 把各阶段的发展任务作为一套课程：不同阶段儿童的不同需求

孩子需要什么：概述
不同阶段儿童的不同需求
　新生儿需要什么
　活动期的婴儿[1]需要什么
　初学步的幼儿需要什么
　两岁孩子需要什么
　三岁孩子需要什么
　四岁孩子需要什么
　五岁孩子需要什么
　学龄儿童需要什么
小结
自我测试
需知术语
深入阅读
结尾故事
下章导读

---

[1] 英文表示为 Mobile Infants，这里译作"活动期的婴儿"。这个阶段的孩子开始以某种方式活动，如缓慢爬行，四肢协作地爬行（最常见的）、翻滚、滑行，或以其他任何的方式有目的地前进，这个阶段会一直持续到孩子能够自己行走。——译者注

## 第十一章　把各阶段的发展任务作为一套课程：不同阶段儿童的不同需求

在这一章里你将了解：

* 在八个不同的发展阶段，孩子能做什么，他们需要什么。
* 为什么仅仅凭发展图表不足以决定孩子的需求。
* 用来决定不同发展阶段中孩子需求的另外两个基本知识。
* 为何在不同的文化中，发展预期各不相同。
* 对于有特殊需要的孩子，为何首先应认识到他们也是孩子，然后再关注他们的特殊性。
* 如何满足新生儿对信任的需求。
* 如何满足活动期的婴儿对探索的需求。
* 如何满足初学步的幼儿对扩大视野的需求。
* 如何满足两岁的孩子对增强能力的需求。
* 如何满足三岁孩子对强烈的主观能动性的需求。
* 如何帮助四岁孩子拓展世界。
* 如何帮助五岁孩子应对他所接触的世界。
* 如何帮助学龄孩子认识到他们是一个善于学习的人。

这一章，我们将看到一个孩子在八个特殊的阶段中的一系列发展。这些特殊阶段包括了从孩子出生一直成长至八岁的过程。本章提出的问题是，孩子在不同的发展阶段，分别需要的是什么？为此，专家对儿童发展作了广泛的研究。从中我们可以了解到每个阶段中，孩子所能够达到的水平，并学会如何满足他们在不同阶段中的需求。

这一章可以称为"准备"。托班儿童的父母给老师的主要问题是："你们让我的孩子准备好上幼儿园了吗？"上幼儿园的孩子的家长担心的是，幼儿园的课程能否让他们的孩子准备好上小学一年级。同样的，其他年级孩子的父母也有着相似的担忧。发展学专家对于"准备"的定义可能与公众认为的不同。托班的老师要做的是，给孩子提供一个良好的托班教育，因为这是为幼儿园作准备所必需的。四岁孩子的状态和需求是不同于五岁孩子的。四岁的孩子不需要幼儿园的课程，他们需要的只是一个托班的课程。对于幼儿园来说，情况也是一样。为小学一年级作准备并不意味着要学习一年级的课程，而是学好幼儿园的课程。

在孩子的课程中出现了超过他们当前年龄的期望和方法，这被称做**揠苗助长现象**（trickle-down effect）。比如，经常利用为将来作准备的名义，要求孩子做超过他们能力的事情。这有点类似于让40岁的人练习使用拐杖，以准备在年老的时候使用。把这种现象推广到极端，虽然我们知道孩子出生的第一年对于智力发展是很重要的，但我们也不能为了使孩子们准备好上幼儿园，于是逼迫孩子进入学校课堂，并且布置功课给他们做。这种行为是荒谬的，是现实生活中不太会发生的。然而现实生活中存在

第二部分　课程导论：计划学习

的情况是，一些家长会让初学步的孩子或两岁的孩子安静地坐着，经受一段长时间的圆圈活动的"日历会议"。事实上，那个年龄段的孩子对今天、明天和昨天还没有一个清晰的概念，当你明白了这一点，你就能明白让那些孩子成天学习背诵其实意义并不大。那些日历上的方框和数字，不论多么可爱诱人，对他们来说，什么都不是。

儿童早期教育专家詹姆斯·海姆斯（James Hymes）多次强调指出，让一个孩子为自己的下一年作好准备的方法是，鼓励他做好他现在需要做的事。每一个发展阶段都有该阶段的一套性格特点和能力极限，我们不应逼迫孩子提前进入下一个阶段。例如一个还只能爬的孩子，我们不能强迫他站起来走路，取而代之的，我们应当为他们会爬行而高兴。当孩子完全地做好每一个阶段他们能做的事情时，自然而然地，他们就会进入下一个发展阶段了。负责儿童早期教育的教育工作者不应为提前进行某一个阶段，而跳过任何一个阶段，应当给孩子们一个他们能应付的、能理解的环境平台。逼迫孩子进入超过他们当前能力范围的领域，这种行为忽视了这样一条规律：在不同的发展阶段中，孩子的需求是不同的。这就是本章的主题——通过充分的满足孩子在当前发展阶段的需要，让他们为下一阶段的学习作好准备。

不过，本章并不能代替儿童发展课程。儿童发展课程是每一名打算投身于儿童早期教育事业的人都要学习的内容。从儿童发展课程中，人们要学习的是儿童发展过程中有哪些不同的阶段及其特点，另外还有每个阶段的局限性和挑战。而这篇文章的目的是，针对这些特点和挑战来正确定位儿童早期教育。

## 孩子需要什么：概述

对于一个儿童早期教育者来说，很重要的一点是，把发展阶段的理论同他对孩子的工作结合起来。每一个儿童早教专家都应能用具体的发展方面的知识来回答诸如"一个四岁儿童需要什么？"之类的问题。然而，你万不能仅凭借发展图表来断定每个作为个体的孩子在某一阶段上的需求。关于发展的知识固然重要，但也有其局限性，因为它只代表了个人观点。你仍然需要考虑个体差异、家庭、文化和社会背景等因素，当然还有你提出这个问题时的具体情况。

当你质疑"这个孩子需要什么？"并且脑中搜集一切关于这个孩子各方面的信息时，你所得出的答案，可能会不同于你仅凭儿童发展阶段理论的知识作出的答案。或许这个孩子刚得到了一个弟弟，于是他开始又做出一些小婴孩的行为。或者有另一种更严重的情况，或许他的母亲刚刚去世，于是在他四岁的时候，他的行为还停留在两岁的阶段，那么在目前，他就并不需要一个四岁孩子所需要的东西，他的需要是受环境影响的。

在考虑个体差异性的同时，你还必须考虑到文化因素。你不能在判断一个孩子的需求时，忽略家庭的因素。那么对于文化方面，又应通过什么合适的方法来判断孩子的需求呢？家庭的目标、理念、信仰如何影响我们对不同阶段的把握呢？

## 第十一章　把各阶段的发展任务作为一套课程：不同阶段儿童的不同需求

简要地说，判断孩子需求有三个要点：
- 发展年龄和阶段。
- 个体差异。
- 文化背景。[1]

让我们来举个例子说明这三个要点之间的联系。首先是两个不同文化背景下成长的孩子面对相同情景的例子。

想象一个谨慎、害羞、胆怯的三岁女孩，她住在意大利，今天是她第一天去上托班，她低着眼来到门外，不敢看坐在门口准备着迎接她的老师。尽管人们会谅解她的害羞，但仍然会要求女孩作出欢迎的回应。欢迎被看做是三岁孩子需要学会的行为。害羞是这个孩子的个体特征，但不能以此为借口，就不需要向长辈打招呼。在她进入教室的时候，她的父母或老师，或者双方都要确保她经过了一个合适的欢迎仪式。

现在再假设那是一个居住在美国的谨慎、害羞、胆怯的三岁孩童，也是在她上托班的第一天。同样她低着头走进教室，但并没有停下来和她的老师打招呼，她只是自顾自地走了进去。这种情况下老师会向她问好但不会要求或逼迫她一定要作出回应，老师会因为女孩害羞并年幼而原谅她。而母亲会说一些话来让老师相信，当她的女儿感到习惯舒服后就会自然用她的方式来回应他人的欢迎。

最后，让我们来看看另一个发生在美国的关于文化背景的例子。假如不是一个害羞的三岁孩子，而是一个活泼外向的五岁孩子。她轻快地走进教室，没有注意到蹲在门口准备迎接她的老师，而是径直从老师旁边走过，进入教室加入了两个正在玩橡皮泥的孩子的谈话中。一般来说，没有人会为了女孩不理会老师而感到大惊小怪。老师和父母会认可孩子成为一个主动的独立个体。

综上所述，两个例子都表明，在美国的儿童早期文化中，尊重长辈的品格没有其他的价值观来得重要。[2] 成人对不同发展阶段的概念，以及对孩子的行为要求不同，文化背景在其间的影响在框 11.1 中介绍了更多的内容。

### 框 11.1 多棱镜

### 文化差异与发展时间表

影响儿童培养的文化差异的三个方面：关于孩子能做和应该做什么的观念；父母的价值观和目标，以及儿童培养的惯例。综合来说，这三个方面影响成人对孩子在什么时候能做什么的期望。

---

[1] Susan Bredekamp and Carol Copple, eds., Developmentally Appropriate Practice in Early Childhood Education Programs (Washington, DC: NAEYC, 1997).

[2] 这个例子的来源，一是我在平时遇到的文化冲突经历中总结出来的，二是源自以下信息：Carolyn P. Edwards and Lella Gandini's "Teacher's Expectations About the Timing of Developmental Skills: A Cross-Cultural Study," *Young Children* (May 1989): 15-19.

## 第二部分 课程导论：计划学习

续

> 研究表明，母亲对于发展时间表的观念深受文化影响。[1]母亲们总是希望，自己的孩子身上能更早地出现那些他们的文化所看重的品质。例如，在旧金山的母亲们希望她们的孩子更早地出现果断的决策以及与同伴竞争的品质，而不是情感控制、礼貌和纪律性这些品质。相对地，东京的母亲们就有不同的看法，她们更希望孩子身上更早地出现情感控制、礼貌和纪律性这些品质，因为他们的文化看重这些品质，所以相比旧金山的母亲，她们希望自己的孩子更早地养成这些品质。东京的母亲没有旧金山的母亲那样重视果断决策和竞争，所以她们允许晚一些再培养这些行为。
>
> 另一个例子是，居住在意大利罗马附近的母亲们与居住在波士顿的母亲们的不同价值取向。与波士顿的母亲相比，意大利的母亲们允许她们的孩子较晚地学会爬行、自己用餐以及没有扶持地坐着这些行为。意大利的母亲们似乎并不鼓励这些行为，而在波士顿是鼓励的。
>
> 在一次对来自不同国家的两个城市（马萨诸塞的阿姆斯特和意大利的皮斯托）里的老师对发展时间表的预期测试中，很明显地，经验和培训形成了他们的观点。文化背景也是因素之一，但影响程度没有对家长的影响那么明显。两组老师都同意发展过程的理论，只是在一些具体的细节项目上有所不同。比如，美国老师认为用刀切割的技能，孩子应在大约四岁的时候就学会，而意大利的老师认为这种技能可在五岁多的时候学会。与意大利老师相比，美国老师要求孩子更早地学会与同龄人的社交技巧；而与美国老师相比，意大利老师要求孩子更早地学会与成人打交道。另外，两种文化对这些技能的价值评估不同。美国老师很重视独立与个性，而意大利老师则更注重家庭团结。

正如你看到的，发展阶段理论本身并不能提供一个完整的儿童发展图景，它只是一个基于一般性的大致的指导。它们对于具体的个体来说，并没有太多可供利用的东西。而每一个孩子都是一个个体，包括（但不仅仅局限于）那些有特殊需要的孩子。有特殊需要的孩子，首先应认识到他们是孩子，然后再关注他们的特殊性。了解一般的发展过程并重视孩子的独特性，对于那些负责特殊需要儿童教育的工作者非常重要。但要牢记，发展的一般模式只是一个指导，而不是一条严格的规范。要避免把孩子放入这种模式中进行比较。在评估方面经过特殊训练的专家们（见第十二章）能利用发展模式，制作一系列的图表和计划来推动发展的进程。但对于一名初出茅庐的老师来说，不需要为"孩子应该在什么发展阶段了"而担忧。取而代之的，学习观察孩子能做什么，并帮助他获得那些能力，以当前的需要为工作对象，而不是强迫孩子去达到一个不切实际的发展目标。

在了解一个有特殊需要的孩子的工作中，发展图表可能会是一个帮助，也可能不是，尤其是当这个孩子不属于图表中的任何阶段时。发展的过程或许是大致相同的（尽管也有例外），但每一个时期的具体情况可能各不相同。此外，有特殊需求的孩子所在的家庭同其他任何家庭都一样，需要考虑到孩子成长的文化背景。一个提倡独立

[1] Edwards and Gandini, "Teacher's Expectations."

第十一章 把各阶段的发展任务作为一套课程：不同阶段儿童的不同需求

自主理念的家庭中成长的孩子所学会的技能和经历，是不同于那些生于主张家庭成员之间互助的家庭的孩子的。一个家庭的价值观也在他们对特殊孩子的培养过程中产生一定的影响。一个把终生的依赖性看做是"祸"的家庭会努力培养孩子的独立性，否则，如果这个家庭觉得他们的孩子不可能完全独立，他们也会建立制度性的环境，尽量让其能自己做的事情自己解决。相反地，把依赖性看做是"福"的家庭或许就不会强迫孩子一定要独立，或者在孩子离家后依然给予长期的帮助照顾。需要指出的是，这些观点都无所谓对错，仅仅只是在儿童早教方面各自的观点不同而已。

## 不同阶段儿童的不同需求

本章的其余部分将具体谈谈关于各个发展阶段的知识——一个用来确定孩子需求的重要工具。让我们从新生儿说起。

## 新生儿需要什么

新生儿是指那些还不能到处活动的，年龄从出生到5～11个月的孩子。这个时期的孩子依赖供养他们的成人。他们成长得很快，从最初仅仅会摆动他们的头，到最终能翻转身体并且凭借他们的膝盖立起来，到处爬行。

**生理需求** 孩子的身体发展是从头到脚进行的，这种现象被称做**自上而下的发展**（cephalo-caudal development），指的是孩子首先学会控制头部及其周围的肌肉，然后才是控制头部以下的肌肉。身体的发展具有**发散性**（proximal-distal），指的是从中间向外到四肢的过程。你能很容易观察到这两种过程：孩子首先能运动他们的胸部，而且，他们是先会控制他们的手臂，然后才是他们的手；同时，他们对手的控制又先于对脚的控制。

起初，他们的动作只是先天反射。无意识地挥动手臂、小手抓握和举起。当抱起一个孩子，让他的小手轻轻地握着你的手指的时候，感觉很棒。这只是孩子的先天反射，你可以享受这种感觉，但不要试图去利用它。不要把拨浪鼓一类的玩具放到新生儿的手中，不论这些玩具多么诱人！直到这种抓握反射的行为开始解除，他们会真正被一个拨浪鼓所吸引，喜欢它，或者猛摇他们的头表示不喜欢，此时，可以试着给他们玩具了。在此之前，他们无法控制这种行为。

最终，新生儿学会控制他们的行为，许多先前的反射动作逐渐消失。他们开始有目的地抓取物品。在这个时候，适当的做法是，使物品能够被他们够到，拿取并且放入嘴中啃咬。新生儿处于口腔期（正如弗洛伊德的理论，见第一章）。他们会把几乎任何拿到的东西都放入自己的嘴里。切记，吃是他们最重要的需求与快乐之一。应该要即时地满足他们的这种需求，因为这不仅仅是对生理需求的满足，而且能帮助他们建立信任感。

关于睡觉，新生儿需要一个温暖舒适的婴儿床或摇篮，当然，很重要的一点是需要明白并不是所有的文化都把婴儿床作为一种必要的婴儿用具。不过在我们国家，大家

第二部分　课程导论：计划学习

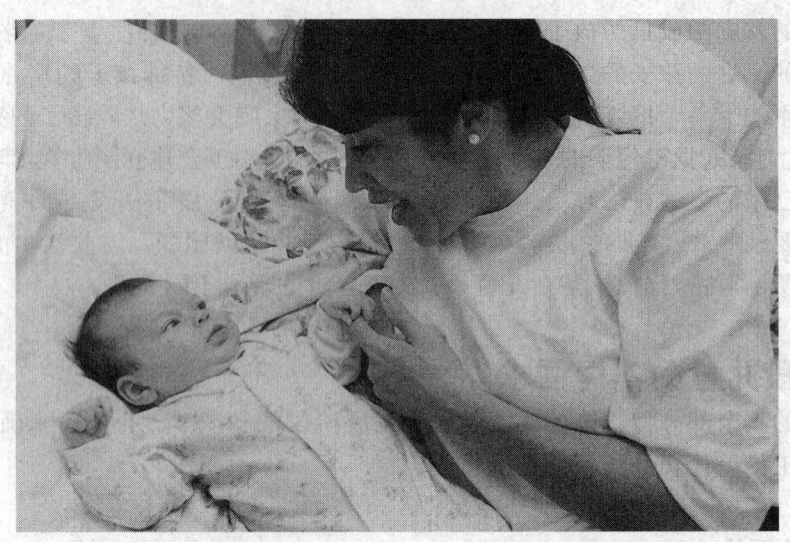

当新生儿抓住你的手指时，哪怕仅仅是种条件反射，你也会感到非常愉快。

普遍认为新生儿需要婴儿床，以拥有一个安全的不受打扰的睡眠。新生儿也不能总是待在婴儿床里，婴儿床只是一个睡觉的地方，而不是一个生活的空间。

新生儿不管是睡着还是醒着，都喜欢被羊毛毯轻轻地包起来，并且被拥抱在怀抱里，或是被放在一个小的封闭空间里。但是随着他们慢慢长大，他们需要更大的活动空间和更广阔的视野。新生儿（几周大的时候）在醒着的时候会花更多时间在游戏围栏里，或是在一个干净安全空间里的席子、地毯、羊毛毯上，这样他会感到自由，并且能够不受妨碍地活动。

**情感交流的需求**　新生儿喜欢看人脸，尤其是那些与他们有密切关系的人的脸部。他们对人脸上一切的神秘的东西极感兴趣，并且很快地学着模仿人脸的各种表情，他们会进行目光交流，但是在最初的几个月内，"微笑"是无意识的，有目的的社交性质的微笑在晚些时候才会出现。

新生儿需要大量尊重的、有意义的、有回应的、热情的互动交流。一旦孩子和成人开始一次互动交流，一连串的反应便发生了：成人回应孩子的手势，孩子又回应成人的回应，于是先后的相互作用可能会持续上几分钟。这种互动教会孩子轮流表达，在相互交流中轮流表达的惯例是谈话要点之一。当语言变为孩子重要的交流手段时，这种早期的练习便会得到应用。

在这样的互动中，注意观察孩子是否有征兆表明他与人已经有了足够的接触了。一个表现出对互动交流感到枯燥乏味，或者看上去昏昏欲睡的孩子不出声——这说明互动时间已经进行得足够长了。孩子也可能会转过脸去，除非他是在开玩笑，否则这种表现很可能表明他觉得，他已经进行了足够多的互动练习了。如果他的头坚持转向别处，或者他继续转过脸去，那么很明显的，互动练习时间已经太长了。

## 第十一章 把各阶段的发展任务作为一套课程：不同阶段儿童的不同需求

成人—孩子间的"对话"。

新生儿最主要的需求是，至少有一个人能时刻陪伴着他。这种归属感不是仅仅通过简单的喂养，以及其他行动上的照顾而获得的。必须使这些简单的行为伴随着人与人之间的交流才会达到效果。食物、温暖、人的抚慰以及前面所提到的互动交流方式的结合，都是有利于形成归属感的。而这种归属感又将发展为信任感（埃里克·埃里克森的第一个心理阶段，见第一章），当新生儿的需要得到积极地、及时的满足时，他们会相信这个世界是友好的。如果他们的需求被忽视了，或者是在很长一段时间之后得到了冷淡的、简单的敷衍，那么他们会觉得这个世界是不友好的。

新生儿喜欢谈论几乎一切事物。同他们说一些话来使他们感到舒适、放心，从而让他们能够很好地过渡到下一阶段。新生儿在区分熟人和陌生人的时候表现得越来越好，最终，大多数的孩子会对陌生人表示出谨慎小心的态度。他们想要待在熟悉的人身边，尤其是那些他们十分依赖的人，以此来帮助他们克服不安。

**认知需求** 在孩子早期的几个月内，认知的过程是依靠肌肉和感官——这就是为什么皮亚杰（Piaget）称之为**感官认知**（sensorimotor cognition）。因为新生儿有着探索客观世界的需要和欲望，他们的身体姿势很重要。让他们平躺着，孩子会对周围的环境有更广阔的视野，同时，能用双耳聆听周围的动静，躺着的姿势也使他们可以更自由地使用手和手臂。

新生儿需要感官刺激和探索客观世界，但是过多的感官刺激就无视了他们的个体需要。与人的互动就是婴孩在早期的几周和几个月内很好的感官经历之一。最终孩子能够伸手去拿玩具等其他他们想要操纵的物品。图 11.1 表示了孩子从出生到 21 个月之间，精细运动能力发展所要经历的重要环节。

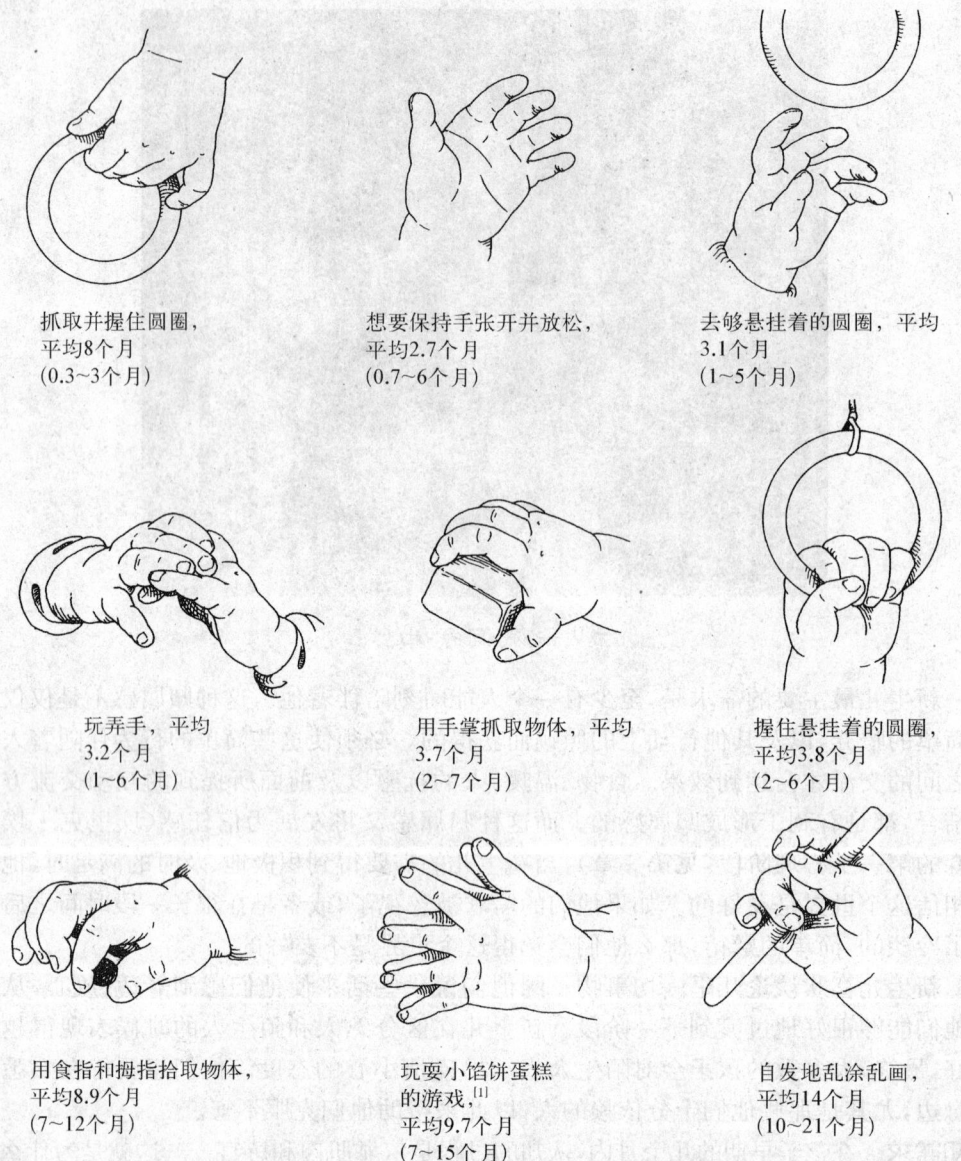

图 11.1 精细运动能力发展所要经历的重要环节：操纵能力，从出生至 21 个月

【资料来源】Some items in this chart were taken from the Bayley Scales of Infant Development. © Copyright 1969 by The Psychological Corporation, a Harcourt Assessment Corporation. Reproduced by permission. All rights reserved. "Bayley Scales of Infant Development" is a registered trademark of the Psychological Corporation.

---

[1] 拍手游戏。拿着宝宝的小手，教他双手对拍，同时给他唱儿歌。——译者注

第十一章 把各阶段的发展任务作为一套课程：不同阶段儿童的不同需求

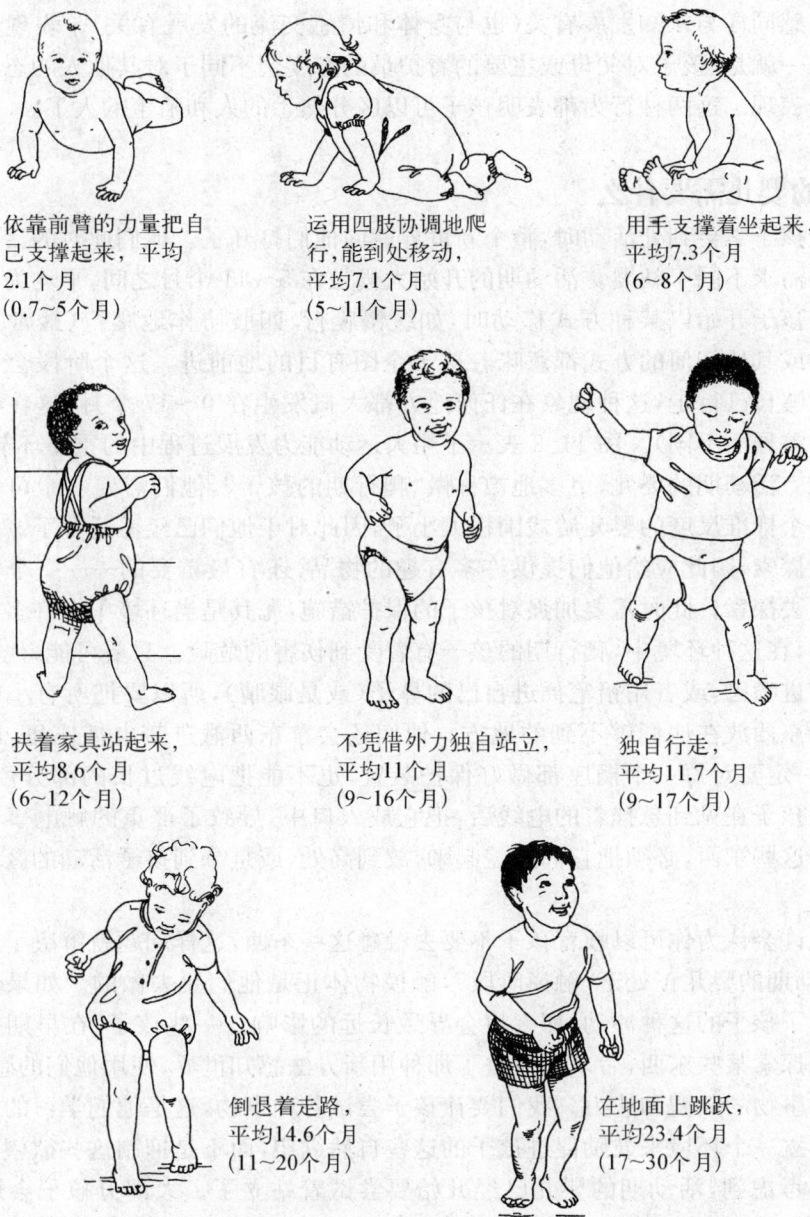

图 11.2 粗大运动能力发展过程中的重要环节：从出生至 30 个月

【资料来源】Some items in this chart were taken from the Bayley Scales of Infant Development. © Copyright 1969 by The Psychological Corporation, a Harcourt Assessment Company. Reproduced by permission. All rights reserved. "Bayley Scales of Infant Development" is a registered trademark of the Psychological Corporation.

## 第二部分  课程导论：计划学习

归属感同样与认知发展有关（也与身体和情感交流的发展有关）。表现认知发展的行为之一就是，孩子对父母或主要的看护员的态度会不同于对其他人的态度。怕生是另一个表现。这两种行为都表明孩子可以区分熟悉的人和陌生的人了。

### 活动期的婴儿需要什么

一旦孩子学会到处活动时，整个新世界就向他们打开了。他们此时的活动能力使得他们的需求不同于幼婴。活动期的开始大概是在5～11个月之间，平均为7个月的时候。当孩子开始以某种方式移动时，如缓慢爬行、四肢协作地爬行（最常见的）、翻滚、滑行，或其他任何的方式都意味着孩子企图有目的地前进。这个阶段会一直持续到孩子能够自己行走，这种现象在任何地方都大概发生在9～17个月（这在很大程度上因个体差异而不同）。图11.2表示了粗大运动能力发展过程中的重要环节。

**生理需求**  活动期的婴儿，更多地被称做"爬行期的孩子"，他们需要一个可供移动的空间。一个标准尺度的婴儿游戏围栏太小了，因此对于他们已经不适合了。活动期的孩子喜欢探索，因此应给他们提供许多有趣的物品，还有最重要的——一个安全的环境让他们去探索。此时需要加强对孩子的保护措施，尤其是当环境中有许多不同年龄的孩子时，在这种环境中，爬行期的孩子有着受到伤害的危险。只要可能，他们会把小玩意儿吞进嘴巴，或者用铅笔插进自己的鼻子（或是眼睛），所以要把所有小的以及锋利尖锐的东西放在他们够不到的地方。他们还会拿东西戳进带电插座里，以及咬电线，所以一定要对每一个插座都做好保护装置，也不能把电线过长的部分留在外面。不止一个孩子在见到悬挂着的电线后，把它放入口中，导致了严重的触电事故。务必要监管好这些东西，必须把它们遮盖起来，放到高处，或是拿到孩子活动的区域以外的地方。

你或许会认为你可以教育孩子不要去触碰这些东西，这样问题就解决了。请考虑清楚，活动期的婴儿正处于"触摸阶段"；触摸物体正是他们要去做的。如果你为了安全而抑制了孩子的这种冲动，那么将会导致长远的影响。一些孩子，在早期被告知不要触摸或探索某些东西，后来便失去了那种用新方法感知世界，使用他们的感官，以及尝试新鲜事物的欲望和能力。我们要让孩子尝试各种事物，这是他们学习的方式。我们应该建立一个环境来鼓励促进孩子的这些自然欲望，而不是抑制这些欲望。

还要考虑到，活动期的婴儿已经开始要尝试着站立了。大部分孩子会最终自己站起来，并且慢慢凭借任何可作支持的物体迈步。在他们的活动环境中放上低的横杆、睡椅、桌子等能够为这些想站立、但还不能单凭自己的力量站立的孩子提供安全的支持。

此外，搭建出一个环境，这样孩子就不用总是需要成人的帮助了。他们发展过程中的各种欲望冲动会引导他们自己去学会新的能力。他们不需要成人教他们怎么站或怎么走（见框11.2）。

## 第十一章 把各阶段的发展任务作为一套课程：不同阶段儿童的不同需求

> **11.2 提示与技巧**
>
> **孩子在学习到处爬行时需要多少帮助？**
>
> 一位美国儿童专家玛格达·格伯(Magda Gerber)说："不要逼迫孩子做他们还没有能力做的事。"[1] 在孩子没有能力自己坐着的时候，不要试图让他坐着。在他们还未准备好独自站立的时候，不要试图让他们站立。决不要扶着孩子的手让他到处走，要让孩子自己迈出第一步。
>
> 格伯的理念以20世纪30年代一名匈牙利的研究者兼儿童医师埃米·皮克勒(Emmi Pikler)的一项研究为基础。格伯受皮克勒的启发，从皮克勒使用的方法中，格伯创造了一种为全国广泛知晓的婴孩看护理论。在20世纪60年代和70年代时，对孩子的刺激教育还是育儿的主要方法，格伯是指出要平等对待孩子的先行者之一。她的理念尽管在当时被认为是激进的，但现在已在早期育儿工作中广泛应用了。
>
> 格伯指出"决不要推动孩子向前发展"。让孩子依照他们自己的时间，并按照他们自己的方法自然发展。他们对发展里程碑和发展时刻表的感觉很强烈。她极力主张家长和看护员应该更关注孩子所习得的各种行为的完成质量，而不是这些行为是在什么时候习得的。

**社会情感需求** 活动期的婴儿会对主要照料者有依赖的表现，并把他们作为探索过程中的安全保证。对独处的惧怕开始于九个月大的时候，在早期儿童课程中，当活动期的婴儿被孤立时，他们会提出抗议。另外，根据孩子们对主要照料者的亲近程度，以及他们对团队活动的喜好程度，一些活动期的婴儿在主要照料者离开房间的时候也会提出抗议。

这个阶段的婴儿需要有机会变得能够自作主张，以及练习一些基本的自助技能。成人应向他们解释他们的行为对他人造成的影响，帮助他们表达对被孤立的恐惧，接受他们的感觉，并帮助他们学习解决问题的技能。成人应该表现得真诚，并为孩子作出一个好榜样。

活动期的婴儿有时很乐意做表演者，因此成人就喜欢教他们一些他们觉得是沟通中常用的小技巧，例如挥手再见，或是玩小馅饼蛋糕的游戏。但切记在沟通中的互相尊重的原则。不要让孩子表演可爱的小动作，即使他们看起来也很喜欢那样做，这使孩子成了成人的玩具。由于成人经常性地用这种方式与孩子交流，后果将会不堪设想。试想一下，你愿意被当做一只训练过的猴子而被耍着玩吗？

**认知需求** 活动期的婴儿开始能够记住游戏、玩具以及近期见过的人，他们还会期待人的回来。他们开始有皮亚杰所说的**认知恒常性**(object permanence)，即他们开始明白，即使事物离开了视线，它们仍然存在。他们看见东西被隐藏了，会去拉开掩盖物。玩躲猫猫的游戏也能帮助孩子习得这种能力。躲猫猫让孩子觉得他能控制一个人的消失和回来，游戏本身其实是很有益的，尽管它看来似乎只是简单的娱乐。

---

[1] Magda Gerber, *Manual for Resources for Infant Educarers* (Los Angeles: Resources for Infant educarers, 1991).

活动期的婴儿需要一个环境供他们解决问题、探索以及经历各种有趣的事情。爬行阶段的孩子喜欢在地板上自由自在地到处爬,并且在任何时候都能停下来去观察各种各样他们感兴趣的并且安全的物体。他们能解决操作方面的问题,而且会在他们的活动环境中去发掘许多这样的事情来做。比如,他们喜欢把东西从容器中取出来,然后再把它们放回去。他们尤其喜欢来自成人世界的东西,比如壶和平底锅、木勺等等。

他们还对自己的行为会产生什么结果感兴趣,意图性开始显现。他们通过做各种实验来尝试事物,例如把东西扔在地上,看看接着会发生什么。对于这个阶段的孩子,耐心和理解很重要。

活动期的婴儿开始注意谈话,并且会对话语作出回应,一些较大的爬行期孩子能作出一些简单的口令,并使用诸如"妈妈"、"爸爸"的词语。他们会使用声调,并会重复一系列的声音。这时候和孩子们谈话以及给他们讲故事很重要。

最后,由于他们的能动性,同龄孩子之间的交流对爬行期的孩子来说是一种新的经历。他们互相把其他孩子看做一个活动环境里的"有趣的物体"。成人的责任之一就是帮助孩子学会如何在不伤害其他小伙伴的前提下与之交流。

## 初学步的幼儿需要什么

当孩子们开始行走时,他们便进入幼儿阶段了。较早的可能在九个月大的时候就会行走,较晚的要在 17 个月。平均为 11.7 个月。但一定要记着,并不是所有孩子都符合这样的模式,当然我们不需要苛求他们一定要与模式中规定的相同。

**生理需求**　刚学习走路的孩子需要移动。起初,他们的注意力全在练习行走上,对他们来说,站起坐下是比较困难的,因此他们不像以前那样花大量的时间来探究地上的物体。不过一旦他们能熟练地从站着的姿势坐回到地上时,他们又会一如既往地探索他们看到的任何事物,有时他们还喜欢搬运身边的东西。

孩子刚开始走的时候会摇摇晃晃地走不稳,他们的脚向外伸展以求更宽的支撑基础。随着行走变得越来越容易,初学步的孩子开始能跑,甚至能抓住上一个台阶或是旁边的栏杆向上爬楼梯,然而下台阶对他们来说就比较难了。成人在低处的架子上摆上各种各样的玩具供他们去选择,如玩具小人、玩具动物、洋娃娃的小房子、装着东西的容器、量杯、勺子等等。环境应该要具有可控制性和趣味性,成人可以轮流拿出不同的玩具,以保持他们的好奇心。

初学步的孩子需要大量的练习,不要去抑制他们粗大运动能力的发展,如跑、翻筋斗、攀爬。尽管一些成人认为这样的活动只能在室外进行(对于较大的孩子来说可能是对的),但应该允许初学步的孩子在室内跑动,如骑小型的有轮子的玩具,以及玩塑料滑板。对他们来说尤其重要的是,学会使用他们的身体以及练习他们快速发展的技能。

环境应该本着鼓励精细运动能力发展的原则建立。精细运动有很多,如用线穿大珠

第十一章　把各阶段的发展任务作为一套课程：不同阶段儿童的不同需求

应当允许幼儿自由地跑动——这对发展他们的粗大运动能力是非常重要的。

子，操作大的乐高玩具，[1]以及用他们的手或勺子吃东西。对于他们中的一部分孩子来说，会自己脱去上衣也是一项精细运动，当然穿衣服对他们来说似乎太难了。

**社会情感需求**　与活动期的婴儿相比，初学步的孩子更为独立。他们对事物探究得更深入，但仍然需要有成人来确认（关于初学步的幼儿"确认"的例子，见框 11.3）。在家里以及在早期的儿童教育课程中，归属感令他们能自由地去探究。在探索和成长过程中，安全意识是很重要的。

因为初学步的孩子比以前更容易遇到各种各样的麻烦，所以需要规范他们。他们依赖成人的指导，他们能明白成人对他们说的许多话，并且他们能自己使用语言了。甚至对于那些成人要求他们做的事，他们有时也能做到，尽管他们可能常常表现出逆反心理。

这个时期孩子的情感偏激而善变。恐惧心理在初学步的孩子的生活中仍然常常出现，并且这种心理会引发睡眠不好、自闭问题以及其他并发情况。他们的主要恐惧来自失去父母，捉迷藏和"追逐"游戏让他们感到，在需要他人时，能让他人回来。并且在追逐游戏中，他们感到当成人追逐他们的时候，成人们是需要他们的。

初学步的孩子的另一个主要的不安是他们自己身体的功能。他们试图去了解身体各部分是如何运作的，并且努力去掌握这些功能。他们也担心会失去自己身体的某部分。

**认知需求**　初学步的孩子开始幻想，并且进行角色扮演。他们仍然喜爱体育运动和探寻事物，同时他们也喜欢解决一些简单的脑力问题。他们还会对事物做试验和测

---

[1] 乐高是一系列的玩具，有五颜六色各种形状的塑料积木、齿轮、小人，以及其他部件，可以把这些部件组装起来，做成几乎任何想要的模型。——译者注

试——通常是用你不希望他们用的方法。当设置一个环境让他们进行探索的时候,他们会注意力不集中;可是在其他时间,他们自己会设一个目标,并为之努力。在这个时期,他们很容易被出现的更吸引人的东西分散注意力。初学步的孩子已经获得了皮亚杰所说的认知恒常性:他们知道即使他们看不见某个东西了,那个东西可以仍然存在。你再也不能试图简单地通过没收禁止物(比如电视机遥控器),并给他们其他玩具玩,来使他们忘记那个禁止物。

当他们开始行走时,谈话会减少,但这种情况不会持续得太久。不久以后,他们就会在他们的词汇库中很快地加入新词汇。他们对于最喜欢的书,不仅仅是想要别人读给他们听,他们还喜欢自己"读",捧着书本,念单词,发出声音,以及翻书。他们会指着图片,有时还会给图片命名。

婴儿时期他们只能模仿当前看到的模式,而现在他们能模仿记忆中的动作了。这说明他们比婴儿时代已有所进步了。脑力思考仍然只是初步阶段(这指的是,大多数时候孩子还是用身体来解决问题),但他们已经开始在脑中建立一个符号和图画的集合库,来为他们最终能在头脑中解决问题作好准备。他们在解决问题的过程中学习到很多东西,因此很重要的是,不要什么事情都为他们做。把孩子从正面临的问题中解救出来,从某种意义上说是成人减少了孩子处理问题的锻炼机会——而这是一种很重要的智力技能。

### 框 11.3 提示与技巧

#### 确 认

瞧瞧泰莎,她18个月大了,在一个育婴中心已经待了六个月。当她和她的妈妈一起到育儿中心的那一天,她的妈妈在游戏室中间的地板上坐一会儿,以使泰莎在她离开之前能安心地待在里面。

泰莎很高兴待在那里。她跑向保育员,拉扯她的裤子,然后去看沿墙摆设的那些很诱人的洋娃娃。突然她停下了,她的妈妈还在这儿吗?她环顾了一下整个房间,是的,她在那儿。她跑向她的妈妈,然后坐到妈妈的膝上,但仅仅坐一小会儿。

她站起来离开妈妈的膝盖,去看看游戏室里还有什么新鲜的东西。她捡起一个小袋子,并把它挽在手臂上。这时,另一个孩子接近她,并一把抢走了小袋子。这个突如其来的事件令她摔倒在地,她重重地坐在地上的软垫上。她看上去受了惊吓,然后又很悲伤。马上她扫视房间。噢,妈妈在那! 她摇摇晃晃地站起来,又摇晃着走向妈妈,寻求妈妈的抚慰和拥抱。有这些对她而言就已经足够了。然后泰莎又离开去玩耍了。

但等一等! 妈妈站起来,说了声"再见"。天哪! 但是幸好——她的保育员向她走来。泰莎举起双臂,仿佛在说"把我抱起来"。于是保育员把她抱起来。"再见,妈咪。"保育员代她说。泰莎不情愿地挥了一下手,就挣扎着要下地。她站在窗边,眼泪流了出来。然后她转过身来,寻找保育员。她在那儿,就在刚刚妈妈坐的地方的附近。她跑向保育员,爬上她的膝盖。

第十一章 把各阶段的发展任务作为一套课程：不同阶段儿童的不同需求

幼儿喜欢有操控物体的机会。

## 两岁孩子需要什么

两岁的孩子正处于早期儿童教育的过渡阶段。一些早教课程能够把两岁的孩子选出来单独组成一个小组，这当然是最理想的组织方式。然而还有一些其他课程，常常把他们与婴儿和初学步的幼儿，或是与三岁及四岁的孩子编在一个组。当他们和比他们小的孩子编在一组时，他们不得不去做一些婴儿和学步儿做的事情，而这些事对他们来说已经没有足够的挑战性了。他们在这个较年幼的组中显然已经偏大了，然而，当他们和学龄前儿童在一个组时——这是最常见的安排——他们常常会遇到体力上的问题。尽管两岁的孩子已经可以解决与他们发展阶段相适合的体力问题了，然而他们也只是勉强挣扎才在挖掘的体力活动中取得最后一名。一些在两岁时就进入托班学习的孩子，在四岁时变得很放肆，而（在他们受了几年的管制之后）当他们最终变得足够大可以独立了的时候，他们会变得很放纵。

**生理需求** 两岁孩子需要空间来行走、跑、躲藏、追逐、攀爬、爬行、翻筋斗、推运东西以及骑带轮子的玩具。他们可能还不会使用脚踏板，但他们喜欢到处滑行。他们需要探索事物，扔东西，把东西拆开来再组装起来，把东西倒出来再装回去。从这些需要来看，很显然托班的环境不适合他们。当拿到一盒拼图的时候，他们更可能会把拼图倒出来，听拼图落地发出的"嘚嘚"声，而不是安静地坐着把它们拼起来。

两岁的孩子会很快地使用放大镜观察试验桌上的东西。当他们观察结束后，他会从家政管理角落里拿一个又大又旧的袋子，把实验桌上的东西都装进袋子，接着把袋子拿出去，把它扔进沙箱里。这是两岁的孩子常见的行为。

两岁的孩子对他们身体的运作方式表示出极大的兴趣。他们终于可以对大小便进行控制。他们现在处于弗洛伊德（Freud）所说的肛门期或是埃里克森（Erikson）说的自主阶段（见第一章）。我们要做的是，把如厕的教育变为一种自主的活动，而不是强制的要求。当你对孩子的态度是陪伴他，而不是控制他时，如厕的教育就从被动的训练变为一种主动的学习，从而进行得更顺利。在三岁之前的一段时间内，大多数孩子已经能够让自己在白天不尿裤子了。当然,意外情况还是会有的,此时,你必须对他表示谅解。

**社会情感需求** 两岁孩子的自主意识很强。他们意识到他们能坚持自己的想法,而不需要去附和任何事。其中一些孩子会去做任何事情,尤其是在没有成人在身边监督时。他们常常是无心的,他们只是想证明自己的能力。"我做到了"是另一些孩子用来表达独立自主的方式。然后就是常听到的"我!我的!"这表明两岁的孩子开始有占有欲。在真正理解什么是拥有之前,他们会因为要与别人分享而感到苦恼。两岁孩子必须明白,那些在他们生命中给予他们力量,并且帮助他们独立的成人,仍然会保护并珍惜他们。

恐惧心理会影响到两岁孩子的行为,他们尤其恐惧被孤立。两岁孩子对控制身体机能的恐惧也会产生,在他们拥有相应的生理能力之前,尤其恐惧过早地接受洗手间的教育。一些两岁孩子会担忧性别差异:"为什么她没有小鸡鸡(阴茎)?"以及"我的小鸡鸡会消失吗?"……对未知事物的恐惧会影响每一个人,然而对于两岁孩子来说,这种恐惧可能会变得很巨大。他们试图找出事物的原因,但他们又还不具备成熟的推理能力,于是他们最后会得出错误结论。他们需要你去帮助他们把问题理顺,并给他们解释清楚。同时,他们需要机会来表达他们的焦虑,情景剧表演可以鼓励他们建立一个可供他们控制的模拟情境。

如果孩子在两岁的时候由于家里添了新生儿而不如以前那样被重视了,他的行为也会受到影响。有时这种威胁要直到另一个孩子会走路的时候才显现出来,但大多数情况下,两岁孩子会在开始的几个星期或是几个月里就表现出相应的行为。当孩子不被重视时,最常见的反应是,倒退回或暂时回到发展的较早阶段。两岁孩子有限的推理或许是这样的:"如果我还是一个婴儿,可能我就可以和我的弟弟一样得到重视了。"

保育员和老师一定要注意两岁孩子的自控问题。否则,当成人试图控制孩子,而孩子却试图按自己的意图做时,他们之间就会有冲突。

两岁的孩子会同其他的孩子玩耍了,但他们大多数时候是各顾各的同时玩(见第四章),而没有交流。同时玩的时候,两个或更多的孩子坐在一起,同时自言自语,来影响彼此的活动。同时玩就仿佛在一个计算机机房里的两名学生,只在他自己的电脑上做作业,并且解决不同的问题。坐在电脑前的人们经常大声地自言自语些什么,尽管并没有直接地进行互动交流,他们有时候还是会在意到旁边的人的所作所为。在机房里的每个学生有一样的设备,同样的,两岁孩子也需要相同的玩具来支持他们同时玩耍的活动。相比较拥有许多种类繁杂的玩具,拥有同一种类的玩具,每种玩具都有若干件,对两岁的孩子会更有益处。

**认知需求** 两岁孩子的推理不是以逻辑为基础的,而是基于他个人的恐惧和愿望。他们会觉得是主观的愿望使事情变成那个样子。如果他们对自己的婴儿弟弟很愤怒,而弟弟刚好生病了,他们就担忧是他们导致了疾病的发生。成人要了解他们是如何推理,并帮助他们找出事情的真相。

两岁孩子的认知能力发展得很快,各种各样的体力和脑力技能开始发展起来。他们运用符号和想象来思考的能力在增强,而且他们能够比较两个事物,并从中看出两者的联系。他们会使用一些短句子来更有效地交流;而且他们了解的远比他们说的要多得多。他们变得没有以前那么以自我为中心了,他们能察觉到别人的苦痛,并表示同情。

成人要了解诸如吃饭、如厕和盥洗这些日常生活方面的事对孩子来说是重要机会,让他们了解世界,并明白他们自己拥有控制自己身体和行为的能力。成人要明白玩耍是一种学习,并且提供合适的物体和材料给他们玩耍。

在室内和室外都要给两岁孩子提供可以预见各种情况的环境。他们喜欢各种各样的书本,那些充满了兜圈子的言语的舞台故事、歌曲、手指游戏,以及进行其他一些教育课程,这些让他们在没有范例、说明或任何的重要提示下探索各种各样的事物。作为一种教育材料,食物对于两岁的初学步的孩子来说是很重要的一个课题。因为这个年龄的孩子需要学会辨别什么可以吃,什么不可以吃。市面上流行很多有香味的橡皮泥、蘸水笔和手指画,但它们还是让那些三岁以下的、还不能辨别什么能吃、什么不能吃的孩子感到困惑。

## 三岁孩子需要什么

三岁孩子现在已经克服了许多他们在两岁时面临的挑战。没有外力的逼迫,他们越来越独立。相比两岁,他们更易相处,并且更具合作性。他们也更有信心了,但是仍然不能判断并避免做一些不安全的行为。如果三岁孩子与年龄更大的孩子编在一组,他们会模仿年龄较大的孩子的行为。成人要密切关注他们的安全,当他们不能(或不被允许)做他们想做的事时,还要帮助他们解决此时的受挫感。成人要提供细致的帮助来让他们保持自信,并同时保证他们的安全。

**生理需求** 三岁孩子开始发展行为能力。他们会把3～6片的拼图拼

初学脚踏车时需要集中精力。

起来,而不会像两岁孩子那样乱扔拼图。他们开始会用剪刀剪东西。他们的自主能力开始变强。他们能自己吃东西,自己穿衣服(但还不能扣扣子,拉拉链和猛咬食物),他们需要有大量的机会来练习这些发展起来的精细运动能力。

他们的粗大运动能力也增强了,他们能脚踏一辆三轮车行驶一段距离,在别人让他们开始荡秋千后,他们能自己荡,双脚交替地踏步上楼梯,用双手抓住一个球,甚至做一个前滚翻。三岁孩子需要并想要练习这些技巧,因此成人要建立相应的环境。

大多数三岁孩子在白天会上厕所了,并且开始在晚上也自己去上厕所。卫生用具应当摆放得更方便使用,让孩子什么时候需要就能什么时候用着,而不是定时让他们使用。他们可能仍然需要成人帮助他们解开衣裤,尤其是在他们很急的要上厕所的时候,因此要随时作好帮助他们的准备。

**社会情感需求** 三岁孩子开始有分享和轮流的概念。他们不一定总是心甘情愿这样做,但一旦他们决定了要分享或轮流,他们是能够乐意接受这种方式的。你应鼓励分享和轮流,但不要总是要求孩子照做。三岁孩子已经变得更合作了,不时地照成人的要求来做。他们与其他的孩子相处得很好,有时会和他们一起玩,但在其他时候,他们还是各顾各地玩。尽管他们能坐更长的时间,并听一个故事或一本书,但最好孩子人数不要太多,并且时间不能太长。一般当三岁孩子了解到他们是自由的,可以随心所欲地走来走去时,他们便很喜欢小组活动。

三岁孩子变得不再那么以自我为中心了,但当他们在某个时候没有感受到和别人一样的感情时,他们仍然很难理解别人的情感。他们会从破坏性的活动中得到快乐,因为他们只从自己的角度来看对象,而不会考虑其感受。捏死一只虫子,和把纸切成两半一样毫无感情。

三岁的孩子开始产生一种主动性。他们有足够的想像力来想象伟大的计划,而这些计划中许多都是不能实施,或者必须被限制,或是应被禁止的。很重要的一点,不要把他们约束得太紧或是不必要地限制他们,因为三岁孩子开始探索他们是谁以及他们能做什么,他们需要自主选择的自由,并且尝试去实施他们的梦想。

尽管在三岁孩子身上有越来越多成熟的迹象了,但他们还是很容易就会倒退回去,做出一些相对幼稚的行为。当他们心烦意乱时,他们会哭,会吮大拇指,或责骂。要容忍这些欠成熟的行为,绝不要严厉地指责他们,或是嘲笑他们。

**认知需求** 三岁孩子开始养成分类及命名的能力。大多数孩子能叫出至少十个人体部位的名称。他们能把物体分类,并给每一类分别命名。他们能区分大小、长短、轻重。在一个有大量物品可供选择的环境中,孩子们能够练习并加强这些能力。他们需要物体和材料,另一些孩子还需要成人支持他们并促进他们学习。成人要支持他们天生的好奇心,并给他们机会去探寻事物之间的因果关系。

三岁孩子不能总是遵守规定,是因为他们不理解或记不住那些规定。因此,指导方法不能依靠规定(更多关于这一主题的内容见第五章)。

语言能力也开始提高了。三岁孩子能谈论过去、当前以及将来的事物,他们还能用因果逻辑来解释事情。教师和托儿所应该是一个有着各种各样事情的活跃的场所,不应该要求孩子们保持安静,而应该鼓励他们谈论各种他们想谈的内容。

## 四岁孩子需要什么

四岁孩子变得更成熟了,但他们仍通过实践来学习。他们需要各种各样的机会,来与外部世界互动交流,从而用越来越复杂越来越合理的方式来理解外部世界。尽管四岁孩子快要上幼儿园了,但千万不要把幼儿园的预备课程强加给他们。**阅读准备方法**(readiness approaches)实际上是很空泛的,而且会因过分注意孩子是否为下一个阶段作好准备,从而忽视了孩子此时此地的需要。

你或许会让四岁孩子在小组里长时间地坐着并倾听,或者让他们做家庭作业,因为你觉得那是幼儿园所要求的——千万不要这样做。取而代之,让他们做四岁孩子应该做的事——这就足够了。充分满足四岁孩子的发展需要,是为他们的五岁以及即将到来的幼儿园生活所作的最好准备。

**生理需求** 四岁孩子继续完善提高他们在三岁时就有的技能。他们能更好地控制和使用剪刀,并且能够剪一些简单的形状;他们能做更复杂的拼图、搭积木,以及穿珠子,而且他们开始画一些能够被辨识的图画了;他们的粗大运动能力也发展得很快,他们能自如地跑动并且转换方向,双脚交替踏步地上下楼、跳跃、单脚站立、骑三轮车在拐角处拐弯,通过弯弯曲曲的小路,甚至倒车到停车区,并能抛球、拍球以及抓住一个大球。四岁孩子需要大量的机会来做所有这些甚至更多的活动,粗大运动能力和精细运动能力需要平衡,成人应该每天都保证让孩子能够在室内和室外都活动一定时间。

四岁孩子的自主能力也得到发展。他们需要鼓励和机会来练习自己的事情自己做,他们有能力照顾到自己的许多需求,比如扣纽扣和解扣子,以及拉好他们外套的拉链。在用餐或点心时间,他们能自己吃,并会使用刀叉及勺子。大多数孩子晚上不尿床,

"看!我自己会扣了!"

或有需要会自己起床去洗手间。

**社会情感需求** 要鼓励四岁孩子帮助他人。随着他们的精细运动能力越来越强,他们能给较小的孩子扣毛衣的扣子,并拉好外套的拉链,这对成人来说是一个很大的帮助。还要鼓励他们合作,并提供机会给他们。那些以身作则,用积极的方式与孩子交流的成人,能促进孩子使用积极的交流方式。积极的指导方法帮助约束孩子,并同时让他们养成良好的自我意识。对于任何一个年龄的孩子来说,对行为的适当的要求是很重要的。

如果四岁孩子在需要帮助的时候如愿地得到了帮助,这就会鼓励他们在有需要的时候去寻求帮助。他们能和成人以及其他孩子谈话,他们的注意力范围更广了。他们能20分钟、30分钟,甚至更长时间地做某件事情。他们也会常常要求满足他们的需要,或者向其他人索要东西,而不是直接抢过来。他们明白有时候是他们做错了事,并且有时会主动地道歉。他更乐意遵守轮流的秩序,尤其是当被要求这么做时。他们和其他孩子一起参加集体活动。他们开始渴望自己的行为能得到社会和其他人的认可。

相比三岁孩子,四岁孩子能在一个人数较多的大组中待更多的时间,但大多数时间他们自己选择怎么过——或者独处,或者选择一个小的非正式的小组,加入它们。那种人数较多的,并且有老师教课辅导的课程仍然不适合他们。

**认知需求** 四岁孩子对数字、形状和尺寸掌握得更好了。大多数孩子能认知并叫出常见的几种颜色。他们能复述一个故事,并能保证要点和因果关系的正确和条理性。他们能记住歌词,并唱这些歌。他们能认识到事物之间的联系在哪,并能区分它们,会使用诸如"除了……"以及"最好的是……"一类的表达词语,视他们的经验而定。他们能明白并执行约法三章(尽管他们并不总是乐意这么做)。

尽管四岁孩子的认知能力越来越强了,但要继续给他们提供具体的学习经历,而不要用笔头的作业来进行抽象的学习。另外,通过鼓励小组完成进行中的工程,提供条件来提高认知能力。

你可以回想自己儿时的好奇心所在,据此来培养甚至刺激孩子的好奇心。在每一个阶段中,对好奇心的鼓励始终是社会情感环境中的一个要素。

如果他们的活动环境中有很多的文字印刷品,那么一些四岁孩子可能会有早期的识字行为(更多相关内容见第十三章)。要利用所有机会来继续发展他们早期的文字能力。他们可以通过有意义的文字经历来认识到读写技能的用处,而不是通过机械的文字说明。书本、故事、游记、感谢信、标志以及写下孩子的故事、诗句和图表都是早期文字课程的一部分。提供大量机会让四岁孩子通过涂色、绘画、临摹以及在纸上写下自创符号来练习写字。谈话和倾听也是早期文字课程的一部分——从某种意义上来说是最重要的一部分。

第十一章　把各阶段的发展任务作为一套课程：不同阶段儿童的不同需求

四岁的儿童需要充分的机会发展识字能力。

## 五岁孩子需要什么

五岁的孩子处于过渡时期。他们需要一个专为他们这个年龄设计的课程。在为三岁或四岁孩子设置的环境中，他们找不到足够的事情做，而在一个学龄儿童的环境中他们又不能坚持自己的立场。在集体中做最年幼的或最年长的一员都是个问题。五岁孩子通过结交朋友以及参加集体活动开始融入社会。他们的生理和认知能力还在不断增强，他们想把已经会做的事做得更好，并迎接新的挑战。

**生理需求**　五岁孩子常常喜欢炫耀他们的行动能力。"看我的！"他们说，接着他们在平衡木或矮墙上走，试着翻筋斗，或者努力学习跳绳。骑三轮车已是轻而易举的事，在后面有人跟随引导时，五岁孩子能熟练地把车退回一个狭小的空间里。如果提供两轮的自行车，五岁孩子会很有兴致地去学习，并且能够学会骑自行车。单脚站立、跳跃以及单足跳也是五岁孩子很容易做到的。至于精细运动能力，五岁的孩子能制作复杂的设计和形状，进行创作性的书写，以及在头脑中再现形状和字母。他们能扣扣子和拉拉链，一些孩子还能系鞋带——这对于另一些孩子可能比较困难，他们会在以后学会的。

他们需要大量的机会来练习已学会的技能以及挑战新的技能。他们学会判断，以及需要练习在限度范围内冒险。同时，他们的世界变大了，他们需要更多的空间运动，更多的机会到外面去接触社会。

**社会情感需求**　五岁孩子会进行协作了，他们变得更有社会意识，他们甚至有慷慨的冲动。他们同他人玩耍的方式越来越复杂，尤其是在他们玩过家家的时候，他们编造一个完全属于自己的故事,他们决定谁演什么,事情是什么,以及这件事情如何展开:"假装你在一条船上,而我在水里,你必须在坏人到达之前来救我。"一个拥有着自由、选择权以及成人世界的信息的环境有利于五岁孩子游戏水平的提高。

五岁孩子开始有同情心,他们有时会设身处地地为他人着想了。他们在分享和轮流方面做得更好了。他们会对人表示亲热以及照顾,尤其是对比他们年纪小的孩子。他们需要机会学习其他方面,以及学习用积极的方式与人交流。成人的教育和促进对孩子社会技巧的发展很有用处。

他们的幽默感也开始有所进步,他们的某些玩笑开始变得可以被理解了,尽管有时成人还是不能理解五岁孩子究竟觉得什么东西好笑,重要的是,你要展现你自己的幽默感来鼓励孩子去发现他们自己的幽默。同时,成人要作一个榜样来鼓励孩子提问题。

五岁孩子能更好地控制情感了,并且开始了解对某种情感的感受与对这种情感的表达是不同的,他们仍然需要成人帮助他们学习不伤害他人的情感表达方式。

**认知需求** 对于一些五岁孩子来说,他们开始可以认知简单的可识别的文字了。这个年龄的孩子开始区分字母数字和单词;明白熟悉的标志;并玩一些创作性的书写和拼写游戏。他们的思想概念发展迅速:他们能够理解"相同"、"不同"、"尺寸"、"形状"和"颜色",以及"更多"和"更少"等等概念。五岁孩子能把少量的东西按照尺寸大小和长短的顺序来摆放。他们能区别哪个是第一、哪个是第二,或者哪个是一系列事物中的最后一个。一些五岁孩子开始辨认时间,他们明白了日历的用处,许多课程采用每天的"课程计划"。这对于五岁孩子来说是有意义的,而大多数更小的孩子只是觉得那是一种神秘的仪式。

五岁孩子喜欢的游戏、活动和工作一方面要能使他们的认知能力有更进一步的发展,另一方面还要提高他们已有的各种认知技能。你要做好孩子的观察者,这很重要,以此来了解该提出什么样的挑战,来加强他们的兴趣以及帮助他们发展。

所有的孩子都应每天待在一个有丰富印刷品的环境里,但是五岁之前,给他们提供大量机会来发现和玩耍各种类型的印刷品,如用蜡纸、图章以及磁性字母。要让他们接触各种用途的印刷品——标识、书本、便条以及标签。尽管大多数五岁孩子缺乏小学水平的阅读能力,但他们正在往这个方向发展。当他们真正准备好的时候,他们就能安静地坐上好长一段时间了。五岁以后,就能让他们——或许可以是温和的鼓励——但不是逼迫他们去发展一般的识字能力。

成人要注意五岁孩子身上所表现出来的竞争现象。孩子在生活中的许多方面都接触到了这种社会活动,他们会把这种竞争的意识带到他们早期的课程中。但成人不要鼓励这种行为,强调团结协作要比竞争更重要,这能使孩子得到更多。

## 学龄儿童需要什么

这个阶段包括孩子从6~8岁的过程。因为这是一本指导说明性质的书,所以它

## 第十一章 把各阶段的发展任务作为一套课程：不同阶段儿童的不同需求

所涉及关于某一个年龄阶段孩子的知识内容是很宽泛的。因此，任何一个想要从事学龄儿童相关工作的读者，需要看其他的书或资料，来了解更多关于每个阶段的发展特征和儿童需要的具体内容。而这篇文章的目的是让大家了解6~8岁的孩子的一般需要。下面的讨论适用于正在学习合适的小学课程和处在儿童看护期的孩子。许多这个年龄段的孩子去上早教课程只是为了有人照顾——提前接受小学课堂标准的时间管理。然而，不论他们是全天候还是一天内部分时间参加课程，原则是一样的。

**生理需求** 一旦他们有练习实践，学龄儿童常常善于满足他们自己的需求。他们已经养成了小学教育需要的精细运动能力和粗大运动能力。他们能更为复杂地使用剪刀，并且能画更易识别的图画（如果他们想这样的话，但只要提供机会抽象艺术也是他们主要活动的一种），这些都是精细运动。大多数学龄儿童至少都有基本的读写能力，当然这种能力的强弱因人而异。

成人不需要再像以前对婴儿和初学步的幼儿那样担心学龄儿童的生理需求了。主要的问题是给他们自由，让他们自己照顾好自己的生理需求。如厕要能够自行解决，不用再等到"休息"的时候。事实上，一个对于此阶段合理的发展课程，生理需求和技能应与课程很好地结合起来，并且其中也不需要"休息时间"来专门学习，当然室外活动能给孩子提供不一样的经历活动。

6~8岁的孩子的粗大运动能力继续发展，考虑到随着他们的成长，他们身体发生的迅速变化，这不是一件容易的事情。这个年龄段的孩子能控制他们的行为，并把他们放在一起按顺序排好，例如跳绳、翻筋斗以及荡秋千。他们能扔、踢、抓住一个球，并且随着他们越来越强的认知能力，他们能玩有限定规则的游戏了。他们还能在玩团体运动时很好地合作，要让有特殊生理需求的孩子适应，这样他们也能参加活动，充分锻炼他们的能力。要给喜欢冒险的孩子提供安全的冒险机会，在成人的帮助下避免一些危险的情况。最重要的是，不要强调竞争，因为我们的目的是帮助孩子对于他们是谁，以及他们能做什么而感到高兴，而不是把他们相互作比较。

**社会情感需求** 对于较年幼的孩子，学龄儿童的教育课程应该是要培养一个全面发展的孩子。社交方面的课程不该和情感、生理以及认知方面分离开来。这个年纪的孩子仍然在"学习如何学习"，他们应该对他们自己感觉良好。

他们会经常用到的技能之一是解决矛盾冲突。在课堂里，老师教育孩子什么是正确的行为，并对不良的行为设置惩罚，这就需要解决冲突。为了在这个世界上生活，当别人不同意他们的观点，并且双方都一意孤行时，孩子必须明白他们应该做些什么。

每一段学习经历中的感情都是整体的一个组成部分。这在每个年龄段都是存在的，但在这儿需要被强调，因为专家们常常认为学龄儿童应该要学习专业知识，并重视他们的考试能力，却忽视了孩子的感受是否良好，以及他们是否认为自己在学习过程中得到了成长。在儿童发展较早阶段很重要的一点是，不要把孩子互相比较，也不要设一个标准来区别哪些孩子优秀，哪些差。这就是为什么要避免竞争。所有的孩子都应把自己看做学习者——不论他们的学习成果如何。拥有一个积极的态度,帮助他们成为好的学习者,而消极的态度是个障碍,并且削弱他们的信心。

**认知需求** 学龄儿童需要增强他们的抽象逻辑思维能力。然而要明白,他们仍然通过具体形象思维进行思考,他们还没有能力进行涉及复杂推理、考虑变数以及提出主张的抽象思维,这些能力要到他们更大些并且进入皮亚杰理论中的"常规思维"阶段才会出现。而这个年龄段的孩子正处于皮亚杰的**具体形象思维**(concrete operations)阶段。

除了他们在过家家时一次性使用过的精神想象,他们学会了使用更多的符号。他们能记住并回想一些行为,来把它们加入到他们的游戏以及创造中。现在他们能读写了,当然这种能力因个人不同而有强弱差异。

六岁、七岁、八岁的儿童应继续增强其协调能力。

学龄儿童的课程(也包括为较小的孩子设置的早教课程)应该考虑到那些有特殊需求的孩子。当有特殊需要的孩子自始至终都把他们自己看做学习者时,这个课程就相当成功了。为了能达到这个有意义的目标,必须把这些孩子作为独一无二的个体来看待。应该允许他们按自己的进度发展,而不要逼迫他们。

或许最困难的不要去逼迫的技能就是读书,对于读小学的孩子也是这样。不管怎样,务必要认识到不是所有的孩子在六岁之前就能阅读的。尽管在一开始,可能一些孩子学得早,另一些会学得晚一些,但最终读书的能力大家都是差不多的。

数学、社会学习、艺术、音乐、歌剧、舞蹈以及科学,对于这个年龄段的孩子,甚至是更小的孩子来说,都是比较适合的科目。但同样要说明的是,它们不能被独立地教学,而是要仔细地整合进一套课程中。

第十一章 把各阶段的发展任务作为一套课程：不同阶段儿童的不同需求

尤其是社会学习，可以被看做是关于社会情感发展的一门重要科目。早期儿童教育课堂变成了一个人际关系实验室，孩子们在里面积极参加各种活动经历，学习如何在作为一个个体的同时，又能在整个集体中与他人相处。他们在进行社交、价值探索以及做计划、分享、同其他人合作的过程中，练习同他人交流。

## 小结

发展年龄和阶段方面的知识，只是用来确认孩子需要什么的三项基础知识之一。早期儿童教育者必须考虑到：（1）关于发展的知识；（2）关于每个作为个体的孩子的知识；（3）关于文化背景的知识。每个文化对于儿童发展过程中的期望不同，记住个体差异原则对于有特殊需要的孩子也很重要，因为如果把他们与标准模式或时间表来对照，是不能令他们进步的。

早期儿童教育课程涉及从出生直至八岁的孩子。分为八个阶段，孩子的发展需要列举如下(简要)：（1）幼婴需要一个能够信任的关系；（2）活动期的婴儿需要能够安全探索的自由；（3）初学步的幼儿需要开拓视野的自由；（4）两岁孩子需要变得更为自主；（5）三岁孩子需要机会来拓展能力；（6）四岁孩子需要支持来发展主观能动性；（7）五岁孩子需要支持来应对他们开阔的世界；（8）学龄儿童需要鼓励来认识到他们自己是好的学习者。

## 自我测试

学习本章后，你能够

* 列举在八个不同的发展阶段中孩子分别能做什么和需要什么吗？
* 解释为什么仅凭发展图表不足以确定孩子需要什么吗？
* 解释另外两个用来确认不同阶段孩子需要什么的要点是什么吗？
* 解释文化是如何影响对孩子在儿童发展过程中的期望的吗？
* 理解"对于有特殊需要的孩子，首先应认识到他们也是孩子，然后再关注他们的特殊性"吗？
* 谈谈如何满足幼婴对信任关系的需求吗？
* 谈谈如何满足活动期的婴儿对探索的需求吗？
* 谈谈如何满足初学步的幼儿对开拓视野的需求吗？
* 谈谈如何满足两岁孩子对增强自主能力的需求吗？
* 谈谈如何满足三岁孩子对拓展能力的需求吗？
* 谈谈如何满足四岁孩子对发展主观能动性的需求吗？
* 谈谈如何帮助五岁孩子应对他们面临的开阔的世界吗？
* 谈谈如何帮助学龄儿童来认识到他们是一个好的学习者吗？

## 需知术语

你可以用下面的多少个词语造句？你知道它们的含义吗？

揠苗助长现象　　　　　　　　　认知恒常性
自上而下的发展　　　　　　　　阅读准备方法
发散性　　　　　　　　　　　　具体形象思维
感官认知

## 深入阅读

Allen, K. E., & Marotz, L. (1989). *Developmental Profiles, Birth to Six*, Albany, NY: Delmar.

Bredekamp, S., & Copple, C. (Eds.). (1997). *Developmentally Appropriate Practice in Early Childhood Education Programs*. Washington, DC: NAEYC.

Cuffaro, H. (1995). *Experimenting with the World: John Dewey and the Early Childhood Classroom*. New York: Teachers College Press.

Dunn, L., & Kontos, S. (1997, September). Research in Review: What We Have Learned about Developmentally Appropriate Practice. *Young Children*, 4-13.

Erikson, E. (1950). *Childhood and Society*. New York: Norton.

Scofield, R. (1987). Why School-agers Act as They Do. *School Age Notes*.

Vander Wilt, J. L., & Monroe, V. (1998, July). Successfully Moving Toward Developmentally Appropriate Practice: It Takes Time and Effort! *Young Children*, 17-24.

Willer, B., & Bredekamp, S. (1990, September). Redefining Readiness: An Essential Requisite for Educational Reform. *Young Children*, 22-24.

## 结尾故事

作为一名发展迟滞的婴儿的家长，在亲子共同参加的婴儿课程中，每次我到给孩子换尿布的地方时，我都会觉得不安和焦虑。引起我这种不安的是粘贴在那里的一张发展图表。我讨厌那张表格，并且试图不去在意它。我不想按那个图表上的标准来评价我儿子的进步。

我从来没有认真去"定位"过的儿子，因为我不能在给他换尿布的同时，给他做他这个年龄本应该能做的计算题。我在怀孕27周时就产下了他——早产三个月。我从来没有清楚他在那张图表上属于哪个阶段，但我明白他并不符合标准。当然，在给孩子换尿布的地方我的经历看来是不合常理的。我理解有特殊需要的孩子并不能适

## 第十一章 把各阶段的发展任务作为一套课程：不同阶段儿童的不同需求

应正常的发展时间表和模式。我的理智告诉我忘记那个图表，但我的感情不让我这么做。

而在课程中定期来自于不同的专家的评估却是另外一回事。陪伴我的儿子有一个语言病理学家，一个身体治疗专家，一个职业规划师，以及一个发展专家。我们有这些专家与我们一起，并帮助我们看他需要什么。另外，我还有一个细心并富有爱心的社工。这些专家常常寻找孩子进步的迹象，而他们也确实找到了。同他们打交道，不同于和那张冷酷的陈旧的图表打交道。每次看到那张图表我都很生气，因为那张图表看起来似乎是针对我儿子和我的。

我想这样的经历让我更好地理解早期儿童教育。现在我意识到，图表不能表示所有的情况，因此它很难让很多家长相信。现在我把年龄和阶段谨慎地作为测评根据和时间表。我强调它们是帮助我们了解孩子需要什么的工具，但并不是决定孩子和他们的家长如何做的方法。

## 下章导读

下一章将考察如何有效地评估课程好坏，以及评估参加这些课程学习的孩子们。在第十二章中所讨论的评估方法要求有很好的观察技巧，你将看到一些例子，来展示儿童早期教育者通过观察所发现的东西。但仅仅是观察还不够，专家们还必须学会记录他们观察到的结果。我们将看到13种不同的记录和整理观察结果的方法。

# 第十二章
## 观察、记录以及评估

观察
记录
　轶事记录
　持续观察记录
　事件报告
　日志
　照片、磁带以及录像带记录
　列表和制图
　时间样本
评估
　评估儿童
　评估项目
小结
自我测试
需知术语
深入阅读
结尾故事
下章导读

## 第十二章 观察、记录以及评估

在这一章里你将了解：
* 观察、记录以及评估这些过程是如何交叉的。
* 什么是轶事记录。
* 怎样写持续观察记录。
* 怎样利用一系列事件报告来了解行为模式。
* 怎样由多个人来记录日志。
* 照片、磁带以及录像带作为记录资料的价值。
* 列表看起来是什么样的。
* 怎样利用"制图"。
* 时间样本能显示什么。
* 什么是资料夹以及资料夹包含的内容。
* 评估孩子学习和发展水平的方法。
* 一些评估项目有效性的方法。

为什么幼儿专家需要观察、记录以及评估呢？是为了把孩子进行分级、分类吗？当然不是！利用这三个相互交错的过程正是为了了解孩子群体以及在这个群体中的每一个孩子。目的是为了了解处在教学环境中的孩子，以及处于家庭和文化环境中的孩子。

幼儿教育者为什么需要这种了解？他们了解每个孩子并把他们作为一个群体来了解，他们做这些是为了什么？他们把所了解的作为一种资源，以此来作目标设定，以此来实施教与学这个过程。他们根据长期的对孩子群体以及每一个孩子的了解来制定课程。计划课程设置需要创造项目、提供资源、还要分析，而且重新调整安排环境。除了应用这三个过程来了解孩子们，幼儿教育者也会审视他们自己和他们自身的效率以及项目的效果。一个幼儿教育项目是关于学习和成长的——每个人的学习和成长，对孩子和成人都是如此。

本章通过故事和例子来探讨包括观察和记录（有时也叫档案记录）的有效评估。你也将学习资料夹制作———直被幼儿教育者采用的主要评估工具。

为了弄清观察、记录和评估到底是怎样一个同时发生的过程，让我们来看以下场景：凯西是一群四岁幼儿的老师。每天早晨她和同事都会组织小朋友参与一个叫"早间新闻"的集体活动。她会以一首包含了每个小朋友名字的早安歌开始。这个开始仪式不仅让孩子们听见他们自己的名字被大家重复，同时也强化了凯西的记忆，让她知道哪些孩子到了而哪些没有。然后，她会填好出勤报告并写下一些针对每个孩子的轶事记录。而且她马上会对整个群体以及每个孩子的情绪有一些感觉。

当凯西聆听每个孩子诉说自己生活中的新鲜事时，这段新闻时间便帮助她更深入地看到了孩子们的思想和心灵。当孩子们诉说时，凯西会当着孩子们的面在一大页纸上记下一些笔记，然后用打字机打出来。之后，她还会复印一份，将经过详细描述的

第二部分 课程导论：计划学习

"告诉我更多些，我把你说的都写下来。"

"新闻笔记"贴在墙上，以便让家长们来时可以看到并作出评论。她也会根据那些能保持孩子们精力的特别话题做自己的笔记。

早间新闻只是凯西和她的同事对课程的众多想法和方向的来源之一。她们两个在午休时间会聚在一起，一起查看笔记，寻找能让孩子们的兴趣发展得更远更深的教学项目构想。她们是根据对孩子们兴趣的观察和记录来设计课程的。

早上的晚些时候，凯西让一小部分孩子作好准备去室外进行另一项不同的观察记录活动。上个星期的春分那天，他们在庭院里固定了一根标杆。孩子们现在准备了粉笔、纸以及铅笔来记录他们对标杆投下的影子的最新观察。

孩子们出去以前在室内进行了预备性的讨论。凯西问孩子们："你们觉得影子会到哪儿呢？影子看起来会是什么样的？"一些孩子会马上回答她，有些孩子则会把他们的想法画下来。有一个孩子则跑到挂了之前影子观察图片的布告栏那里，她仔细地研究它们。凯西倾听孩子们对她的问题作出的回答，并记下这些答案。孩子们有的想法是夸张的，但是凯西会认真听他们讲，非常高兴孩子们给了她他们思维方式的线索。她并不纠正他们。她知道他们正在"构建"知识，她也不愿意去干扰这个过程。

在项目开始的第一天，凯西和孩子们在项目活动时间内研究影子的运动，每个小时都跑出去查看并画出影子变化的形状和位置；他们用不同颜色的粉笔将所观察到的做上记号以便于以后来研究这些记号。他们每天都在同一时间出去观察并做记号，现在他们正在研究这一周以来所记录下的变化。对凯西来说，每天准时把孩子们带出去观察需要周密的计划。她让孩子们来帮助掌控时间，这样他们在整十点时就作好观察和画图准备了。

他们总是在指针指向九点五十五分时整理工具，到室外去。凯西问道："我们今天应该用什么颜色的粉笔画影子呢？"两个孩子关于选择什么颜色的粉笔展开了一场简短的辩论；他们两个选了不同的颜色而且开始争论起来。另外一个孩子很快解决了这场争论。他说两个争论者所选的颜色都被使用过了。最后孩子们一致决定用紫色粉笔。时间正好到十点。昨天画记号的孩子选出另外一个人来画今天的记号，其他的孩子很仔细地注意着记号画得是否准确。记号画好后，凯西会用"拍立得"为记号拍下一张照片。

凯西问孩子们："你们觉得今天的影子跟昨天比有变化吗？"经过仔细查看，孩子们说没有。凯西又和孩子们一起回顾了前几天的记号。当他们比较一周内的粉笔印记时，他们看到了影子所发生的微小变化。他们开始记录他们的观察结果，并推测是什么使影子发生了移动。凯西在桌子上放了一个录音机来录下孩子们的谈话。当他们正在讨论时，一朵云从太阳前面飘过。一个小女孩发现了正在变化的光线，突然从她的图画上跳起来，喊道："影子现在怎么样了？快看影子变了！"她手撑在地上，跪在地上仔细地观察起来。

凯西让孩子们比较影子之前的样子和现在的样子。她建议他们再画出新的图画。孩子们马上着手开始画了。一个男孩子画了一幅画，画面上天空中的太阳被云遮住了。凯西照了两张拍立得照片——一张是天空和云朵的，另一张是标杆以及地面的，用来和她在明亮太阳光下拍的那张作比较。

这里发生了许多观察和记录。当孩子们探索太阳的运动以及它对杆影的作用时，凯西和孩子们为他们参与的这个过程做了记录。凯西保留了他们制作的记录并在孩子们继续"影子项目"时拿给他们查看。图画和书面记录增强了孩子们的记忆也指引他们学习。

通过这种观察、记录以及评估，孩子们将他们的思维过程和他们的活动联系起来并持续下去。同样的，成人的观察和记录使不间断的评估成为可能，而成人又将通过不间断的评估了解孩子如何理解事物以及他们的兴趣在何处。

既然你已经有了大致了解，就让我们从一个幼儿教育者的角度来分别看待观察、记录以及评估。我们首先来了解观察。

## 观察

敏锐的观察力是一个幼教工作者应具有的最重要的素质之一。虽然有些人具有洞察别人忽略掉的细节的天赋，但任何人都可以通过练习来提高自己的观察能力。思考是观察的一个关键部分；仅仅观察所发生的事件是不够的，你必须对看到的进行思考。你必须经常问自己这样一个重要问题："这个特别的举动意味着什么呢？"有时候，你可能甚至不得不超出观察和思考来检验你的假定。

通过观察、思考和检验，你能学到什么呢？在第四章，我们关注的是一个在家里替

## 第二部分 课程导论：计划学习

别人照看孩子的人通过仔细观察她所照顾的孩子以制定一个新兴的课程。下面要讲的是另一个家庭托儿管理者运用观察获得的例子：维朗妮卡总是很在意倾听她照顾的孩子所反映的问题。她自己的孩子直到三岁时才被发现丧失了听力能力，当时一位小儿科医生发现了这个问题并采取措施进行了治疗。维朗妮卡永远忘不了那一天孩子兴奋地从车库里跑出来并嚷道："妈妈，爸爸的收音机会说话呢！"显然她女儿以前从没有听到过她父亲手工桌上的收音机所发出的声音。

现在维朗妮卡比较关注她教学项目中的另外两个孩子。两个孩子对声音的反应都不如她认为的那样敏感。其中一个婴儿睡觉时，任何声音都吵不醒他。今天男孩的妈妈来时，维朗妮卡把这个问题告诉了她，并在婴儿床边大声击掌（以证明他确实听不见）。孩子妈妈告诉维朗妮卡婴儿已经习惯了噪音。这个男孩是从育婴院领养的，而据那里的社工说育婴院附近的噪音非常大。但是婴儿的妈妈还是保证会带孩子去检查。检查结果是孩子听力正常。男婴的妈妈是正确的。那个孩子确实不受噪音影响。

维朗妮卡担忧的另一个孩子四岁，他常常在她对他说话时没有反应。由于这种现象是以前没有发生过的，维朗妮卡猜想孩子在家是不是发生了什么事或者在托儿所经历了什么事。但是后来她发现当她对孩子说话时如果孩子能看到她的脸，那么孩子就会很快回答她。维朗妮卡对孩子父母表达了她的忧虑，孩子父母也答应带孩子去检查。结果是孩子的鼓膜后面有液体，因而影响了他的听力。经过治疗，问题解决了，孩子又像以前那样灵敏了。

维朗妮卡是一个很好的观察家。她也对自己所观察的进行了思考。而且，她有解决问题的能力。由于她的积极做法，她预防了孩子有时由于听力损伤而造成的语言延迟。

这里还有一个事例说明观察和思考是如何带来好结果的。这个例子发生在一个幼儿中心：布里特丽是一个瘦小而娇弱的三岁小女孩。她进幼儿园已经有一个月了，而且看起来很喜欢幼儿园。她对她的朋友吉欧瓦里，一个刚从墨西哥搬来的孩子，谈论得很多。每天早晨她总是向往去幼儿园，并很高兴地爬进汽车。

但是事情突然发生了变化。离开家以前，她抗议说不想去学校。她在催促下上了汽车，然后又自己下了车。有时候她妈妈一走，她就悲伤地大哭，但很快又好了。布里特丽的妈妈向老师道出了自己的忧虑并问老师是否知道是怎么回事。老师向她解释说这是很常见的现象。有时候好几个星期后刚进幼儿园的小朋友才会感到离开父母的不适。布里特丽很可能只是延迟了表达她与父母分离的焦虑。布里特丽的妈妈相信了这个解释，然后离开了。但是，老师决定密切观察布里特丽，看看她还能了解些什么。而且事实证明，她确实了解到了很多。

第二天，布里特丽到幼儿园，老师像往常一样和她打招呼，但特别留意了她，看看她到校后到底发生了什么事。布里特丽表现出想哭的样子，但是眼泪并没有掉下来。她没有哭，但她看起来很不安。她离开了老师，走到玩游戏面团的桌子前，坐下来漫不经心地滚出来一个圆球，不时地看看门口。老师猜想：她在想妈妈了。

第十二章　观察、记录以及评估

好的观察技能可以帮助教师和养育者发现听力缺损的儿童。

　　布里特丽又向猜谜桌走去,但还是注意着门口。门开了,吉欧瓦里走进来了。他马上认出了布里特丽并快步向她走去。布里特丽从猜谜桌旁站起来,害怕地向后退去。他兴奋地继续跟随着她。他向她伸出双臂,看起来好像要拥抱她一样,可当他到她跟前时,他笨拙的想拥抱她的愿望却以撞倒了她而告终。然后他就坐在了她的身上,高兴却又急急地对她说个没完。他的体重是布里特丽的两倍,布里特丽不能动弹。当老师走到她身边准备帮助她时,她正在努力扭动身体试图摆脱他。布里特丽好像明白打招呼结束了,她不用再担心什么了。然后两个孩子就一起在猜谜桌前玩了起来,而且看起来很高兴。

　　老师越发疑惑了。她继续观察布里特丽和吉欧瓦里。她看到的只是两个三岁的小朋友,虽然说的不是同一种语言却很享受对方的陪伴。经过又一个早上的观察,一个模式开始浮现了。吉欧瓦里又是在布里特丽之后到校,见面依旧是给她一个热情的拥抱,但又是以同样方式告终。吉欧瓦里撞倒了布里特丽,坐在了她身上。

　　原来吉欧瓦里不会用语言问候他的朋友,所以他就使用了身体语言。他高大而且健壮,没有意识到把自己甩向别人并不等同于拥抱。他并不明白坐在她身上的后果。老师开始改变这种模式,她教吉欧瓦里单词与温和的动作以表达他的意识,并且不会让布里特丽感到不安。她同时帮助布里特丽明白吉欧瓦里并不是要吓她或伤害她。改变这种模式,消除布里特丽的不安并没有花费太长时间。这根本不是一件分离导致的事件。正是布里特丽对吉欧瓦里每天问候方式的恐惧才改变了她对上幼儿园的态度。

## 记录

尽管在前面的故事中观察和思考已经足够解决疑团了，但有时候光靠它们并不行。除了观察之外，你有时候还要做更多；你必须对自己所看到的做些记录。通过查看记录，有时候仅仅通过观察和思考不易显现的模式就会浮现。在评估孩子们的行为和思考过程（不管是看待孩子个体还是孩子群体）以及评估环境有效性时，做记录都是有用的。接下来的部分就会描述几种做记录的方法。

## 轶事记录

每天花几分钟写下针对每个孩子的记录会非常有价值。模式和问题的答案会从看起来似乎没有联系的笔记中浮现。做**轶事记录**（anecdotal records）还能让你知道哪个孩子何时被忽略了——无论什么原因；当你坐下来写关于每一个孩子的轶事时，对某个孩子却想不到写什么，这就说明你没有注意那个孩子。有些孩子设法让自己不受注意——也许是有意的。这个时候，对这些孩子特别关注一些，让他们"被看见"，是很重要的。

轶事记录可以是基于思考的——记住当天发生的事情。有时也有可能在你看到事情发生时就把它们记下来；在衣袋里装一个小记事簿或 3～5 英寸的卡片和一支铅笔能便于你做现场记录。在本子或卡片上快速记下谈话片段、孩子们做的小诗以及他们在秋千上唱的歌曲。日后读这些笔记你可以学到一些东西，或者你可以把它们作为语言样本或孩子创造力的例子。

## 持续观察记录

轶事记录大多是对值得在纸上记下的东西的思考或简要笔记，而持续观察记录是在事件发生时对正在发生的事情的详尽描述。**持续观察记录**（running record observation）可以包含，也可以不包含对观察到的行为意义的成人理解或猜测；但是，当记录既有客观事实又有主观评论时，应当把两者分开记。这样做的一个方法就是把笔记本的纸张从中间对折。一半，仅仅写下你看到的客观事实；另一半，记下你对自己所记录行为意义的理解。在做持续观察记录时，记下时间，并以一分钟、两分钟或五分钟的时间间隔进行记录。以后在了解某种行为是短暂的还是持续了一段时间时，这可能是重要的。一系列的准确而完整的持续观察记录能让你了解一个孩子与他人的合作、性情、感觉、思维过程以及行为。

这是一个持续观察记录的例子。背景是上午十点左右，在一个学前班的教室里。这个有特别需要的五岁孩子是项目中的一部分。观察者在过去三天里每个上午的不同时间对这个孩子进行了非正式的观察。她对这个孩子所有的了解就是她所看到的。她对这个孩子的背景一无所知。她尝试不带自己任何观点记下她所看到的，因为她觉得自己

多元化社会中的早期教育　　　　　　　　　　　Foundations Early Childhood Education in a Diverse Society

第十二章　观察、记录以及评估

持续观察记录是在事件发生时对事件的详尽记录。

对这个孩子还没有足够的了解可以猜测她行为的意义。观察的目的是为了从定期来访的专家那里得到指导和建议，该专家是帮助老师们如何与这个特别的孩子相处的。

　　10：00　J正在窗户前慢慢地走，她拖着一柄木勺子沿着窗户下的暖气管走过。勺子发出一连串的滴答声，孩子笑着，但她的脸上没有快乐的表情；事实上，她完全没有表情。她的眼睛盯着勺子的末端。她走到了暖气管的一端，突然以一个脚后跟急转身开始往回走。她重复着先前同样的动作和同样的笑。当她在暖气管上拖动勺子时，她另外一只胳膊上下甩动着。她的双脚机械地在地上移动。她脸上的表情也没有变化。当她到达暖气管的另一端时，她又以同样的方式转身，在一个脚跟上旋转，然后开始往回走。当一位老师走到她面前，抓住她的胳膊时，她正在第三次重复自己的动作。老师伸出另一只手拿走了她的勺子，温和地对她说："你愿意坐下来吃些点心吗？"

　　10：02　勺子从J手中被夺走，她并没有反抗。她停止走动，定定地站在那儿，睁大了双眼盯着天花板。老师抓着她的胳膊，慢慢地把她带到了点心桌前。J没有反抗，但她一直没有看老师，也没有往前看自己在往哪儿走。她只是盯着上面。

　　10：04　J僵硬地坐在桌子前的一把椅子里，桌子边已经有一半坐满了孩子。她继续注视着天花板，她的头向后偏着，手放在膝盖上。她静悄悄地一动也不动，面无表情。一个孩子走过来在她旁边坐下来。她一点也没有注意。她似乎对自己身边发生的事毫无知觉，即使她有知觉，也没有一点迹象证明她了解周围发生的事。她一点反应也没有，直到老师在她面前放了一盘椒盐卷饼和小圆脆饼。她低头看了看食物，只是短暂地看了一下。她的嘴唇边浮现出一丝微笑，很快又消失了。然后她用右手很机械地从盘子里拿起一块脆饼。她把脆饼放进嘴里，嚼了嚼，吞了下去。

　　10：06　和她同坐在一张桌子上的小朋友都在同其他小朋友或者老师聊天。老师坐在J的对面。J对此毫不理会,只是集中注意力把盘子里的小脆饼一块接一块地全吃掉。

10:08　J吃完了她的脆饼。她稍微挪动了一下,把自己的左腿放在下面。她看起来还是僵硬的。她拿起一块椒盐卷饼,用食指和拇指捏着,然后把饼干放在盘子旁边的桌子上。然后她有顺序地拿起另外一块,放在桌子上那一块的上面。她继续一块接一块地把椒盐卷饼摞起来。她看着自己正在做的事情,可是并没有显现出丝毫真正的兴趣。

10:10　坐在她旁边的女孩也开始摞自己的椒盐卷饼。J并没有注意这些。又有一个孩子开始摞椒盐卷饼了,并且这两个孩子开始互相交谈,并同J谈论他们正在做的事情。J既不看他们也不理会他们,而是继续摞饼干,直到她的盘子空了,并且她摞了个相当高的倾斜的塔。

10:12　老师拿着一个水壶回到桌边,开始分发果汁杯。她看到了椒盐饼干堆,提醒孩子们不要拿自己的食物玩。老师说:"如果你不想吃了,就站起来把食物扔掉。"

10:14　"起来,起来,把食物扔掉。"J用单调的声音半模仿着老师。她懒洋洋地靠回椅子上。她的肌肉较之前放松了下来。她头又向后仰着,盯着天花板,重复"起来,起来,把食物扔掉"。她旁边的孩子走过来,撞倒了她的饼干塔,但J丝毫没有注意。她看起来完全沉浸在盯着天花板中并重复着那句话。

## 事件报告

**事件报告**(incident report)有时称为"事件取样",事件报告从头到尾地记述某一特别的并重复发生的事件。例如,你可能观察到群体或某个孩子的攻击事件。观察并记录这个事件过程的开始、发生以及结束,记下所有细节;通过这样做,你可能会发现一个解释这件事发生原因的模式。

在一个攻击事件中,可能一个孩子达到一个受挫顶点以后会突然猛烈攻击他人。当你意识到这个模式时,你能够在这个孩子到达发作边缘时及时介入。或者有的孩子没有明显的原因也会开始攻击他人——事前并没有情绪显示或警告。你不明白他为什么会这样做,但是记录几次事件以后,你可能开始意识到他攻击别人只是为了得到别人的注意。事实上,既然你发现了这个模式,你会对他因攻击他人而受到如此多关注而惊奇。快速的一记耳光以及受害者的一声叫喊都会引来至少一个大人有时是两个大人来谈话、接触,换句话说,认可这个孩子的存在。即便大人只会责备也不要紧;对一个迫切渴望大人注意的孩子来说,任何形式的关注都可以。

当然,记录者很难既记下事件,又能对事件进行干预——特别是在攻击事件中。如果你看到一个孩子将受到伤害,你不可能坐视不理继续做自己的记录。写事件报告时,需要有另一个大人在场解决问题,这样观察者就不需要改变角色来做调停者了。

## 日志

一些幼儿教育者发现写日志是一种重要的记录工具。日志可以包含所有的写作内容：轶事记录、持续记录以及事件报告。日志还可以包含图画和照片。

　　日志可以作为双向工具——父母和幼儿教育者可以一起记录。一些幼儿园是让日志跟着孩子走的：晚上日志跟着孩子回家，早上再跟着孩子回到幼儿中心，这样每个人都有机会在上面写些东西。通过这种方式，日志成为老师与家长进行沟通的重要方式。从日志里，家长可以了解一些他们不在时孩子发生的事，而老师则可以了解孩子在家里的情况。

　　对于婴儿和初学走路的孩子，日志可以用来记录这些具体的事情，比如换尿布、给孩子喂食物的次数、孩子吃了多少，以及他们睡觉的次数和时间。除了这些平凡琐事，日志还可以记录孩子的情绪、与他人交往以及进行的活动。对于学龄前的以及刚上小学的孩子，日志主要记录孩子进行的活动、与他人交往、兴趣以及事件。当孩子可以自己写日志时，他们可以帮助做一些日志记录，从中也能锻炼他们的写作能力。

## 照片、磁带以及录像带记录

　　捕捉孩子学习和游戏的过程，记录下他们的成果，对老师和家长都是一样的有用。老师通过记录孩子们对所做事情的面谈以及谈话，可以帮助他们对自己探索的东西挖掘更深，如同本章开头场景里凯西和她带的四岁的孩子们所做的一样。如果经常做磁带或者录像记录，孩子们渐渐熟悉这些设备，从而不受这些东西干扰，那么用磁带或者录像捕捉孩子们的互动或谈话将会提供有价值的记录。

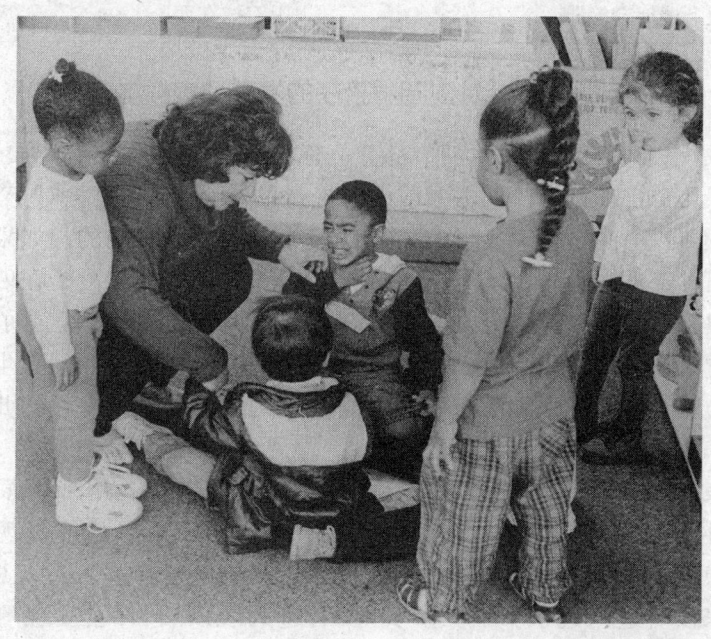

事件报告能够对发生在教室里或者个别孩子身上的模式给予准确的解释。

第二部分　课程导论：计划学习

## 列表和制图

**发育列表**（developmental checkliss）是很有用的观察过程的方式，只要它们不被用做"报告卡片"。尽管一个受过良好发育学教育的有经验的专家不依靠列表就可以对孩子进行非正式的评估，但对大多数幼儿教育工作者来说，没有某种框架是难以说清具体事情的。列表就提供了这种框架。列表常常被划分为发育的领域，比如，"生理的"或"精神运动的"、"认知的"以及"社会情绪的"。有时候"语言"被单独划为一类，有时也可被归到"认知"一类里。

| 运动能力 | |
|---|---|
| 总体运动能力 | 良好运动能力 |
| 看见孩子： | |
| ☐ 踩三轮车的踏板 | ☐ 自己吃饭不需要别人喂 |
| ☐ 一只脚跳 | ☐ 用拇指和其他两个手指配合握蜡笔/笔 |
| ☐ 用一只脚平衡 | ☐ 堆起了十块积木 |
| ☐ 跳过障碍 | ☐ 从水壶里倒水或牛奶 |
| ☐ 在平衡木上走 | ☐ 用锤子敲钉子 |
| ☐ 用两只手抓球 | ☐ 穿小珠子 |
| ☐ 举手过肩掷球 | ☐ 给自己扣扣子、解扣子 |
| ☐ 上下楼梯会换脚 | ☐ 用刀抹东西 |

**图 12.1　针对四岁孩子的发育列表样本**

图 12.1 是一个发育列表样本的一部分。你将会发现这张列表在"良好运动能力"标题下包含了几个自理行为。如本书前面讨论过的，由于不同文化对于"独立"和"不独立"的定义不同，不同文化中成长的孩子自理能力发展是不同的。如果被观察的孩子来自一个相对于重视独立、个体更重视互相依赖的家庭，那么孩子在四岁时就不会具有这些自理能力。这个孩子可能一直都没有机会使用刀，不会自己扣扣子或自己吃饭。在这种情况下，不要去判断孩子的自理能力就很重要，因为在他人生中的这个特定时期这些自理能力对他来说没有意义。当使用列表的时候——在幼儿教学项目的每一个方面——记住要注意文化环境。

**环境列表**（environmental checklist）是另外一种记录方法，用来记录物理环境的应用和有效性。例如，通过记录每隔几分钟孩子所处的位置，你能发现一些群体和个体行为的模式。分析图 12.2，为什么玛丽亚从来都没有进入过戏剧表演区域？而且她也从来没有进入过积木区。事实上，看过列表以后，你会发现玛丽亚在被观察的时间内一直都没有离开过艺术桌。玛丽亚对艺术有强烈的兴趣？或者是由于别的原因？如果接下来的观察玛丽亚还是把她的自由活动时间都花在艺术桌前的话，你就会想找出原因了，在这样有趣和令人激动的环境中，玛丽亚为什么把她的活动仅局限在艺术桌前呢？她需要开阔她的体验玩别的游戏吗？或者继续满足她的艺术兴趣呢？

列　　表
孩子如何利用室内环境

观察者＿＿＿＿＿＿＿＿　　日期＿＿＿＿＿＿＿

观察时间　1 10：15　　2 10：30　　3 10：45
　　　　　4 11：00　　5 11：15　　6 11：30

把观察的时间编号写进每个孩子所对应的不同区域的格子内

| 姓　　名 | 凯 | 索妮娅 | 凯　丽 | 玛丽亚 | 克里斯 |
|---|---|---|---|---|---|
| 积木区 | 1 2 3 4 5 | 1 2 4 5 | 1　　2 | | |
| 艺术桌 | | 3 | | 1 2 3 4 5 6 | 5 |
| 画　架 | | | 3 | | 1 |
| 戏剧表演 | | | 4　　5 | | 6 |
| 操纵区 | 6 | 6 | 6 | | 2 |
| 音乐区 | | | | | |
| 图书角 | | | | | 3 |
| 科学桌 | | | | | 4 |

图 12.2　环境列表样本

再看看图 12.2。你通过它对克里斯了解了多少？他到处走动，每十五分钟就换一个新的地方。为什么会这样？他被活动区内的其他孩子拒绝吗？他静不下来吗？他刚到这个学校，对任何事情都想试一试吗？当然，仅仅看这张表（仅仅观察了一个多小时），你还不能回答这些问题，但是你能看到他在这么短的时间内到了六个活动区域，那么深入的观察和记录可能是必要的。

凯、索妮娅和凯丽的情况又怎么样呢？凯花了整整一个小时搭积木。索妮娅除了到艺术桌去了一小会儿以外，大部分时间都在搭积木。她从艺术桌到积木区以后，就一直待在那儿玩儿，直到凯离开，然后她又加入凯和凯丽，与他们一起在操纵区玩。这三个孩子 10：15 开始一起在积木区玩，最后又于 11：30 一起在操纵区结

第二部分 课程导论：计划学习

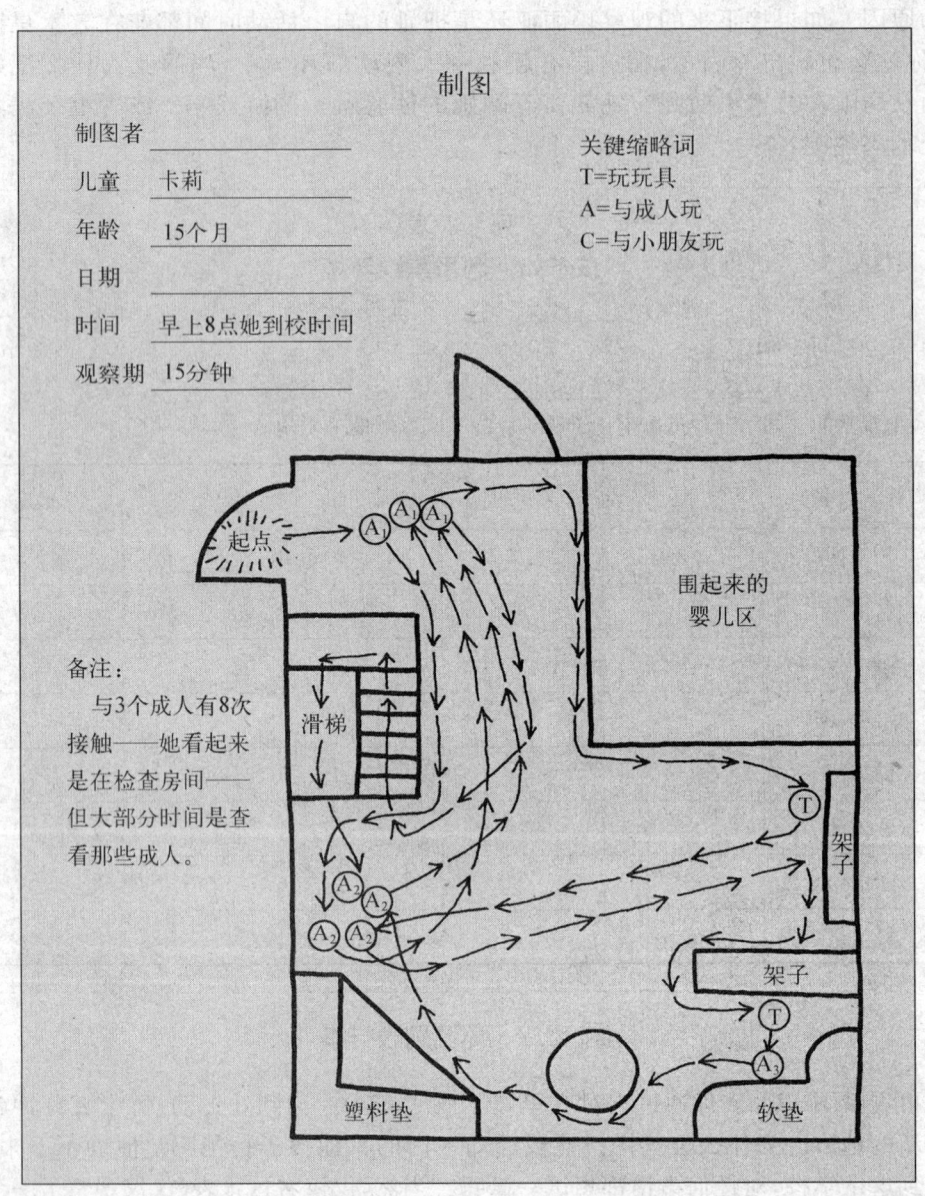

图 12.3　制图表样本

束了自由活动时间。这是一个模式吗？他们已经变成三人小团体了吗？你为什么想知道这些呢？

制图（mapping）的目的和环境列表的目的差不多，是为了帮助你了解一个孩子怎样在环境中起作用的细节。制图对于在地上爬的婴儿和刚学走路的孩子尤其有

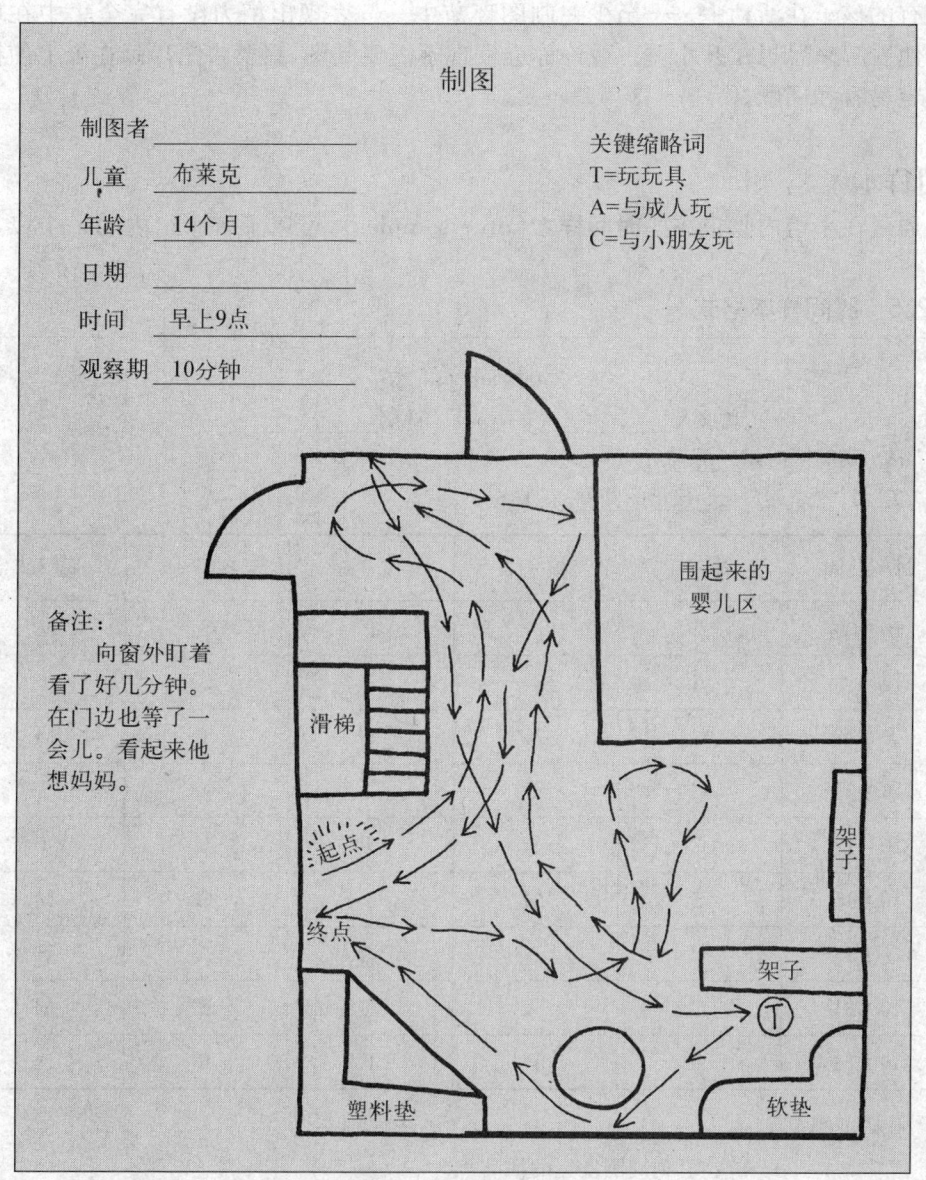

图 12.4 制图表样本

用——他们都喜欢到处移动。通过制图,你能知道他们去哪里了以及模式是怎样的。你看到图 12.3 中卡莉是如何从来不和孩子只和成人交流的吗?这是因为制图都是在早上完成的首件事情吗?可能在一天中的其他时间,不同的模式将会出现。将卡莉的活动图与图 12.4 布莱克的活动图进行对比。

有的孩子在活动中——至少在制图环节中——表现出精力没有完全集中在玩具上。他看起来思想在开小差。或许你会发现不需要制图，只要将图片画在纸上使得他人更容易看和回顾。

## 时间样本

通过在小组内收集一些**时间样本**（time samples），可以了解小组内的每个以及整

**表 12.5　时间样本格式**

时　间　样　本

观察人＿＿＿＿＿＿　　　　　　　日期＿＿＿＿＿＿

整个实验限时：<u>24 分钟</u>　　　　　每个环节时间：<u>3 分钟</u>

实验设置描述：<u>三岁孩子的圆圈活动</u>

| 时　间 | 孩子 1 | 孩子 2 | 孩子 3 | 孩子 4 | 孩子 5 |
|---|---|---|---|---|---|
| 10∶00 | A | A | P | S | M |
| 10∶03 | A | I | P | S | T |
| 10∶06 | C | A | S | T | M |
| 10∶09 | C | I | I | I | S |
| 10∶12 | C | S | I | M | I |
| 10∶15 | S | M | T | C | M |
| 10∶18 | C | A | A | A | S |
| 10∶21 | C | A | C | S | M |
| 10∶24 | A | P | P | P | A |

代码说明：
　　A——注意到周围发生的活动
　　P——参与了周围发生的活动
　　C——十分听从指挥但并没有注意到和参与到周围发生的活动
　　I——与另一个人进行了交流，没有注意到周围发生的活动
　　S——在自娱自乐，没有注意到周围发生的活动
　　T——只想引起老师的注意，没有注意到周围发生的活动
　　M——离开小组，没有注意到周围发生的活动

个小组的行为类型。在表格 12.5 中，有多少个三岁大的孩子积极主动地参与到圆圈活动中？有多少个一点没有参与？你从观察中得知了什么有关孩子或这个活动所进行的方式的结论？观察又说明了这个特定的活动对三岁的孩子来说合适性是什么？

　　当你了解到每个环节的具体实验内容后，你会对这个时间样本有个更好的了解。在 10 点钟，老师招呼大家玩手指游戏。只有一个孩子参与，但有另外两个孩子注意到了这个活动。第三个孩子则呆坐在那里，玩着自己的鞋带，不与其他的孩子说话。第五个孩子想要跑出去玩，但老师制止了他。几乎每个孩子的反应都不是很积极，情况不容乐观。10：03 的时候，老师拿出日历。从 10：03 到 10：09，每个孩子都在各做各的事，老师无法引起他们的注意。为了吸引孩子们的注意力，在 10：10 到 10：20 之间，老师给大家讲了一个故事。然而，孩子们的注意力却没有集中在这个故事上。最终老师让孩子们来假扮"弹簧小丑"，这才吸引了他们的注意力。五个孩子当中，有三个在老师的引导下跳动了起来，另外两个则在一边观看。如果你是老师，看到孩子对你的每个活动根本没有兴趣，甚至不予理睬，你会怎么做？

## 评估

　　我们已经考察了各种各样的观察和记录的方法。由于实验过程与观察和记录紧密相连，我们同时开始了评估。这个部分将进一步研究孩子们的学习过程以及他们从个人意识到集体意识的发展变化。

　　在评估这个项目周围环境的影响力，以及这个项目是否能够满足孩子和其家庭、管理者和成员，以及整个团体的需求，同时我们也需要考察一下评估的作用。首先我们先来看看怎么样评估孩子。

### 评估儿童

**诊断规范对比真实评估**　我们把这两个具有完全不同程序的评估方法的项目对比一下。项目一使用了一个完全标准化的发育列表。每六个月就要执行一次。当执行人员看到某孩子在既定项目实施过程中表现出独特的能力时，他们会给这个孩子标明"已经通过"这个项目的测试。然而，如果他们并没有发现这个孩子在这个过程中表现出特定的技巧，他们会用某些手段给孩子进行一些非正式的测试。他们会把这些测试安排在一周当中，这样他们就可以明确知道每个孩子到底能够做什么，不能够做什么。

　　这个理念可以使他们了解孩子到底处在成长的哪个阶段，并可以使我们准确地描述出他们的弱点所在。然后，他们可以根据孩子的弱点专门设计一些针对孩子个人以及针对整个小组的整年活动训练。12 个月后，在重新估计孩子所取得的进步时，他们同时也可以发现到底是哪个孩子在某特定技巧上落后于其他孩子。这样他们就可以在发育评估会上把孩子们的进步和需要改进的方面报告给各自孩子的家长。

这种方法基于的是与医师在诊断病人的问题所在和需要什么治疗时使用的诊断性规范性方法一样。见框12.1在家长看来这种方法是如何运作的。

---

**框 12.1 观点集萃**

**一位家长对诊断规范性评估方法的看法**

这是我孩子在学前班以及他们评估我孩子进步方式的亲身经历。开始他们向我解释这种方法时，我觉得还不错。这是我第一个上学前班的孩子，我以为这里会像小学一样年底的时候会有一张"报告卡片"。但结果是没有报告卡片却有一场家长会。

第一年我觉得这个方法挺不错的，除了在开会时老师给我看了一张列表，上面写着我女儿有两项做得不好，但我知道这两项其实是她擅长的。我不知道当老师们对她作出这些评估时，她那一天是不是过得很糟。

第二年，我志愿到孩子的教室帮忙，得以看到这个评估过程是怎样进行的。结果是我不喜欢这个方法。他们拿着列表，特别标出我孩子落后的项目。现在我觉得她很幸运在一些自己擅长的项目上面失败，因为他们鼓励她不断地做这些活动，这让她开心。她碰巧是一个喜欢安静地坐在那里做手工、在室内和布娃娃玩的小女孩。

他们告诉我她的总体运动能力发展水平低于一般标准，所以他们在对其进行锻炼。我知道从列表上看她很多个项目都做不好，所以我猜想那意味着她比别的孩子差。他们正在努力纠正她的问题。他们坚持认为她应该多到室外活动，督促她去玩她讨厌的滑梯。她本来还喜欢荡秋千，但每次她开始荡秋千，总有老师在旁边喋喋不休地烦她、让她蹬脚。她本来只是不太喜欢室外活动时间，现在却讨厌它了，因为老师们总是在强调"培养能力"，让她反感。他们过于重视她的缺点，却忽略了她那么多的长处，这让我非常受挫！我觉得这种方法让她对自己的感觉不好。

---

项目二对评估采用了不同的方法，目的也不一样。他们在全年持续的基础上采用了多种多样的方法，包括许多观察和记录。他们认为他们以评估名义所做的事情只是教与学过程的一部分，不是独立的。他们并不拿评估来"评级"、归类、对孩子们进行比较或与一个标准进行比较。他们从来不说"通过"或者"没通过"。

他们采用这种评估方式的目的在于对每个孩子、这个群体、记录过程以及进步了解更多。他们比项目一更有可能看到真实的东西，因为评估是持续的而不是间歇的。他们寻求在一个自然的环境中了解孩子，而不是看他在测试环境下表现有多好。他们利用他们所了解的内容来了解每个孩子以及这个群体的兴趣所在，并根据孩子们的兴趣和需要来设计课程。老师们在评估自己的工作以及项目效果时也会做很多自我思索。

这两个项目有哪些相似之处呢？两个项目都很关注孩子的成长发育，而且都从三个方面：生理、认知以及社会情绪来评价"整个孩子"。两个项目都能很清楚地了解孩子们的兴趣。

第十二章 观察、记录以及评估

但是，除了这些相似的地方以外，它们对怎样进行评估以及如何应用它们的发现有不同的看法。

项目一使用的诊断性规范性方法太狭隘了，而且只关注弱点看不到优点。它是一种短暂的方法而不是持续的过程。它以"通过"或"不通过"为导向，这不仅让父母也让孩子沮丧。

项目二使用的是被叫做**真实评估**（authentic assessment）的方法，这是一种更开通地看待孩子的进步以及结果如何与课程目标相关的方法。真实评估将注意力集中在孩子们知道什么、做什么以及对什么感兴趣，并用这些结果来进行持续的课程设计，而不是只关注孩子们的弱项。真实的评估让老师理解孩子们的思考过程——这些理解能显示差距和错误的观念。所有这些信息能帮助老师们创造项目，这些项目能强化孩子们的长处，深入发展他们的兴趣，帮助他们缩小差距，理解并消除错误的观念。孩子不会因为他们不知道的和不会做的而被"降级"，而是得到机会继续学习。真实评估避免了脱离环境来考量孤立的能力和少量的知识。真实评估与标准化的考试截然不同。标准化的考试忽视孩子的日常生活，既不适合于促进成长，也不测量与实际课程相关的项目。

**资料夹** 正如你所看到的，真实评估有多种作用。进行真实评估时使用的工具之一就是**资料夹**（portfolio）。资料夹是孩子们工作成果样本的收集，它们既记录过程也记录成果。资料夹可被作为持续评估的工具，也是一种记录孩子们最好作品的方式，是对孩子成果的最后记录。

当老师首先学会用项目二做真实评估后，他们开始为每个孩子做资料夹。突然间，他们停止了让所有的孩子把作品在一天结束之后带回家的长期做法。因为孩子们已经习惯了这样的想法：他们做的东西是要带回家的，所以他们最初都不肯让自己的作品做不完留在学校过夜。但老师们很清楚应当有个改变。因为任何作品每天都必须带回家，这就意味着他们的工作不是持续性的，而且由于必须在特定时间内做完，每个项目都必须小而且由一个人单独完成。

项目二开始引入一些需要好几天才能完成的持续且长期的项目。这种改变可以更容易地对孩子说："这个还没有完成，所以就这样吧，把它留在学校，明天你可以继续做。"老师们也创造了需要几个孩子合作完成的项目，这样就弄不清楚谁应该把作业带回家做了。孩子们开始明白情况不一样了，他们也更愿意在晚上离开幼儿园而不拿走他们在白天做的任何一件东西。

最初，孩子们一周内的成果都会被收集起来，然后周五时老师会让孩子们从这些作品中挑出一件放进他们的资料夹中。这样孩子们就参与了一个选择和自我评价的过程。老师们则会在意孩子们为什么选中了那一件而不是这一件。他们写下他们自己的话，这也会成为资料夹的一部分。成人们对孩子了解更多，而孩子们也会更了解自己。由于要在资料夹中保存一件作品，所以孩子们有时会想重复他们做过的——换

第二部分　课程导论：计划学习

一种方式做或者详细阐释自己已经做过的。老师鼓励孩子们的意愿而且也看到了重新被考虑的想法的价值。现在为资料夹做收藏已是一个由老师和孩子共同决定哪一件应当被收藏的持续过程。

当一个教学项目决定用资料夹来作评估时，它也必须决定收集应当反映什么以及用哪些方法来评估它。资料夹可作为成长发育的一个或两个领域内的记录——比如生理和认知的成长发育——或者它们也可以记录生长发育的所有领域。资料夹可以包含孩子们画的图画、涂鸦、创作的或者传统的写作作品以及孩子读的或听的书目以此来记录孩子刚出现的文学才能。记录过程的照片或录像带（例如堆积木或做木工的过程）也可以包括在资料夹内，还可以包括成人以及孩子们的评论，这样能够更全面地看待这个过程而不仅仅有可视资料。文字加入了很多东西。同样地，完成的项目应当既用录像又用文字做记录。凯拉对于她做的乐高雕像说了什么呢？那些在沙盒里建造运河和水坝系统的孩子要说的是什么呢？而且，让孩子们画图描述他们做的过程以及作品。图画再加上孩子对过程或作品或两者皆有的评价，非常能够帮助解释孩子们如何理解这个世界。孩子们之间的交往、谈话以及访谈的磁带录音也很有价值。任何加入资料夹的东西都应当贴上标签，注明日期、背景和周围环境的注解以及任何其他与之相关的信息（第十三、第十四及第十五章将深入讨论资料夹）。

资料夹对家长会来说是很好的辅助物，因为它们提供了孩子们工作以及游戏的具体实例。家长们可以看到孩子是如何进步的；资料夹让家长会脱离了理论领域进入真实的生活。家长也可以跟老师和孩子们一起做资料夹。正如日志在有些幼儿园被用做双向记录一样，资料夹同样可以用来反映孩子在学校和家庭里的生活。家长可以用图画、面谈、评论以及其他形式来记录孩子在家里发生的事情，然后放入资料夹。如果这样做了，那么家长会就成为了一次互补性的谈话，而不只是老师作报告家长听的单向会议了。评估将变得更加开阔，反映孩子在不止一个背景下的成长发育的过程以及进步。它同样也能帮助缩小家庭和学校的差距——这是幼儿教育项目的一个基本目标。并不只有孩子在学校发生的事情重要，在家里的生活同样重要。

**自我评估**　孩子们应当参与自我评估。自我反省以及自我评价都是应当早点学习的重要能力，当成人问孩子观点的时候，"你对刚发生的事情怎么看？"或者"你最喜欢你做的什么？"都是在帮助孩子发展这种能力。

当有压力要求孩子们做到或达到一定的标准时，评估就不是建设性的了。当一个老师有意或无意地用奖励来强调"正确"答案时，孩子们很快就会学会不懂装懂。刨问孩子们知道什么、不知道什么是一项精细的技能。我们需要帮助孩子们自信地说："我不知道。我不明白。告诉我吧。"说这些话不应当有羞愧的心情，可是我们又有多少人承认我们对有些东西也不懂呢？我们很多人很早就学会了掩盖自己的无知。我们要小心不要对自己照顾的孩子也那样做。如果我们自己的无知或者向自己或他人隐瞒自己不知道的东西,我们就不能进行评估和深入学习了。

## 评估项目

**评估环境** 用来评估个人记录的工具同样也可以用来评估项目。图12.6列出了一个四岁和五岁孩子的班级在自由游戏时间使用室内环境的一个模式。这张列表说明了哪些活动中心被忽视,哪些更吸引男孩子以及哪些更吸引女孩子。在图12.6中你可以发现男孩子从来不去戏剧表演区域,女孩子很少去积木区,没有一个人去图书角。老师们开会时就要绞尽脑汁地想如何改变环境,这样男孩女孩都会使用到所有的区域。如果积木区的积木小一些,女孩子们会感兴趣吗?戏剧表演区域道具沟里的水会吸引男孩子吗?还有,对于被忽视的图书角我们应当做怎样的改进呢?(结果发现图书角在后面角落一个隆起的区域里,老师们很少光顾。当把它移到跟活动区比较近的地方时,再配备一位成人在那儿,孩子们就争相去图书角了。)

列 表
用于测试室内环境

观测者:_____                                                日期:_____

| 时间 | 9:30 | | 9:40 | | 9:50 | | 10:00 | | 10:10 | | 10:20 | | 10:30 | |
| --- | --- | --- | --- | --- | --- | --- | --- | --- | --- | --- | --- | --- | --- | --- |
| 男生 女生 | 男 | 女 | 男 | 女 | 男 | 女 | 男 | 女 | 男 | 女 | 男 | 女 | 男 | 女 |
| 积木区 | 4 | 2 | 3 | 0 | 4 | 0 | 4 | 0 | 3 | 0 | 4 | 0 | 3 | 0 |
| 艺术桌 | 2 | 2 | 1 | 0 | 2 | 3 | 1 | 3 | 2 | 2 | 0 | 0 | 0 | 0 |
| 画架 | 0 | 1 | 1 | 1 | 0 | 0 | 2 | 0 | 1 | 1 | 0 | 0 | 0 | 2 |
| 话剧表演 | 0 | 3 | 0 | 3 | 0 | 4 | 0 | 4 | 0 | 2 | 0 | 4 | 0 | 6 |
| 操纵区 | 2 | 2 | 3 | 3 | 1 | | 2 | 2 | 1 | 1 | 2 | 3 | 2 | 2 |
| 音乐区 | 1 | 0 | 0 | 0 | 3 | 2 | 1 | 0 | 1 | 3 | 2 | 0 | 0 | 0 |
| 图书角 | 0 | 0 | 0 | 0 | 0 | 0 | 0 | 0 | 0 | 0 | 0 | 0 | 0 | 0 |
| 科学桌 | 1 | 0 | 3 | 2 | 0 | 1 | 0 | 1 | 1 | 2 | 3 | 1 | 2 | 2 |

图12.6 环境列表样本

制图也可以告诉你环境是如何被利用的。例如,像图12.7里列出的一样,通过这张图来看待婴儿-初学步者项目中的问题——玩具总是被放得到处都是(从来不在它们应该在的地方)。图中画下了几个刚学步孩子的活动路径,并特别关注他们拿东西的行为。他们发现这些刚学步的孩子最喜欢的活动就是拿起玩具,把它们从一个地方带到另一个地方,然后丢掉。图12.7显示一个孩子在十五分钟内把六个玩具丢到了新的地方。

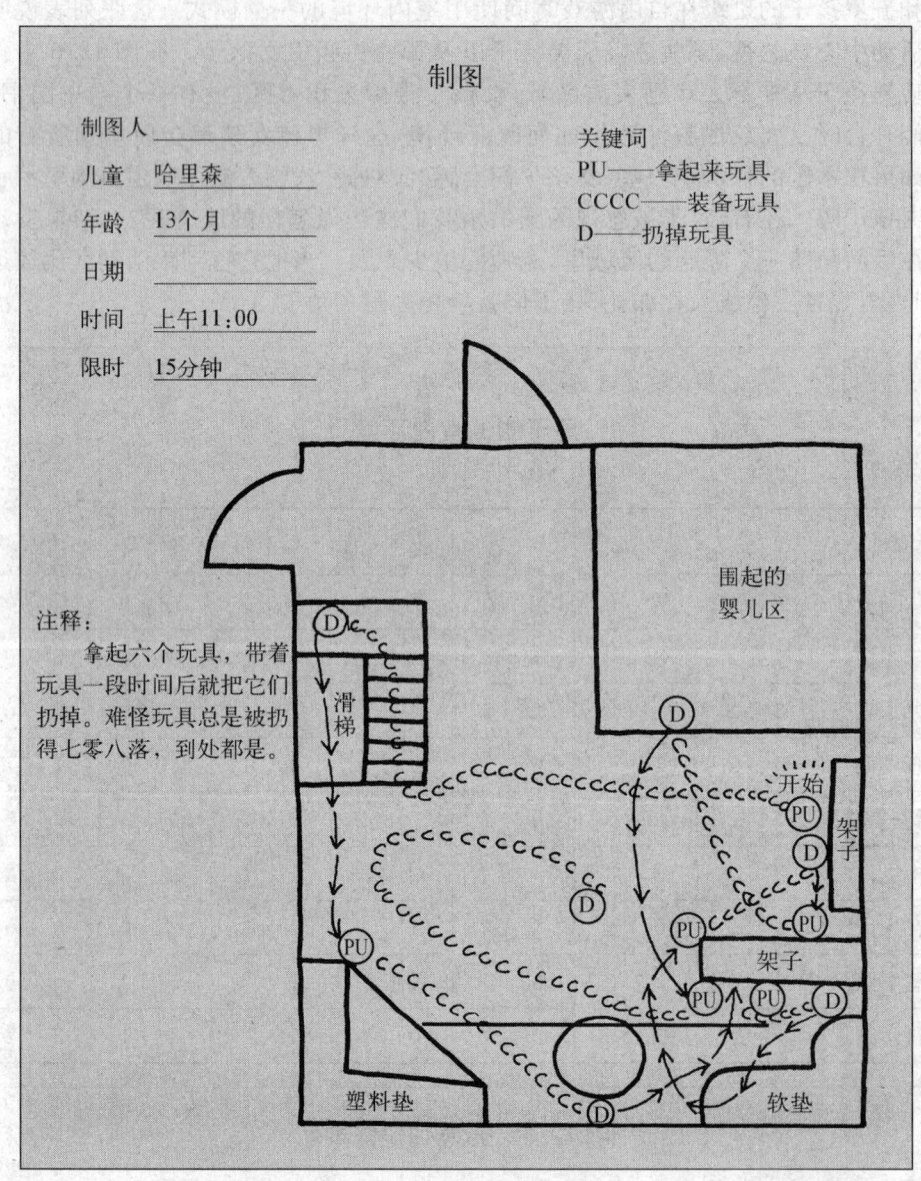

图12.7 制图样本示意图

第十二章 观察、记录以及评估

这个学校的老师发现这个模式以后,他们开了一个会来讨论:一个建议就是通过奖励合适的行为的行为修正法来改变这种行为。

这个计划被压制,因为老师们认定孩子们所做的是对于初学走路的孩子们来说非常正常的行为,而且他们应该把拾起、搬运、丢下看做是"走路行为"而不是不良行为。实验观察者决定放弃玩具的独占权。允许孩子把玩具移动到别的地方。在改变了自己的想法和期望后,他们对孩子们如何保持环境的卫生和整齐的困惑得到了缓解。他们可以和孩子一起把拿出的东西放回原处。这一事实说明孩子们乐意把东西搬来搬去。

**从不同角度来评估这个项目** 从第一章起,本书就一直在讨论反思的价值这个问题。专业幼儿教育者不仅仅关注环境的影响,关注孩子作为独立个体和群体组织的不同情况。他们也同时对自己进行评估——目的不是为了划分级别,而是想要更加了解怎样才能提高孩子的能力,怎么才能发现他们的优点。最后,究竟怎么样才能充分利用得到的实验信息使这个项目取得更好的结果。

根据幼儿教育专家莉莲·凯茨(Lilian Katz)的论断,思考是这个项目评估中综合性考察的关键要素。[1] 她建议从各种角度来看这个项目,并提出如果从下往上看,你会从孩子的角度来看待这个程序。那么,在这个程序中,两岁大的孩子又会作出怎样的反应?四岁大的孩子呢?六岁大的呢?孩子们的需要是否能够得到满足?这里是个充满着温暖和友谊并且十分有趣的地方?这里是不是个可以使孩子们无忧无虑成长和发展的地方?

如果从上往下看:管理者是怎么样看待这个项目的?赞助者又是如何看待的?董事会成员呢?(处在上层的参与者的意见往往在整个评估项目中最重要。)这个项目是否符合相关规则?是否能够达到标准?有哪些方面需要改进?

从实验操纵者的角度来看待这个项目:在参与中是一种什么样的感觉?你的假设是否得到了证实?在这个活动中,你是否具有一定的创造能力?你是否得到了认可和支持?参与这个活动是否给了你满足感和成就感?

如果从家长的角度来看待这个项目:在这个地方你是否觉得像在家里一样舒适?这个项目有没有强调家长的参与?这个项目是否像它预想中的那样符合文化价值?这个家庭在参与过程中是否觉得它们挺"适合"这个项目的?

最后,可以想象一下,公众会如何看待这个项目:他们是否能够理解这个项目的价值以及项目的效用?这个项目和公众之间是否存在着什么联系?这个项目有没有从不同的角度来反映这个群体的特点?

## 小结

观察和记录的主要目的是收集信息,以此来完善课程计划。这就需要创立项目,

---

[1] Lilian Katz, keynote address, Southeast Alaska AEYC Conference, Sitka, Alaska, Feb. 1995.

提供资源,分析结论和重置环境。儿童教育专家必须同时是一个好的观察者并能够记录他们所观察到的情况。通过细致的观察和记录(有时这个过程被称为"信息编制")他们对整个小组以及组内每个成员有了更好的认识。儿童教育专家用来记录信息的工具包括轶事记录,持续观察记录,事件报告,日志,照片以及一些影像资料(包括视频和音频资料),列表,制图,时间样本和信息组合。他们利用从使用这些工具中得到的信息来计划长期和近期目标。这些目标必须强调家庭和文化背景下的价值。儿童教育专家也会对自己进行评估,以此来确定自己和项目的效果。一个全面的项目评估过程是需要综合考虑其对孩子以及其家庭,管理者和其成员,以及整个团体需求和目标的满足能力。

## 自我测试

学习本章后,你能够
* 解释观察、记录、评估过程之间的相互关系吗?
* 定义"轶事记录"吗?
* 解释为什么让多个人记录这个实验的原因吗?
* 解释为什么照片,磁带,录像带具有很大的价值吗?
* 描述列表的结构吗?
* 解释活动记录观察与"轶事记录"的区别吗?
* 解释怎么用事件报告来发掘行为特征吗?
* 解释如何利用"制图"吗?
* 举例说明时间样本的作用吗?
* 给出资料夹的定义,并举例说明它所能包括的内容吗?
* 至少说出一种方法来评估孩子的学习发展过程吗?
* 说出一种方法来评估项目的效率吗?

## 需知术语

你可以用下面的多少个词语造句? 你知道它们的含义吗?
① 轶事记录
② 持续观察记录
③ 事件报告
④ 发育列表
⑤ 环境列表
⑥ 制图
⑦ 时间样本
⑧ 真实评估
⑨ 资料夹

## 深入阅读

Andersen, S. R. (1998, July). The Trouble with Testing, *Young Children*, 25-29.

Beaty, J. (1994). *Observing the Development of the Young Child*. New York: Macmillan.

Cohen, D., Stern, V., & Balaban, N. (1997). *Observing and Recording the Behavior of Young Children* (4th ed.). New York: Teachers College Press.

Dichtelmiller, M. L., Jablon, J. R., Dorfman, A, B., Marsden, D. B., & Meisels, S. J. (1997). *Work Sampling in the Classroom: A Teacher's Manual*. Ann Arbor, MI: Rebus, Inc.

Drummond, M. J. (1994). *Learning to See: Assessment through Observation*. York, ME: Stenhouse Publishers.

Gronlund, G. (1998, May). Portfolios as an Assessment Tool: Is Collection of Work Enough? *Young Children*, 4-10.

Helm, J. H., Beneke, S., & Steinheimer, K. (1998). *Windows on Learning: Documenting Young Children's Work*. New York: Teachers College Press.

Jablon, J. R., Dombro, A. L., & Dichtelmiller, M. L. (1999). *The Power of Observation*. Washington, DC: Teaching Strategies, Inc.

Meisels, S. J., & Fenichel, E. (1996). *New Visions for the Developmental Assessment of Infants and Young Children*. Washington, DC: Zero to Three.

Shepard, L. A. (1994, November). The Challenges of Assessing Young Children Appropriately. *Phi Delta Kappan*, 206-212.

Shores, E. F., & Grace, C. (1998). *The Portfolio Book: A Step by Step Guide for Teachers*. Beltsville, MD: Gryphon House.

## 结尾故事

对于我来说,最难观察的对象是我自己,尤其在被自身的情感所左右时,最难以观察自己。这时儿童启动了我情感的按钮。这里的按钮是指:一个孩子展示某些他曾经试过,并得到很好的结果的行为。而我的反应完全在他的意料之中。儿童一旦明白某种特别的行为会引起我的某种反应。他就会自己生成一种他从前从没有的能力——继续使用或者从此摒弃。这种能力就是我们一直倾力使用的感受。这点对儿童也绝不例外。不久之后,一种模式正式形成了。当孩子需要使自己的能力增强时,他会找到我,然后再来一次"按按钮"——就像魔术一样,我再次有了情绪变化。当然,我是个专家,所以我不会在学校里表现出家中的样子。但是不得不说,即便是在我这样的专业"包装"下,在孩子们"按按钮"的过程中,我也无法掩饰,总是表现自己人性情绪化的那一面。

并非我不想让孩子们知道我那情绪化的人性一面,而是我更想实现不用"按按钮"就使人与人之间相互联系起来。这就是我这几年来一直辛勤工作的原因——我想改变某种成长模式。

其实,"按按钮"这种模式的诀窍在于不连贯——指(我对儿童的行为)反应强烈。我们都认识连贯的重要性。但在这个特别的例子中,需要的是不连贯性。问题在于,在"按按钮"没有发生时思考和谈论人的反应是相当容易的。难就难在要在"按钮"按下的同时克制住自己并客观地观察自己。

可以提前对一系列可供选择的反应做出演示。可以先忽略个别行为把整个过程演示一遍。然后再冷静地做出修改。如果发现我确实情绪容易变化,我会一笑了之。这样会让"按按钮"的孩子十分惊讶!对我而言,我十分清楚要想改变我一贯的反应,需要做出一些小小的变化。这样会打破原有的行为模式。这样说简单也简单,说难也难,尤其是在某种情绪爆发后,要能清醒地控制住并且意识到这只是一种情绪。

有些人曾经说过:自由存在于刺激和反应之间的缝隙中,这正是我所研究的目的——确定并利用这个"缝隙"。这需要有很强的自我意识能力,一点也不简单,但是通过不断地自我观察的训练,现在,当"按钮"被按下的那一刻,我可以理性地抑制并思考自己的感受,而不再是机械性的强烈反应了。

## 下章导读

在下一章里,我们将讨论一下儿童语言能力的发展状况,并深入研究在幼儿时期的项目需要根据不同语言环境和家庭而有所不同的原因。同时,也会探讨一下,在不同的年龄阶段,家长怎么通过语言发展,听力技巧的演示以及各种各样的学习机会来促进孩子语言的发展。在下一章中,你将会明白为什么在学习中"潜移默化"的方法比通过读书识字的方法更具有创建性、有效性和多样性。最后,我们还将讲述一些用来培养儿童的"潜移默化"的教育方法。

# 第三部分

## 常规教育导论：计划学习

# 第十三章 语言与早期识字

- 多样性与语言
- 如何帮助语言的发展
  - 帮助婴幼儿的语言发展
  - 帮助两岁儿童的语言发展
  - 帮助三、四、五岁儿童的语言发展
  - 帮助学龄儿童的语言发展
- 早期识字[1]
- 阅读准备法对自然识字法
  - 婴幼儿的早期识字
  - 促进三、四、五岁儿童早期识字技能的发展
  - 促进学龄儿童早期识字技能的发展
- 小结
- 自我测试
- 需知术语
- 深入阅读
- 结尾故事
- 下章导读

---

[1] 早期识字，英文原文为 emergent literacy，直译为"自然产生的识字/读写能力"，一些学术论文翻译为"早期语文"，但此处意译为"早期识字"更为恰当，literacy 则根据意思分别翻译为识字或读写能力。在后文又出现了 emergent literacy approach，重点强调其作为一种方法的性质是自然而然的，所以翻译成"自然识字法"而不是"早期识字法"。——译者注

## 在这一章里你将了解：

* 语言容许儿童做些什么。
* 语言是怎样必须在语境中学习的。
* 有关双语教学的注意问题。
* 当一些孩子接受纯英语的早期教育课程时，他们是怎样冒着丢失母语的危险的。
* 语言浸没课程式的几种类型。
* 孩子说话的内容是怎样随着年龄增长而日益进步的。
* 成人如何帮助婴幼儿的语言发展。
* 一些帮助两岁儿童语言发展的方法。
* 假想在语言发展中扮演的是什么角色。
* 成人是怎样示范良好的语言和倾听技巧的。
* 为什么小小孩会说"he goed"这样的错误用法。
* "登记"是什么意思。
* 成人怎样帮助学龄儿童的语言发展。
* 争论在语言发展中扮演什么角色。
* 自然识字法是怎样有别于阅读准备法的。
* 自然识字法是怎样应用于婴幼儿课程中的。
* 在针对学龄前儿童和幼儿园孩子的课程中，教师和抚养人是怎样帮助发展早期识字的。
* 在针对学龄儿童的课程中，教师和抚养人是怎样帮助发展早期识字的。

任何撰写早期儿童教育书籍的作者在所著章节中都不能回避语言发展和语言学习。这本书也不例外。我们知道有关语言和交流潜藏在早期儿童教育方方面面的讨论由来已久。这一章主要讨论语言作为一个学习的科目问题，此外还将关注与早期识字有关的学科。

语言学习依赖于认知。尽管认知发展问题不是本章关注的重点，但其与语言和早期识字是密不可分的。我们借助语言的工具去思考，借助语言的同时其实也在思考。许多人认为这其实是一个过程或者说至少这两个过程是紧密相连的。不管是否特别提及，认知在后三章内容中都有所涉及。

请记住本书基于一种整体的方法。尽管本章重点关注语言，但要离开完整的儿童去讨论这个问题是行不通的。语言中包含着身体的、感官的、精神的和社会的技能。感情也被囊括其中，因为感情影响着语言发展，而且语言是用来表达感情的。

首先让我们来认识一些定义。"语言"这个词（其拉丁文词根意为"舌"）可以解释为："在使用词语的过程中，信息、思想及感情的形成和交流。"语言发展和语言学习也是最终需要创造和理解书面用语的。换句话说，语言就是说话、理解、阅读和书写。语言具有主动传播和被动接收的双向性，即我们传播语言（表现为说话）的同时也接收语言（表现为理解语言）。通过研究从出生开始的语言的发展和学习，我们知道语言首先是理解，其次才是说话。学习第二外语（任何年龄段）也是同样道理，大多数初学者在一开始时都是理解的话比会说的话多得多。

**早期识字**（emergent literacy）可定义为逐渐具备读写能力的过程，即学会读和写。早期语言能力包含于整体语言发展中，从你出生时就开始了。请记住，语言的目的是交流——不管是口语还是书面语都是如此。

语言允许儿童去做什么呢？它帮助儿童建立认知关系，明确他们的所需，收集信息，把实物和经验分类，然后把它们符号化地储存起来以便于之后能够回忆并谈论起它们。语言发展还包括在日益复杂的层面上进一步分类。当孩子们在组织整理他们的经验时，语言又帮助他们去规划。语言还帮助提高他们处理事情的能力。最后，语言允许孩子们去推理。

让我们来看一看分类的技能是如何发展的："小狗，"保育员指着图片说。"小狗，"孩子模仿说。第二天，在公路上行驶时孩子看见了一头母牛。"小狗，"孩子指着母牛叫道。保育员忙说："不，不是小狗，是母牛！"这时孩子可能会，也可能不会接受这一新的分类。如果他把所有四条腿的动物都归类称为小狗的话，那么要使他明白这是另一种类的动物就得花上一段时间。然而最终他会明白过来并知道这其中有着各种层次的分类，也就是说"动物"是一个更大范围的类别，而狗和母牛则分别是其亚种类。在狗和母牛之下又有更小的分类单元，比方说拉布拉多犬、西班牙猎鸡狗、矮腿猎犬、泽西乳牛、赫里福食用牛和安格斯牛。反过来说，"动物"之上还有更大的类别，即"生物"。

孩子们得花上几年时间把这些整理出来，但最终他们能够做到并完成。他们会逐渐发现一件事物或一个人能同时隶属于许多不同的种类。一个成人可以是教师、母亲和女儿。一个孩子可以是中国人、美国人、基督徒或是旧金山人。

知道人和物是有分类的，这是一个很大的进步。起初成人提供标识分类，但过不了多久孩子会指着问："那是什么？"

正如前面提到的，很难把语言从认知中隔离出来，听一个孩子说些什么我们就得知他在想什么。吉恩·皮亚杰和列夫·维果茨基（Jean Piaget & Lev Vygotsky）通过观察及倾听儿童而创造了认知发展理论。

语言是靠领会不是靠教会的。[1] 你不必去专门开一门语言课去教语言。语言是在语境中学会的。儿童使用他们所掌握的任何语言去和成人及其他儿童交谈，当其他人回应时，儿童尝试着去理解信息然后再给出回答，这样就使得对话进行下去了。

## 多样性与语言

儿童早期教育课程应强调哪种语言呢？对许多读者来说这可能是个很困惑的问

---

[1] 莉莲·凯茨在探讨语言教学科目时使用了这个短语。这让我们清楚地认识到儿童不是通过正式的课来学习语言的。

题。如果你回答"当然是英语",你可能忽略了这一看似简单明了问题背后的一些复杂情况。如果孩子的**母语**(home language)是英语的话,回答可能有所依据。但是,很重要的一点是要认识到世界各地的一些儿童从出生那一刻起就学两种语言。在儿童早期教育课程中就让孩子学两种语言可能吗?是的,可能。那对他们来说有益处吗?回答就不明确了。

儿童是否应当在幼年一并掌握两种语言,这有赖于人们对一些风险因素的思考——这样做是否有丢失母语的危险。如果儿童来自一个说英语的家庭,而且家里也希望孩子去学第二门外语,那么这当中的风险因素就微乎其微了。假如教师合格,教学方法自然得当,那么儿童很可能在短短几年内就能掌握两种语言,如果接触到用两种语言书写的环境,他们甚至于能用双语读写。

在开始以双语为目标的早期教育之前,重要的是要明确特定家庭对儿童的期望是什么以及儿童自身需要的是什么。情感因素摆在这儿。双语环境究竟有没有增加孩子的自我存在感和安全感呢?教授双语课程的教学人员中有没有人会说儿童的母语呢?假设这些问题的答案都是否定的话,那么在这样一个身边无一人会说或者理解他们语言的情况下儿童又怎么会感到舒适呢?

在美国有一种**语言浸没课程**(language-immersion programs),其目的是双语教学,儿童在这儿只接触目标语言。这一方案似乎只对大多数以说英语为主的儿童有效。要是换做除英语以外其他语言背景下的儿童,让他们只学英语的话,那么结果往往是以失败告终而非像预计的那样功败对半。通常他们置身的浸没课程其目的并不是双语教育,而是使他们在匆忙之间学习英语。这期间没有哪一个人注意到他们是否不再用母语了。这一方案带来的负面效应远远大于正面效应,无论对儿童的双语潜力、自我概念、自我认同,还是对儿童与家庭及本土文化的其他成员之间的关系都造成了潜在的负面影响。

在美国让一个说英语的儿童去学西班牙语浸没课程与让一个说西班牙语的儿童只接触英语浸没课程,其产生的效应是截然不同的。说英语的儿童丢失母语的危险性更小;因为无论家庭还是外界都为他提供了说英语的环境,即使他在学习另一种语言也不会丢掉他的母语(英语)。然而说西班牙语的儿童的情况则截然相反。让一个说西班牙语的儿童只接触英语,其结果可能是一旦他无意中得到信息即英语比西班牙语要有优势,他也许会对其母语(西班牙语)采取不屑一顾的态度。[1]

语言浸没课程在美国已开设了很长一段时间,但最近却发生了很大的变化。今天许多带有双语教学目的的浸没课程无论对本土的说英语的人士,还是对那些主要语言非英语的英语学习者来说都发挥了一些效应。框13.1就显示了其中一个主要的西班

---

〔1〕很重要的是不能让儿童为了获得英语而付出丢失母语的代价。纯英语课程造成了无论是英语还是母语都不熟练的危险,而且要对学业失败——尤其是低收入家庭儿童学业失败负很大责任。

牙语浸没课程是怎样运作的。

> **框 13.1 多棱镜**
>
> **西班牙语-英语浸没课程**
>
> 下面是对一个双语课程的介绍，该课程是为从幼儿园到六年级的儿童开设的。儿童分为两组：一组是说英语的，另一组是说西班牙语的。此课程在幼儿园时期仅用西班牙语教学。教师能对儿童交际的需求反应敏锐，同时也很擅长非言语交际。虽然教师在课堂上只说西班牙语，但她能很好地理解那些说英语的儿童并借助手势、图片及其他一些非言语交际工具同这些儿童很好地交流。另外，她让说西班牙语的儿童帮助那些说英语的儿童。大多数儿童打第一天起就对上她的课充满安全感。
>
> 所有的儿童都学习用西班牙语阅读，说英语的和说西班牙语的儿童一样。稍后，他们的技能将逐渐迁移到说英语上。正如教师解释的那样学习阅读的过程是一个单向过程。在你能够阅读纸上材料后，你要做的仅仅是把你所知道的迁移到另一种语言上。如果你有能力说那种语言的话，这将不是个很难的过程。
>
> 一年级时，课堂时间的 10% 用在英语教学上。所有儿童继续花大部分时间用西班牙语学习。二年级时，课堂时间的 25% 用在西班牙语教学上。从三年级开始，课堂（以及儿童）就是双语教学了。此时半天用于英语，另外半天用于西班牙语教学。

观察儿童在语言浸没课程中的表现如何很重要。儿童感到孤立无援吗？一些儿童在早期课程中即便身边有人懂他们的语言仍旧会感到害怕和孤单。与家庭隔离对一些儿童来说是一个主要的问题，其次还有一些交流方面的障碍。想象一下你在某个场合待了很久却没人会说你的语言，更糟糕的是无人懂你的语言，这将是怎样一个情景呢？当然许多儿童和成年人都有过此类经历并且在短时间内克服了他们最初的不安。然而此类经历产生的作用对不同的人是不一样的；对有些人来说，作用持续的时间会很长且会危害到他们的自我认同和自尊。

有一个较好的模式是在开始的几年内设置一个双语或多语环境，有一位或几位教学人员会说儿童的母语。儿童在第一年可能会、也可能不会听到英语，但如果他们准备发展语言、需要良好的自我感觉以及和家庭的密切联系，他们就需要听见母语。[1]

你可能会有这样一个印象：在美国大多数儿童来自说英语的家庭。但实际并非如此。（即使这是真的，双语教育对任何想要塑造在比单一语种背景下更能灵活应变的双语公民的国家而言仍旧是非常有价值的。）教育研究与改进公告办公室（an office of Educational Research and Improvement Bulletin）描述了如果全美的人口平均分配

---

[1] Lourdes Diaz Soto, *Language, Culture, and Power* (Albany: State University of New York Press, 1997)

的话，一个典型的课堂将会是什么样的：有十个儿童将是少数民族或少数种族人群，有十个儿童将是穷人（这包括所有背景的儿童），十个贫困儿童中的六个来自非英语家庭，这六个儿童中大约二到四人的英语能力是有限的（LEP），而在英语有限的儿童中又有一半是移民。[1]

保护母语很重要！双语教育必须得到明智的、合适的安排。想想当儿童从母语转向英语的时候，此时外界又通常没有任何保护母语的措施，那么在这一过程中我们又将失去些什么呢？不仅儿童失去了认知与情感发展的机会，社会也失去了双语公民。因为这些缘故，全国幼儿教育协会（NAEYC）在它的立场声明中呼吁保持对文化和语言的响应和敏感。[2]

劳里·梅金（Laurie Makin）和她澳大利亚悉尼的同事们在研究幼儿早期教育课程中对母语的保护已有一段时间了。在他们的一本名为《一个童年，多种语言》(One Childhood, Many Languages)的书中，他们为幼儿早期教育者们罗列了以下几条指导性原则：

- 家庭是幼儿早期语言学习的关键参与者。
- 儿童带入到幼儿早期课程中的语言应当得到维护和发展。
- 幼儿早期课程应当在文化和语言上关联。
- 在语言环境丰富的情况下，所有的儿童都可以像探究母语一样地去探究其他语言。
- 双语儿童有特殊的语言需求以及个性化的方法去学习语言。
- 掌握双语对所有儿童都有益。[3]

## 如何帮助语言的发展

那么假定第一个问题——儿童早期教育课程应强调哪种语言呢？——已经有了答案。下一个问题是成年人在幼儿早期课程中怎样教授语言——无论是一门、两门（还是更多）语言？

前面提过语言是在与别人交流过程中领会到的（而不是靠教的）。语言学习是一个内外结合的过程，它依赖于儿童的发展水平、儿童的需要、周围的人群，以及出现的语言互动。维果茨基从一个语言发展的互动主义的视角，描述了成人是怎样帮助儿童向前发展语言的。借助于一种叫做"脚手架"的辅助方法，成人把儿童带入了一个他们

---

[1] *Educating All Our Students: Improving Education for Children from Culturally and Linguistically Diverse Backgrounds* (Washington, DC: U. S. Dept. of Education; the National Center for Research on Education, Diversity, and Excellence; and the Office of Educational Research and Improvement, Fall-Winter 1996).

[2] "NAEYC Position Statement: Responding to Linguistic and Cultural Diversity — Recommendations for Effective Early Childhood Education," *Young Children* 51.2 (1996): 4–12.

[3] Laurie Makin, Julie Campbell, and Criss Jones Diaz, *One Childhood, Many Languages* (Pymble, NSW, Aus.: HarperEducational, 1995) 69.

称之为的"最近发展区"。当成人一方面注意到儿童目前的语言技能及概念发展水平，另一方面又注意到了下一阶段可能发生的变化，那么成人就可以提供适当的帮助以增强儿童的语言学习和理解能力。[1]

语言让儿童收集信息、建立认知联系，并且将一切符号化地储存起来。

当彼此关系形成了，人们有了共同的兴趣来谈论的时候，语言发展就得到了促进。然而存在这样一个问题：早期幼儿教育者应该和儿童谈些什么以便帮助儿童语言发展并且能够创造出情感依恋，建立起关系纽带？莉莲·凯茨(Lilian Katz)就学龄前或更高一点的儿童和成人之间的对话持有一些观点。她观察儿童早期课堂已有许多年，指出美国课堂上教师与儿童的关系主要集中在课堂的老一套常规和制度上，或者是集中在儿童自己身上，即重点关注儿童的行为和表现。这当中并无特别的激励性对话。

然而凯茨观察到意大利的瑞吉欧·艾米利娅(Reggio Emilia)学校展现出了不同的关系。这些课程中的对话侧重于反映儿童和成人双方的兴趣。凯茨写道："在工作的过程中、在想点子的过程中、在技术和材料使用过程中以及在项目自身的进展中，儿童和教师看上去都是平等的。"[2]在这些项目中，成人和儿童一起工作，儿童扮演了学徒的角色。这种合作方式与教师单方面的、独角戏似的教导和指引儿童有所不同，也与成人一般性地告知儿童规则和合适的行为举止，或者对儿童的表现给予表扬有所不同。

其余还有哪些对话是适宜的呢？一些对话可以是玩笑的，没有什么意义，例如儿童在探究语言和声音时，成人无拘无束地回应。此类交流充满趣味性并且鼓励富有创造性的语言产生，另外也促进了成人—儿童之间的关系。

---

[1] Lev Vygotsky, *Thought and Language* (Cambridge, MA: MIT Press, 1962). Lev Vygotsky, "Thinking and Speech," *The Collected Works of L. S. Vygotsky*, eds. Robert Reiber and Arron Carton (New York: Plenum, 1987).

[2] Lilian Katz, "What We Can Learn From Reggio Emilia," *The Hundred Languages of Children*, eds. Carolyn Edwards, Lella Gandini, and George Forman (Norwood, NJ: Ablex, 1994) 29.

### 帮助婴幼儿的语言发展

特别是在婴儿时期，带有爱心和游戏性的交流为语言发展提供了基础。儿童学习对话的次序是：最先是非言语交际，然后是发音，最后是说话。[1] 成人当然一开始就可以使用言语交际，即便此时儿童还不能够解码个别词的意思。但请记住如果儿童开口说第一个词的时候就离他理解说话的日子不远了。观察成人和儿童之间的对话形成过程你会发现这当中远远不止语言交流。成人模仿儿童，儿童也模仿成人。成人说的多或少取决于他的性情、个性甚至是文化（框13.2就是对不同文化下成人与婴儿交流风格差异的讨论）。

**框 13.2 多棱镜　　与婴儿交流的风格上的文化差异**

在某些文化中，非言语交际被视为是与婴儿交际中的更为重要的环节。例如，在一些文化中，保育员随时随地贴近儿童，这时言语交流就不是交流中最重要的部分；当儿童哭的时候，成人立即来到儿童身边或温柔地爱抚儿童或捏捏儿童的小手抑或轻轻地摇摆儿童以达到安抚儿童的目的。然而在另外一些文化中儿童就睡在独立房间的婴儿床里，或者被放在轻便婴儿车里，而不是被人抱着。这时候如果儿童哭的话，他们的保育员——可能在另一个房间或者正被婴儿车的车篷遮住了视线——一定这样说："我就来。别担心，我来了。"他们以这种方式告诉婴儿马上就会来关注他们，让他们安心。

比较日本母亲和欧美母亲可以看出她们与儿童的交流方式有哪些不同。[2] 在第九章我们看过两位母亲：吕蓓卡和乔伊。她们与儿童的交流是完全不同的两种方式。和吕蓓卡相比，乔伊无论跟儿童回应还是谈话的活跃性都不及吕蓓卡。跟乔伊一样，日本母亲也倾向于间接的交流方式。她们重视直觉，她们同欧美母亲一样会移情，但是她们觉得没有必要把自己的想法和感受用语言表达出来。非言语移情才是她们的目的。相比之下，尽管并不是所有的欧美母亲都像吕蓓卡一样主动活跃，她们中的大多数都注重直接的言语交流，用语言同她们的儿童联系在一起并以此激励儿童。

当成人使用脚手架时，就能使儿童学习语言变得简单些。也就是，成人给予儿童提示或微微使用其他方法帮助儿童理解要说的话。大多数成年人在与儿童的对话中会无意间采取贴标鉴的方式，他们倾向于使用简单的短句谈论儿童看到的东西或在做

---

[1] Peter Mangione, *Program for Infant Toddler Caregivers: A Guide to Language Development and Communication* (Sacramento: California Department of Education, 1992).

[2] W. Caudill and H. Winstein, "Maternal Care and Infant Behavior in Japan and America," *Japanese Culture and Behavior*, eds. Takie Sugiyam Lebra and William P. Lebra (Honolulu: University Press of Hawaii, 1974). Patricia M. Clancy, "The Acquisition of Communicative Style in Japanese," *Language Socialization Across Cultures*, eds. Bambi B. Schieffelin and Elinor Ochs (Cambridge: Cambridge University Press, 1986).

的事情。许多成人会很自然地重复儿童说的话并把这些话重新排列成正确的顺序,教会儿童正确的发音。

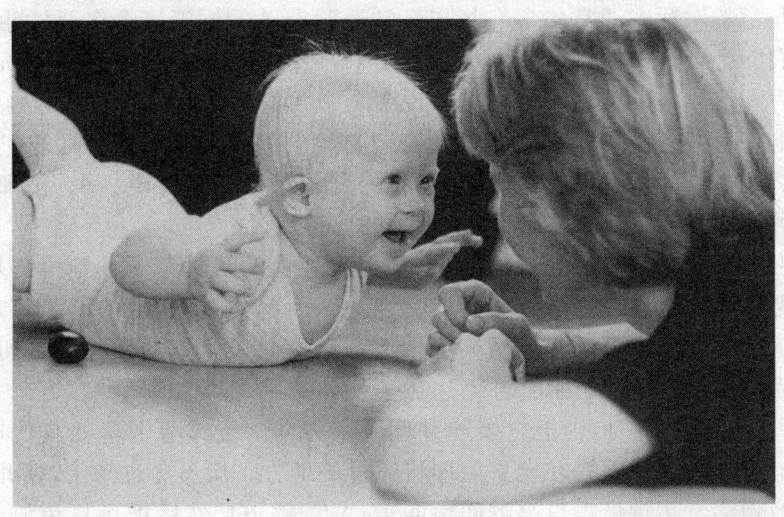

语言是领会的,不是教会的。

为了便于解释,让我们看一段成人和幼儿之间的对话。成人说:"拿上你的外套。"儿童表情迷茫。于是成人又说:"我们要出去;外面很冷。"成人停下看看儿童,然而儿童仍是那副表情。"你需要去拿你的外套。"成人把自己的外套拿给儿童看,"我把我的外套穿上;你也需要你的外套。"儿童看上去很疑惑。"你的外套在那边的衣服架子上。"儿童仍然站在原地,眼睛从成人身上转到架子上。"去拿。"成人说。"外套?"儿童问。"对。去拿你的外套吧,蓝色的那件。"成人指着挂在架子上的蓝色外套说道。"出去?"儿童边说边向衣服架走去。"对,我们马上就出去。"成人回答道。

"拓展"是另一种有用的方法,它可以帮助任何年龄段的儿童语言发展。刚开始不是每个成人会自然地运用这种方法,但这种方法很容易掌握。这里有一个拓展的例子:"妈妈!"儿童期盼地望着门口。教师/抚养人/保育员如何回答取决于现在时间是早上8:05还是下午4:15。早上8:05,成人可以说:"喔,这会儿你见不到妈妈。她上班去了。今天下午她会回来。"如果是下午4:15,成人说:"是的,妈妈快要回来了。她会从那扇门进来的。"儿童可能对"今天下午"、"快要"没有概念,但如果就着语境去听这些短语的话,最后他会发展出"过去"和"将来"的概念,将之加入到对此时此地的理解。

正如你所见,以上两个和儿童的对话主要是关于现在、刚刚过去的事情或将来的事情。以上给的两个例子显示的思路都是对话中合理的成分,但对话同样需要成人对儿童的原始意图和反应给出及时的回应。

### 帮助两岁儿童的语言发展

两岁儿童的对话中通常包含一些与日常经验有关的词汇来命名身边事物和行为举止。他们能把正在做的事情用词汇表达出来,还能够在进行假想游戏时充分运用他们的想像力和语言。下文用一个场景来说明一个两岁儿童的语言及其符号发展。[1]

A. 用一只手脱掉了一只鞋,继而转身望着她的保育员笑着说:"脱鞋。"她拎起鞋子给保育员看。"好,我看见了,是你自己脱的鞋。"保育员回答说。A. 把那只鞋放下又脱掉了另外一只。"现在两只都脱了。"她的保育员说。

A. 朝她的光脚丫瞅了两秒钟就爬向了扔在地上的玩具兔子。她捡起玩具兔,上了发条再把它背朝地放下。玩具兔突然朝她一跃而起弹过来,她忙说"不",然后用手指指它。她朝她的保育员望望继而笑了。保育员拓展了儿童的话并把她所观察到的儿童的感受用言语表达了出来:"你不想兔子朝你弹过来。"

当玩具兔碰到 A. 时,她把它捡起并调了个方向。玩具兔子就朝其他地方弹去。儿童跑到了玩具兔的前面躺在玩具兔即将路过的地方。玩具兔过来了,朝儿童的肚子上上下下地弹跳。儿童痒得直笑继而尖叫道:"不,停下!"然后把玩具兔放到另一边。稍后她把发条关上了。她朝她的保育员看了看说:"看到了吗?我关掉了。"然后她举起空空的手。"看见了。"保育员回答说。

A. 然后开始向她的玩具叽咕着不知说什么。她看看一边的玩具问道:"兔兔摔倒了吗?"她又捡起兔子,上好发条然后匆匆忙忙地关掉。她丢下兔子穿过房间去拿玩具娃娃。她捡起娃娃带回到玩具兔的房间。走路的时候她还看着娃娃嘴里不停地念叨"娃娃"这个词。她坐到玩具兔旁抱着玩具娃娃,一个人喃喃地说"娃娃晚安"。她亲了亲娃娃又说"晚安,做个好梦"。A. 闭上眼睛假装打呼噜。

在这一幕中我们看到的是一个小女孩,她的身边有一个保育员陪伴她玩并不时地给予言语回应。注意,一开始保育员是怎样通过拓展的方式回应 A. 说的话的。在这幕的最后,A. 完全沉浸在自己的世界中,和保育员完全无关,保育员此时却保持着适当的沉默。A. 谈论着她正在做的事情。她从一个现实的状态转向一个虚拟的状态:她先后同保育员、玩具兔、玩具娃娃说话。她对娃娃说晚安就如同成人对她说晚安的样子一样,她还会假装打呼噜睡觉。她是个很棒的模仿者。

### 帮助三、四、五岁儿童的语言发展

学前教师和幼儿园教师在课程中经常采取一种方案教学法,这是一种帮助学生语言发展的很重要的方法。三、四、五岁儿童较之比他们小的儿童更易产生围绕方案的对话。比起幼儿,他们的方案意义更深刻,内容也更长,他们之间产生出的言语交流还

---

[1] 这个例子的灵感来自于纳帕谷学院的一个学生塔姆林·托德。

能够引起成人的兴趣。儿童在谈论正在做什么或学什么的同时,他们也在被鼓励着以各种方式去符号化这些东西——包括:绘画、表格、三维模型、听写以及他们自己的书写(标题、期刊、故事、诗歌等等)。成人对口语及其他符号化的语言应采取一种全面的方式。在这一年龄阶段,识别评估以及鼓励儿童以各种方式使用符号语言对儿童的语言发展和形成是很重要的。

成人还可以采取什么其他方法帮助语言学习呢?提供语言学习的示范是一种方法(框13.3就说明了不同文化之间语言示范的不同)。成人还应当允许和鼓励各种样式的对话。大多数儿童喜欢彼此间对话。当儿童积极地投身于彼此的对话之中时切忌打断他们。另外,请确保各种活动的路线安排计划不要太松散,以免妨碍儿童对话。一个适当的步伐对易化语言学习来说是一个重要的因素。

> **框 13.3**
> **多棱镜**
>
> **高情境文化和低情境[1]文化中的不同交流风格**
>
> 在框13.1中我们已经讨论了不同文化交流风格的不同。它们不同的其中一点是在交流中对语境和对语言的依赖程度不同。举个例子:美国主流文化属于交流连续统一体中低情境的那头。这种文化高度依赖于用词汇去传达含义——而非依赖于语境。**低情境文化**(low-context culture)非常重视语言。在交流中,低情境背景下的人意在通过词汇手段使对话清晰明了。其目的是能用词语把意思表达清楚。即便在交流中口头语言不能传达所有的含义,低情境背景下的人们仍然很重视它,相形之下对无声语境和非言语交际(例如肢体语言)重视度就小得多。
>
> 相比之下,**高情境文化**(high-context culture)背景下的人主要是从语境中获取信息的,而从语言中获取的信息量则非常少。高情境背景下的人与其他成员交流时非常注重以下方面:停顿、肢体语言、感觉、关系、分享传统的历史。日本人就是交流连续统一体中高情境的那头的一个例子。[2]高情境背景下的人交流起来是非直接的,而且也不要指望其他处在相同文化下的其他成员的交流能直接起来。很多事情可以不说出口因为意思可以从语境中推断出来。
>
> 你可能会想低情境文化与高情境文化在儿童早期教育中处理语言发展的方式是不同的。低情境文化非常强调鼓励儿童说话。与之不同,高情境文化交际更依赖于长幼代代相传的传统文化知识;如果知识不存在,交流就成问题了。
>
> 因为早期儿童教育是从低情境文化的视角出发的,因此这一方面的专业人员对那些在语境方面有强烈需求的儿童要特别关注一下。这些儿童需要针对他们自己的文化再好好地"软着陆";否则他们与他们文化背景下的其他儿童进行人际交流时就会受到阻碍。针对这些儿童,不但要知道他们的语言,而且在交流风格上要掌握一定的技能和了解整个语境。[3]

[1] 高情境和低情境是文化学名词,前者对情境的依存度更大,需要相当的文化背景才能理解。而后者对情境的依存度小,易于用言语、文字直接描述。——译者注
[2] Philip R. Harris and Robert T. Moran, *Managing Cultural Differences* (Houston: Gulf, 1987)37.
[3] Edward T. Hall, *Beyond Culture* (New York: Anchor, 1989).

但谈话只是交流中的一部分，听是另外一部分。然而，示范是教授听的技能的最好方法。想一想当我们示范下面几种糟糕的倾听技能时会发生什么：
- 我们模糊地听到但并没有认真听。
- 我们在听但并没有在意。
- 我们有选择性地听。

我们可以想象出这些"倾听课"与告诉儿童我们正在全神贯注地听他们说话是有多大的不同！框13.4描述了听的四种水平。你将看到，为了帮助各年龄段的低龄儿童语言发展，"水平4"的倾听是早期儿童教育者应当采取的实践方案。

**框 13.4 提示与技巧**

**四种水平的倾听**

在第三章里，我们讨论了成人是如何针对不同年龄段的儿童来示范倾听技能的。这里我们来看一下四种水平的倾听并且解释一下为什么幼儿教育工作者针对幼童应瞄准"水平4"的倾听。

水平1的倾听并不是真正的倾听，只是单纯地听。听是与倾听相伴的感知过程。当听的时候，大脑只接收声波却并不理解意思。换句话说，我们只是单纯听但并没有听进去，我们只是听声音但并没有处理信息。具备听的能力对倾听来说是很必要的，但只有听对交流来说是远远不够的；事实上听觉有障碍的人是具备倾听能力的。

水平2的倾听是位于听之上的一个阶段。词汇听进去了，但只是一点点。水平2倾听是一个"持有"（等候的）的模式：我们在等其他人停下来这样我们就可以说了。我们在等候的时间里盘算着自己要说的话。我们听了不少，却和其他人说话的内容没什么关系。对话如果滞留在水平2上，那么双方可能各自有打算，但和彼此的兴趣并没有多大的关联性。水平2的对话同儿童参与的那种平行游戏类似。

另外一种类型的水平2倾听并不是对话性的而是我们单纯地接收信息却不对信息进行加工。信息是被接收了可是却没有经过分类、分析、诠释。在水平2这一层面上，听者就像一台电脑，他对信息的来源毫不关心。

水平3的倾听是真正的倾听。我们的大脑登记接收对方说的话。我们带着一个特别的目的专心去听并排除那些与此目的无关的信息。在水平3中我们带着挑刺的目的去听，这就好比律师听反方证人说话一样——试图用对方说话的漏洞为他自己造个陷阱。我们同样带着防御性的目的去听，这就好比一个人批判性地听着电话那头推销员的高调，试图发现这其中的蹊跷。争论在挑刺性和防御性的倾听之间摇摆不定。

水平4倾听是全身心的、开放的倾听。目的是理解所传递信息的含义。在水平4倾听中我们积极投身于说话者的内容中，我们接收的信息也远远多于实际所说的话。我们接收和聆听信息的同时，也具备了推断话中有话的能力（包括指出声音上的细微差异和话中折射的含义）。此外，我们还能够分析肢体语言和其他情境的暗示。在水平4中，我们做了所有的言语和非言语的反应，以此表示我们理解并尊重对方的意思和感情。

但是，除了示范语言和倾听技能外，成人还能做些什么帮助学前儿童和幼儿园儿童语言发展呢？切忌纠正他们的错误。当儿童的感知、记忆力进步并从外界获取了更多经验的时候，儿童会自动改正错误。说"he goed"或是"I have two foots"的儿童才刚刚学习语言的结构规则，他错误地概括了过去时态法则或复数法则。但即便没有人纠正他，当他听见周围人这么说时他也会改口道："he went"和"I have two feet"。

帮助孩子拓展他们的词汇。当儿童跨过学龄前这一阶段，他们的词汇量会以惊人的速度增长，句子也更长更复杂。当儿童在执行方案和研究感兴趣的话题时，成人在一旁不时给予帮助。在儿童说的过程中，他们会自然而然地冒出一些想法、计划，也会碰到麻烦、尝试解决的方法，而且开始预估结果了。他们可以独立完成一些事情，但需要有成人在旁搭个脚手架，使他们的思维过程和表达思维的语言变得宽广而有深度。

在积木活动区或戏剧表演区经常上演的互动合作游戏为语言学习和实践提供了大量的机会。儿童可能需要也可能不需要成人帮助游戏，这取决于儿童的交流水平和社会技能有多高。让我们听一段积木活动区里的两个有经验的小男孩对假想游戏的讨论。

"布赖恩再也不想和动作演员演戏了。他认为自己老了。"五岁的蒂姆和他的朋友说道。"那是因为他不知道怎样去演大小孩。"保罗说，"他只知道小小孩那种'砰砰'开枪的把戏。"

看看这群孩子。你能说出来谁是说英语的谁又不是呢？当然不能。你必须通过逐渐了解儿童来判断他们的母语是什么。

"跟我说说详情吧,"一个教师刚好经过无意间听到了他们的对话。她除了好奇外还因为她正好在就她带的班级写一篇戏剧表演的论文。"喔,"保罗回答说,"你要是还一点点大就没什么好顾虑的,枪声'砰'的一响你就倒地死了。但你长大后,你开始让人物对台词。你再大点的时候,你就把整个故事串在一起。我们就是那么做的,至少在我们不忙于摆道具的时候。布赖恩就是不知道故事的部分。"

教师听后显得很高兴。一个五岁的儿童刚刚描述了由小角色组成的戏剧演出情节发展的顺序。于是教师决定写一篇论文,主题就是儿童是怎样通过构建自己的小小世界来获取一丝力量感的。他们转变了现实并力求控制现实。他们用语言去完成所有的这些事情。除了一丝个人力量外,这位教师还观察到了儿童是怎样通过假想游戏发展出老道的交际能力的。他们处理许多层面的交流,这表现在角色自己互动的时候,扮演者也在互动。儿童在一个真的或者假想的层面上练习磋商及合作的同时,同样获取了一些社会技能。更有甚者,儿童通过诸如塑造精神形象、用符号化的方式面对世界,以及练习为故事情节排序等等方式来获取重要的智能。

教师在观察这些男孩的同时,所有这些思绪都在她的脑海中过了一遍。这些男孩正在完成对积木和人物最后的复杂创造。正当教师开始构想她的论文怎样进行下去时,火警警报突然响了。

保罗一听到警报声就立即跳起来径直走到门口,但蒂姆仍然站在原地不停地抗议。"哦不,不是现在,"他叫道,"我们这时候不应该有消防演习的!"他看上去很激动。

教师催促他快去门口并试着安慰他:"我们回来的时候你可以在断掉的地方继续啊。""当然,"他抱怨说,"如果我还记得我们在什么地方断掉的。"他回头望了望正在游戏的人,其中一个人单脚挂在塔上,另一个人则躲在箱子后面。男孩们创造了两个令人印象深刻的东西:一个是积木,另一个是话语和动作。积木依然存在,但话语可能就会

当儿童用他们的声音赋予木偶不同的性格和角色的时候,木偶就帮助了语言的发展。

忘了。没有人能替他解决这个问题。故事被打断了。

正当蒂姆走出门口的时候,他自己想了个解决的办法。"好吧,"他看着教师,脸色又明朗起来,"如果我忘了,我们回来的时候就从另一片段开始吧!"

儿童的语言发展及形成是很令人称奇的。他们不仅仅学习上面提到过的所有技能,还学习在不同场合说不同的话。语言学家用**登记**(register)这个术语来描述不同的说话方式。儿童彼此交谈时用一种方式,和父母说话时用另一种方式,和教师说话时又换了种方式。下面的场景说明了儿童是如何进行登记切换的。

四岁的埃里在打电话。她很好地模仿了打电话时的语调和对话。"你好,爸爸在吗?爸爸,我在玩好玩的游戏。你在干吗?我要挂了。再见。"然后她下地爬向站在水池旁的玩伴夏琳。"假想我是个小婴儿,"埃里说。她用了"假想"这个词,这样夏琳就明白埃里转变了角色。埃里的声音和表情在她拽着夏琳的衬衣说"妈妈,我要撒尿!"时就完全变了。

互动游戏,特别是戏剧表演给儿童提供了丰富的语言学习和实践机会。

"不,孩子!"夏琳很严肃。"还不到撒尿的时候!是吃饭的时候了。坐到你的位子上去。"埃里乖乖地爬到桌子旁的椅子上,夏琳则给了她一些假想的食物,然后自己也坐下了。吃完饭,女孩们又打算去做些其他的事情。标志性的词仍然是"假想"。

"假想我们是医生,我们得做手术,"埃里说。这时她已不再是婴儿了。她给夏琳一个娃娃,自己也拿了一个。然后女孩们就给娃娃做起了外科手术,用的是从橱柜里拿来的小刀。她们这回又进行了登记切换。现在她们像医生那样地交谈而不再像妈妈和孩子那样了。

当老师告诉她们游戏时间结束了,她们再度进行了登记切换,用最好的学前儿童礼仪向老师央求再给她们多点时间把游戏玩完。除了证明她们登记切换的能力,这两个女孩就像积木活动区里那两个男孩一样,运用语言去塑造和讨论角色。

## 帮助学龄儿童的语言发展

对六、七、八岁儿童来说语言发展又有什么不同呢?也许最明显的不同是低年级的儿童懂得把书面语言加入到口语技能中去。阅读和书写帮助扩大他们的词汇量;到他们八岁的时候他们大概掌握了近两万个词。[1] 特别是在成人的帮助提示下,对话内容更加深刻也更长。儿童获得了如下的一些语言技巧:操纵想法、理解感知、尝试影响别人的想法。此外,争论——这个令一些成人反感的东西,却是对身体争斗的一种提升,也是语言发展过程的一个组成部分。成人可以帮助儿童让他们更清晰地表达自己的观点而不是面对争论忍气吞声。

学龄儿童和学前儿童的一个显著的不同是他们对幽默的使用。学龄儿童会讲些有趣的笑话,他们喜欢双关语、谜语、绕口令和一些神秘奇怪的词。语言此时的作用是作为一种有用的工具为生活增添乐趣。

为帮助语言发展,我们应该给予儿童大量的机会去掌控实物并让他们在经验中学习成长。即便他们长大了可以一动不动地坐着,但论起学习的最佳方式仍然是积极参与到现实的人们和事物中去。他们构建知识,所以他们需要许多挑战的机会去进一步发展和实践在他们的语言使用中展现出的思维技能。游戏对学习来说仍然很重要并且应当受到鼓励。

示范良好的倾听技能无论是对五岁以下的儿童还是对学龄儿童来说都同等重要。为了把良好的倾听和糟糕的倾听作个比较,让我们来看下面两个情景。

七岁的杰西卡回到家,把背包往沙发上一扔,一屁股坐在旁边,嘴里抱怨说:"我恨死那个老教师了!她非让我完成一个做不了的测试,我完成时真想死了算了!"

成人没有试图去真正理解儿童的话,对她看到的东西作出了情绪化的反应。她瞪着沙发上的背包,谴责儿童道:"哼,不要这么激动。如果你考试不及格那可能是你自己的错,因为你学习不用功啊。不要说你恨哪个人,这可不好!你知道背包应该放什么地方吧,现在去把它放好吧,小姐!下次用功点!"

你可以想象杰西卡撅着嘴无精打采地站起来走开,把背包仍然留在沙发

---

[1] Laura Berk, *Infants and Children: Prenatal Through Middle Childhood*, 2nd ed. (Boston: Allyn, 1996).

上的样子吗？正是成人的回答终止了对话，其原因在于成人使用了责备、下命令、警告和建议等方式。

让我们再看一下同样的情景。这一次的成人是一个具备良好的倾听技能的儿童抚养人。让我们看看她是如何打开话题而不是关闭话题的。

杰西卡进来了，扔下包，抱怨道："我恨死那个老教师了！""哪个老师？"抚养人问道，绝口不提"恨"这个词和背包。"我的体育老师，"杰西卡回答说。"你受不了她对吧，"成人说，她把杰西卡的想法说出来了。"是的。她今天给我们进行了一项体能测试，太难了。"杰西卡看上去都要哭了。

"你不高兴是因为你测验测得不好，"抚养人继续说。"是的。我是第一个，每个人都在看我，但我却失败了！一些人还在笑我。"抚养人显示出对杰西卡的同情："被人嘲笑肯定不好受。""我想他们当时肯定也很紧张，因为他们也要做那项测验。但他们不需要了，因为老师发现她弄错了。她给我做的是三年级学生的测试。毫无疑问我过不了。我还不是三年级！"一颗泪珠顺着杰西卡的脸颊滚落了下来。

"你的老师弄错了，她让你做的是一个错误的测试……"抚养人重复着儿童说的话。"对，真是大错特错。"杰西卡接过了抚养人递来的纸巾。"我试了又试，但还是无法做！我感到很难受。"这时杰西卡看上去开始感觉好点了。"我能想象出你是什么感觉，"抚养人用一种真诚的语调说。

突然杰西卡从沙发上站起来，深深地抽了下鼻子结束了谈话："好了，我要去找朱莉了。她在吗？我想要看看她的小猫在做什么。"杰西卡拾起包走了，对有人倾听她刚才的牢骚感到很满意。

注意到没有？第二个对话与第一个对话有多大的不同！在第二个对话中，抚养人更注意倾听杰西卡的言下之意，而不是武断地按照她自己的想法来推断。她鼓励对话继续，问题就清楚了。她并不急于得出结论，也不试图为杰西卡解决问题。有些时候成人对儿童的感受很头疼，成人甚至没有调查清楚就试图草率解决问题。对杰西卡而言，能被人倾听而不是被人指责或者命令是多大的解脱！杰西卡除了谈论这个问题外不需要再做其他的事了。仅仅表达出她的感情就足以使她释怀了。

## 早期识字

国际阅读协会（the International Reading Association）的早期儿童和读写能力发展委员会（the Early Childhood and Literacy Development Committee）在1985年的声

明中表示出对学前儿童和幼儿园儿童识字训练的关注。[1] 总的来说，声明中关注的是六岁以下儿童的情况，他们被安排参与严格、正式的预先识字课程中，但人们却忽视了儿童的发展适应度、个人发展或是学习风格等问题。协会的信念是认为阅读中保持乐趣应当是主要的目标，但这往往被忽视了，因为人们过多强调单一技能发展或抽象的概念。如若识字的发展没有和口语及书写整合的话，儿童通常只能接触到那种只强调正确答案的活动，这大大抑制了他们的好奇心、批判性思维和创造性的表达。

国际阅读协会提出了一些建议，这些建议被解释和综合成以下几条：

- 在儿童已经知道的口语表达、阅读及书写的基础上给予教导。
- 尊重儿童带到学校来的语言，把它作为未来语言学习及识字的基础。
- 不仅注重培养单一技能，而且注重培养有意义的经验和有意义的语言。
- 把阅读经验同交流活动整合起来（包括说话、倾听和书写），并同其他领域的学习结合，例如艺术、数学和音乐。
- 鼓励儿童自由书写，不逼迫他们每个字母都正确或是遵守传统拼写规则。
- 鼓励儿童在谈话、倾听、书写和阅读中敢于尝试和实验。
- 示范语言的使用和识字。
- 定期读书给儿童听。
- 使用那些无论在发展上还是文化上都对被评估儿童适宜的评价步骤（参见第十二章）。

绘画提供了眼手协调的练习，在儿童准备完成之后还增进了他们书写的能力。

## 阅读准备法对自然识字法

比较下面两种帮助一年级以前的儿童增加他们的阅读和书写能力的方法，我们很容易看出哪一种方法遵循了国际阅读协会的建议。

在 A 课程中，儿童学习的是阅读准备法。三到四岁儿童被布置了练习作业，目的

---

[1] "Literacy Development and Pre-First Grade: A Joint Statement of Concerns About Present Practices in Pre-First Grade Reading Instruction and Recommendations for Improvement," statement written jointly by the Association for Childhood Education International; the Association for Supervision and Curriculum Development; the International Reading Association, National Association for the Education of Young Children; the National Association of Elementary School Principals; and the National Council of Teachers of English (issued by the International Reading Association, 1985).

是加强他们从左手到右手的移动能力——甚至用蜡笔绘画和手指绘画时也必须从左向右。以前一些华裔儿童熟悉的是他们家乡的那种从上到下的书写方法，并非从左到右；然而这种不协调却被忽视了，原因在于此课程并不重视汉语的识字方法。此外，儿童在每天固定的半小时内学习字母表中字母的名字和发音。即使老师想方设法使上课更有意思，对儿童尤其对三岁儿童来说要那么长时间坐在那儿一动不动还是很困难的。圆圈活动时间之后，儿童就去工作间填写看字读音表并练习书写他们才学习的字母。老师们分散到一个个小组监督儿童完成任务——尽管这当中遭到不断的抵触。

在他们完成任务或坐了二十分钟后，老师开始用红笔批改他们的错误并让他们出去玩。所有的儿童回家的时候作业本上都贴着张笑脸，但在笑脸的背后，儿童和成人很明显地看到了错误的数量。许多儿童并不在意这个，但是成人很在意。在发展阅读准备技能的名义下，老师每天给儿童蜡笔和彩色书页并告知儿童画在线条里面。老师向家长解释说这项练习对发展好的精细运动技能以及眼手协调运作都非常重要。

B课程的方法则有很大的不同。三岁和四岁儿童的识字的经验早已存在于课程本身中，而不是作为额外的活动和课程被创造出的。儿童自然地借助于很多分布课堂活动区中的材料发展自己眼手的协调。这些材料通常包括可以穿起来的小珠子、游戏用的小钉板、拼图玩具。在艺术区设置的活动包括手指绘画、画架上绘画、用蜡笔和毡笔自由绘画、用剪刀剪东西、拼贴画。

在B课程里，老师通常在圆圈活动时间及自由活动时间里都会阅读和讲故事。几乎在一天中的任何时候你都会看见一些儿童留在图书区，依偎在沙发上或窗帘旁读书。至少有一个儿童自己读给自己听，有时候也读给其他儿童听。通常一个成人带着一两个儿童，或者让儿童坐在腿上一起读书。如果你仔细观察的话，你会发现儿童家庭中的语言也反映在书籍的选择上。一些这样的书是手写的。实际上，一星期有好几次儿童都轮流向老师口述故事，其中一些故事被收集进书里以备课堂之用。

教室里的某一个地方总是堆满了书面材料以及一些基本的艺术材料。儿童被鼓励去书写，刚开始的时候通常是打草稿，渐渐发展成为创新式的书写到最后就是**创新式拼写**(invented spelling)了。儿童的功课并没有被批改纠正。当对传统拼写规则有更多的意识时他们会自己纠正错误并发问。但此时，他们不需要通过上正式的看字发音课就有办法拼出词来。

口头表达被视为这种识字课程的一个重要组成部分。儿童被鼓励去交谈——彼此之间交谈或和成人交谈。倾听也被鼓励。识字仅被看做是"交流"这个更广阔课程领域的一小部分。

我们通过比较以上这两个方法发现，A课程侧重于教授各式各样的单一技能，这对儿童来说毫无意义，而且"阅读准备"这个概念同有意义的口语是毫无关联的；儿童的书写内容被纠正而不是被鼓励，在他们的所有练习作业中也没有任何创造性。这种培养识字的方法从发展上来说是不合适的。

B课程采用的是真正意义上的自然识字法,它建立在儿童已经熟知的口头语言上,让儿童置身于更为多彩的环境中并鼓励他们在阅读和书写上多多试验。他们做的每一件事都是有意义的。对他们来说没有行动的压力,只是鼓励他们去充分地利用手边的材料,这些材料有些和识字有明显的关系,有些则不那么明显。老师读书给儿童听,使儿童对书中内容有所熟悉,他们还讲故事,使儿童养成讲故事的习惯。

## 婴幼儿的早期识字

婴幼儿呢?婴幼儿时期早期识字就出现了吗?是的,所有的语言经验都被视为是早期识字的一部分。当儿童的词汇技能逐步提高时他们离读书识字也不远了。

书是这一过程中很重要的一部分,儿童很早就学习阅读的一些习惯,比如翻页、把书放正再读。最重要的可能是一小部分家长搂着儿童看书,儿童在这当中学会了把读书和愉悦、亲近联系起来。如果愉悦作为目的的话,成人就不需要从头读到尾或一手承担读书任务;低龄儿童喜欢自己拿书,自己读自己翻页。他们应当被允许自己去处置书本,假装去读并指着图片叫出它们的名字。禁止此类积极地参与而寄希望于把幼儿转变成好的"听众",这样做只会伤害儿童享受书的乐趣。我们需要耐心。最终儿童会明白成人有办法教会他们含义,他们也会开始倾听,那要到他们已准备好自己读书的时候。

儿童在强调早期识字的课程中学会了把书籍与愉快地阅读关联起来。

当儿童第一次试着使用蜡笔或毡笔时,他们的早期书写技能就已经开始在婴幼儿课程中发展起来。开始乱涂乱画和书写与绘画一样作为初级阶段是有价值的。起初,对儿童来说,写或画的痕迹和幼儿使用他们身体的感觉相比并不重要。要好一段时间以后儿童才会关注到他努力的成果。最后,儿童注意到当他们的臂膀和手的运动与在纸上书写的工具联系起来时发生了什么事。当儿童到了能够命名或解释画的或写的东西的时候,过程又得到了进一步的延续。最后,成人也识别出了那些痕迹,尽管这需要花上五年甚至更长的时间。

## 促进三、四、五岁儿童早期识字技能的发展

在头五年里,不需要任何正规课程儿童就可以完成很多东西:
- 他们开始了解书面材料的价值和作用。
- 他们知道写下来的词带有含义。
- 他们把写下来的词和声音联系在一起。当一个儿童认识到说的话可以用符号表现在纸上时,这是个激动人心的时刻。
- 他们识别带有情境的书面材料,从中选出他们最爱的快餐店名字,说出"停止"及其他交通标志,识别出熟悉的商品商标和牌子,比方说麦片粥盒子。
- 最终,他们能够区分绘画和书写,字母和数字的差别。
- 他们学会把书和阅读联系起来,把阅读和愉悦结合起来。

成人们能做什么才能促进低龄儿童沿着这条道路的发展呢?帮助儿童在符号和实物中建立联系。在玩具或游戏架子上摆些图片,这样儿童就可以把图片和这些物体进行搭配。给架子上的积木画出大致形状,这样儿童就可以根据形状把实物相搭配。利用所有可以利用的符号。儿童在家务区玩游戏的时候,给小房子做上标签让儿童带着。[1]教一些通用的符号,比方说带有斜杠的〇代表"禁止",还有公共洗手间门上的男女标识。最后在符号旁加上词,这样儿童能够做一些词语联系。

在书写中让儿童接触他们的名字。伊丽莎白·琼斯和约翰·尼莫(Elizabeth Jones & John Nimmo)在他们的书《自然课程》(*Emergent Curriculum*)中向我们描述了一个学前女孩的兴奋。这个名叫阿尔西亚(Althea)的女孩在向她的家人展示教室里有很多地方都有她的名字时表现出异常的兴奋。她的名字出现在助人为乐的表格上、在环绕教室的字母表上(A 就代表 Althea)、在她署名的一张瓢虫画上、在身体描摹上、一本她写的关于家庭的书上、在她的资料夹上。在她的资料夹里名字出现了很多次——事实上每页都有。[2]

创造一个书面材料丰富的环境,这样词和短语就足够了。试着让书面材料与某物有关。不要只是为了让书面材料丰富就随便布置。公告栏上的通知在儿童眼里是有

---

〔1〕 如果你想限制一下某块活动区域儿童的数量的话,这也是一个非常有用的技巧。如果此时此地,这里合理的限制是四个人的话,那就不要做超过四个的标签。没有标签的儿童只有按次序等待。

〔2〕 Elizabeth Jones and John Nimmo, *Emergent Curriculum* (Washington, DC: NAEYC, 1994)112.

意义的。贴在门上告知班级去野外考察郊游的便签也是有意义的。留下提醒厨师明天野餐的便条也有意义。感谢条有意义。邀请函也有意义。

捕捉儿童自己的书面语言——包括口述的故事、诗歌、韵文、圣歌。这些可长可短，可以有阐释也可以没有。

书写对儿童来说是一个自然的活动。幼儿时期他们使用蜡笔和毡笔，渐渐他们转向使用铅笔去进行创造性书写。在教室某一特定地方配置书写工具和材料能够鼓励儿童去书写并进一步支持他们这一举动。空白书（订在一起的纸张）有些时候让人产生一种写故事的愿望。磁铁字母、邮票、字母表、图片字典对布置书写区来说都是很好的材料。

在第十二章里，做一个早间新闻汇报的例子告诉我们还有很多办法可以让儿童接触书面的东西。新闻不仅当面就被记录下来而且还发下去让父母读了。此类活动在家庭和课程中建立了桥梁，也让成人有机会和儿童交谈一天的心得。

鼓励儿童读所有看见的东西，而不仅仅局限于词。他们可以读他们的画、人们的面部表情以及一些标志，比方说雪天的足印（框13.5是提供了一个去阅读轨迹的例子）。

**框 13.5**
**观点集萃**

### 弹球绘画和早期识字

弹球绘画是学前游戏中颇为流行的一个活动。传统的玩法如下：儿童在颜料里滚动弹球给它上色，然后把弹球放在一张干净的纸上，把纸放在一个浅盒子或器皿的底部。以不同角度倾斜器皿，弹球就滚动起来留下一条条有趣的痕迹。儿童通过先给弹球上色，再把它们捡起来放在纸上，从中得到感官的经验。

围绕这项天真的艺术，网上争议四起。在一个儿童早期教育的邮件服务列表上，有人描述了弹球绘画可以有很多花样。一种是使用沾满颜料的小珠子和小首饰盒来制作精细的设计；另一种是使用沾满颜料的塑料蛋（里面装一些东西以便在滚动时能发出声响）和一个超大冰箱包装盒——此举动额外的一个好处是几个儿童可以彼此合作和协调他们的动作以便让盒子倾斜。（有人甚至建议以煮熟的鸡蛋取代塑料蛋，这又引起了另外一场争论——我们应当怎样正确使用作为艺术材料的食物。）

当有人提出质疑时，网上关于弹球绘画的争论被点燃了。有位人士指出虽然有一些身体训练包含其中，儿童在这一活动中却并没有多大的受益，而且这也并非创造性艺术当然更不是什么认知活动。网上又引来了很多回应，一篇文章讨论了留下痕迹的意义。这篇文章的作者认为留下痕迹是一个基本的识字概念。蜗牛游动时留下痕迹，这样我们能辨别它们的位置；沾了颜料的弹球也留下痕迹，我们可以跟随它们的痕迹观察它们在器皿底部是如何滚动的；儿童赤脚穿过颜料或水，然后穿过纸或水泥地，这样就会留下痕迹；书写也是留下痕迹的一种方式。书写过程中我们跟随了历史的足迹。

虽然低龄儿童还不能够在弹球绘画和书写中建立符号化的联系，但是他们通过观察留下痕迹的许多不同方式也受益了不少。最后，当他们学习书写的时候，他们逐步了解到阅读和书写的许多作用。

## 促进学龄儿童早期识字技能的发展

学龄儿童呢？儿童到了五岁和六岁时，他们的识字开始逐步向大众所认可的书写靠拢。他们通常能够写出自己的名字和其他一些字，此外一些儿童对创新式的拼写也很在行。一些儿童开始意识到传统拼写方法也是存在的。如果在儿童的早期课程中或在家里采用自然识字法，那他们就会很擅长探究问题、做实验、用创新性的语言一起玩——既包括口语，也包括书面语。他们探索的同时并不会害怕失败或犯错误。

在未来几年里的某个时间，他们会认识到自己是读者。他们还会发现读书为他们打开了许多扇门，让他们有机会接收新信息，这必将激励他们提高自身技能。

成人对这一过程有极大影响。在他们珍惜读书能力、提供材料和安静的地方、亲自悄悄读书给儿童听时，他们其实促进了儿童的读书技能。成人的榜样很重要。虽然他们可能不会在儿童面前读书给自己听，但他们借助于大声朗读说明书、食谱、便签和信件等方式向儿童展示了识字的重要性。当然，这中间还没有谁老到不能说故事和大声读书的程度。听别人读书是一生的乐趣。

小学阶段书写能力进展很快，因为儿童每天都被鼓励着写点东西。起初他们写的都是些抒情文——写自己、写自己的经历、写自己的感情、写自己的想法。他们还开始创作带有文学色彩的故事——包括故事的开端、结局、情节和人物。他们开始关注语言的韵律和声音并尝试着运用到他们的文章中去。最后他们会转向阐释性文章的书写——文中有辩驳、劝服、指引和诠释。

我们应当鼓励儿童把他们正在参与的课程项目和其他活动画下来和写下来。信息中心可以成为环境中的一个亮点，成人和儿童可以在这里为群体或个人留下信息留言。

对早期的书写者来说，流利比技巧更为重要。最终，当儿童明白为了发表而需要修改一段文字时，我们可以适当地教授儿童编辑、修改、重写文章的技巧，在编辑过程中，我们应当鼓励儿童互相帮助。

## 小结

语言帮助儿童建立认知联系，明确儿童的所需，收集信息，把实物和经历分类，然后把它们符号化地收藏起来以便于之后能够回忆、策划、组织、有序化经验。早期儿童课程应当对儿童所处的各种语言背景保持敏感。保护母语很关键，双语教学也适应于所有儿童，甚至包括来自说英语家庭的儿童。

儿童初学语言是从与成人和其他儿童对话开始的。对话的内容随年龄而发展。婴幼儿对话倾向于嬉戏的交流、对日常照看方式的讨论或对此时此地发生事件的对话。两岁时，当儿童开始有假想的时候，他们在对话中增添了想像力。学前儿童的对话围绕着课程方案进行。他们的语言本领变得更加精细,他们可以在不同水平层面上进行交流、登记切换,以及发展故事线索。学龄儿童的对话内容更深刻也更长。他们享受成人也明白的幽默,同时还参与到争论中——争论也被视为一种语言实践。在帮助语言发展的过程中,成人的主要角色是扮演语言和倾听技能的榜样。

这本书针对阅读和书写采取的是自然识字法。自然识字法和阅读准备法最大的不同在于它的全面性和完整性。它建立在儿童已经具备的语言技能的基础上,而不是传授脱离语境的单一技能。在早期识字中,成人的作用是鼓励儿童在拥有了很多有意义的书面材料(包括书籍)的丰富多彩的环境中进行对话和语言探究。书写和绘画工具每天都应当触手可及,这样才能够鼓励儿童对书写进一步探究和实践。

## 自我测试

学习本章后,你能够

* 列出语言容许儿童做些什么吗?
* 解释一下为什么语言必须在语境中学习吗?
* 探究一下和双语教学有关的问题吗?
* 讨论一下在一个只有英语的儿童早期课程中儿童丢失他的母语的危险性吗?
* 描述一种语言浸没课程吗?
* 描述不同年龄段对话内容是怎样变化的吗?
* 列举出一些成人在帮助婴幼儿语言发展中使用的方法吗?
* 描述一种帮助两岁儿童语言发展的方法吗?
* 解释一下假想在语言发展中扮演什么角色吗?
* 讨论成人是怎样示范良好的语言和倾听技能的吗?
* 解释一下为什么低龄儿童会说出"he goed"这样的错误用法吗?
* 解释一下"登记"这个术语的意思吗?
* 列举出一些成人在帮助学龄儿童语言发展中使用的方法吗?
* 解释一下争论在语言发展中扮演什么角色吗?
* 描述一下自然发生的自然识字法和阅读准备法的不同吗?
* 讨论一下自然识字法是怎样运用在婴幼儿课程中的吗?
* 列举出一些教师和抚养人在针对学前儿童和幼儿园儿童的课程中促进早期识字的一些方式吗?
* 举一些例子说明教师和抚养人在针对学龄儿童的课程中是怎样促进早期识字的吗?

## 需知术语

你可以用下面的词语造句吗?你知道它们的含义吗?

早期识字　　　　　　　　低情境文化
母语　　　　　　　　　　登记
语言浸没课程　　　　　　创新式拼写
高情境文化

## 深入阅读

Blaska, J. K., & Lynch, E. C. (1998, March). Is Everyone Included? Using Children's Literature to Facilitate the Understanding of Disabilities. *Young Children*, 36-38.

Chang, H. N., & Pulido, D. (1994, October/November). The Critical Importance of Cultural and Linguistic Continuity for Infants and Toddlers. *Zero to Three*, 13-17.

Edwards, C., Gandini, L., & Forman, G. (Eds.). (1994). *The Hundred Languages of Children*. Norwood, NJ: Ablex.

Hopkin, M. (1995, October). A Framework for Literacy. *Teaching K-8*. 52-56.

Howell, N. M. (1999, September). Cooking up a Learning Community with Corn, Beans, and Rice. *Young Children*, 36-38.

Lally, J. R., Mangione, P., & Young-Holt, C. (1991). *Infant Toddler Caregiving: A Guide to Language and Communication*. Sacramento, CA: California Department of Education and WestEd Program for Infant-Toddler Caregivers.

Moore, L. M. (1998, March). Learning Language and Some Initial Literacy Skills through Social Interactions. *Young Children*, 72-75.

Myers, B. K., & Myers, M. E. (1999, Fall). Engaging Children's Spirit and Spirituality Through Literature. *Childhood Education*, 28-35.

NAEYC. (1996, March). Position Statement: Responding to Linguistic and Cultural Diversity — Recommendations for Effective Early Childhood Education. 4-12.

NAEYC & The International Reading Association. (1998, July). Learning to Read and Write: Developmentally Appropriate Practices for Young Children. *Young Children*, 30-46.

Oken-Wright, P. (1998, March). Transition to Writing: Drawing as a Scaffold for Emergent Writers. *Young Children*, 76-81.

Saylor, D. M. (1994, July). Noise or Communication: Talking, Writing, and

Togetherness in One First-Grade Class. *Young Children*, 42-47.

Soto, L. D. (1997). *Language, Culture, and Power*. Albany: State University of New York Press.

## 结尾故事

一天在大学养育课上,我告诉我的学生把自己想要的和需要的东西说出来是多么重要。我对成人必须如何向儿童示范一种自信的交流坚信不疑。我问学生如果身边的成人没有示范给儿童清晰的交流方式,他们如何学会清楚地表达自己的意思呢?"不要指望别人能读懂你的心思,"我说得很坚决,"告诉人们你的想法和感受。然后儿童才懂得如何把他们的所需说出来。"

一个学生有点腼腆地举起了手。她害羞地说她不明白我的意思。带着一种抱歉的语调,她解释说她不认为儿童应当把他们的所需说出来。她说她的妈妈就能读懂她的心思。她从来不需要告诉妈妈她需要什么,因为妈妈早就明白她的意思。她认为人们之间交流的目标是超越言语。她说如果两个人关系已到了很亲近的地步,他们甚至不需要用言语表达就可以互通意思。这个学生来自日本,现在在美国学习一年。

另一个学生也举起了手。这一次是一位来自墨西哥的女士。"我认为读别人的心思没什么错。这只是一种亲近的依恋关系的标志。"她举了个例子:当她有话想和姐姐说时,姐姐总能在确切的时候知道她的意图并和她说话。

我此时意识到我一直以来都是站在自己的文化角度说话的,因而忽略了其他文化下的交流风格和目的。我来自一个低情境国家,那里我们喜欢把事情用言语表达出来。那两个和我持相反意见的学生来自高情境文化,在那里间接交流非常重要,不用言语表达的信息非常有价值。

## 下章导读

下一章将讨论数学和科学中的一种建构主义的方法。这与教儿童分类、符号、概念和过程的方法不同。成人并不通过教,而是为儿童创造机会,让他们通过社会互动、探索和试验,在一个丰富的环境中构建知识。我们将会看到儿童是怎样借助于他们感兴趣的日常活动、游戏和计划好的方案来学习数学及科学的。第十四章还提到了一个学习物理、化学和自然的方案教学法。最后,第十四章描述了在早期儿童阶段,一些可以用来学习科学和数学的基本材料。

# 第十四章 为数学和科学学习提供与儿童发展阶段相适应的经验

**建构主义的方法**
  儿童学什么?
  儿童如何学?

**数学**
  婴幼儿和数学
  学前儿童和数学
  学龄儿童和数学
  时间和空间的概念
  "真实世界的数学"
  游戏

**科学**
  建构主义的方法对传统科学课程
  物理和方案教学法
  化学和方案教学法
  两个基本的科学概念
  自然学习
  学习演变的教学方案

**数学与科学学习的基本设备和材料**

**小结**

**自我测试**

**需知术语**

**深入阅读**

**结尾故事**

**下章导读**

在这一章里你将了解：
* 什么是组织学习的建构主义的方法。
* 儿童去"构建"哪些数学以及科学的相关知识。
* 婴儿和幼儿做些什么来构建数学知识。
* 学前和学龄儿童怎样构建数学知识。
* 低龄儿童如何发展他们关于时间和空间的概念。
* "真实世界的数学"指的是什么。
* 通过玩游戏，例如多米诺骨牌和纸板游戏是如何帮助孩子学习数学的。
* 为什么对低龄儿童而言建构主义的方法学习科学比正式的科学课要更好。
* 孩子们是如何通过方案教学法来学习物理的。
* 变化和表现是如何与科学课程关联的。
* 儿童是如何学习自然的。
* 一些关于"过渡的教学方案"的例子。
* 一些用在各个早期儿童课程中的基本原料和设备。

成人是如何向小孩子教授科学与数学的？这个问题本身就是一个误导。我们并不像对高年级学生那样教授这些科目，相反的，我们观察、注意儿童的兴趣，建立起相应的情境，在适当的时候提出敏感问题，允许孩子们探索和实验。这种方法的目的是给孩子机会来构建关于物理世界的知识，并且探索出各种途径，用符号的方式来表达他们的发现。

## 建构主义的方法

在本章之前，**建构主义的方法**[1]（constructivist approach）还没有仔细地被加以讨论，但是它是一种本书所通篇阐释的学习的基本方法。建构主义的方法源于吉恩·皮亚杰（Jean Piaget）的工作。我们在这章将讨论它和数学以及科学学习是如何相关的，不过它也能适用于其他任何一种类型的学习。

皮亚杰提出了儿童早期获得的三种知识的类型：物理知识、逻辑—数学知识，以及社会知识。[2] **物理知识**（physical knowledge）是逻辑—数学知识的基础，是在儿童获得具体经验并且对世界提出问题时获得的。当儿童发现他们能够把较小的积木堆

---

[1] 原做"constructivist approach"，翻译为"建构主义者的方法"，按习惯翻译为"建构主义的方法"。——译者注

[2] Jean Piaget, "Piaget's Theory," *Carmichael's Manual of Child Psychology*, ed. Paul Mussen, 3rd ed., vol. 1 (New York: Wiley, 1970).

在较大的上面而反过来就不行的时候，他们就获得了物理知识。当他们发现弹球朝下滚但不能向上滚的时候，物理知识就出现了。儿童通过和物理世界的互动来构建物理知识，同样也通过和同伴及成人的交往获得物理知识。

第二种类型的知识，皮亚杰将之命名为**逻辑—数学知识**（logico-mathematical knowledge），这是关于两个事物之间关系的：这只杯子比那个大一些，但是它又比那个小一些。当孩子们探索和操作物体的时候，他们开始理解这些关系。这种知识是在他们和真实的世界互动之时在头脑里发展的。

**社会知识**（social knowledge）不是关于社会世界的知识，而是关于物理世界的知识，但它只能通过社会的方式学习，比如分类。举个例子来说，儿童能够玩上几个星期的积木并且构建很多物理知识和逻辑—数学知识，但是儿童不能"构建"出"积木"这个分类（的名字）来。该分类（的名字）是经由社会决定的。这个孩子不得不向其他人（通常是成人）学习知道这些木头玩意儿叫做"积木"。

当你逐渐熟悉皮亚杰的工作时，你会发现数学、科学和课程中的其他方面是不可分割的。尽管这章把数学和科学拿出来单独处理，但建构主义的方法其实不是这样的。当你一直读下去的时候，你会发现一些科学活动像是艺术活动，而一些数学活动能够以纯粹游戏的形式甚至在烹调教学方案中出现。就像读和写，数学和科学彼此之间或者它们和儿童早期学习的其他不同方面之间不能被分开。

## 儿童学什么？

在童年早期，儿童学到了关于数学和科学的什么东西？低龄儿童处理时间、空间、物理特性、运动和证据等概念，他们也学习变化——什么导致变化，以及采取什么形式变化——还有预计和预测。万圣节前夜的南瓜灯在整个十一月都放在架子上，发生什么事了？这个毛茸茸的灰色的原料怎么变成了南瓜？它为什么低下头？要多久它会失去光泽？

儿童也学习测量。要跨越这个沟来造个小桥，需要多长的木板？任何事物都可以被作为测量的工具，既包括标准的，也包括非标准的物体。儿童也许会很感兴趣地要知道根据他们自己的脚来量木板会有多长。木板对每个儿童来讲是否是相同的"脚"数？他们也能够使用尺子、码尺、带子丈量来学会标准的测量。此外，儿童能够学习其他各种测量仪器，像温度计、里程表、速度表，以及钟表。

低龄儿童学习关于金钱的知识。在某个下午，一个儿童护理中心的指导员让一些仍然在场的孩子数一个募捐罐子里钱款的变化。他们喜欢这个活动。小一些的孩子分类拣选，大一些的孩子数数、堆叠，并记录着。每个人都有一些事情做，这个活动抓住了儿童的兴趣，因为他们都知道钱对成人来说是一种很重要的东西，这就应该归入"真实的世界"。

儿童在很早的时候也开始学习自然。自然特别有趣，因为它也属于"真实的世界"。学习自然最好的方式就是走出去探索它。

## 儿童如何学?

儿童如何学习空间、时间、自然等诸如此类的东西?他们有很多学习的方式。很多早期儿童的材料、玩具、设备等都激发孩子去探索、实验、解决问题、互动以及无限地构建知识。儿童早期教育者们也致力于儿童的知识构建——建立情境去探索和实验,在适当的时候提出启发性的问题,指出引起好奇的矛盾,以及帮助儿童探索感兴趣的领域,而这些常常通过方案教学进行(见框14.1关于儿童学习的两个相反的观点)。

> **框 14.1 观点集萃**
>
> **关于儿童如何学习的两种观点**
>
> 一种学习观认为是成人向儿童传递信息。很久以前,在一期《今日心理学》(Psychology Today)杂志的封面上有这样一幅图片:一个成人弯着腰向着一个小男孩。成人嘴上接着水龙头,连接着小男孩脑袋上的漏斗。龙头是打开的,水流灌向了孩子。那幅画象征着孩子是一个用来填充成人知识的空桶。那幅画所描述的意思和本书所基于的观点是大不相同的。
>
> 从建构主义的观点来看,儿童生来就有无穷的潜力来构造知识。他们不能够完全自己做到这点,而是需要和这个世界——各种事和人身处其中——互动。要做到这一点,孩子们被很好地"配备"起来了:从一出生,他们就能吸引别人和他们互动。他们有内在的动力去伸手和抓握,去推去戳,去摇去打,去拆开东西看看它们是如何工作的。建构主义取向的成人会利用儿童自然的动力,给他们提供很多机会去探索、去创造过程、去做实验、去发现概念、去建立理论——换句话说,去构建周围世界的知识。

问题、难题以及议题在日常生活中一天天增长。举例来说,在第六章我们看见一个家庭保育员记录下了两个学前儿童饶有兴趣地试图在艺术桌前折叠纸飞机,在这个简单行为的基础上,保育员引导儿童经历了实验、信息搜寻,以及处理文献的过程。一些方案教学发生在自由游戏时间里(例如为了架设小桥丈量木板)或者发生在非计划的时刻(例如排列和数一数募捐到的钱)。自然学习也自然而然地提出了,比方说,一只小鸟在游戏场地里建了一个鸟巢,一个蜘蛛在建筑物上织了一张网,一个蜗牛在水泥地上留下了痕迹;这些活动也可以被事先计划好的,比如去本地的湿地进行一次实地考察旅行或者介绍一个特别的来访动物。

当你阅读这章的时候,留心科学和数学是密切相关的科目。事实上,下面的部分之所以被区分成独立的范畴,这仅仅是为了方便我们多少以一种有组织的方式来解释各种概念。

第十四章　为数学和科学学习提供与儿童发展阶段相适应的经验

在很小的时候，儿童就能学会欣赏并尊重自然和动物。

## 数学

当很多人想到数学的时候，他们想到的是计数或者加法。但是，在儿童的早期教育中，数学包含着巨大的范围，包括思维过程和更多的远不止基础的、复杂的动作，而不仅是计数和加法。

数学不仅是数字和符号，它还是一种看待世界、理解世界、分析世界，以及解决某种问题的特殊方式，而符号和做数学仅仅是工具。我们教数学可以追溯到教数学符号之时——在此之前儿童已构建了一些基本知识并且开始用数学的观点认识世界。

## 婴幼儿和数学

当宝宝注意到圆形对应着拼图的某个部分而方形对应着另外一个部分的时候，他们就在做数学了。区别对待一种形状和另一种形状是一项早期的几何技能。

当幼童把沙子灌进沙箱或者把水灌进承雨线脚（建筑名词）的时候，他们就学习了数量、质量、体积。最终，等有了足够的经验之后，他们会渐渐明白同样的沙子或水即使被灌到不同形状的容器里也保持一样多。对大多数成人来说，这看上去是很简单的结论，而我们常常忘了儿童不得不顺着次序来学习这个概念。皮亚杰把这个概念叫做"守恒"，因为里面包含了"守恒"的观念，即尽管外表可能变化，但是除非有东西加进去或被拿出来,否则量和数也不会发生变化。把八盎司[1]的水放进一个奶瓶里面和把八盎司的水放进一个猫食盘里面看上去虽然不一样,但是仍然是八盎司的水。成人从逻辑上知道这一点,但是小孩子不得不去获得这种理解。直到那时,他们还属于奇幻思维,也容易被知觉欺骗。

当幼儿把沙子混起来倒进沙箱的时候,他们就学习了数量、质量、体积。

但是,即使是成人也会把逻辑放在一边而被他们所看到的东西欺骗。你曾经看过麦片盒子的形状吗?它的前面和后面又高又宽,但是边上很狭窄。所以,当它们被正面放在杂货店的货架时,看上去里面有很多麦片。但是,它们被做成这个样子,并被如此放置是为了愚弄我们。我第一次把一大盒子麦片放到一个纸袋子里时(为的是从盒子底部获得奖品),我很吃惊这么大的一个盒子里面实际装的麦片却如此之少。

成人可能会有逻辑上的失误,偶尔还会被他们的感觉欺骗。但是小孩子仅仅依靠他们的感觉——他们的感知。我知道在我的头脑里八盎司就是八盎司。我还知道三个苹果,无论是整的,切片的,还是被做成苹果酱,都是三个苹果——除非有东西被加进去或被拿出来。然而,小孩子不能够"守恒"体积或数量,因此他们永远也不能确定

[1] 盎司:1盎司=28.35克。——编者注

当形状发生变化时,三个苹果是否还是三个苹果,或者神奇地变成了四个或者两个。直到孩子们超越了奇幻思维,他们才能处理抽象的数学概念。

## 学前儿童和数学

尽管学前儿童比幼儿更少地使用奇幻思维,但他们仍然不能摆脱它。数学对他们来说还需要非常形象具体。四岁儿童通过玩木头积木和手工材料来学习数学。当他们把餐巾按照椅子的数目放在桌子上的时候,他们是在展示一种叫做"一一对应"的能力,这是真正计算的前提技能。在一个具体的世界里,在儿童认识到计算包括给每个被计算的事物或者人指派一个数字之前,他们需要很多机会来探索这种一一对应的能力。在他们能这么做之前,计算只是在记忆中完成,而且此时对儿童而言,这不比一首胡说八道的韵律诗更有意义。

对于学前儿童来说,数学材料应该是可以用手工处理的。举例来说,拼接积木帮助儿童在身体水平上知道需要多少块短积木来造一个长龙。他们可能不会说,但是他们的确正在学习。如果当时对儿童来说看起来有趣或者有用,他们最终可能会注意到数量,甚至开始去计算它。

分类是另一类孩子们自然而然就被吸引过来的活动。老式的纽扣盒子或者装满螺丝、螺钉、螺帽的五金罐子对一些孩子具有相当的吸引力,甚至一碗干玉米、豆子、豌豆也能锻炼年幼孩子的手指和头脑。根据一些明显的物理属性来为事物分类是一项许多儿童乐此不疲的简单的数学任务。

分类也可能更加复杂。鼓励儿童为事物去指派类别,自己决定它们哪些属于一起的,为什么。比如按照形状、大小、颜色、原料或者其他明显的物理属性来分组。事物也可以根据功能(如:这些都是纽扣)、位置(如:这些都是在厨房里发现的),或者其他更有创造性的方式来分组。对儿童而言,分类时亲身操作物体让经验更加具体,也更加有趣。

画图、制表、投票对于低龄儿童来讲也是很有用的活动。"你最喜欢什么颜色?"就是这种让一群孩子能够进行全班调查的问题。给他们一些帮助,就能把各种回答制成图表。眼睛的颜色也是另外一个可以用来绘制图表的调查。孩子们也都曾用身体投过票:"想和安东尼的妈妈一起去进行野外考察旅行的站在窗户边,想和厨师莎丽去的站在厨房门边。"成人以后会教给儿童这种用身体投票的方法可以被用符号的方式表达。

## 学龄儿童和数学

尽管学龄儿童已经准备去学习符号,但他们仍然需要具体的经验以把数学带回家里。我们提到的许多学前活动同样也适合学龄儿童。大一些的儿童也能够在一个较深入的水平上参与那些同样的活动,比如分类、画图。

## 第三部分 常规教育导论：计划学习

在《低龄儿童》(Young Children)杂志上刊载的一篇文章记叙了幼儿园/一年级教师利用"牙齿的故事"来教加法和减法的事。[1]这个主意是从班级里发生的一件事情里产生出来的。教师有一天发现一个孩子掉了一颗牙，这不单是对这个孩子自己，对其他有着自己的"牙齿的故事"要说的孩子们也同样是一个多么有意思的事情呀。老师在观察到孩子们的兴趣后，基于此创设了一个很聪明的活动。第二天，他给孩子们发了白色标签、剪刀，还有一片绿色纸片，中间粘了一个张得大大的空嘴巴。他让孩子们把标签剪下当做牙齿，然后把它们放进嘴里来表示他们掉了多少颗牙。

一个孩子埋怨他还没有掉过一颗牙。老师乘势在一个更加有意义的背景下介绍了"零"的意思。关于这个男孩子的牙齿的故事见图 14.1，该图说明了他是如何丢掉了零齿的。老师还建议孩子们说说他们的兄弟姐妹或者他们自己小时候如何长牙的故事。在图 14.2 中，史蒂芬讲了一个关于他兄弟帽齿的故事。在图 14.3 中，查尔斯解释他丢掉四颗牙，而其他的都烂掉了。德里克的牙齿的故事(图 14.4)表明他的前面两颗门牙被拔掉了。正如你所看到的，在这个活动中出现了很多加法和减法。

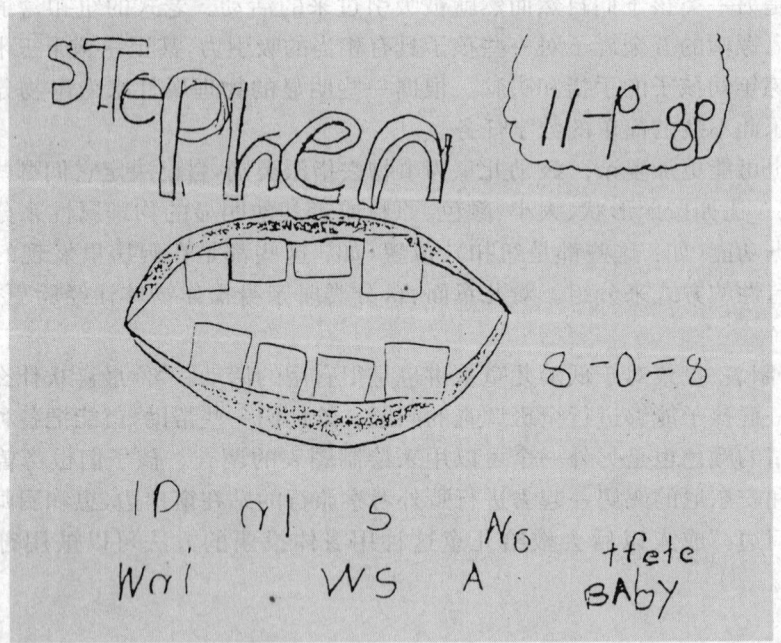

**图 14.1 儿童的"牙齿的故事"表示他们掉了多少零齿**

[1] Heidi Mills, "Teaching Math Concepts in a K-1 Class Doesn't Have to Be Like Pulling Teeth — But Maybe It Should Be," *Young Children* 48.2 (Jan. 1993): 17-20.

图14.2 史蒂芬兄弟帽齿的故事

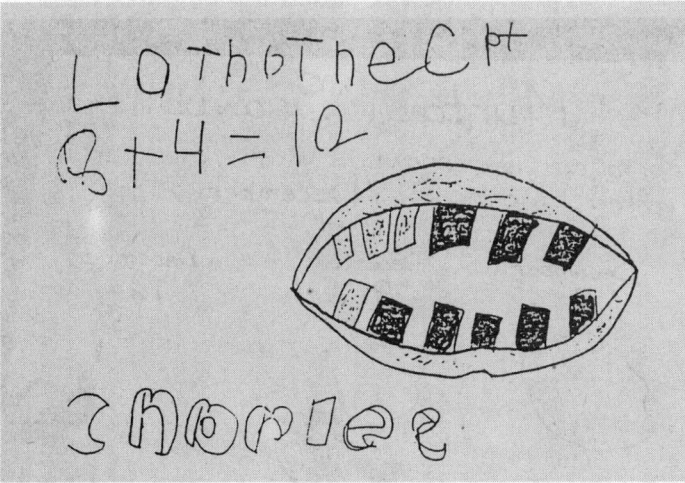

图14.3 查尔斯丢掉四颗牙,其他的都烂掉了

图14.4 德里克的前面两颗门牙被拔掉了

## 时间和空间的概念

测量时间是低龄儿童需要很多年才能完全发展的一项技能。这种课是以成人帮助孩子注意到普通一天之中的各种次序开始的:"我们在戴上围兜之前洗手,我们在吃之前带上围兜。""故事时间之后是小睡。""你妈妈正好是在科蒂斯蒂娜老师离开后来的。"当孩子们学会看表之前,他们发展了一种对时间流逝的感觉,是成人帮助他们获得这种感觉的。

一些教师帮助孩子用各种创造性的方法记录时间的流逝。一般的做饭定时器是证明短时间流逝的工具;等等有了足够的耐心,儿童能够看到计时器绕着圈子运动。一个蛋形计时器在展示时间流逝方面的视觉帮助比流动的沙子更好。

孩子们能够通过测量雪球的蒸发来学习时间的流逝。

一所幼儿园有一个出售烘烤食物的项目。孩子们报名轮班参与其中,把他们自己画的一幅图画粘在纸上来帮着卖货物。然后教师写下孩子们开始轮班的时间,并画了一个钟表,来表现钟表的指针在那一刻应该在什么位置。当"时间表"完成之后就被张贴起来让大家看。

另一个测量时间的练习是由另外一个课程项目指导的。孩子们做好雪球,然后把它们放在冷藏室里三个星期。每星期一次,孩子们拿出雪球,跟踪它们逐渐减少的体积,把这个记录在纸上。另外一个计划创建了一份日历来记录孩子们生活中的个人事件而不是常规的国家假日。还有另一个计划用日历的形式来区分孩子们在学校或不在学校的日子。他们使用红色小方格来表示学校在上课,而用蓝色方格鉴别假期和周末。

直到小学,孩子们一直在学习认时钟和日历。在学会从这种符号的层次上处理时间之后,他们还要一体化"今天"和"明天"的概念,以及知道一个小时有多长,这对大人来说是已经牢固掌握了的东西,然而儿童不得不去学习它。

理解时间的一部分是学习时间是线性的和循环的——就是说,它向前流逝却又能够循环往复。季节和月亮的周期就是时间自然循环的例证。儿童对这两个话题都很感兴趣,这些主题在很多儿童书籍里都能找到。

儿童也需要获得空间经验。他们要学会判断当他们把玩具和材料在使用之后拿走,是什么东西填充了这块特定的空间。他们把三轮车拖到停车场地上、他们建立了木头围栏然后发现里面将会装些什么。空间概念是真实生活学习中的一部分。当孩子们移动的时候,他们获得了空间关系进一步的经验。

## "真实世界的数学"

在开始处理**真实世界的数学**(real-world math)问题时,小孩子发展了数学思维。举例来说,教师在准备小组活动时就介绍了数学概念:"如果我们这小组有六个小朋友,每人一张椅子,那么要多少张椅子?"孩子们也构建他们自己的真实世界的数学经验。一旦他们开始理解数量,他们就开始数数、估计和比较。"嗨,她的葡萄比我多",或者"这不公平,他有那么多乐高玩具,我的却这么少"。

烹饪是一个很棒的真实世界的活动,它包含很多数学概念。配方需要很精确的成分数量(这个要三大汤匙,那个要半杯),特定尺寸的盘子(倒进一个 12×12 英寸的盘子),精确的温度和烹饪时间(在 350 华氏度下烘焙 20 分钟)。

## 游戏

孩子们也通过玩游戏取得数学上的进步。玩多米诺骨牌需要一一对应的关系来把骨牌和点数匹配起来。掷骰子游戏需要儿童把骰子上的点数和游戏板中的相应方格点数匹配起来;当使用两个骰子的时候,儿童倾向于先按一个骰子指示的点数移动步子,然后按另一个。当儿童对加法更加精通的时候,他们说:"哦,这是一个五点——又是一个五点。"因此他们移动五步,然后再走六步、七步、八步、九步、十步,配上他们第二个骰子的步数。最后,他们从心里学到了:"对了,五点和五点,这就是说我要移动十个方格。"

## 科学

建构主义的观点(正是本书所基于的观点),把孩子看成是科学家。如果你好好考虑一下这个问题是很有意义的。孩子们和科学家都是好奇的，有一种天性的趋向去发现更多那些激起他们兴趣的事物。儿童对于这个世界有一种奇妙和兴奋感。科学家们试图保持这种孩子的品质。科学家们寻求新知识的结构，儿童也一样。都去用行动探索和实验，都去验证和再验证他们的理论。

任何准备去研究些什么东西的人就是科学家——不论是成人还是孩子——也不论他的研究是否是"科学的"。当儿童构建知识之时，他们的行为就像是科学家，即便他们不在研究"科学的"东西。儿童（成人也是）无论探索、观察、反思、描述、分类，他们都像是科学家在活动。成人帮助儿童科学家的主要原则是提供资源，提出启发性的问题，还有帮助他们描述、分类，特别是帮助他们记录发现的东西。

## 建构主义的方法对传统科学课程

如你在这章将要看到的，运用建构主义的方法和建立一套传统科学课程，用没有关联的展示、活动，或者教师控制下的实验去学习分类、概念、过程的方法是非常不一样的。为了构建知识，儿童需要和其他儿童互动。当儿童在某个其他儿童也在场的情境下面对着物理问题的时候，他们会发现每个人看问题的方法都不一样。对某个议题，每个孩子都有一个完全不同的观点，或者用不同的方法解决问题。成人不能替代儿童，因为他们有太多的知识和权威。是通过同伴互动，孩子们获得某种从其他地方得不到的见识。

成人当然可以把他们的知识和孩子分享，不过当他们这么做的时候，他们有时就抑制了儿童解决问题的能力。一个好的成人角色是当孩子遇到问题的时候去问引导性的问题而不是提供一个答案。"我该如何把这两个牛奶盒子放在一起呢？"孩子问。如果成人说："试试用带子。"孩子就会马上跑向捆带子的人而不是用他自己的头脑思考。如果成人换种说法："喔，我想这里或者游戏场地里面会有什么你可以用的。"孩子就不得不自己思考而不是依赖成人的答案。

他可能会产生一个成人从未想到过的解决办法："用白色的蛋行吗？"当他偷偷瞥见隔壁房间的一群孩子在打鸡蛋做蛋白与糖的混合物时，他问他自己。他走向装饰活动区去寻找一些皮带。"我能把牛奶盒子捆在一起吗？"然后他有了一个主意。"或许外面有根棍子，我能把它伸进两个盒子中间，然后把它们一起挑起来。""粘贴工具有用吗？""当然，在那边的艺术活动区有胶水棒，它们可能有用。"显然，他第一个想出来的方法并不重要。对于标准的成人喜欢的解决方法来说，孩子的头脑实在太新鲜，太有创造性了。

## 物理和方案教学法

下面的场景描述了一个利用方案教学法来进行物理学习的课程。两个孩子在秋千下的沙地上旋转着、拖着脚走。当他们下来检查他们留下的痕迹时，教师发现了他

## 第十四章 为数学和科学学习提供与儿童发展阶段相适应的经验

们的兴趣。一个小男孩跑向了沙箱,那边有一个玩具铲子。他把它拿回了秋千那里,现在那里已经被别的孩子占了。他和那个孩子就有了一个简短的讨论,开头是"我先在这里的"。另一个孩子指出她来的时候这里还是空的,他没位子了。他不再说了,看着他的朋友继续在那里拖着脚在沙子上留下印子。然后他的同伴下来了,扭动着秋千,背靠秋千站着,想看看他脚下留下的螺旋形小道。他下来哼哼着,看着印子。与此同时另一个小孩开始拖着铲子围着圈跑,他也在实验着自己的小道。

教师注意到了所有这些围绕着留下痕迹产生的活动。这天的晚些时候,当男孩子们一起坐在书写活动区的时候,教师建议他们试着画下他们对痕迹的观察。他们接受了建议,画了一些图。教师给它们分类,也记下了孩子们对图的说法。

第二天,教师向男孩子们介绍了一个建立有关痕迹的教学方案的主意。三个女孩也很有兴趣地加入了。教师讲了一些描绘痕迹的方法,然后把小组带出去到秋千边,带着铅笔和装着纸的写生夹子,这样他们就能在现场记录了。当其他孩子从秋千上下来后,教师把一块"秋千关闭"的标志牌放上去,这样本方案的参与人员就不会被打扰了。其他的孩子知道正在实施一个方案活动,并且尊重参与人员对秋千临时占用的权利。

一会儿,教师从秋千上拿走了标志牌,邀请五个孩子进来。他们发现秋千顶上垂下了一根绳子,上面系着一个装满了沙子的塑料瓶子。下面是一块油布。当教师把系着瓶子底的带子拿走后,沙子就开始流到油布上。"让我们看看,你用这个钟摆一样的东西能够画出什么痕迹。"她对孩子们说。她拿起画夹子画下了油布上前前后后呈现出的各种图案。在她结束之前,男孩子们就想起了昨天他们画的圈。他们发现他们的图画被钉在了板报上,就把它们拿下来作了一番研究。他们急着想去看看是不是能利用那个钟摆式的装置在沙地上画出圈来。这并不容易,孩子们试了好几次来用钟摆装置画圈。

设想一下,这个项目能够有多少种不同的形式呢?用绳子系着一根画笔行不行?绘画的介质可以是画在纸上、水上,或者水泥地上。画出来的痕迹是永久的提示,而水上的只是临时的。

我们可以在前述的每个实验中都看到了乔治·福曼和戴维·库斯勒(George Forman & David Kuschner)所称之为的**变化和表现**(transformation and representation)。[1] 儿童作用于物体对象来改变它们。这样,就使它们动起来了。"表现"则是转化后留下的痕迹。男孩子们发现他们可以通过秋千和拖动他们的脚来在沙地上画出标记。他们创造了对于秋千运动的表现。教师通过邀请他们对表现作出叙述——叙述那些他们能保留下来的东西,进而把这个作为下一个步骤。通过帮助儿童使用钟摆装置来探

---

[1] George E. Forman and David S. Kuschner, *The Child's Construction of Knowledge: Piaget for Teaching Children* (Washington, DC: NAEYC, 1984).

索秋千,教师还可采取其他步骤。

一个星期后,我们转到了同一个方案计划,看到了在积木活动区发生的一些进展。从上个星期起,四个孩子中的三个,再加上其他的两个孩子在楼梯下面做了一个包含着钟摆的物理实验。这个钟摆是一个用绳子系在天花板上的乒乓球。这些儿童正在一个具体的水平上处理(学习)着数学和科学概念。

其中的两个孩子在乒乓球下面把积木堆成一堆,球在另一个孩子的手上。堆了三块的时候,那个拿球的孩子说:"这就足够了。"他放开了球,球就在积木上来回摆动。"错了,"那个放球的孩子说。"绳子太短了,"另一个孩子说。"积木堆得不够高,"第三个孩子说。"我想积木堆错地方了,"第四个孩子平静地说道。没有人听她的话。

当这些孩子探究平衡和感受了重力的拉动后想到了他们正在探索的物理法则。

最后,在两次尝试、两次失败后,一个孩子开始明白积木没有放在小球摇晃达到的最低点的地方。他和那个最先提醒这个问题的女孩一起试图向那个握着球的孩子说明。他们想让他把球放开,这样就能看看哪里合适堆积木了。那小孩拒绝了。然后他们发现可以直接把一堆积木移动到绳子连着天花板的地方。他们移动了积木。"还需要更多的积木,"那个女孩轻柔地说。

"你认为还要多少积木?"老师问道。"大概要一百多块,"那个拿着球的小孩说。"不用那么多,"第二个孩子说。"三块,"那女孩说。

"咱们看看三块行不行,"第三个小男孩说,他已经又放上去了三块积木。秋千的下一次摆动碰倒了积木的顶。孩子们开心地鼓起掌。那个堆积木的男孩马上开始着手做另一个实验,他把顶上的两块积木拿走,把第三块竖起来,"这会怎么样?"他问其他人。第一个男孩摆动了球,球把积木打到了地板上。

此时,那个女孩对老师说:"我想看看如果我们把绳子放长些会怎么样。"老师给她演示了一下如何改变绳子的长度,她已经准备好了另外一个实验。为了完成今天教学方案的任务,教师要帮助孩子反思他们的观察活动。最后,她还要给不同的钟摆实验照一些照片,组织绘图,然后把它们一起贴到墙上,这样孩子们就能继续访问他们的实验记录和成果。这种文献也能被用于将来帮助孩子们再次回顾他们的观察,也可以用于他们的新实验。一些儿童工作成果的例子和教师拍的更多的照片被放进了资料夹。

## 化学和方案教学法

小孩子们在其他"科学"实验中是如何做的呢?下面就是孩子自己整理出来的一个实验。

这是一个温暖、阳光明媚的日子,露丝在游戏场地的一角发现了一个土坑。她忙着从沙箱里拖一篮子沙子到土坑里。当她把沙子倒进坑里,沙子马上就不见了。露丝回到沙箱边又装了一满篮子,她把它堆在土坑边,但是不倒进去。然后她从泥坑的边上拿了一把沙子,慢慢地让沙子流下。一缕清风扬起了一些沙子,露丝对这个运动现象发了呆。她低下头看着泥中的沙子,注意到了黑色的软泥中沙子的白色颗粒,她宣布这是"糖"。她看着自己的脏手,拍拍干净。然后把一只手放在泥上的沙子上,推了起来。她的手和沙子没进了软软的泥中。

露丝被允许继续她自己的实验。她参与了一个课程计划。该课程把每个孩子看成是科学家。对教师们来说,露丝正在忙着构建知识,而不是制造混乱。但是,并不是每个老师都鼓励这种类型的实验的。框14.2列出了之所以这样的若干原因。

---

**框 14.2**
**观点集萃**

### 露丝玩泥巴和沙子的实验

"沙子放在沙箱里面",这是一个在很多早期儿童玩耍场地里面耳熟能详的说法。事实上,沙子需要花钱买,而且需要好好保存——甚至还要防备邻居的猫。沙子还需要防草,否则里面长了过多的草就会毁了沙地。

把沙子留在沙地的规则会毁了露丝的实验。但是,沙子不是这里仅有的争议。露丝的衣服怎么办?她一定要去进一步探索泥坑,而泥巴会留下永久的污点。衣服是个问题吗?

"是的,"一些成人说。从一个教师,或者家庭儿童保育人员的角度来说。最后需要洗干净露丝,这让关注其他孩子就困难些了。此外,有一种争议是**行为传染**(behavior contagion)。不用多久,其他孩子就会加入进来并且把这个实验变成一场无拘无束的混乱。一些早期儿童教育专家不会不赞成儿童自由地玩泥巴,但是他们知道一些父母可能会不高兴。

父母对于玩泥巴和做实验的看法如何?这里有一些观点:
- "我把孩子穿得好好地送到学校。我们是体面的家庭,对教育怀有一种深深的敬意。当我的孩子被弄得很脏,这会使我们的家庭丢脸。我们不想看到她浑身是泥。"

> - "人们的老一套是孩子搞脏了。我不想助长这种陈词滥调。但我女儿的衣服上和手指甲里面都是泥巴,看上去就像没有人管她。我希望在这个课程计划中她的确,而且看上去也得到了很好的照顾。我希望全世界都知道我女儿有个好妈妈,而且为她选择了高质量的儿童护理。"
> - "嘿,我为孩子的衣服花了钱。我不想它们泥乎乎的。除了玩泥巴洞之外,她还能用其他东西做实验。"
> - "我故意给孩子穿旧衣服,这样她就能尽兴地探索和做实验了。我把她的好衣服留在那些对她造型比较在意的场合里穿。我希望她在学校感觉无拘无束。"
> - "我不在乎儿子是否变脏了。但是人们希望小女孩要干净漂亮。"
> - "我希望女儿也有平等的机会。如果她被排除在男孩子才能有的某些实验之外,她怎么能全面发展——仅仅因为她的衣服可能弄脏?"
>
> 即使以课程的名义,教师、看护人员、抚养人员也不能忽略父母的意见。就像成人必须帮助儿童理解并尊重他人的观点一样,父母也必须这么做。当我们承认,尊重并谈及不同观点时,我们能够采取一种合作的方式,最终这会比推行单一的观点更加丰富,也更令人满意。

当然了,露丝的实验还可以转化成其他的形式。一个担心孩子玩泥巴,但又容许孩子们按照自己的热情来构建知识的成人也可以在游戏场的另一块地方以一种更加可控的方法来进行实验。为了更便于控制,这种实验甚至可以被带进室内,在桌子上进行。克里斯廷·查理和洛里·布雷顿(Christine Chaille & Lory Britain)在《作为科学家的儿童》[1](The Young Child as Scientist)一书中描述了一个相关实验。

一个叫卢卡斯的男孩子坐在桌子边,面前是一些装面粉、盐、沙子、水和油的容器。首先,他试着把水加入一些干面粉中,开始,他是用勺子搅拌,但是后来就用手了。最后,他把手洗干净。然后他开始了实验的下一个步骤——用手把盐加入水中,他能感觉到盐在手中融化。这一幕持续下去,而且结果很令人高兴地没有乱成一团。

依照着露丝自我开展的实验,小男孩的老师可以准备一系列的、类似于查理和布雷顿描述的实验中的材料。实验也可以不像卢卡斯那样干净,但是任何教师开始特定的化合物实验都要准备好最后一团糟的结果(以科学的名义)。当然,如果这类探索被认为是正宗的科学,那么方案教学所具有的元素都能够被应用。成人的任务是观察,并且提供进一步的深入学习,同时也帮助儿童整理和记录下他们的发现,并且进行反思。

## 两个基本的科学概念

要教给你的孩子物理概念,你不需要拥有物理学或化学文凭。你可以在两个概

---

[1] Christine Chaille and Lory Britain, *The Young Child as Scientist: A Constructivist Approach to Early Childhood Science Education* (New York: Longman, 1997).

念——即运动和变化的基础上创造一个完整的问题线。回顾一下本章迄今讨论的各个实验，它们都是基于两个简单的问题——"事物是如何运动的？"以及"事物是如何变化的？"

这些学前儿童在热天玩水的时候学习了关于数量、质量、体积以及很多东西。

按照建构主义研究者康斯坦斯·卡米和雷塔·德蕾斯（Constance Kamii & Rheta DeVries）的理论，儿童通过观察和使得物体运动以及变化来学习"物理知识"。[1] 我把水灌进沙子后将会如何？当我把球滚下滑梯的时候会发生什么？

卡米和德蕾斯列举了四种能帮助构建物理知识的要素。首先，在儿童的行为和事物或物质的反应之间应该具有联系。把水灌在沙里去感受沙子比只是看着成人演示水浇在沙子上的效果要好。其次，儿童必须能用不同的方法来尝试事物。没有变化，就没有实验。当孩子把球滚下滑梯两次之后，她就焦急地想尝试一些新东西："如果滑梯上有沙子对小球有什么影响？如果上面是水呢？积木会和小球一样滚下来吗？玩具车又如何？"再次，儿童看到物体或物质互动得越多越好。一些过程是不可见的，像空气循环、电力、重力。事实上，儿童可以通过观察它们的效果来学习这些过程，但是若能观察到这些过程直接和自己的行为交互的话，儿童可以学到更多东西。最后，互动越及时越好。举个例子，种植和培育一粒种子比之于在剃须膏上临时性地画一幅画而言需要更长的时间，也要更多的耐心去观察。[2]

透明的塑料物体是使得特定过程可见的理想工具。把玩具汽车、火车或者小球放

---

[1] Constance Kamii and Rheta DeVries, *Physical Knowledge in Preschool Education: Implications of Piaget's Theory* (Englewood Cliffs, NJ: Prentice, 1993).

[2] Kamii and DeVries, *Physical Knowledge*.

进不同倾斜度的管道里能帮助儿童学习速度和下落角度的关系。使用透明塑料管,儿童就能够亲眼看到过程。若用卡纸做的管子,小车就很简单地消失在管子里,又忽然冒出来,这就限制了对过程的观察。

## 自然学习

儿童不能用探究科学其他分支的方法——例如物理的方法来探究生物学和生态学。用无生命的东西,比如钟摆来做实验是一回事,但是自然包含着各种活的生物和有机体。儿童必须学会对自然有个基本的尊重。我们不想让他们得到这样的信息,以为要进行研究就可以从鸟巢里拿走鸟蛋,或者把鸟巢拆开看看它们是怎么做的。他们要知道把苍蝇的翅膀拔下来看看发生了什么是不行的。

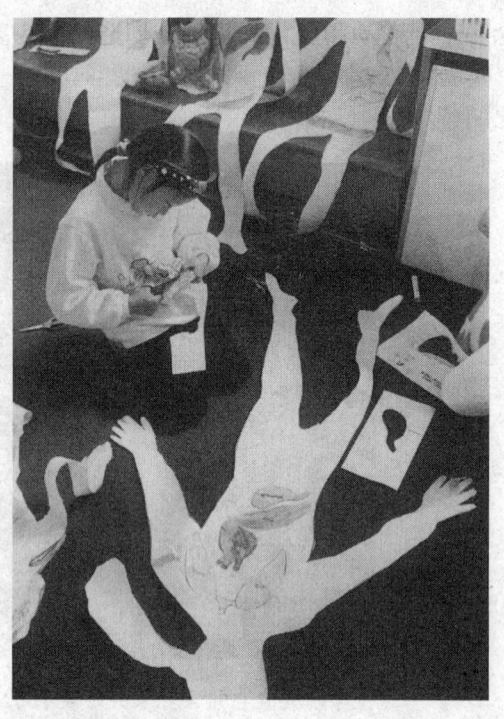

这些儿童正在投入到使不可见的东西变得可见的过程中去。

当他们构建生物学和生态学的知识之时,我们希望儿童明白自然和我们的关系——两者彼此之间相互依赖。生命之网是非常重要的概念。我们不能在自然学习的教学中不带着价值教学。

成人的态度使得儿童所学的有很大不同。若成人是满怀兴趣的、好奇的,尊重自然的观察者,儿童也很可能用同样的方式去观察。当教师对儿童正在学习研究的东西表现出更多的兴趣时,这也是一个有用的信息。教师能够示范如何通过使用资源来拓展知识——通过书本和其他帮助进行更深入的探究(关于教师如何示范请参见第六章)。

我们希望儿童对待自然彬彬有礼且心怀敬意,但是我们也希望他们构建知识,而这需要用动手的方式。因此,挑战在于既教会儿童价值的同时,也满足他们的需求。他们不能像对待积木、小球或者是钟摆那样来对动物进行动手实验。

## 学习演变的教学方案

无论如何,儿童能够观察自然演变。变化是贯串科学所有分支的主题。一些演变,尤其是在大自然中发生的演变比其他变化要缓慢得多。观察树木生长和鸡蛋孵化看上去要花一辈子的时间,这和在塑料管里面跑玩具火车,或者在沙子里面混入水那样即时的变化完全不同。

在用激动人心的事件激发了孩子们的兴趣之后，某课程发现了很多种办法来学习演变。一些小鸡在儿童护理中心外的地面上做窝。母鸡和公鸡在很长一段时间里成为一道风景线。但是一直没有看到小鸡，直到春天的某一天，孩子们才看到了那些黄色的小绒球跟在鸡妈妈的后面。这是令人激动的一天。班级分成小组轮流出来观察小鸡，这样几个教学方案也就随着儿童的兴趣顺理成章地被提出来了。

**两岁孩子学习演变** 在两岁孩子的房间里，一位教师决定和孩子们一起研究鸡蛋。这是这么一幅场景：亚瑟米和三个小孩在听老师讲故事。老师正在向他们展示书上的图画。有一页纸上画着一只大鸟，另一页上画着一些装饰性的鸟蛋。亚瑟米正在专注地边听边观察。

教师讲完故事之后，在书上夹上标签，把它摊开放在桌上。然后说："现在，我给你们看看真的蛋。"她去柜子那里拿出了一个柳条篮子。把篮子拿回来后，孩子们看到四个棕色的蛋和两个白色的蛋。亚瑟米伸出食指，小心地触摸篮子里的蛋。她看着打开的书，又回头看看篮子里的蛋，对其他孩子说道："（是）她妈妈，她妈妈。"然后她看着老师，重复道："她妈妈。"老师回答道："对了，亚瑟米，蛋是从鸟那里来的。"这孩子摸着书上蛋的图画，用食指画着蛋的轮廓。然后又到篮子边，还用食指来摸摸真的蛋。

老师问孩子们是否愿意画一幅画。亚瑟米兴奋地拍着手说："当然啦！"教师发给孩子白纸和一些油性毡笔。亚瑟米拿了一支棕色笔，在纸上画了一个又一个圈圈。然后又拿了一支蓝色笔，在纸上画了一些像"之"字形那样的图案，宣布"好了"。看上去，她好像画下了她看到的蛋的自然本色，她还给它们加了个蓝色图案，就像书上画的一个装饰蛋那样。

老师从篮子里拿了个棕色蛋，问亚瑟米是否想抓抓它。亚瑟米站起来说道："好哎！"她把手并在一起，掌心向上，坐了回去。其他两个孩子放下了油性笔，站到了亚瑟米身边。老师把蛋放到了亚瑟米手里。她小心翼翼地捧着蛋，盯着看。把蛋拿了几分钟之后，亚瑟米被要求把蛋传给坐在她旁边的丹尼尔。她站起来，整个身子转过去，保持着捧着的姿势伸出手。丹尼尔从她手里拿了蛋，亚瑟米坐了回去。

丹尼尔飞快地摇着蛋，结果把蛋打在桌子上面，蛋破了。亚瑟米跳起来，喊道"不！"她报告老师："丹尼尔把蛋打坏了。""让我们看看蛋里是什么。"老师说着把蛋从丹尼尔那里拿走，把它装进碗里。

不管这个教学方案在开始是否清楚地设计了实验来看蛋里蛋外是什么，无论如何，教师让孩子们观察破了的蛋和它里面的东西，这就灵活地继续了课程。很明显，她知道把蛋交给两岁的孩子是要冒险的。

第二天，教师带来了一纸箱蛋，帮助孩子打碎它们做搅拌鸡蛋。第三天，他们煮熟了一些蛋，在蛋凉了之后花了不少时间剥开外壳。在他们剥蛋壳、吃鸡蛋的同时，教师帮助他们反思之前对于蛋的经验，并且比较生鸡蛋和熟鸡蛋。

**学前儿童学习演变** 这位学前儿童的教师借由小鸡孵化所激发的兴趣走到了一个不

同的方向上去。她带来了蚕茧——像灰色的小斑点——把它们放到了铺着干净纸张的盘子里。她把放大镜放在旁边,这样孩子们就能检验这些小逗号般的蚕茧。

在温暖的屋子里没用多久,这些灰色的小斑点就开始蠕动起来,这时候,教师把它们转放到一个干净的、底上铺着纸的玻璃容器里。然后开始每天放进新鲜的桑叶、扔掉旧桑叶的常规工作。孩子们也一同工作,一些人负责喂养和清洁,一些人则负责为蚕宝宝的成长绘图和记录。教师还造了一份时间表的略图给孩子们每个周末带回家。

蚕宝宝吃了很多叶子,长得快得让人吃惊。如果孩子们非常安静,他们就能听到蚕宝宝吃桑叶时发出的"沙沙"声。孩子们每星期画两次画来记录进展。他们还做了档案,名字就叫蚕宝宝,甚至口述蚕的故事。

当第一条蚕长到四英寸长,开始结网的时候,这是一个让人激动的时刻。老师把小棍子和折好的纸片放到玻璃容器里,这样蚕宝宝就有很多藏身处和裂缝来隐藏它们的茧了。蚕宝宝一条接一条地吐起丝来,把自己包进茧里——那些白色的,还有一些黄色的舒适的丝制小球里面。

孩子们的任务结束了。现在他们所能做的就是等待。他们核对着日子,直到第一只蚕蛾出现了。从那时起,事情进展神速。蚕蛾一配种之后,就产下了千百个黄色的小卵。卵粘得到处都是。一些整齐地排成列,一些则排成不规则的串。

突然,急速的配种和产卵停止了。一切都寂静下来了。蚕蛾死了,但是孩子们并不伤心。他们清楚地知道,这是一个循环的结束,也是另一个开始所必需的,因为卵正在从黄变灰。蚕卵将被储存在冰箱里,到下一个春天再拿出来。

终究,这个教学方案在持续一年后结束了。所有的东西都被老师和孩子们很好地记录下来。墙壁上和资料夹里都是图表、图画和其他各种关于蚕成长的信息。图书角多了三本关于蚕的新书——一本书是孩子做的,一本是教师和孩子们联合制作的,还有一本是商业出版物。

**学龄儿童学习演变** 在学龄儿童的屋子里,有一个不同的教学方案也是从孵化小鸡发展而来的。这个教师带来了能孵出来的蛋来孵化。孩子们帮忙做了孵化器,做了一套系统来检查鸡蛋、翻动它们、划分出日子一直到估摸着小鸡孵化出来。鸡蛋孵化的教学方案比蚕宝宝的教学方案要慢得多,也比较缺乏兴奋感,可孩子们已经大了,有足够的耐心。他们每个人都在预期哪个鸡蛋最先孵化,何时孵化,对各自的预测画了图表。

当最终开始孵化的时候,其他班级的孩子也被邀请来参观。大些的孩子依次录像。此后,他们饶有兴趣地看带子快进。一些两岁大的孩子,他们发现真实的孵化过程有些慢,也对快放的录像带很有兴趣。还有几个学前儿童耐心地看着小鸡慢慢地破壳而出。

学龄儿童事前做了研究如何去照看刚孵化的小鸡,马上就去给它们做了一个围栏。去饲料商店本身也是一个有意思的教学方案。事后的定期记录反映了去饲料商店的旅途上获得的各种不同经验。孩子们仔细地记下了包含的各种费用,做好了计划去卖母鸡最终将生出的蛋,以弥补部分花销。

## 框 14.3 提示与技巧

### 你能做一套积木吗？

一天，一位早期儿童从业人员新手在互联网上征集，看谁能够用木头片做一套单元积木。她说她没有钱买一套真的，但是又希望孩子们有一些积木可以玩。一些回应鼓舞了她，教她如何仔细丈量，如何打磨边角，如何保存木头以免开裂。还有一些人说，家庭自制的积木不可能被做成精确的尺寸以实现它们本应发挥的功能，积木不可能配合得很好，也不能作为数学工具。

事实上，两种观点都有可取之处。自制积木和硬木单元积木不一样。但没有积木形状的木头片本身可以用来让孩子探索和实验有关大小、形状、平衡、匹配以及很多其他的物理学概念。事实是它们很便宜，甚至是免费的，这也就让它们的使用更为宽松。一套好的硬木积木是一笔大投资，大部分成人看到它们在创造性的实验里易于被损坏、涂抹、丢进水里，或者在户外拖动时，感到很不舒服。

## 数学与科学学习的基本设备和材料

现在，你有了关于在各种数学、科学相关实验和教学方案中有用的各种材料的看法了。下面列出了一些最基本的材料和对它们如何应用的解释。

- **硬木单元积木** 这些积木被制成精确的尺寸。这样它们绝对地一样宽，一样厚。它们之所以被叫做"单元积木"是因为基本单元都是方的。两个方块等于一个短的长方块，两个短方块等于一个更长的方块，以此类推。大多数早期儿童专家认为在早期儿童设备中，一套好的硬木单元积木非常重要（见框 14.3 对购买硬木积木的不同看法）。

- **沙子** 沙子作为一种通用材料，出现在任何儿童打发时间的场合。沙子独自很有用，而当东西被加进沙子里的时候就会变得更有趣。挖掘和填充工具，如篮子、干净的容器、漏斗、铲子、筛子是传统的玩沙装备，但孩子们常常对于在沙子上使用什么有自己的想法。他们喜欢用自然之物，如树枝、树叶和石头。水源给玩沙子增加了另一个兴趣维度。儿童自己有办法把水运到沙子那儿，反之亦然，即便水源比较远。

- **水** 水有无穷的乐趣。儿童能花上几个小时来探索水的性状。水管、喝水用的喷泉、水池、承雨线脚、桶、餐盘、塑料水池是他们玩水时用到的全部装备。和沙一样，水本身就很有趣，但把东西加进去之后——或者把水加入不同物质之后观察它们的变化——儿童的兴趣会大增。

- **游戏面团** 根据不同的配方用面粉和盐（有时是熟的，有时是生的，有时是油的或者是酒石膏的）制成。游戏面团是早期儿童的标准材料。做面团和玩面团一样都是对变化形状的训练。游戏面团（对儿童的行为来说）是非常敏感的，它能够单独去玩或者用工具和玩具玩。

- 泥巴　和面团一样，泥巴对儿童的行动而言也是敏感的。它能提供一种独特的感官训练，特别是和水混合的时候。一些早期儿童教育家强烈地感到儿童在被教会如何做东西之前，本该有几年纯粹的探索泥巴和用泥巴做实验的时间。他们认为，应当强调探索泥巴的性质。另一些人认为游戏面团和泥巴是儿童进入象征表现阶段的媒介。雕塑和绘画一样是一种自我表达的方式。有一种观点认为，雕塑和绘画两者是"儿童的许多语言。"[1]

- 书写、绘画、涂抹设备　各种纸、铅笔、油性笔、粉笔、蛋彩画笔、各种画笔，还有各种各样的装备，例如绳子、带子、胶水、订书钉都能够被儿童按照意愿创造性地使用。

- 可拆开的部件　木头盒子、梯子、木板（夹板和平板）各种可拆开的部件给儿童足够的机会来建造和探索。用这些物件，儿童能够建造斜坡、桥、滑梯来攀爬、穿越、匍匐或者滑下。当然，需要成人的监护来保证安全。

泥巴对于（儿童的）小手来说是敏感的，它提供了感官训练，还让儿童能去探索变化的过程。

[1]"儿童的许多语言"是一本书，也是关于瑞吉欧学校和它们的教育哲学的巡回展览的名字。这也是一个隐喻，用来比喻儿童通过将想法、观点和经验符号化来进行交流的许多不同途径。

这里只是初步地列出了最基本的早期儿童设备和材料。用你的想像力来把各种环境中的其他大量的物件用于进行数学和科学教学，以及课程其他各方面的教学。

## 小结

成人不是教儿童数学和科学，而是给他们机会来构建知识。他们的任务是去观察、注意儿童的兴趣，创设相应的情境，在适当的时候提出启发性的问题，容许孩子探索和实验，在他们需要的时候提供资源。这种教的方法是基于建构主义的学习方法。根据皮亚杰的理论，建构主义的方法帮助儿童学习物理知识、逻辑—数学知识和社会知识。

儿童早期教育者致力于创设教学方案来构建知识，以帮助儿童追踪他们感兴趣的领域。教学方案使得各种知识构建和概念发展的互动、探索、解决问题（的活动）变得更容易。儿童也从"真实世界"的活动和游戏中学到了数学概念（如时间、空间）。

在科学中采用建构主义的方法和建立起传统的科学课程，以及那种用不相关的展示、活动和教师控制的实验来教孩子分类、概念和过程的方法大不相同。变化和表现是低龄儿童在学习早期的物理和化学课程、进行探索时的两个基本科学概念。儿童问他们自己三个基本问题："事物如何运动？""它们如何变化？""它们在运动和变化之后留下了什么痕迹？"

当儿童去学习自然，特别是生物学和生态学的时候，他们不能用探索无生命世界的方式去做探究和实验。儿童需要对自然树立起尊重，并能理解人和自然之间的相互联系。成人的态度使得儿童的学习差异很大。如果成人是个饶有兴趣的、好奇的、尊重自然的观察者，儿童就很可能用同样的方式去学习研究自然。

早期儿童数学和科学课程需要一些基本材料：单元积木，沙，水，游戏面团，泥巴，书写、绘画、涂抹的材料，以及分类齐全的拆装部件。但是这只是一个大概的列表。通过运用想像力，早期儿童教育者能够加入无穷无尽的材料和装备来使得学习的各个领域更加便利。

## 自我测试

学习本章后，你能够
* 解释什么是学习组织的建构主义的方法吗？
* 列出儿童"构建"哪些数学和科学的相关知识吗？
* 举一个表明婴幼儿构建数学知识的例子吗？
* 举一个表明学前儿童和学龄儿童构建数学知识的例子吗？
* 解释一下低龄儿童论证时间和空间的一些方法吗？
* 给"真实世界的数学"的经验举一个例子吗？

* 解释一下通过玩游戏,比如多米诺骨牌和纸牌游戏是如何帮助儿童学习数学的吗?
* 比较一下建构主义的方法和正式的科学课的方法吗?
* 举一个儿童通过方案教学法来学习物理的例子吗?
* 界定"变化和表现"吗?
* 举一个儿童通过方案教学法来学习化学的例子吗?
* 探讨一下儿童学习自然的时候产生的议题吗?
* 举一个"(学习)演变的教学方案"的例子吗?
* 举出四个儿童早期课程中使用的基本材料和设备的名字吗?

## 需知术语

你可以用下面的多少个词语造句?你知道它们的含义吗?

| | |
|---|---|
| 建构主义的方法 | 一一对应 |
| 物理知识 | 真实世界的数学 |
| 逻辑—数学知识 | 变化和表现 |
| 社会知识 | 行为传染 |

## 深入阅读

Chaille, C., & Britain, L. (1997). *The Young Child as Scientist: A Constructivist Approach to Early Childhood Science Education.* New York: Longman.

Dahl, K. (1998, January). Why Cooking in the Curriculum? *Young Children*, 81-83.

Forman, G. E., & Kuschner, D. S. (1984). *The Child's Construction of Knowledge: Piaget for Teaching Children.* Washington, DC: NAEYC.

Kamii, C., & DeVries, R. (1993). *Physical Knowledge in Preschool Education: Implications of Piaget's Theory.* Englewood Cliffs, NJ: Prentice.

Owens, C. V. (1999, September). Conversational Science 101A: Talking It Up! *Young Children*, 4-9.

## 结尾故事

我记得那天,偶然出现了一个科学实验。我没有准备去教科学,只是想让孩子玩面团。我收集了一些原料,一些三四岁大的孩子帮我。然后就有了一个大问题——我们要把面团做成什么颜色?孩子们查看着装着彩蛋画颜料的容器。当他们看到一罐黑颜料时,他们兴奋了。"就用黑色,"他们一致同意。所以就用黑色了。

黑色很受欢迎,这里有一些原因。最近我们班一直在讨论黑暗。那时是秋天了,白天在变短。万圣节道具就放在角落边。一个孩子开始谈到他准备做的黑蜘蛛。

因此,我们开始着手混合干原料。在一个大碗里倒进面粉,接着放入盐,然后倒入许多黑色彩蛋画颜料。我不想用这么多,但是一转身,两个孩子就倒进去了。我并不真的在乎,因为原料已经放了很长时间,而且这样制成的面团可能会是真正的黑色而不是灰黑色。我对甘草色的面团有印象。

当我再次在错误的时间转过身去的时候,又发生了一个大错误。两个孩子加了两倍于要求的水。那时我只是个新教师,还没有学过如何在"烹调"教学方案中维持一些控制。我当时也没有想到过探索科学。

孩子们把勺子和手伸进去搅拌。真是一团糟。面团成了纯粹的液体——黑色液体。我走向放面粉的碗橱,说"再加些面粉!"两个孩子一边跟着我,一边把柏油一样的东西滴到地板上。我让他们迅速回到碗边。

我到了碗橱那里,面粉没有了!与此同时,我在架子上搜寻的时候,一个孩子拿起了黑色颜料罐,把剩下的颜料都倒进去了。不幸的是,这没有让那些半流体变厚些,只是让它稍微黑了些。我疯狂地搜索着碗橱,我想,那里一定会藏着一些变稠的药剂。但是没有。可孩子们不在乎,他们开心地玩着造出来的黑色汤。

另一位老师忽然从外面探进脑袋,宣布快到清洁时间了。当她看到发生的一切时,眼睛瞪得大大的。清洁时间——对我而言真是太好了。我想我们最好马上开始,因为要把这一团糟搞干净得花好些时间。

我事先没有预计好的是,水池到我们工作的地方要穿过整个房间。两个孩子晃悠过去,一路上留下黑色的泥。其他人看着他们留下的印子觉得很酷,于是都放下碗,开始穿越房间,在已经洒上水滴的地板上再加上自己的水滴。很快,通向水池的路上铺满了黑色的脚印和水滴。

我们确实证明了"变化和表现"。孩子们注意到了屋子是如何变化的,但我没有发表意见。因为我正在忙着试图保持镇静。我本该和他们去做反思和记录的工作,可实在是没那个热情。

孩子们想帮忙,但反搞得更糟糕。黑色的涂料总是清除不掉。即使用水冲,还是很黑。我有个感觉,如果我今天再次参观这屋子,还会发现那个偶然产生的关于变化的教学方案留下的蛛丝马迹。在这个教学方案之后,我学会了更好地组织。我也学会了把黑颜料罐的盖子盖紧。

## 下章导读

下一章阐述了传统学科领域——艺术、音乐和社会学习的早期儿童课程。你将看到,艺术和音乐容许低龄儿童去动手探索,去发明,去创造,去解决问题,去交流情感。

你将看到,艺术和音乐既是个人努力,也是合作。

第十五章还将探究早期儿童社会学习,这是从学习自我开始的:自我概念、自我形象、身体意识、自尊。我们会看到儿童怎样通过学习他人,理解其他观点,以及发展正确的互动技能来获得自我的知识。当儿童学会了自我和他人的时候,他们就开始形成社会的概念。

下一章和整本书以此为结尾:看看早期儿童专业人员如何编制课程的不同部分,将之整合为整个课程的构造。我们也将检验一种叫做"织网"的很有用的课程规划技术。

# 第十五章 把艺术、音乐和社会学习整合到整体课程中

## 艺术
- 儿童从艺术经验中学到了什么？
- 帮助儿童获得艺术经验

## 音乐
- 帮助儿童获得音乐经验
- 集体活动：唱歌
- 集体活动：乐器
- 创造性活动

## 社会学习
- 以自我为起点的社会学习
- 从自己到他人
- 从自己和他人到社区

## 儿童早期教育专家如何组织课程结构
- 创建并解释整体课程
- 创建主题网

## 小结
## 自我测试
## 需知术语
## 深入阅读
## 结尾故事

## 第三部分 常规教育导论：计划学习

**在这一章里你将了解：**

* 儿童早期教育如何处理音乐、艺术和社会学习这样的传统学科领域。
* 为什么很难把儿童早期课程划分成独立的学科领域。
* "艺术"活动为什么有时看上去像是"科学"的教学方案，反之亦然？
* 儿童是如何通过创造性的艺术经验发展身体和认知技能的。
* 儿童是如何通过艺术表达自己感情的。
* 如何与儿童谈论他们的艺术。
* 成人在帮助艺术学习的过程中能做些什么。
* 艺术如何既可成为个人努力的成果，同时也成为合作经验的。
* 为什么儿童能从针对音乐和艺术而采取的自由的探究方法中获益呢。
* 儿童创作音乐的一些不同方式。
* "音乐中心"应该为儿童提供什么。
* 音乐是如何成为集体活动的焦点的。
* 对自我、他人、社区的学习是如何适应社会学习课程的。
* 成人在向儿童传达偏见和负面形象时扮演什么角色呢。
* 儿童在学习"社区"这个概念时学到了什么呢。
* 儿童早期教育专家是如何创建整体课程的。
* 儿童早期教育专家是如何向家长展示一个平衡的课程的。
* "织网"是什么意思。

  不像高等教育，儿童早期教育不能被单纯地划分为独立的学科领域。例如，当你看见儿童在幼儿园教室或家庭儿童护理之家忙碌时，你能够借用传统的学科来界定他们正在做什么，但你可能因此而犯了一个错误。拿艺术来举个例子，在上一章里我们看到过很像艺术的科学教学方案，然而它的目的却是构建物理知识。当儿童坐在"艺术桌"旁摆弄着游戏面团或者泥巴时，他们是在从事"艺术"吗？要是一个儿童把游戏面团和泥巴用于创造性的表达，而另一个儿童却用它表现一些观念和感觉呢？的确一些儿童喜欢捣鼓游戏面团或者泥巴，这大多为了满足他们的感官体验——纯粹是享受触摸它们的乐趣。

  画画也是一样的道理。例如通过画野花来记录下一个教学方案，此时儿童是在从事"艺术的"工作还是在"记录资料"？幼儿用毡笔胡乱画画，他们是在投身于艺术、感官还是早期识字？

  想想音乐。音乐可能被认为是一个独立的学科，但儿童往往会把一些音乐的成分结合到日常的经验中去——比方说骑三轮脚踏车的时候哼着小调，在沙箱的边上敲打出旋律，在睡觉的时候哼首歌或圣歌之类的曲调。

  接下来是社会学习。可以说整本书都是关于社会学习的。毫无疑问，教会儿童符

第十五章　把艺术、音乐和社会学习整合到整体课程中

合社会的行为是贯串每一章的线索，甚至关于数学和科学的第十四章也在强调建构主义学习是一个互动的过程。我们几乎从未训导过儿童"做自己的工作"。儿童的"工作"很难和游戏区分开来，而且这种"工作"几乎总是合作性质的。所以你不得不说事实上儿童早期课程中出现的所有东西都与"社会学习"有关。

社会学习开始于自我的知识，逐渐转向学习他人。这其中最重要的学习包括与他人相处、解决矛盾、合作、分享和沟通。作为社会学习课程的一部分，儿童还在第一时间学习社区。社会学习的一个重要目的是尊重多样性，即欣赏文化、种族、阶层和能力之间的差异性。

作为最后一章，本章的目的是讨论一下三个领域——艺术、音乐和社会学习，并且意在得出结论，即早期儿童课程的每一方面都是互为重叠互为关联的。当儿童探索一个丰富的、规划得当的环境，并在课程方案中遵照他们的兴趣、彼此合作、满足他们的需求时，语言、早期识字、数学、科学、艺术、音乐和社会学习就自然而然产生了。

## 艺术

究竟什么是艺术，艺术是什么样的呢？艺术是借用各式各样的媒介而达到的自我表达。这个创造性的过程包含以下几种或全部事项：颜色、形状、线条、外形和质地。为了使"艺术"在诸多儿童早期教育专家的头脑中名副其实，我们应使活动自由开放，让儿童自己决定过程和结果。在这种意义上的艺术与事先计划好的有所不同，事先计划好的要求儿童按照固定的方向或模式做事，例如把事先切好的花瓣粘贴到影印好的花上。虽然艺术与我们所说的以一种审美愉悦的方式创造或安排各种元素有关，大多数早期儿童教育者认为比起结果来，过程才是重要的。艺术是交流的一种形式，它能够传达印象、想法、观念以及情感。一个学生（名字我已经记不得了）曾经告诉过我她对艺术的非常宽泛的定义："艺术是一种生活方式，在这里你能从包罗万象的形式中感受到美的存在。艺术就是你做的每件事情，是你作出的每样选择。"

我们不应该只在教室或儿童看护之家的某个地方鼓励艺术。艺术可以无处不在。儿童可以为他们写的东西插图、为他们的科学实验绘制草图、创作一张房间、操场甚至可以是邻居家的地图。艺术的付出本身就可以被视做教学方案，或者作为教学方案的一部分与其他部分合作，又或者与那些与其他事物无明显关联的个人活动独立区分开来。

儿童早期教育中归属于艺术种类下的活动通常有两种表现形式：平面的或三维的。平面艺术包括板刷画、手指绘画、画画和拼贴画。三维艺术也可以包括拼贴画，这就取决于使用的材料了。其他的三维艺术活动包括用面粉、泥巴、木片、纸板、混凝纸浆制成的雕塑。

## 儿童从艺术经验中学到了什么?

儿童从我们所说的"艺术"中学到了什么呢?当儿童在艺术桌旁边实验时,他们也在改善精细运动技能。当他们对观察相同点和不同点、颜色、外形、尺寸和质地变得更有经验时,他们的观念也随之变得更为睿智。他们开始把他们的观念组织成想法和行动,其后又把它们转变成模式和符号。艺术经验在促使儿童更好地理解自身和世界的同时为儿童提供了发明和创新的机会。通过艺术,儿童可以表达无法用言语表达的感情,但是他们可以把这些感情画在纸上、涂在画架上或揉进游戏面团里(关于低龄儿童学习艺术的目的两种相反观点,见框 15.1)。

---

**框 15.1 观点集萃**

**艺术应有多大的自由空间?**

一些人认为我们应当鼓励儿童使用各种艺术媒介把自己的观念、想法和对事物的理解表现出来。当儿童以这种方法处理艺术时,他们的概念发展将随着创造技能而拓展。有规律地通过不同媒介使用某种表现模式,儿童使得自己的观念更为睿智,并且提高了他们的身体技能,包括精细运动控制和眼手协调。除了口头语言之外,当儿童学会使用其他表现方式去表达想法时,他们的交往能力也随之提高了。

另一种反对观点认为"表现"并不是艺术。当成人催促儿童去表现事物时,他们也让儿童远离了自我表达和自由探索——这两样却是真正艺术的两个基本特点。我们应当给儿童材料,允许他们自由支配材料,而不需要成人的干预。当我们要求儿童借用艺术媒介表达他们对这个世界的理解时,儿童其实是被迫进入了一个认知过程而非一个艺术过程。

---

让我们来看一看艺术是怎样整合进学前教育中的。下面的场景说的是一个活动开始是作为教学方案存在而结果却成了一种潜在的艺术经历:一个春天的清晨,四岁的派克和其他一些儿童发现有蜗牛在水泥地上爬。起先他们只对观察蜗牛是怎样行进的感兴趣。当这种兴趣逐渐消退时,老师出来帮助儿童识别并寻找蜗牛的踪迹。结果他们发现这些踪迹到处都是!

于是老师帮助孩子们逮了些蜗牛,并把蜗牛放在了一个铺着纸的纸板盒子里研究了一会儿。老师仔细地向儿童说明了小心对待蜗牛的重要性。在观察了蜗牛在纸上爬完圈子后,老师又把它们放回外面去了。然后儿童拿来颜料粉撒到纸上以使蜗牛的足迹更加明显。

派克建议逮些蜗牛让它们在黑纸上爬,看看没有了颜料粉会不会留下足迹。于是孩子们来到外面寻找更多的蜗牛。这一次没这么简单找到它们了,因为正值太阳高照,蜗牛们都找遮挡的地方去了。经过一番寻找后,儿童找到了少量蜗牛,然后小心翼翼地把它们放到了黑纸上。他们激动地发现足迹确实显示出来了,就像条

第十五章 把艺术、音乐和社会学习整合到整体课程中

亮线。

在接下来的几天中,孩子们想了很多不同的主意:把食物上色,让蜗牛爬过留下有颜色的足迹;把蜗牛放在玻璃杯中观察它们如何从底部爬上来的;让蜗牛爬过"障碍跑道"。在最后的实验里,他们发现蜗牛爬过的物体越锋利,留下的黏液就越多。

一些儿童用纸和铅笔记录下了他们的发现。派克为蜗牛画了张详细的图,然后跑到外面观察发现蜗牛的那些植物。她说她想要画一张蜗牛和它的家的画,而不(仅仅)是把它作为实验的一部分。她在她的画里加入了植物。然后派克(暂时)离开了蜗牛的教学方案,来到了她的画架旁画了一张她所说的"蜗牛图",这张图上画着许多植物围绕下的灌木丛中生活着一群蜗牛。该教学方案进行了一个星期,

在这个女孩为她自己的书插图的时候,艺术、语言、早期识字都开始活动了。

派克也继续她的记录,她在成画之前总是先打草图。

每天派克都有新点子把蜗牛做进她的艺术品里。忙活了许多天,她制成了面粉蜗牛,小心地卷出"蛇"一样的形状,然后把它们捏成蜗牛的壳。甚至在蜗牛的方案教学活动结束之后,派克继续用各式各样的手法展现蜗牛,逐渐打造了自己的绘画风格,最后,蜗牛成了她的标志,她的每一幅作品中的色彩、素描都融合了蜗牛。

然后的一天,没有解释地,她把彩虹作为了她的标志,然而螺旋形依旧出现在她的色彩、素描中。有时在她的雕塑中,很难说派克更中意蜗年还是它们的象征符号,螺旋深深地让她着迷,那是个古老但却常出现在儿童涂鸦中的形状——曼陀罗。曼陀罗是一个交错的图形,它也恒久不断地吸引世人的目光。

## 帮助儿童获得艺术经验

在成人帮助下的艺术学习的过程中,儿童需要得到什么帮助呢?首先,如果他们知道他们将做的事情会得到尊重,甚至被高度评价,这将大有裨益。只要你不仅欣赏结果还欣赏过程,另外具备适宜不同年龄段的期望值,那么评价儿童的艺术就较为简单了。幼儿的乱涂乱画不单单是乱涂乱画,它们是适宜幼儿年龄段的艺术。

第二,你不必展示每一件艺术品,但如果你决定展示一些的话,你必须确保每一个

儿童的作品都得到展出。如果只展览这些"挑选出来的"作品的话，儿童很快就会知道谁有天赋谁没有。同样，当招贴栏上全挂满老师的作品时，儿童得到的信息是认为自己的作品并没有装饰价值，或者当墙上炫耀地挂着30个相同的、切饼干工具的艺术设计，儿童就学到了创造性没有用的信息。为了证明真正的艺术是受到重视的，教室里应当展览各式各样的儿童的创造性的作品、绘画、油画以及三维作品。为了证明艺术整合进了整个课程里，展览应包括一些设计作业、儿童的评论（可以是自己写的也可以是口述给老师的）以及整个过程的照片。[1]

第三，如果你和正参与到艺术活动中的儿童谈话，关键在于你和他们说些什么。（有时候你什么也不用说，以免分散他们高度集中的注意力。）总之，不要问"这是什么？"幼小儿童的艺术有时会是表现性的，但这并不必要。最好问问儿童他们愿不愿意告诉你他们正在做的事，而不是问他们直接的问题。虽然评论儿童作品时，你可能会觉得你被强迫着去作一个评论，但千万别比较、批评作品或是提出什么建议之类的。此外，当心表扬。表扬只会使儿童偏离内在的满足感。与其欣喜若狂地滔滔不绝地评说一张张画或面粉作品，倒不如具体地说明一下，不带评价地说自己的所见。你可以通过评论儿童正在做什么以及你所观察到的他的感受来关注过程本身："我看见了你是如何涂架子上的每张白纸的。你非常仔细，没有漏掉一点。"或"看上去你的手臂挥动非常自如嘛！"你还可以谈论形式、颜色、线条、平衡等等，谈论所有你见到的儿童正在做的任何事情。

第四，提供多种材料供儿童选择，并给儿童使用选定材料的自由权。时间也是另一个重要因素。当时间被分成各个小片断时，儿童被迫飞快地从一件事跳到另一件事。为了完全地融入到艺术（或任何其他事情）中，儿童需要充足的时间。同样，如果你每天都新增一个艺术活动而抛弃昨天的旧素材，儿童只学会浅涉其中而不是更深层次地探究和使用素材。当然，儿童喜欢变化，我们不应该只提供给他们千篇一律的东西。但是，需要说明的是，我们应把所有可得的有趣的材料集中使用一段时间而不仅仅是一个短短的"艺术时段"。

第五，不要忽视艺术的社会性的一面。我们鼓励儿童在环境适宜的时候团结合作。大型的桌子不利于交流合作，小一点的、窄一点的桌子有利于儿童前后交流、分享材料。另外，不要把艺术限制于个人设计中。把画架挨个排列起来，只要儿童愿意的话就可以允许他们在彼此的画上做些工作。鼓励儿童在壁画上、拼贴画上以及其他合作性的教学方案上共同合作。例如，**身体描摹**（body tracing）就是一个需要两个人的活动——描摹者不必是个成人。其他的联合性艺术活动包括人行道上的粉笔画艺术、缝制被褥和大型的纺织教学方案。

---

[1] Elizabeth Jones and Georgina Villarino, "What Goes Up on the Classroom Walls — and Why?" *Young Children* 49.2 (Jan. 1994): 38-40.

## 音乐

在儿童早期课程中,音乐应当像艺术那样走自由开放和整合的道路。我们应当鼓励儿童创造性地用他们的声音、肢体和乐器来制作音乐。探索音乐,正如探索艺术或科学那样,需要使用身体技能——包括感情和社会关系,并且通过提供机会来磨炼解决问题的技巧,这样就增进了认知能力的发展。

请确保音乐是一个自由开放的、创造性的过程,而不是一个正式的课程或一场"表演"。正像对待艺术那样,我们应该意识到虽然天分起一定作用,但我们创作音乐并不需要天分。音乐是一个儿童拥有的自然旋律中固有的天性,出现在日常经验中——如果我们给予他们这样的机会的话。每个人都有"音乐细胞";如果给予适当的鼓励和时间的话,每个人都能学会那些天才与生俱来就拥有的东西。例如,让儿童产生这样一种印象,即他们不会唱歌,这是极为错误的。跟儿童一样,不知有多少成人曾经被告知他们不会唱歌或没有音乐细胞,因此他们早早放弃了积极参与到音乐中,就这样仅仅成为一个听众。欣赏别人的音乐是一件好事,但自己创作音乐同样是一件好事。

### 帮助儿童获得音乐经验

不管是旋律、节奏还是敲击声也好,请欣赏儿童创作音乐所作出的自发的努力。还要鼓励儿童以动作来回应音乐。对他们做的事情表现出兴趣但不要去评判。为了使他们的音乐创作和反应变得容易点,我们可以设立一个音乐中心。在这里,儿童可以创作音乐、听音乐并作出相应的反应。这样一个中心应当设有仪器可以放录好的音乐,还应当有一些节奏性乐器(鼓、摇铃、三角铁等等)。道具,例如麦克风和薄纱巾都能够给听力经验增加想象的空间。如果地方足够大的话,儿童就有空间去做些创造性动作了。通过为音乐和动作增加一个视觉因素,镜子增强了儿童的经验,录音机和摄像机允许儿童亲耳听到并且亲眼见到自己是如何创作音乐并对音乐作出反应的。请确保音乐中心远离安静区域——比方说图书馆。

### 集体活动:唱歌

集体合唱是早期儿童课程中随处可见的一部分。它可能是自发的或者是常规的圆圈活动的一部分——或者两者都是。集体合唱跟随着一个发展的过程。它开始于当一个婴儿的节奏性和旋律性的咿呀作语被认做是音乐的时候。当一个幼儿哼唱、反复唱歌、唱一些短歌或跟在别人后面哼歌时,他正在发展集体合唱的技能。一个两岁儿童在集体合唱中通常表现出极大的兴趣,他有时跟着唱,有时自己唱,有时说说话,有时则保持沉默。即便在他跟随成人唱时,他也可能跟不上成人,但他可以打拍子来制造音乐。

  我记得幼儿园新招收的三岁儿童参加的许多集体活动的合唱会。我之所以想起这些是因为我为他们做过许多单独的表演,虽然我的初衷是来一次集体合唱。这一年刚开始的时候,孩子们只是坐在原地。如果我做了手势或肢体动作,一些孩子会参与进来,但他们中不是很多人会唱。几星期后,一些孩子开始参与进来。最后,一些孩子会唱合唱或是一、二部的诗歌——尽管他们并不总是能跟上我。

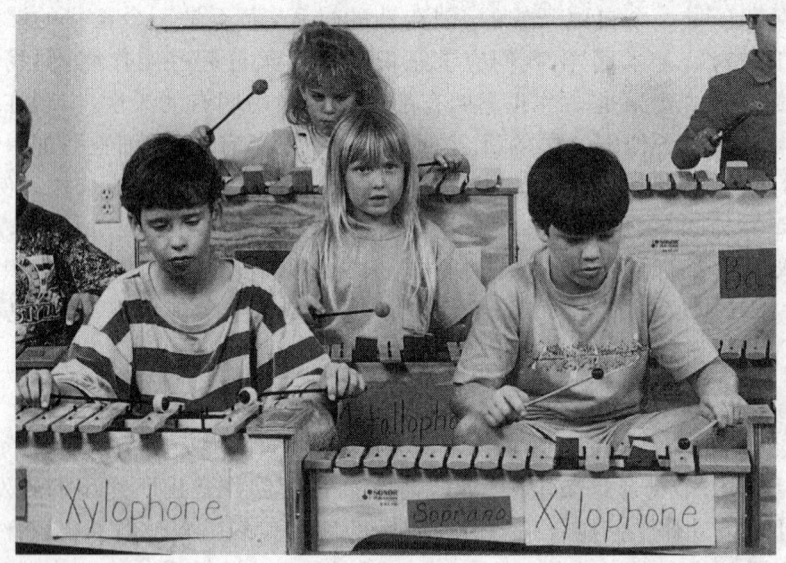

音乐课时应比圆圈活动时唱歌的时间多。这是孩子们在学习韵律和音调。

  等到这些三岁孩子长到四岁的时候,他们想要在集体中演唱的欲望和能力就增加了。虽然并不是所有的人都加入进来,但加入的儿童的数量明显比三岁时多得多。他们知道歌词,一些人还会自己唱。你也会听到他们在一天中的其他时候独自唱歌——可能是在街区的一角或者是在快餐店。一些孩子出乎意料地知道很多抒情歌,音调也正确。这些东西他们还没学过。

  五六岁的儿童拥有待在一块儿集体合唱的技能,而且随着年龄的增长也越来越娴熟。成人可以介绍更多的歌,因为儿童的音阶范围增加了,他们既能唱高音部,又能唱低音部了。大一点的孩子会一些简单的轮唱。轮唱后面是和声,最后是用简单的旋律乐器来伴奏歌唱。

### 集体活动:乐器

  集体活动的音乐不必只局限于唱歌。有一位幼儿园老师是音乐方面的硕士,同时也是专业的加麦兰演奏家。她为儿童创作了一整套加麦兰音乐课程。(加麦兰是一组印尼管弦乐器——主要来自爪哇岛和巴厘岛——主要是由打击乐器组成,比如金属木琴、鼓和铜锣。)这个课程允许儿童用节奏、声音和动作来探索和实验。他们并不演奏,但他们学会了欣赏作为一个集体是如何互动地演奏音乐的。

当然,大多数课程不会有一整套加麦兰乐器可供使用,但是还是能提供各色**节奏乐器**(rhythm instruments)——沙球、节奏棒、三角铁、调音板、摇铃和鼓。节奏乐队允许儿童更积极地参与到音乐中。比起唱歌,乐队在集体活动里能得到更多的关注,几乎所有的儿童,不管他们是什么年龄段的,都喜欢敲击乐器。

节奏乐队让孩子积极地投入到音乐中。

在某些课程中,儿童自己制作乐器。当研究使用什么样的乐器,怎样制作乐器,聆听别人创作的音乐时,乐器的制作和弹奏给儿童创造了一个学习来自不同文化的音乐的机会。乐器制作是把音乐同艺术、社会学习、科学、语言以及早期识字联系起来的一种方式。

语言和识字是音乐课程中显著的两个方面。当我们鼓励儿童为老歌填新词或创作自己的新歌时,儿童的语言技能也得到了发展。把词写下来——这些词把声音和符号联结起来,并把它们以一种印刷品的方式展现给儿童,这是非常有用的。

## 创造性活动

音乐的**创造性活动**(creative movement)通常是贯穿全天自发产生的或被作为一次集体活动事先策划好的。有时我们所需要的仅仅是稍微布置一下舞台,放上一点音乐,然后就让儿童去发挥了。但另外一些时候,儿童可能还需要我们做得更多。比如做出示范、提出建议或和他们做一些活动或韵律游戏。有些时候只是简单地描述儿童正在做的事,而不是告诉他们做什么,这样能促进更多的创造性和积极性。

来自音乐中心和集体活动时间的音乐除了激发儿童的积极性之外,在早期儿童课堂上音乐还有什么其他用途吗?是不是全天都放音乐——从儿童来直到儿童离开?或者是作为一个特别听力经验在不同时段放呢?虽然在早期儿童阶段没有一个使用音乐的正确方法,但框15.2则表明了关于此问题的两种观点。

### 框15.2 观点集萃

**将音乐作为背景?**

一些成人喜欢一直把音乐做背景。下面是某人的看法:"我喜欢生活中有音乐。没有音乐我感觉缺少了什么似的。我总是一走进房间就打开收录机或CD。音乐对我来说很重要。它帮助调节我的情绪,使我活跃起来,让我有东西可以回应。我认为儿童随时随地都需要音乐。我知道我是需要这些的。通过改变节奏和音乐种类,我可以改变一个房间的气氛。如果需要的话,我喜欢创造新花样。举个例子,当一切变得缓慢下来,孩子们看上去也很厌倦了,我就会放活泼点的音乐,一切又活跃起来。或者是午睡的时候我会放点古典音乐,这样他们很容易就睡着了。"

然而,另外一些成人认为音乐是用来听的,而不是被制造出来的——就像持续地放音乐。下面是另一个人的看法:"我也喜欢音乐,但我喜欢真正的关注它并把注意力放在上面。当背景音乐无休止播放的时候,人们会无意识地把它关掉。关掉声音需要花费力气。为什么要这样浪费精力呢?持续的音乐只会给满是小孩子的嘈杂的房间再增加点噪音。和喜欢音乐一样,我也喜欢安静。虽然我在孩子身上得不到很多安静,但一旦得到一点就会觉得很美妙。为什么要去填补宝贵的安静时刻?我认为我们应该带有目的地去播放音乐;在音乐开始时就告诉儿童音乐是关于什么的,这样儿童就时刻准备着去倾听和欣赏音乐了。音乐结束时就关掉它!否则它就像一个不停播放的电视。哦,关于午睡时播放古典音乐的事,我觉得要是那样使用音乐的话,那就变成一种训练了。当儿童听到古典音乐时,他们会条件反射似的睡觉。但想象一下如果等他们长大一点去听音乐会时,情况会怎么样呢!"

## 社会学习

虽然"社会学习"这个题目本身并没有在本书中直接讨论过,但在某些方面,整本书都是关于社会学习的;我们强调的重点是帮助儿童获得社会能力。想想所有的那些例子,都是关于成人是怎样帮助儿童同别人进行积极的交流的。

### 以自我为起点的社会学习

社会学习包含知识、价值观、态度以及技能。它始于自我的学习。当儿童了解、喜欢、尊重他们自己,他们就能更好地了解、喜欢、尊重他人。当儿童能够移情之时,他们更有可能以合作的方式互动。力量也是一个社会学习的议题。除非儿童意识到他们自己的力量,否则他们就难以与那些显示力量的人进行建设性的互动。

理解和欣赏他人并不是马上就能做到的事情。从以自己的视角看世界(利己主义)到以多重角度看世界,这当中需要一个进展。这个进展是认知和社会情感发展的结果。理解这个进展很重要,因为它可以避免让我们认为儿童是自私的。确实,他们是以自我为中心的,特别是很小的儿童是这样的。但他们却无能为力。那样做是他们的工作——正如成人的工作是慢慢地拓展他们的视野。"慢慢地"是个关键词。成人们必须明白这一过程,不能操之过急。他们可以训练一个儿童说"对不起",但却不能让儿童有诚恳道歉的感觉,除非儿童已经发展到准备好这么做的阶段。何时准备好是个人的事情;儿童按自己的时间发展。我们必须耐心,给予儿童足够的理解,最重要的是对儿童的移情能力抱有恰当的期望值。

儿童的头几年是获取**自我认知**(self-knowledge)。我们有很多术语可以描绘这种知识的主体:"自我概念"、"身体意识"、"自我形象"、"自我价值"和"自尊"。然而儿童是如何发展这种自我知识的呢?他们通过汲取别人的知识再进一步构建知识。儿童是这么认识的:人们对他们的反应就像镜子反射出他们是谁一样。他们不懂得镜子也会有扭曲的时候。他们把反射出的形象当真了。

随着儿童自我意识的增长,他们对他人的观点就更开放。

儿童留意他们接收到的信息,可以是言语的也可以是非言语的,内容是关于他们的性别、人种、种族划分、阶层、外貌和能力。因此我们传递这些信息给儿童时必须格外小心。如果一个成人无意识中相信女孩儿是比较弱势的性别,她们需要额外的保护,那么这种信念就会在她的行为中表现出来,这样反过来会给儿童的自我形象传递不协调的信息。很多时候儿童实践着他们所观察到的成人对他们的期望;这种情况下,一个小女孩可能会认为她需要表现出无助以此获得成人的赞同。相类似的这种成人的期望影响了不同种族、不同文化、不同能力的儿童。成人的期望具有很大的影响。我们必须小心翼翼地让儿童做回自己。我们不应该让我们对他们的观点限制他们、阻碍他们的发展。

意识到我们对儿童的期望以及应给儿童什么样的信息这一点非常重要。这做起来并没有那么容易。我们都有隐藏的偏见、错误的推断和固守成规的印象,但我们不能把这些传递给儿童。如果我们这样做,我们很有可能冒着使他们对自身或他人产生负面观点的风险。当儿童加入到自我学习中之时,他们的看护人、老师、抚养人也必定加入其中了。自我学习是一个交互式的过程,而这与年龄无关。为了帮助你反省从行为中表现出来的态度,你可以从合作者或其他接触的人当中获得反馈,反过来你的反馈也帮助了他们。

儿童如何有技巧地加入到别人的游戏中去?观察一下主要的游戏者,你就会明白了。

## 从自己到他人

当儿童在自我意识中成长时,他们也开始拓展了对他人的知识。一旦有机会,我们就向儿童指出别人的观点:"她不喜欢你从她手里拿走书。""看见他哭了吗?你推倒他时他受伤了。"我们还可以帮助儿童让其帮助他人看到别的观点:"告诉他你对他在你画上做的事有什么想法。"

要发展自我知识和关于他人的知识,儿童还需要价值观来发展亲社会的态度:"我不会让你伤害她。如果你很生气,告诉她你的感受,但不许打她。"要想赞同各种价值观和态度,他们必须首先掌握一些技巧。

许多社会技巧在本书中已经讨论过了。还剩下一个没有讨论的是怎么样才能加入到正在游戏的另一群孩子或儿童群体中去,或者怎样**参与游戏**(entering play)。如果你不知道怎样才能帮助儿童学会这个技巧,那么就看一看在这一点上比较擅长的孩子吧。你不必长时间地去观察自由游戏——譬如搭建积木的游戏或假想游戏中儿童是如何聪明地加入到集体中去的。观察后你会发现他们很少直接说:"我能和你一起玩吗?"可能他们已经经历过"不"的情况了。被告知"不"是一种拒绝,感到被拒绝的儿童很可能去做一些反面的事情导致进一步的拒绝。所以不需要问,有技巧的儿童会主动加入游戏而不打扰别人或试图掌控整个游戏过程。

让我们看看两个相反的例子。首先,让我们看看贾斯敏是如何加入到两个正站在家务游戏区的玩具火炉旁的儿童中去的。那两个人一个扮演妈妈,一个扮演爸爸,他们此时正对如何处理他们的狗有分歧。贾斯敏静静地走近并听他们说些什么。她走到火炉旁的食橱边取出了打蛋器,然后做出一些稍稍不同寻常的举动吸引了那两个孩子的注意力。她把打蛋器抓在手里上下颠倒,把它在空中摇晃。

"你在做什么?"男孩问道。贾斯敏抓住了这两个人争论的线索,说道:"这是我的小狗的直升机。它病的时候我就是这样载它去看医生的。""噢,"男孩叫道,"我们的狗也病了。所以它到处大小便。""是啊,"女孩回答说,"我们应该开始清理了。"说着她就蹲下身开始擦洗地面。这位新的加入者此时把自己的游戏主题与另两位串联起来了,这三位也就一起玩起来了,没有改变游戏节奏。

缺少技巧的孩子很可能会突然插手进来或试图掌控游戏、指挥另外两个人、重新安排角色或改变主题:"假设这是一个火箭飞船,我们将要去火星。"那两个一心想着如何处理小狗的人可能不会理会这一打断。他们还可能拒绝新的加入者。

缺少技巧的孩子开口就问"我能玩吗?"当他们被拒绝时通常会向老师求援。"老师……他们不让我和他们一起玩!"除了和游戏中的儿童谈谈让他们接受新成员或者强迫他们这么做,老师还能做些什么呢?让我们看看以下的一位老师的做法,她的策略很像前面提到的贾斯敏的做法。

莱西对正在戏剧表演区应付生病的小狗和兽医的三个孩子说想一起玩。当她被拒绝后就跑到老师那儿求援。老师牵着莱西的手来到那里。她们俩站在一边,想找一个插进去的时机。"妈妈"和"爸爸"已经停止关注他们的狗了,转而谈论他们的儿童病得有多重。贾斯敏怀里正抱着他们的宝宝。

老师也加入到假想游戏中来并建议他们需要打911叫救护车。他们赞同那个主意。男孩抢着去找玩具电话。他找到后就拨打了电话，等待着。老师接听电话："这里是急救中心。"她在电话里听着三个儿童向她诉说险情。她假装很严肃地说："我马上派救护车过来。莱西是司机，你们等她来。"她转向旁边的莱西说："你准备好了吗？"莱西高兴地学着救护车的警笛声进入到了游戏区里。

"救护车来了，"她高兴地说。"哦，你能来我真高兴，"着急的妈妈说道，"我想我的儿童需要一个手术。"老师继续待了一会儿看莱西是否需要她的帮助。当她看见四个儿童拿出他们假想的外科手术器械并为贾斯敏放在玩具炉子上的玩偶娃娃做手术时，她就退出了。

儿童早期教育专家的一个责任是帮助儿童了解他所在的社会，以及这个社会提供的资源。

### 从自己和他人到社区

社会学习不仅仅包含发展自我知识和增加互动技巧——虽然这两者都是基本的概念。学习互动技巧可以发展对社会系统的知识。首先是在教室里或家庭看护之家里，其次是拓展到更广阔的社区中。你的工作就是帮助儿童去认识他们居住的社区以及社区都提供哪些资源和服务。通过学习社区的有关知识，儿童开始有过去的感觉（历史）、明白了地区概念（地理）、开始探究生产者和消费者的概念（经济）。一些这样的知识来自他们课堂或家庭儿童看护之家里所学的日常经验中，但他们也可以在实地考察旅行中学到一点。

实地考察旅行可以是简单地沿着街道去公园或消防队，或者是更为精心地参观图书馆或面包店的后场。这其中主要的要求是儿童拥有和他们的年龄适宜的动手经验。简单的往往是最好的。例如参观苹果农场对儿童来说是非常有意义的。在某些课程中，儿童还可以去参观父母正在工作的环境。

关键是不让旅行突如其来。我们应该事先设计好旅行，这样对儿童来说才有意义，与他们的教学方案也紧密相连。

## 儿童早期教育专家如何组织课程结构

前三章是把儿童早期课程区分开来,分成不同块,分别用传统的学科名字命名的。虽然每一章都试图说明一个特殊的对象是怎样融入到整体中去的,但笔者认为很有必要把这些画面重新放在一块儿来结束本书的写作。这样做使本书兜了个圈子;我们将回到我们刚开始讨论的话题上来结束本书——解释儿童早期教育中运用的**整体方法**（holistic approach）。

## 创建并解释整体课程

作为一个儿童早期教育专业人员,你的职责是创建一个整体课程（不管是单独工作还是与别人合作）。作为一个看护人、老师或抚养人,你有职责去建造一个相互衔接的课程结构。实际上课程可能衔接过于紧密以至于家长都会猜想她的孩子是否学到了东西。她（家长）每天都在观察,看到过许多游戏以及一个接一个的好像是艺术的教学方案。她在想她的孩子是否在学数学或为阅读作基础准备。如果她发问了,你可以有充足的文件加以说明（档案册、期刊以及轶事记录）,还可以向父母展示嵌入在游戏活动或方案教学中的数学作业或早期识字的样本。（请记住文档和评估都是自然课程和方案教学中很重要的部分;它们能够让儿童回忆以前的想法并把它们运用在新领域的探索中。）文档的学问也是你公共关系的一部分,它能帮助你解释课程目的和结果,并向父母、监督人、董事会、资金赞助人展示课程是均衡的,儿童通过游戏和方案教学获取了知识、技能和性情（比如好奇心、足智多谋、热情和创造力）。

与其等着焦急的父母来询问,不如主动解释课程是怎样运作的,并让各家庭随时知道进展情况。在父母担心之前就用幻灯片和录像机来说明课程的情况以帮助他们理解你所做的事情。但请记住这种熟悉情况的介绍不应该是单方面的陈述。从父母那儿获取信息、在家庭和课程之间建立桥梁,这些都是使大家熟悉情况和进一步交流的非常重要的方面。一个真正衔接的课程结构包括从儿童家庭生活中牵出的线索。

当你在计划课程并实施它们之时,你就成为了一个提供帮助的人,帮助儿童构建各种知识。作为帮助者的角色,你观察儿童、关注他们的兴趣爱好、建立相应的环境、进行适当的互动、问一些启发性的问题并观察更多的东西直到需要进一步的互动。

当儿童的探索速度有所减慢时,你有责任帮助进一步的探究。有必要时为儿童提供些资源并改变环境以便帮助儿童寻着新的兴趣轨道前进。做这些事的时候,要帮助儿童彼此合作,解决交往的难题。

你可能处在一个时间非常充裕的背景下。采取一种不干涉的方法同知道何时去干涉同样重要。当然,通过观察,当需要帮助的时候你可以敏锐地作出决定。一些形式的干涉是非常细微的。你可能仅仅是问了个问题，但这足以鼓励儿童在他们快要放弃时不要懈气、继续前进。有时候一句开放式的表述，如"我猜如果这么做……会发生什么事"可能足以恢复儿童的好奇心，使其钻研得更深更远。

请记住，问题可以制造或毁掉一个活动。问一些空洞的问题很容易打断一个活动，譬如问"这是什么颜色"，如果儿童已经知道答案了为什么还要费神去问呢？如果他们不知道答案，那问了又有什么意义呢？特别是当这个问题与活动毫无关系时就更没意义了。通常成人会采取反复练习的方法去问问题——来测试儿童孤立分类的知识或事实。时刻记住你作为一个帮助者，你的职责是帮助儿童建立联系、看清关系纽带。

### 创建主题网

如同我们指出的那样，规划课程是你的主要任务。规划中运用的一个有用技巧叫做织网（webbing）。莉莲·凯茨和西尔维娅·查德（Lilian Katz & Sylvia Chard）提出以下五个步骤来建立一个"主题网"。在选取一个主题之后，

1. 在分散的小纸片上写下关于主题的想法；
2. 整理纸片，分类成一组一组相关的想法；
3. 在不同颜色的纸片上为每一组加个题头；
4. （如果小组内的织网活动完成后）检查彼此的想法，如果需要的话就提出建议；
5. 把想法整理转移到单张纸上。[1]

其余的讨论和关于织网的说明可以参照伊丽莎白·琼斯和约翰·尼莫（Elizabeth Jones & John Nimmo）的一本书《自然课程》（Emergent Curriculum）。[2] 图 15.1 用一个网图来说明关于医院的方案教学法；[3] 图 15.2 展示了一个网图，用来说明除了关注节日之外庆祝冬季的几种方法；[4] 图 15.3 是一个网图，它被设计用来告诉每个家庭他们的儿童是如何参与到社会学习单元中去的。[5]

织网考虑到了一个灵活应变的课程。虽然成人们的兴趣应当考虑，但课程中的考量应该主要来源于儿童的兴趣爱好。但不管这些考量来源于何处，重要的是你必须留心儿童对特殊的课程主题是如何应对的，并且帮助儿童进一步地去探索。通过图 15.1 至图 15.3，我们看到从一个特定的话题可以延伸出许多不同的分支。因此，织网创造了一个自然课程，这一课程途径在主题没有根据儿童兴趣和反应去探索和得到指导之前是无法描述的。

---

[1] Lilian Katz and Sylvia Chard, *Engaging Children's Minds: The Project Approach*（Norwood, NJ: Ablex, 1989）88-90.
[2] Elizabeth Jones and John Nimmo, *Emergent Curriculum*（Washington, DC: NAEYC, 1994）.
[3] Katz and Chard, *Engaging*.
[4] Jones and Nimmo, *Emergent Curriculum*, 63.
[5] Jones and Nimmo, *Emergent Curriculum*, 112.

第十五章　把艺术、音乐和社会学习整合到整体课程中

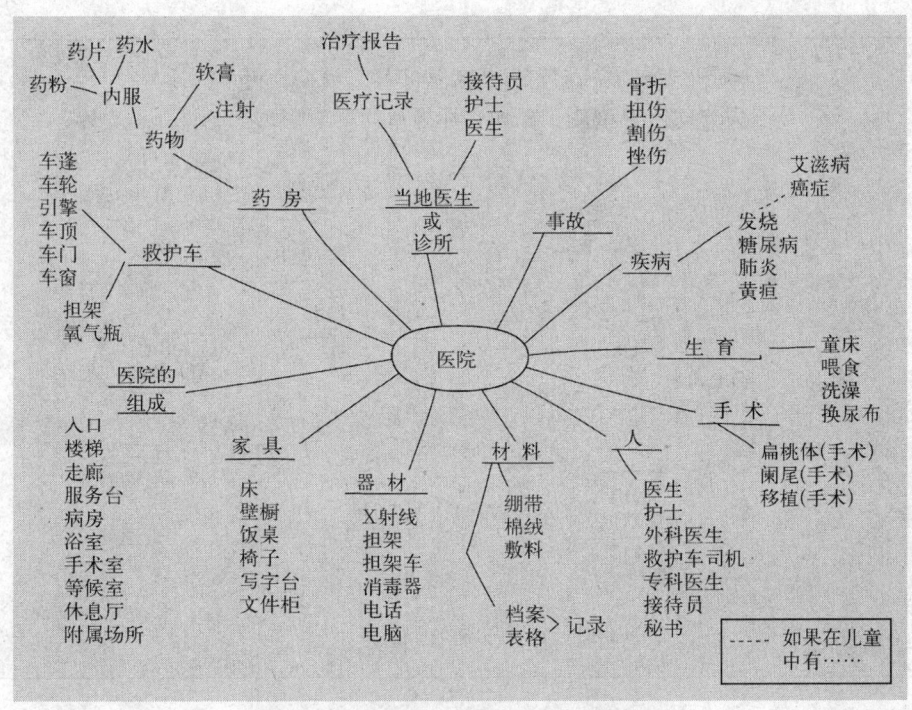

图 15.1　关于医院的主题网样例

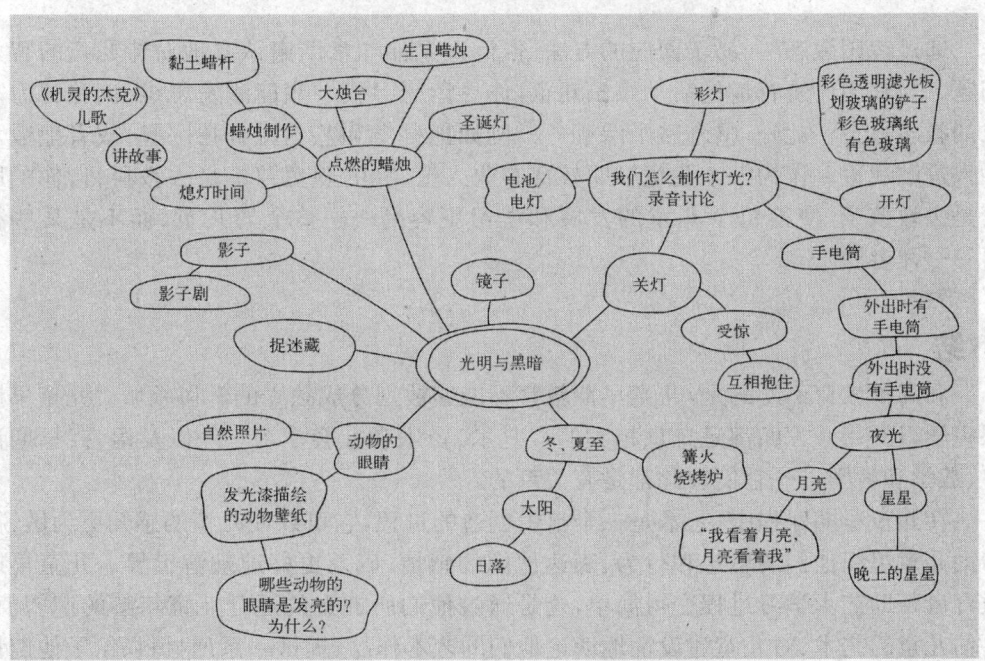

图 15.2　庆祝冬季的主题网样例

第三部分 常规教育导论：计划学习

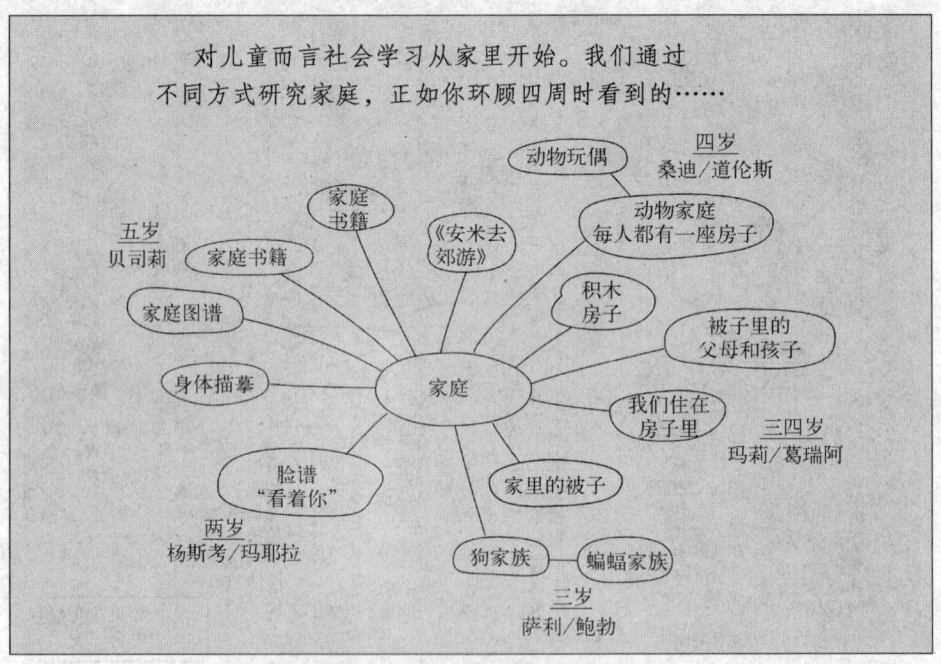

图 15.3 关于家庭的主题网样例

通过使用敏感的、易于回应的方法，告诉大家你非常严肃认真地对待儿童的智力问题。与其用可爱有趣的活动娱乐儿童，你更情愿寻找一些能激发思维、满足智力需求的教学方案。此外，整合整个课程——例如把科学和艺术融合在一起；或者把数学融入进游戏里。作为一个儿童早期教育专业人员，你的职责并不是去教科目；你的职责是去教孩子，使得每个儿童的发展和学习更容易——整个的儿童（而不是某些科目——译者注）。

## 小结

和高等教育不同的是，儿童早期教育不能够被划分成独立的学科领域。儿童早期课程学习的每一方面都是息息相关的。艺术、音乐和社会学习——以及语言、早期识字、数学和科学——它们彼此都是有关系的。

在儿童早期课程中，艺术是一个自由创造的过程，它可以使儿童的感知更为敏锐，帮助儿童组织他们的思想和行为、表达他们的感情，以及更好地理解世界。儿童早期教育者帮助艺术学习过程变得简单，这是通过他们所拥有的适合儿童年龄的期望值、评估儿童的艺术、对儿童建设性地谈论他们的艺术作品、提供一系列材料、给予他们自由和时间以便在更深的层次探索不同的（艺术）介质、同时为个人和合作的艺术设计提供机遇来达成的。

同艺术一样，音乐教学也应当自由开放而不是像正式的上课。所有的儿童——不论有没有音乐天赋——我们都应当鼓励他们创造性地运用他们的声音、肢体和乐器来制作音乐。为了增强儿童的音乐体验，成人们应当欣赏儿童创作音乐所作的自发努力、鼓励他们用动作来回应音乐、不带评判地对他们所做的事表示出兴趣、建立一个由各式乐器、设备、小道具组成的音乐中心，以此鼓励音乐和动作的创造性、视觉、听觉等方面。集体活动是另一种增加合作音乐体验的机会，比如集体合唱、创造性活动和乐器演奏。

社会学习贯穿于整个早期儿童课程中，它所强调的是帮助儿童获得社会能力。社会学习包括知识、价值观、态度和技能的学习。它始于自我的学习（自我概念、身体意识、自我印象、自我价值和自尊），继而深入到对他人的学习，最终到社区的学习。为了发展建设性的社会技能，成人在传递下面的信息时必须格外小心（不论是言语的还是非言语的）：性别、人种、种族划分、阶层、外貌和能力。他们还要帮助儿童发展移情和亲社会的技巧。要教儿童关于社区的知识，成人需要提供给儿童一种历史感、帮助他们理解地区的概念以及生产者和消费者的概念。

早些时候我们提到过把儿童早期课程分散成独立单元并根据传统领域的学习给它们分类是不可能的。儿童早期教育者的职责是把课程的不同部分整合进课程整体结构中——包括家庭。一种叫做"织网"的制定计划的技巧帮助儿童早期教育者创建了基于儿童（甚至是成人兴趣）的一类灵活应变的课程。此类敏感、应变的教育方法对待儿童的智力问题是非常严肃认真的。儿童早期教育不是关于教授科目的；它使得每个儿童的发展和学习更容易——整个的儿童！

## 自我测试

学习本章后，你能够
* 解释儿童早期教育是怎样处理音乐、艺术、社会学习这些传统科目领域的吗？
* 讨论为什么很难把课程划分为独立科目领域吗？
* 举个例子——譬如"艺术"活动如何有时像"科学"教学方案，反之亦然？
* 解释儿童是如何通过探究不同艺术媒介发展身体和认知技能的？
* 解释儿童是如何通过艺术表达感情的吗？
* 解释如何和儿童谈论他们的艺术吗？
* 列举出成人们在帮助艺术学习的过程中能采取哪些方法吗？
* 解释艺术是如何既是个人努力成果的同时又是合作的经验的？
* 解释为什么儿童能从音乐和艺术中采取的自由方法上获益吗？
* 列举出儿童制作音乐的一些不同方法吗？
* 谈谈"音乐中心"应为儿童提供什么吗？

- \* 解释音乐是如何成为集体活动的焦点的吗?
- \* 讨论关于自我、他人、社区的学习是如何适应社会学习课程的吗?
- \* 讨论成人们是如何向儿童传递偏见和负面印象的吗?
- \* 列举出儿童学习"社区"概念时都学到了些什么吗?
- \* 谈谈儿童早期教育专业人员是如何创造整体课程的吗?
- \* 解释儿童早期教育专业人员是如何向父母表明他们使得课程平衡的吗?
- \* 描述创建课程所采用的织网过程吗?

## 需知术语

你可以用下面的多少个词语造句?你知道它们的含义吗?

| 身体描摹 | 参与游戏 |
| 节奏乐器 | 整体方法 |
| 创造性活动 | 织网 |
| 自我认知 | |

## 深入阅读

Achilles, E. (1999, January). Creating Music Environments in Early Childhood Programs. *Young Children*, 21-26.

Allison, L., & Katz, D. (1983). *Gee, Wiz! How to Mix Art and Science or the Art of Thinking Scientifically*. Boston: Little, Brown.

Dighe, J., Calomiris, Z., & Van Zutphen, C. (1998, January). Nurturing the Language of Art in Children. *Young Children*, 4-8.

Edwards, C., Gandini, L., & Forman, G. (Eds.). (1994). *The Hundred Languages of Children*. Norwood, NJ: Ablex.

Jones, E., & Nimmo, J. (1994). *Emergent Curriculum*. Washington, DC: NAEYC.

Katz, L., & Chard, S. (1989). *Engaging Children's Minds: The Project Approach*. Norwood, NJ: Ablex.

Seefeldt, C. (1995, May). Art—A Serious Work. *Young Children*, 39-45.

Szyba, C. M. (1999, January). Why Do Some Teachers Resist Offering Appropriate, Open-Ended Art Activities for Young Children? *Young Children*, 16-20.

Warner, L. (1999, Fall). Self-Esteem: A Byproduct of Quality Classroom Music. *Childhood Education*, 19-23.

Workman, S., & Anziano, M. C. (1993, January). Curriculum Webs:

Weaving Connections From Children to Teachers. *Young Children*, 4-9.

## 结尾故事

很久以前,当我还是一个幼儿园老师以及一群孩子的母亲时,我买回家了一套单元积木。在下决心做这个当时还很昂贵的投资之前,我想了很久。但是我最终还是花了一半财产拿回了一大盒子平滑的、干净的积木。

那些一样的积木至今我的儿子和孙子还在玩。有时,积木被搭建成溜冰场,里面放满"钢琴键盘"那样的东西——这是我十几岁的儿子和他的朋友手工制作的设备,在混凝土跑道上尝试他们新的溜冰特技之前,用这些东西做个估算。

其他时候,我的孙女们为了实践她们的建筑或家庭生活技能,积木就成为了房间的墙。过了几年后我可以花费更多的钱(陆续买了新的积木),那些旧积木就和几年来买的新积木混在一起了。但那些旧积木显然与其余的不同。它们显得很有年头:木头已经变黑,而且被磨光滑了,由于长达四分之一个世纪的连续使用,上面覆盖着许多抓痕、凹痕和缺口。但它们却很完整——同昔日一样坚硬牢固。我从不认为它们会被用坏。

我好几年没有回幼儿园了,但我相信我做老师的时候堆在积木角的积木仍在那儿。我想象得出那些积木——是我的,我的幼儿园的积木——这些年都是如何用的。

它们已经被堆起来过成千上万次了。我能记得我看见许多次儿童用积木搭了个塔又推倒它。我还记起有个儿童非常伤心,因为自己还没来得及推倒自己新搭的塔就

儿童早期教育就像一套好积木。不仅仅是建造工具,还是对延续的未来的投资。

被别人捷足先登了。在积木搭建过程中有一些感人的时刻,但儿童最终学会了彼此相处,开始合作。他们还学习了物理知识,同时也在磨练他们的社会技能。

还有社会学习课;儿童搭建了房子、堡垒、农场、城市——你只要喊得出名字来的东西我都见儿童搭建过。当人、农场里的动物和恐龙这些较小的角色受到欢迎的时候,那么游戏又进入了更深层次,特别是之后还有方案教学和实地考察旅行相伴。

我还是老师时并不认为搭积木是一项艺术,但我现在不这么认为了。我从未考虑过绘画、照相或展示积木建筑之类的。最近我在公告栏里看见儿童关于积木的创作被以照片和儿童的注释的形式仔细地记录下来了。照片上凝聚的时刻向我们展示了每个儿童融入他的建造物中的独特的艺术观——当然是在积木未被推倒和清除之前。

接着是在积木活动区内上演的戏剧。我还记得积木被用来制作成为日复一日好人坏人打仗的战场。尽管作为成人我们可能不会赞同,但儿童有各种办法在一番装扮之下演出好人对抗坏人的主题,熟练地犹如电影导演。好人对抗坏人不算什么新鲜主题。那些贯串各时代的文学巨著的主题也建立在同一主题上,这和儿童在积木角里的梦想是一样的。

积木游戏经常包含着隐喻。我看见过一个男孩子花了很长时间布置陷阱,只要是在积木区玩的人都成为他不断设置的陷阱的受害者。陷阱对他来说很重要。直到现在我仍在想那些陷阱对他而言意义何在。

在这本书的结尾部分,我想了很长时间如何来写这最后的结尾故事。我打算挑选一个不会结束的话题。我想起我以前买的积木,它将比我更加长寿,后辈们会用积木重新演绎前辈们认为是他们发明的那些主题。

儿童早期教育就像一套好积木,这是对持续的未来的投资。我们对儿童早期教育的贡献将比我们自身更加长久。同时,受到我们的影响的绵延不绝的每代人,最终将改变这个领域。

# 词汇表

## A

| | |
|---|---|
| ACEI | 国际儿童教育协会 |
| Ages and stages | 年龄和阶段 |
| Anecdotal record | 轶事记录 |
| Antibias focus | 反偏见关注 |
| Assisted performance | 协助性表现 |
| Associative play | 相关游戏 |
| Authentic assessment | 真实评估 |

## B

| | |
|---|---|
| Behavior contagion | 行为传染 |
| Behaviorism | 行为主义 |
| Behavior modification | 行为矫正 |
| Both-and thinking | 彼此皆可的思维 |

## C

| | |
|---|---|
| CDF | 儿童保护基金会 |
| Center-based program | 保育中心教育方案 |
| Cephalo-caudal development | 自上而下的发展 |
| Child-centered curriculum | 儿童中心课程 |
| Child-centered learning | 儿童中心学习 |
| Child development | 儿童发展 |
| Cognitive stages | 认知阶段 |
| Concrete operations | 具体形象思维 |
| Constructivist approach | 建构主义的方法 |
| Cooperative play | 合作游戏 |
| Curriculum | 课程 |

## D

| | |
|---|---|
| Descriptive feedback | 描述性反馈 |
| Developmental checklist | 发育列表 |
| Developmentally appropriate practice | 适宜的发展练习 |
| Dialoguing | 对话 |

# 词 汇 表

| Double bind | 进退两难 |
| Dual focus | 双重焦点 |

## E

| Early childhood culture | 儿童早期文化 |
| Emergent curriculum | 自然课程 |
| Emergent literacy | 早期识字 |
| Empowerment | 权力 |
| Environmental checklist | 环境列表 |
| Expressive language | 语言表达 |

## F

| Family child care program | 家庭教育方案 |
| Feedforward | 前馈控制 |

## G

| Gross-motor spaces | 粗大运动空间 |
| Group time | 集体活动 |
| Guidance | 指导 |

## H

| Head Start | 起点计划 |
| Holism | 整体观 |
| Holistic listening | 整体倾听 |
| Home culture | 家庭文化 |

## I

| Impression management | 感官印象管理 |
| Incidents reports | 事件报告 |
| Incongruence | 不一致 |
| Interest centers | 兴趣中心 |
| Intrinsic motivation | 内在动力 |

## L

| Learning theory | 习得理论 |

| Logico-mathematical knowlegde | 逻辑—数学知识 |

## M

| Manipulative materials | 可操作性材料 |
| Mapping | 制图 |
| Meaning-making | 意义生成 |
| Modeling | 树立榜样 |
| Montessori | 蒙台梭利法 |
| Multiculturalism | 多元文化 |

## N

| NAEYC | 全国幼儿教育协会 |
| Nature-nurture question | 先天—后天问题 |

## O

| Object permanence | 认知恒常性 |
| One-to-one correspondence | 一一对应 |

## P

| Parallel play | 平行游戏 |
| Parent cooperative preschool | 家长合作学前学校 |
| Physical-care centers | 身体护理中心 |
| Physical knowledge | 物理知识 |
| Physical milestones of development | 身体发展标志 |
| Portfolio | 资料夹 |
| Primary caregiving system | 主要保育体系 |
| Professionalism | 职业化 |
| Project approach | 项目教学法 |
| Proximal-distal development | 发散性 |
| Psychosexual stages | 性心理阶段 |
| Psychosocial stages | 心理社会阶段 |

## R

| Readiness approach | 阅读准备方法 |
| Real-world math | 真实世界的数学 |

词 汇 表

| | |
|---|---|
| Receptive language | 语言接受 |
| Redirection | 转向 |
| Reflective thinking | 反思 |
| Register | 登记 |
| Running record observation | 持续观察记录 |

## S

| | |
|---|---|
| Scaffolding | 脚手架 |
| Sensorimotor cognition | 感官认知 |
| Sensorimotor play | 感觉运动游戏 |
| Social knowledge | 社会知识 |
| Social learning theory | 社会学习理论 |
| Sociocultural theory | 社会文化理论 |
| Solitary play | 单独游戏 |
| Stage theorist | 阶段论者 |
| Surround care | 全托 |
| Symbolic play | 象征性游戏 |
| Synchronous interaction | 同步互动 |

## T

| | |
|---|---|
| Time-out | 出局 |
| Time sample | 时间样本 |
| Transformation and representation | 变化和表现 |
| Transition | 过渡 |

## W

| | |
|---|---|
| Webbing | 织网 |

## Z

| | |
|---|---|
| Zone of proximal development | 最近发展区 |

# 译后记

　　由美国著名幼教专家珍妮特·冈萨雷斯—米纳撰写的《多元化社会中的早期教育》是一本面向新教师的"幼儿教育入门书籍"。本书以实用的方法来诠释理论，以使读者将知识化繁为简，充分体会其实用性。因此，它是一本既好读又好用的经典著作。

　　阅读本书，我们可以感受到作者所倡导的多元文化的教育观念。没有一种在所有教育情景中都"正确"的行为公式，作为一名儿童教育工作者要敢于采用批判性的思维来对待自己的工作，要能够根据儿童的成长环境和个性来判断什么是对孩子有益的，而不是寻找别人的"正确答案"。因此，作者在书中通过一些实际案例来引导读者感受真实的幼儿园和家庭教育情境，这些案例有助于读者进入教师的角色，体验教师的行为反应，最终形成自己的教育观点和教育方法。

　　本书由赵明译前言、第一、第二、第五章；张磊译第三、第九章；徐韵译第四、第十一、第十二章；周红译第六、第七、第八章；何丽霞译第十章；徐晓维译第十三、第十四、第十五章。全书由徐韵统稿和审定。

　　由于本书是幼儿教育专业的"入门课程"，因此可作为大专院校学前教育学教材，也可供学前教育研究人员及工作人员用做参考资料，同时对广大家长也有一定的实用指导意义。

　　翻译是一件十分艰辛且重要的工作，我要感谢参与本书翻译的各位老师和同学，感谢他们的劳动和合作。由于本书是集体翻译，虽然我已逐章进行了协调、修正和完善，但在部分术语及相关内容上，各章可能还会有相互不一致或不妥当之处，谨向读者说明并敬请谅解，愿读者批评指正。

译　者<br>
2008 年 2 月